2016 上海国际经济贸易发展报告

2016 ANNUAL REPORT ON SHANGHAI INTERNATIONAL ECONOMY AND TRADE DEVELOPMENT

上海市商务委员会　编著
Shanghai Municipal Commission of Commerce

上海科学技术文献出版社
Shanghai Scientific and Technological Literature Press

图书在版编目（CIP）数据

2016上海国际经济贸易发展报告／上海市商务委员会编著. —上海：上海科学技术文献出版社，2017

ISBN 978-7-5439-7477-7

Ⅰ. ①2… Ⅱ. ①上… Ⅲ. ①国际贸易—经济发展—研究报告—上海—2016 Ⅳ. ①F752.851

中国版本图书馆CIP数据核字（2017）第163349号

责任编辑：祝静怡 忻静芬

2016上海国际经济贸易发展报告

上海市商务委员会 编著

出版发行：上海科学技术文献出版社

地　　址：上海市长乐路746号

邮政编码：200040

经　　销：全 国 新 华 书 店 经 销

印　　刷：上海市北印刷（集团）有限公司印刷

开　　本：787×1092 1/16

印　　张：22.75

字　　数：420 000

印　　数：1000

版　　次：2017年7月第1版 2017年7月第1次印刷

书　　号：ISBN 978-7-5439-7477-7

定　　价：48.00元

http://www.sstlp.com

编审委员会

前 言

2015 年，在全球经济复苏乏力、国内经济下行压力加大的背景下，上海市、区商务部门坚持创新驱动发展、经济转型升级，主动适应经济发展新常态，国际经济贸易运行保持了总体平稳、稳中有进的良好态势，转型成效进一步显现，为全市经济社会发展和我国开放型经济发展做出了积极贡献。

2015 年，上海进出口全国占比稳步提升，以技术、品牌、服务为核心竞争力的贸易新优势正在加快形成，实现货物进出口 4 517.3 亿美元，同比下降 3.2%，规模再次跃居全国各城市首位。其中，出口 1 969.7 亿美元，同比下降 6.3%；进口 2 547.6 亿美元，同比下降 0.6%。实现服务进出口 1 966.7 亿美元，同比增长 12.2%，规模约占全国的 30%。“十二五”期间，服务进出口、一般贸易进出口、消费品进口增速表现突出。服务进出口年均增速快于货物进出口 9.3 个百分点；一般贸易进出口年均增速高于加工贸易进出口 10.8 个百分点；消费品进口年均增长 20.8%，上海成为国内最大的进口消费品集散地。

2015 年，上海外商投资领域不断拓宽，引资结构不断优化，形成了以服务经济、总部经济、研发经济为升级动力的利用外资新格局。引进合同外资 589.4 亿美元，同比增长 86%，规模居全国之首；实际利用外资 184.6 亿美元，同比增长 1.6%，连续 16 年实现增长。服务业累计利用外资在合同外资、实到外资中占比分别达 71.3%和 69.6%，比 2010 年提高 17.4 个和 11.7 个百分点。跨国公司地区总部累计达 535 家，上海已成为中国内地跨国公司地区总部最多的城市。研发中心累计达 396 家，总数占全国 1/4，外资研发机构助力上海全球科技创新中心建设。

2015年，上海加快全球产业布局步伐，更加注重获取创新要素，形成了以产业链、创新链、价值链为扩张动力的对外投资合作新格局。实现对外直接投资573.2亿美元，增长3.7倍，规模居全国之首；新签对外承包工程合同额111.0亿美元，连续8年超百亿美元。上海企业“走出去”网络已涉及178个国家和地区，国际产能和装备制造合作取得积极进展，“一带一路”成为全球价值链合作热点，并从传统的商品和劳务输出为主发展到商品、服务、资本输出“多头并进”。

2015年，上海国际经济贸易工作围绕重点领域形成突破。推动成立“一带一路”贸易商联盟，出台外贸稳增长、促转型政策措施，建设跨境电子商务公共服务平台等，贸易规模和能级同步提升；聚焦“引进来”和“走出去”，建立跨国公司地区总部综合服务平台和完善走出去服务体系等，双向投资质量水平稳步提高；聚焦自贸试验区制度创新，深化国际贸易“单一窗口”建设、扩大货物状态分类监管试点等，基本形成了一整套具有国际竞争力、与开放型经济新体制相适应的海关监管制度框架。

本书作为2016年上海商务发展系列报告之一，延续了历年“上海国际经济贸易发展报告”的编写风格，全面反映了2015年上海国际经贸的发展情况、工作成效和2016年展望等。同时，为适应国际经贸形势和实践变化，本书对部分章节进行了调整，其中“国际经济与贸易”篇，将第六章中的“外资研发中心”单列为一节，重点体现外资企业融入上海科技创新中心建设的现状；删除第八章“跨境人民币结算”一节；“专题”篇，将第十一章“货物贸易促进平台”和“服务贸易促进平台”两节合并为“贸易促进平台”；“全球城市”篇，选取新加坡、中国香港和迪拜等城市，介绍其如何通过贸易、投资活动提升城市竞争力、参与全球价值链。

我们希望本书的出版能够帮助读者全面了解上海国际经济贸易的发展情况，拉近商务工作与市民的距离，促进全社会融入和参与上海国际贸易中心建设，从而推动上海国际经济贸易各领域工作实现又好又快发展。

编者

2017年4月

Preface

In 2015, *Shanghai Economic* authorities, despite the global economic slowdown, adhere to innovation-driven development and economic transformation. Shanghai has continued to forge ahead on its economic front with an aim to elevating its global standing in the trade sector.

Shanghai's share of import and export in the national figure has witnessed moderate growth. The new trade advantages that regard technology, brand, and service as the core competitiveness has been accelerated.

In 2015, total import and export volume of Shanghai reached USD 451.73 billion, fell 3.2% compared with last year, ranking top in China again. A further breakdown of the trade figures show that the city's export volume reached USD 196.97 billion, an decline of 6.3%; export USD 254.76 billion, an decline of 0.6%. Meanwhile, the city has realized a total volume of USD 196.67 billion in service trade, 30% of the country's total volume, up 12.2% compared with last year.

During the 12th Five-Year Plan Period, the total import and export of services, the general trade and import of the consumer goods have shown great performance. The annual growth rate of import and export of services is 9.3% higher than goods; which of general trade with technology, brand, quality and aftermarket are 10.8% higher than process trade; the annaual growth rate of imported consumer goods is 20.8%. The city has now become the country's the largest distribution center of consumer goods.

The city has continued to improve its business environment for foreign investors. In 2015, the city attracted in all USD 58.94 billion in contract value, up 86% ranking top in China; paid-in investment USD 18.46 billion, up 1.6% 16 consecutive years of growth. Now the city has in all 535 headquarters of multinational corporations, becoming the largest regional headquarters of multinational companies in Chinese mainland. Research and development centers add to a total number of 396, a quarter of the country's total quantity.

Shanghai has formed a new pattern of foreign investment and cooperation in the industrial chain, innovation chain, and value chain as the driving force of expansion. Companies in Shanghai have invested USD 57.32 billion in overseas market, an increase of 3.7 times in 2015 ranking top in China; the Shanghai-based companies have signed overseas engineering projects totaling USD 11.1 billion. Shanghai enterprises have invested in 178 countries and regions.

In 2015 the Shanghai international economic and trade focused on making breakthroughs and forming alliance among traders who participated in the One Belt One Road Initiative. Efforts are also made to promote the establishment of various platforms aiming to promote cross-border E-commerce and integrating services of regional headquarters of multinational corporations. The Shanghai free trade zone project also deepens its policy reform. Policies such as one-stop service, goods sorting and monitoring have been rolled out.

This book is one of the series of 2016 Shanghai business development reports. It is designed to reflect the development of Shanghai's international economic and trade development in 2015 and offer an outlook of 2016. Part of the book has been adjusted: Part two "Global Economy" put the chapter six "Foreign R&D Center" section, delete chapter eight "Cross-border Settlement"; the "Global Cities" Selected international cities such as Singapore, Hong Kong China and Dubai, introducing how to enhance their competitiveness through trade and investment activities, and participate in the global value chain.

The *Shanghai Economic and Trade Development Report* aims to offer a panoramic view of the city's economic work in 2015. To better serve the readers, the editorial board devoted two new chapters to economic outlook of China and the rest of the world. Also contents introducing the experience of world cities such as Singapore and Hong Kong China were added to help Shanghai fully engage itself in international economic cooperation and competition.

The Author
April 2017

目　录

第一篇　总论

第一章　2015 年上海国际经贸发展特点和 2016 年展望 …… 3

第一节　2015 年上海国际经贸总体概况 …………………… 3

第二节　2015 年上海国际经贸工作重点 …………………… 6

第三节　2016 年上海国际经贸工作展望 …………………… 8

第二章　2015 年全球国际经贸发展特点和 2016 年展望 …… 13

第一节　国际贸易 ……………………………………… 13

第二节　外国直接投资 ………………………………… 22

第三章　2015 年我国国际经贸的发展特点和 2016 年展望 ……………………………………………… 31

第一节　国际贸易 ……………………………………… 31

第二节　外国直接投资 ………………………………… 36

第三节　对外投资与经济技术合作 …………………… 39

第二篇　国际经济与贸易

第四章　货物贸易 ……………………………………… 45

第一节　总体运行情况 ………………………………… 45

第二节　跨境电子商务 ………………………………… 55

第三节　贸易主体 ……………………………………… 57

第五章　服务贸易 ……………………………………… 64

第一节　总体运行情况 ………………………………… 64

第二节　服务外包 ……………………………………… 69

第六章　外国直接投资 …………………………… 75
第一节　总体运行情况 …………………………… 75
第二节　总部经济 …………………………… 86
第三节　外资研发中心 …………………………… 90
第七章　对外经济合作 …………………………… 95
第一节　对外投资 …………………………… 95
第二节　对外承包工程及劳务合作 …………………… 100
第三节　对外援助 …………………………… 102
第八章　贸易投资服务 …………………………… 107
第一节　贸易便利化 …………………………… 107
第二节　公平贸易 …………………………… 110

第三篇　专题

第九章　中国(上海)自由贸易试验区 ………………… 119
第一节　2015年中国(上海)自由贸易试验区运营情况 … 119
第二节　2015年中国(上海)自由贸易试验区进一步扩大开放和功能拓展 ………………… 127
第三节　2015年中国(上海)自由贸易试验区管理制度创新 …………………………… 131
第四节　2015年中国(上海)自由贸易试验区复制推广情况 …………………………… 136
第十章　国际会展业 …………………………… 138

第一节　国际展览业总体运行情况 …………………… 138
第二节　中国(上海)国际技术进出口交易会 ………… 141
第三节　中国华东进出口商品交易会 ……………… 146
第四节　中国(上海)国际跨国采购大会 …………… 151
第十一章　功能性平台 ……………………………… 154
第一节　虹桥商务区 ……………………………… 154
第二节　贸易促进平台 …………………………… 158
第三节　出口基地 ………………………………… 171

第四篇　空间布局

第十二章　区县 ……………………………………… 183
第一节　浦东新区 ………………………………… 183
第二节　黄浦区 …………………………………… 195
第三节　徐汇区 …………………………………… 199
第四节　长宁区 …………………………………… 205
第五节　静安区 …………………………………… 213
第六节　普陀区 …………………………………… 218
第七节　闸北区 …………………………………… 227
第八节　虹口区 …………………………………… 230
第九节　杨浦区 …………………………………… 238
第十节　宝山区 …………………………………… 246
第十一节　闵行区 ………………………………… 255

第十二节　嘉定区 …………………………………… 260
第十三节　金山区 …………………………………… 272
第十四节　松江区 …………………………………… 275
第十五节　青浦区 …………………………………… 280
第十六节　奉贤区 …………………………………… 285
第十七节　崇明县 …………………………………… 292
第十三章　海关特殊监管区 ………………………… 298
第一节　金桥经济技术开发区 ……………………… 298
第二节　漕河泾出口加工区 ………………………… 301
第三节　松江出口加工区 …………………………… 304
第四节　青浦出口加工区 …………………………… 306
第五节　闵行出口加工区 …………………………… 308
第六节　嘉定出口加工区 …………………………… 309

第五篇　全球城市

第十四章　城市和全球价值链 ……………………… 315
第一节　全球价值链 ………………………………… 315
第二节　城市竞争力 ………………………………… 316
第十五章　城市案例 ………………………………… 319
第一节　新加坡 ……………………………………… 319
第二节　中国香港 …………………………………… 321
第三节　迪拜 ………………………………………… 323

附录

附录 1　大事记 …………………………………………………… 329
附录 2　2015 年度上海国际经济贸易领域主要政策索引 … 336
附录 3　2015 年度中国(上海)自由贸易试验区相关政策索引 …………………………………………………… 338
附录 4　案例索引 …………………………………………………… 341

Contents

Part One An Overview

Chapter One Features of Shanghai's Economic Work in 2015 and an Outlook of 2016 …… 3

I. An overview of Shanghai's Economic Work in 2015 …… 3

II. Focus of Shanghai's Economic Work in 2015 …… 6

III. An Outlook of Shanghai's Economic Work in 2016 …… 8

Chapter Two Features of Global Economic Development and an Outlook of 2016 …… 13

I. Global Trade …… 13

II. Foreign Direct Investment …… 22

Chapter Three Features of China's Economic Development and an Outlook of 2016 …… 31

I. Foreign Trade …… 31

II. Foreign Direct Investment …… 36

III. Outbound Investment and Economic and Technological Cooperation …… 39

Part Two Global Economy

Chapter Four Commodity Trade …… 45

I. An Overview …… 45

II. Cross-border E-commerce …… 55

III. Mainbody of Trade …… 57

Chapter Five Service Trade …… 64
I. An Overview …… 64
II. Service Contract …… 69
Chapter Six Foreign Direct Investment …… 75
I. Shanghai's FDI …… 75
II. Headquarters Economy …… 86
III. Foreign R & D Center …… 90
Chapter Seven International Economic Cooperation …… 95
I. Outbound Investment …… 95
II. Overseas Engineering Projects and Contract Work …… 100
III. Foreign Aids …… 102
Chapter Eight Trade and Investment Service …… 107
I. Trade Facilitation …… 107
II. Fair Trade …… 110

Part Three Operation of Major Projects

Chapter Nine China(Shanghai) Pilot Free Trade Zone …… 119
I. An Overview of China(Shanghai) Pilot Free Trade Zone in 2015 …… 119
II. Expansion of China(Shanghai) Pilot Free Trade Zone in 2015 …… 127
III. Management Innovation of China(Shanghai) Pilot Free Trade Zone in 2015 …… 131
IV. Duplicating the Experience of China(Shanghai) Pilot Free Trade Zone in 2015 …… 136

Chapter Ten Shanghai Exhibition Industry ········ 138
I. An Overview of Shanghai's Exhibition Industry ········ 138
II. Shanghai International Industrial Exhibition Fair ········ 141
III. Shanghai East China Trade Fair ········ 146
IV. Shanghai International Sourcing Fair ········ 151
Chapter Eleven Platforms ········ 154
I. Hongqiao Commercial District ········ 154
II. Trade Promotion Platform ········ 158
III. Export Centers ········ 171

Part Four Districts and Counties

Chapter Twelve Counties and Districts ········ 183
I. Pudong New Area ········ 183
II. Huangpu District ········ 195
III. Xuhui District ········ 199
IV. Changning District ········ 205
V. Jing'an District ········ 213
VI. Putuo District ········ 218
VII. Zhabei District ········ 227
VIII. Hongkou District ········ 230
IX. Yangpu District ········ 238
X. Baoshan District ········ 246

XI. Minhang District ········· 255

XII. Jiading District ········· 260

XIII. Jinshan District ········· 272

XIV. Songjiang District ········· 275

XV. Qingpu District ········· 280

XVI. Fengxian District ········· 285

XVII. Chongming County ········· 292

Chapter Thirteen The Special Supervision Zone of the Customs ········· 298

I. Jinqiao Economic and Technological Development Zone ········· 298

II. Caohejing Processing Trade Zone ········· 301

III. Songjiang Processing Trade Zone ········· 304

IV. Qingpu Processing Trade Zone ········· 306

V. Minhang Processing Trade Zone ········· 308

VI. Jiading Processing Trade Zone ········· 309

Part Five Global Cities

Chapter Fourteen Competitive Cities and their Connectionsto Global Value Chains ········· 315

I. Global value chains ········· 315

II. Competitive Cities ········· 316

Chapter Fifteen Case Study of Competitive Cities ········· 319

I. Singapore ········· 319

II. Hong Kong(China) ········· 321
III. Dubai ········· 323

Appendix

I. Major Events ········· 329
II. A List of Major Economic Policies in Shanghai 2015 ········· 336
III. Policies of Shanghai Free Trade Zone ········· 338
IV. Case Studies ········· 341

第一篇

总　论

第一章　2015 年上海国际经贸发展特点和 2016 年展望

第一节　2015 年上海国际经贸总体概况

2015 年，在全球经济复苏乏力、国内经济下行压力加大的背景下，在上海市委、市政府的坚强领导下，上海市、区商务部门坚持创新驱动发展、经济转型升级，主动适应经济发展新常态，上海国际经济贸易保持了总体平稳、稳中有进的良好态势，转型成效进一步显现，为全市经济社会发展做出了积极贡献。

一、对外贸易份额持续上升，外贸竞争新优势逐步显现

2015 年，上海进出口全国占比稳步提升，以技术、品牌、服务为核心竞争力的贸易新优势正在加快形成。全年实现货物进出口 4 517.3 亿美元，同比下降 3.2%，降幅比全国少 4.8 个百分点，在全国的占比从上年的 10.8%提高到 11.4%，规模再次跃居全国各城市首位。其中，出口 1 969.7 亿美元，同比下降 6.3%，增速创 6 年来新低；进口 2 547.6 亿美元，同比下降 0.6%(图 1.1)。实现服务进出口 1 966.7 亿美元，同比增长 12.2%，规模约占全国的 30%，在对外贸易总额中的比重首次突破 30%，达 30.3%，比 2010 年提高 8.3 个百分点。其中，出口 525.3 亿美元，同比增长 6.4%；进口 1 441.4 亿美元，同比增长 14.5%(图 1.2)。服务贸易成为新增长点。“十二五”期间，上海服务进出口年均增速快于货物进出口 9.3 个百分点。2015 年技术进出口、离岸服务外包分别达到 113 亿美元和 60 亿美元，分别是 2010 年的 2.9 倍和 3.4 倍；金融、保险、文化、信息等新兴服务进出口年均也都实现了两位数增长。一般贸易推动贸易

竞争力不断提升。2015 年，一般贸易进出口在货物进出口中的占比达到 47.4%，比 2010 年提高了 7.2 个百分点，以技术、品牌、质量、服务为核心竞争力的贸易新优势正在加快形成。消费品进口规模全国领先。“十二五”期间，消费品进口年均增长 20.8%，2015 年达到 424 亿美元，约占全国的 30%，成为国内最大的进口消费品集散地。

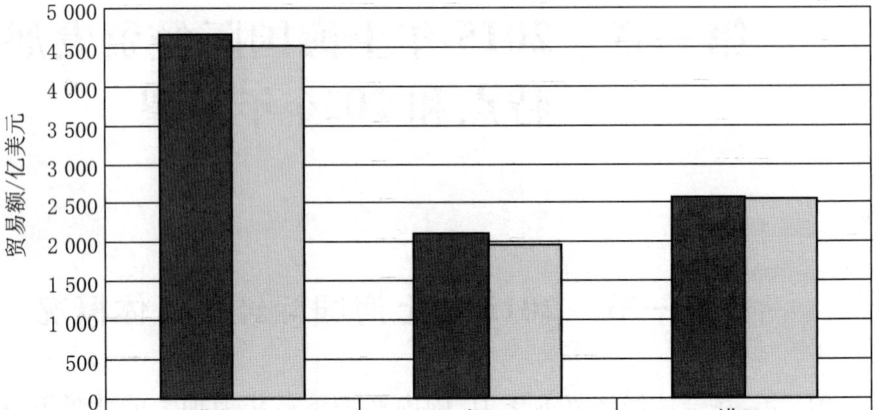

	进出口	出口	进口
2014年/亿美元	4 666.2	2 102.8	2 563.5
2015年/亿美元	4 517.3	1 969.7	2 547.6

图 1.1　2015 年上海货物进出口情况

数据来源：上海海关。

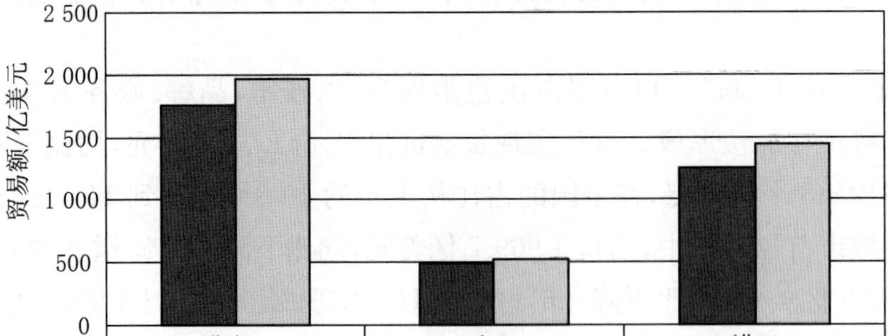

	进出口	出口	进口
2014年/亿美元	1 753.9	494.3	1 259.6
2015年/亿美元	1 966.7	525.3	1 441.4

图 1.2　2015 年上海服务进出口情况

数据来源：上海市商务委员会。

二、 外商投资稳步增长，总部经济贡献度不断提高

2015 年，上海外商投资领域不断拓宽，外资结构不断优化，形成了以服务经济、总部经济、研发经济为升级动力的利用外资新格局。引进合同外资 589.4 亿美元，同比增长 86%，再创年度引资新高，规模居全国之首，是 2010 年的 3.8 倍；实际利用外资 184.6 亿美元，同比增长 1.6%，连续 16 年实现增长(图 1.3)。服务业利用外资领先增长。服务业累计利用外资在合同外资、实到外资中的占比分别达 71.3%和 69.6%，比 2010 年提高 17.4 个和 11.7 个百分点，电信、养老、医疗、文化、教育等领域利用外资取得突破，助推上海加快形成了以服务经济为主的产业结构。总部经济贡献度不断提高。新设跨国公司地区总部 15 家，累计达 535 家，其中亚太区总部 41 家，是内地跨国公司地区总部最为集中的城市。占全市外商投资企业总数 1%左右的跨国公司地区总部贡献了全市外商投资企业营业收入、利润总额的约 9%和 15%，辐射带动效应明显。外资研发机构助力上海全球科技创新中心建设。新设外资研发中心 75 家，累计达 396 家，其中世界 500 强企业研发机构 120 多家，总数分别占全国的 1/4 和 1/3，为提升上海在高新技术领域的国际竞争力发挥了重要作用。

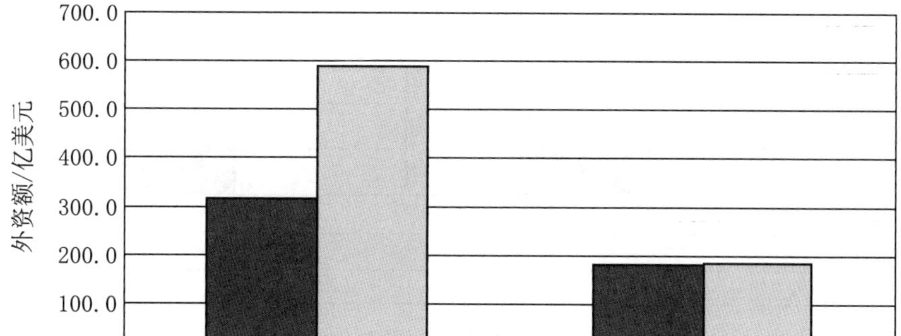

	合同利用外资	实际利用外资
■2014年/亿美元	316.1	181.7
□2015年/亿美元	589.4	184.6

图 1.3　2015 年上海利用外资情况

数据来源：上海市商务委员会。

三、 对外投资强劲增长，全球价值链布局日益增强

2015 年，上海加快全球产业布局步伐，更加注重获取创新要素，形成了以产业

链、创新链、价值链为扩张动力的对外投资合作新格局。实现对外直接投资总额573.2亿美元，同比增长3.7倍，规模居全国之首，新签对外承包工程合同额111.0亿美元，连续8年超百亿美元(图1.4)。上海各类企业积极实施跨国经营战略，通过投资并购海外品牌、渠道等，大力发展上下游产业链，构筑起辐射全球的供应链体系。如光明食品集团通过一系列境外收购活动，已逐步建成遍布多个国家和地区的产销网络，跨国经营指数接近15%。“十二五”期间，上海企业在境外研发类投资259项，投资额近75亿美元。企业通过收购拥有国际先进核心技术的企业、设立海外研发中心、与国外企业合作开展协同创新等，多渠道、多方式融入全球创新网络。上海企业“走出去”网络遍布全球，已涉及178个国家和地区，国际产能和装备制造合作取得积极进展，“一带一路”建设成为全球价值链合作热点。2015年上海对“一带一路”沿线国家直接投资95亿美元、贸易额870亿美元、新签对外承包工程合同额54亿美元，分别占上海全市的23.7%、19.3%和48.2%，并从传统的商品和劳务输出为主发展到商品、服务、资本输出“多头并进”，对外投资已成为主动布局全球价值链的关键举措。

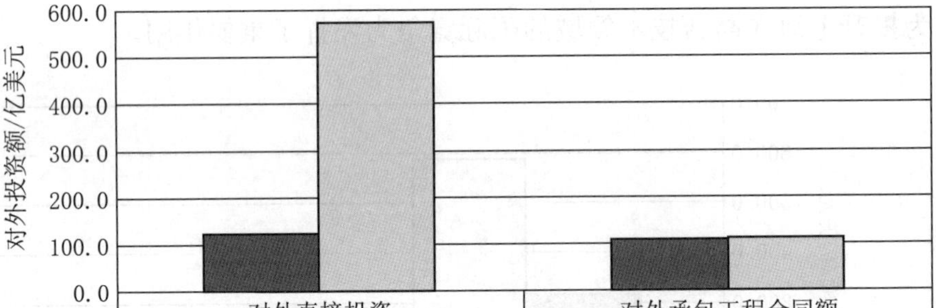

	对外直接投资	对外承包工程合同额
2014年/亿美元	122.9	108.9
2015年/亿美元	573.2	111.0

图1.4　2015年上海对外投资情况

数据来源：上海市商务委员会。

第二节　2015年上海国际经贸工作重点

一、聚焦贸易规模和能级同步提升，贸易结构持续优化

2015年，上海推动成立“一带一路”贸易商联盟，与新加坡、捷克、阿联酋等沿线国家经贸部门或节点城市签署经贸合作备忘录，在贸易、金融、能源、装备制造等领域

落实一批重大项目。出台外贸稳增长、促转型22条政策措施，协调各监管部门推出便利化举措近百项，对查验没有问题的企业免除吊装、移位、仓储等费用，对诚信企业CCC产品进口免办审批证明。加强平台载体建设，新增上海化工产品出口基地，新设墨西哥、智利等一批国别商品中心和中国台湾商品馆，宝玉石交易平台上线运营。制订促进跨境电子商务发展意见，出台跨境电商示范园区认定办法，跨境电子商务公共服务平台建设获得突破，成功获批国家级跨境电子商务综合试验区。出台服务贸易发展三年行动计划，推进服务贸易、服务外包示范基地、示范项目建设，形成文化、中医药等新增长点。建立主宾国机制，成功举办第三届中国(上海)国际技术进出口交易会。国家会展中心(上海)投入运营，全年举办各类展会面积390万平方米，占全市1/4以上。亚太示范电子口岸网络运营中心成功落户，上海代表中方成为联合运营委员会主席。

二、 聚焦引进来和走出去，双向投资质量水平稳步提高

2015年，上海深化总部经济发展，加大准总部政策的宣传和实施力度，建立跨国公司地区总部综合服务平台，举办“创新与发展:跨国企业在上海”最佳创新实践案例评选活动。制订鼓励外资研发中心发展的若干意见，建立有利于人才、资金、技术、研发设备样品等跨境流动的政策支持体系。启动10项投资促进计划，出台促进国家级经济技术开发区转型升级创新发展的实施意见。加大公共服务供给，编制16个国别投资指南、4个重点行业投资指南，为企业提供4 700余人次培训，基本形成国际化、市场化、专业化、全方位的“走出去”服务体系。鼓励企业以投资、收购、承包工程等方式加快海外布局，支持私募资本与产业资本联手参与境外高新技术投资合作。制订装备“走出去”发展规划，上海市首个装备“走出去”和国际产能合作示范基地在临港地区挂牌。

三、 聚焦政府职能转变，商务部门自身建设进一步加强

2015年，上海坚持问题导向，形成“问题清单”共246项，解决196项，解决率80%；坚持项目推进，形成“项目清单”共169项，完成87项，涉及总投资610亿元，完成率较上年同期提高10%；坚持改革引领，形成“改革清单”共13项，出台一批促进内贸流通、开放型经济发展等政策文件，“支持各类研发创新机构发展”等写入上海市委市政府加快建设科技创新中心22条意见。深入推进“三服务”工作，与普陀区、徐汇

区、虹桥商务区签署合作协议，与浦东新区、青浦区、奉贤区、松江区等共同开展海外招商，帮助闸北区①、杨浦区等获批商业保理试点，为崇明县②等郊区县优质农产品拓宽销售渠道，协调对 68 家重点企业实施出口退税准一类企业管理，对 500 家企业给予海关通关 18 个方面的重点支持。创新政府服务方式，"上海商务""走出去服务港""投资上海"等一批微信公众号受到各方欢迎。

第三节 2016 年上海国际经贸工作展望

2016 年是"十三五"规划实施的开局之年，也是深化改革、扩大开放的关键之年。上海将贯彻落实党的十八届三中、四中、五中全会精神和中央经济工作会议精神，按照上海市委、市政府的统一部署，树立和贯彻创新、协调、绿色、开放、共享的发展理念，适应和引领经济发展新常态，对标高标准国际贸易投资规则，对接国家战略，坚持稳增长、调结构、惠民生、防风险，扎实推进商务领域供给侧结构性改革，全力抓落实、补短板，加快培育开放型经济新优势，加快营造法治化、国际化、便利化的营商环境，为"十三五"上海国际贸易中心建设打下坚实的基础，为全市经济社会发展做出新的更大贡献。

一、着力扩大进出口，进一步发挥外贸对经济增长的支撑作用

2016 年，上海将坚持不断推动对外贸易优化升级，促进服务贸易与货物贸易协调发展，促进贸易投资与货物服务融合发展，加快推动外贸向优质优价、优进优出转变。

（一）着力稳定外贸增长规模

强化自贸试验区进口集散功能，提高先进技术、关键零部件、重要装备、国内短缺资源和节能环保产品进口比重。推动加工贸易管理体制改革，在浦东新区先行先试加工贸易合同审批改为备案，探索自贸试验区全球维修政策复制推广到区外，推动出口加工区向综合保税区转型升级。扩大第三方维修业务规模，推动设立上海临港进口高端装备再制造试点园区。建设一批进出口展示和交易平台，修订完善国别商品

① 静安区与闸北区已于 2015 年 11 月 4 日正式合并为静安区，因统计数据仍按原辖区划分，故本书仍保留原辖区的名称。

② 崇明县已于 2016 年 7 月 22 日正式撤县设区，因统计资料的时间为 2015 年，故本书仍保留原来的名称。

中心、直销中心管理办法，新认定 1～2 家国别商品中心。

（二）推进新型贸易模式发展

推进中国（上海）跨境电子商务综合试验区建设，加速培育一批跨境电商示范园区，深化跨境电子商务公共服务平台建设，引导企业扩大跨境电子商务直邮出口和海外仓出口业务规模。争取在平行进口汽车 3C 认证、落地征税、预审价等试点政策上取得突破，增加平行进口汽车进口份额。扩大国际贸易中转业务，大力培育第三方供应链管理企业，推进洋山和外高桥集装箱中转集拼便利化。完善外贸综合服务企业认定标准和管理办法，认定一批外贸综合服务试点企业，扩大上海市外贸综合服务企业业务规模和功能作用。

（三）打造服务贸易竞争新优势

落实服务贸易三年行动计划，扎实推进国家服务贸易创新发展试点工作，认定一批国际服务贸易总部示范基地，打造一批具备较强国际竞争力的大型跨国服务业企业和服务品牌。提升文化贸易、金融服务、技术贸易等新兴领域高技术、高附加值服务出口的比重，加快服务外包、中医药、国际教育、医疗旅游等服务贸易公共服务平台建设。修订上海服务贸易、服务外包资金管理办法，研究出台上海市促进技术贸易发展的意见，扩大技术先进型服务企业认定范围。

（四）持续改善外贸发展环境

抓好外贸稳增长政策落实，优化完善财政金融扶持政策，继续推动进出口环节收费清理，帮助外贸企业降低经营成本。加强口岸监管部门协同，全面建成覆盖贸易全流程的国际贸易“单一窗口”，落实商务部许可证系统和外经贸经营者资格备案系统与单一窗口高效对接，提高企业通关、报检、结汇和退税等各监管环节效率。推进亚太示范电子口岸能力建设，在相关电子口岸之间开展商品供应链数据互通、原产地证书无纸化等试点项目。

（五）加快建设国际会展之都

培育和引进一批具有国际知名度和行业影响力的品牌展会，办好国际展览协会（UFI）2016 年年会，推进国际展览协会地区总部落户浦东新区。推进国家会展（上海）中心配套工程和智慧展馆建设，确保各类大型展会平稳有序。制订展览业相关标准以及展会评估标准，完善展览业监管体系。提高第四届中国（上海）国际技术进出口交易会(简称“上交会”)影响力,夯实主宾国机制,吸引国内外领先科技产品、技术进行展示,促进企业技术贸易对接。

二、 着力扩大双向投资,进一步发挥投资对经济增长的关键作用

2016年,上海将坚持把利用外资作为主动参与全球价值链的有效途径,把对外投资作为主动布局全球价值链的关键举措,促进资本、人才、技术等要素跨境流动,提高上海参与和布局全球价值链的能力。

(一)培育利用外资新动力

深化外商投资管理体制改革,探索将准入前国民待遇加负面清单管理模式和服务业扩大开放措施在全市推广。坚持引资和引技、引智并举,进一步完善总部经济和外资研发中心政策支持体系,集聚一批跨国公司地区总部和各类功能性机构落户上海,完成吸引45家跨国公司地区总部的目标,支持已有外资研发中心向全球研发中心升级。鼓励外国投资者以跨国并购、风险投资、离岸业务、项目外包等方式开展投资。构建面向全球的投资促进工作网络,落实“投资促进十大计划”和智能制造“一区一业”招商计划,与松江区、奉贤区、金山区等区县联动引进智能制造、新材料等一批先进制造业项目。

(二)开创对外投资新格局

聚焦产业链、价值链和创新链融合,鼓励企业加大对境外研发中心、营销网络、资源能源项目的投资与并购,支持电力、纺织、汽车、化工等领域全产业链企业抱团走出去。聚焦“一带一路”、装备制造和国际产能合作,梳理推进一批重大投资合作项目,推动国际投资+工程、PPP、BOT、BT等创新投资模式,鼓励建设一批境外经贸合作区和产业园区。完善全流程境外投资服务体系,打造资本出海的门户。聚焦对外投资合作公共服务体系建设,加强境外经营安全风险防范。

(三)落实国家自贸试验区战略

办好G20贸易部长会议,利用APEC、G20、WTO等各种平台,配合国家参与全球贸易投资规则的研究制订。以深化“一带一路”建设为契机,加快与更多的“一带一路”沿线国家部门和重要节点城市建立经贸合作伙伴关系。探索国家级经济技术开发区与自贸试验区联动,将国家级经济技术开发区打造成开放型经济的重要载体和

招商引资的重要平台，支持有条件的国家级经济技术开发区走出去。深化与驻沪贸易投资促进机构的联系和沟通，引进若干贸易投资类国际组织、国际知名协会、贸易争议解决机构和仲裁机构。

三、着力加强事中事后监管，进一步打造法治化、国际化、便利化的营商环境

2016年，上海将坚持“两高、两少、两尊重”，推进简政放权、放管结合、优化服务，切实使市场在资源配置中起决定性作用。

（一）形成市场综合监管体系

落实长三角打击侵权假冒联动工作机制，推进跨区域侵权假冒案件执法协作。开展迪士尼商标保护、重点市场整治、中国制造海外形象维护等专项行动。开展互联网领域侵犯知识产权和制售假冒伪劣行为专项检查。健全电子商务、酒类流通、展览业等重点领域监管制度，形成监管互认、执法互助、信息共享、权责统一、运转高效的市场综合监管体系。

（二）加强商务信用体系建设

依托上海市公共信用信息服务平台和各类市场信用信息子平台，搭建上海商务诚信公众服务平台，建立政府与市场信用信息交互共享的商务信用征信、评信和用信机制。建立商业保理行业协同监管信息平台和单用途商业预付卡诚信信息平台，强化失信惩戒联动机制。

（三）营造公平贸易环境

完善服务全国的产业安全预警平台系统，在12个产业实施重点监测预警，发布产业国际竞争力指数和国际竞争力报告。在浦东新区试行贸易调整援助机制，复制推广自贸试验区反垄断工作机制，发布高新技术产业及电子商务等重点领域反垄断行为指引。深化知识产权海外维权服务基地、技术性贸易措施服务平台等工作机制，启动中小企业经贸摩擦服务平台建设，引进和培育一批商事法律服务机构。

（四）建立服务企业长效机制

完善上海市中小商贸企业服务平台建设，支持浦东新区小微企业双创基地城市示范工作。整合政府部门、行业协会、促进机构、专业服务机构等多方资源，构建服务企业的常态化机制。继续深化商务领域“三服务”机制，通过问题清单、项目清单、改革清单，及时协调解决企业遇到的困难和问题。

第二章　2015 年全球国际经贸发展特点和 2016 年展望

第一节　国 际 贸 易

一、 2015 年全球国际贸易发展特点

（一）2015 年全球国际贸易总体情况

根据国际货币基金组织（简称“IMF”）发布的数据，2015 年，全球的经济增长率略低于 2014 年，同比增长 3.1%。发达经济体整体经济增长势头良好，美国经济增长态势与上年持平，欧元区经济增长势头较为显著，德国和英国经济增长速度放缓，意大利和日本扭转了经济负增长的态势。新兴和发展中经济体普遍增速减缓，亚洲新兴和发展中国家整体经济增长速度降低，俄罗斯等独联体经济出现负增长（表 2.1）。

表 2.1　2011—2015 年世界经济增长情况

国家或经济体	同比增长率/%				
	2011 年	2012 年	2013 年	2014 年	2015 年
世　界	3.9	3.2	3.4	3.4	3.1
发达经济体	1.7	1.4	1.4	1.8	1.9
美　国	1.8	2.8	2.2	2.4	2.4
欧元区	1.6	−0.7	−0.5	0.9	1.7
德　国	3.4	0.9	0.2	1.6	1.5
法　国	2.0	0.0	0.3	0.4	1.3

续表

国家或经济体	同比增长率/%				
	2011 年	2012 年	2013 年	2014 年	2015 年
意大利	0.5	−2.4	−1.7	−0.4	0.8
西班牙	0.1	−1.6	−1.2	1.4	3.2
日　本	−0.5	1.4	1.6	−0.1	0.5
英　国	1.1	0.3	1.7	2.6	2.2
加拿大	2.5	1.7	2.0	2.5	1.1
其他发达经济体	3.3	1.9	2.2	2.8	2.0
新兴和发展中经济体①	6.3	5.1	5.0	4.6	4.0
亚洲新兴和发展中国家②	7.9	6.7	7.0	6.8	6.6
中　国③	9.3	7.7	7.8	7.4	6.9
印　度	6.6	4.7	6.9	7.2	7.6
东盟五国	4.5	6.2	5.2	4.6	4.8
独联体	4.8	3.4	2.2	1.0	−2.8
俄罗斯	4.3	3.4	1.3	0.6	−3.7
拉美和加勒比	4.6	3.1	2.9	1.3	0.0
巴　西	2.7	1.0	2.7	0.1	−3.8
墨西哥	4.0	3.9	1.4	2.1	2.5
中东和北非	3.9	4.1	2.4	2.6	2.3
撒哈拉以南非洲	5.5	4.9	5.2	5.0	3.3
南　非	3.6	2.5	2.2	1.5	1.3

数据来源：IMF 于 2016 年 7 月发布的 *World Economic Outlook*。
注：① 包括 153 个发展中国家和地区。
② 包括 29 个亚洲发展中国家和地区。
③ 不包括中国港澳台地区。

根据全球贸易组织（WTO）发布的《2016 贸易统计数据回顾》显示，由于全球整体经济增长放缓，2015 年全球贸易量整体增长速度也较为缓慢，仅为 2.7%。尽管贸易数量有所增加，但是由于货物贸易出口价格同比下降 15%，导致货物出口的美元价值下跌至 16 万亿美元，跌幅高达 14%。同样，服务出口的美元价值也发生了一定程度的下跌，跌幅达 6%，跌至 47 540 亿美元。整体上来看，导致 2015 年全球贸易形势不容乐观的因素有很多，包括中国经济增长速度的放缓、巴西经济的严重萧条、油价和其他商品价格的下跌以及汇率的波动。从需求视角来看，亚洲和资源型经济体的进口需求有所降低，但是美国和欧盟的进口需求有所增加（图 2.1）。

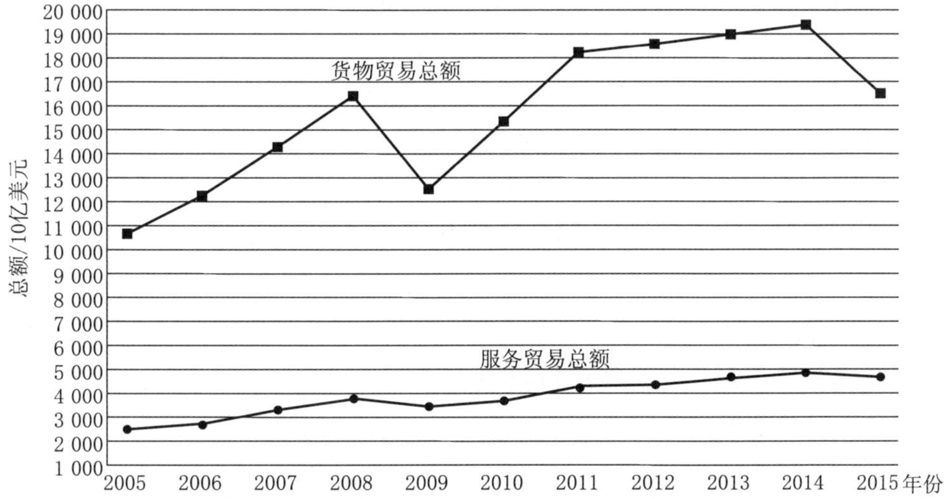

图 2.1 2005—2015 年全球货物贸易总额和服务贸易总额走势

数据来源：WTO《2016 贸易统计数据回顾》。

2015 年，全球货物贸易同比增速与同期全球 GDP 的同比增速（2.4%）基本相同，贸易和 GDP 的增速都小于 1990 年以来的平均水平（分别为 5%和 2.7%）。2012—2015 年，全球贸易平均增速连续 4 年小于 3%，为全球贸易历史增速最低时期（图 2.2）。

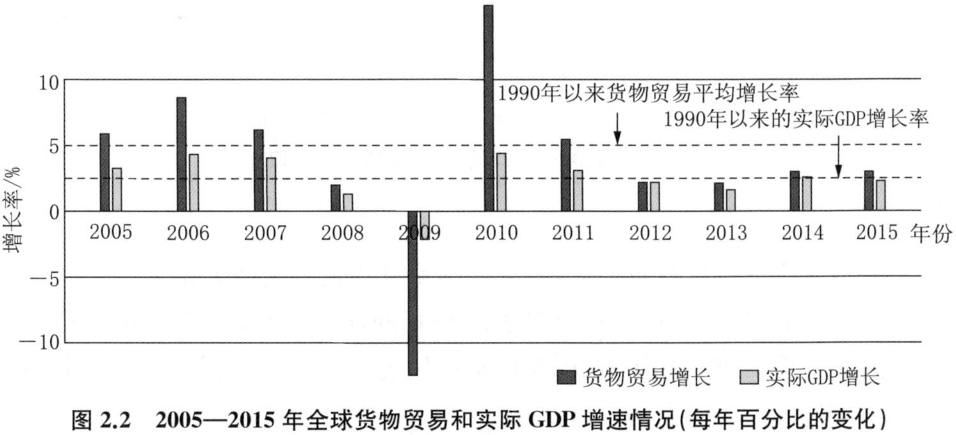

图 2.2 2005—2015 年全球货物贸易和实际 GDP 增速情况（每年百分比的变化）

数据来源：WTO《2016 贸易统计数据回顾》。

（二）货物贸易发展情况

1. 货物贸易有所下降，出现价跌量增趋势

2015 年，全球货物贸易进出口总额为 332 072 亿美元，相较于 2014 年的 380 062

亿美元有所下降，同比下降 12.6%。全球货物出口总量轻微增加，但是货物出口的美元价值发生了大幅度下跌，从 2014 年的 189 950 亿美元下降至 164 822 亿美元，同比下降 13.2%。同时，进口贸易总额从 2014 年的 190 112 亿美元下降至 167 250 亿美元，同比下降 12%。

货物贸易量增加和价值下跌之间的巨大差异主要是由于商品价格和汇率的巨大波动。在所有贸易商品中，由于新型能源页岩油的出现以及亚洲经济发展缓慢导致全球整体的能源需求减少，燃料价格跌幅最大，2015 年同比下降 63%，这一价格下跌导致燃料出口的美元价值同比下降 25%。相比之下，全球金属产品的价格下跌幅度比较小，同比下降 35%，这一下跌是由于美国页岩油行业的发展使得金属供应没有持续增加。全球食品和农业原材料的价格也有所降低，2015 年同比下降 22%，导致农产品出口的美元价值同比下降 11%，制成品出口的美元价值同比下降 5%(图 2.3)。

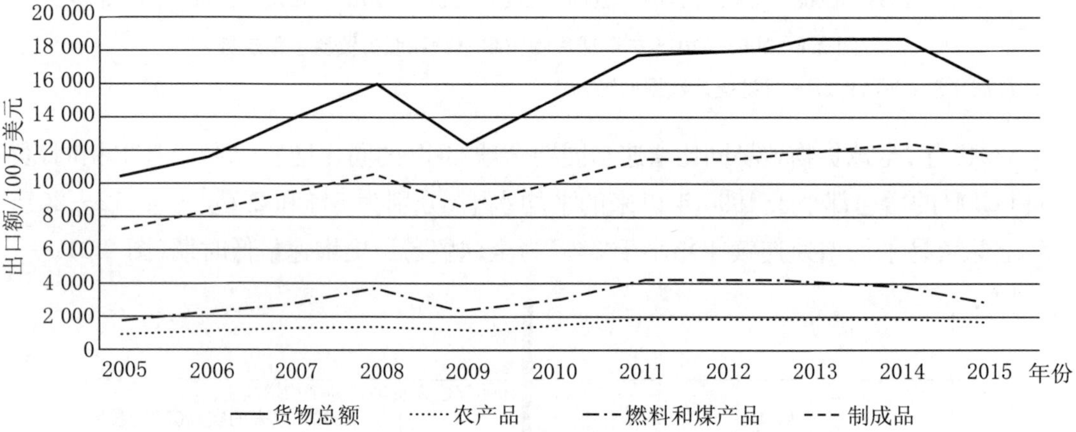

图 2.3 2005—2015 年全球货物贸易出口

数据来源：WTO 秘书处。

2. 主要地区货物贸易有所下降，区域内国家货物贸易走势分化

2015 年，亚洲地区是全球货物贸易表现最好的地区，随后是欧洲和北美洲，货物贸易出口额分别是 5.961 万亿美元、5.958 万亿美元、2.3 万亿美元，分别同比下降 7%、12%、8%。

2015 年，非洲地区的货物出口额同比下降 30%。占非洲地区货物出口额近 40% 的撒哈拉以南地区的石油输出国，如赤道几内亚、刚果，货物出口额因受石油价格的下跌同比降幅达 60%，尼日利亚出口额同比下降 50%。非洲地区货物出口的颓势还受其他因素影响，如北非地区经济的低速增长和国内的政治动乱。南非和摩洛哥的经济增速好于非洲总体增速，其货物出口降幅也相对缓和一点。

2015 年，亚洲地区的货物出口额同比下降 7%，降幅是全球各地区最低的。一方面，亚洲的制成品净出口国马来西亚和菲律宾货物出口额分别同比下降 15%、6%，印度尼西亚的货物出口额同比下降 15%。另一方面，虽然制成品价格下降，但越南（制成品净进口国）、孟加拉国（服装出口国）货物出口额分别同比增长 8%、6%。亚洲的发展国家货物出口总额占全球发展中经济体货物出口总额的比重高达 67%。

2015 年，中东地区、南美和中美洲、独联体地区货物出口仍然依赖于农产品、能源产品等，故随着国际市场的价格波动，这些地区的货物出口额降幅很大，出口额分别为 8 410 亿美元、5 400 亿美元、5 000 亿美元，分别同比下降 35%、21%、32%（图 2.4）。

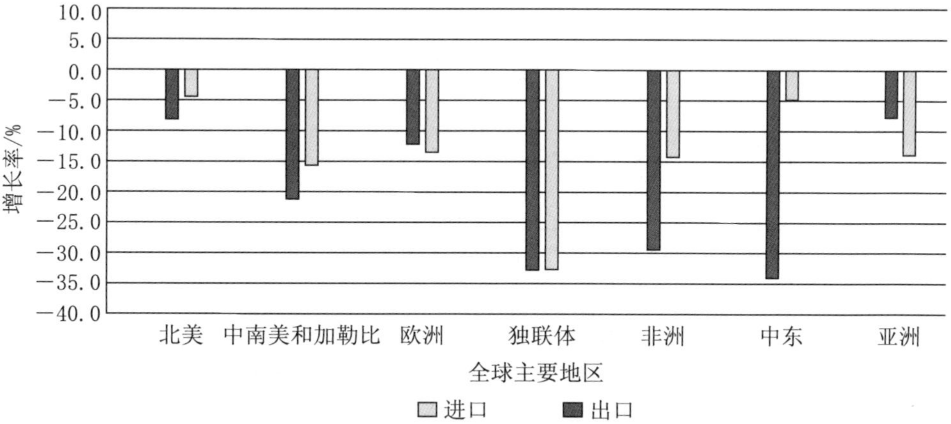

图 2.4　2015 年全球主要地区货物贸易量(每年百分比的变化)

数据来源：WTO《2016 贸易统计数据回顾》。

3. 主要国家货物贸易同比下降，中国货物出口额仍居全球第一

2015 年，全球货物出口前五的国家分别是中国、美国、德国、日本、荷兰。中国仍然是全球最大的货物出口国，出口总额为 22 750 亿美元，同比下降 3.0%，占世界出口总额的 13.8%；其次分别是美国、德国、日本、荷兰，出口额分别为 15 050 亿美元、13 290 亿美元、6 250 亿美元、5 670 亿美元，同比增速分别为−7.0%、−11.0%、−9.0%、−16.0%，占全球出口总额的比重分别为 9.1%、8.1%、3.8%、3.4%（表 2.2）。

2015 年，全球货物进口前五的国家分别是美国、中国、德国、日本、英国，进口额分别为 23 080 亿美元、16 820 亿美元、10 500 亿美元、6 480 亿美元、6 260 亿美元，同比增速分别为−4.0%、−14.0%、−13.0%、−20.0%、−9.0%，占全球进口总额的比重分别为 13.8%、10.1%、6.3%、3.9%、3.7%（表 2.3）。

表 2.2 2010—2015 年全球主要国家和地区货物出口情况

国家或地区	2010 年		2011 年		2012 年		2013 年		2014 年		2015 年		
	金额/亿美元	同比增长率/%	金额/亿美元	同比增长率/%	金额/亿美元	同比增长率/%	金额/亿美元	同比增长率/%	金额/亿美元	同比增长率/%	金额/亿美元	同比增长率/%	占比/%
中　国	15 778	31.3	18 984	20.3	20 487	7.9	22 090	7.8	23 428	6.1	22 750	−3.0	13.8
美　国	12 785	21.1	14 825	16.0	15 457	4.3	15 796	2.2	16 232	2.8	15 050	−7.0	9.1
德　国	12 589	12.4	14 740	17.1	14 051	−4.7	14 518	3.3	15 109	4.1	13 290	−11.0	8.1
日　本	7 698	32.6	8 232	6.9	7 986	−3.0	7 151	−10.5	6 839	−4.4	6 250	−9.0	3.8
荷　兰	5 743	15.3	6 671	16.2	6 554	−1.8	6 716	2.5	6 724	0.1	5 670	−16.0	3.4
法　国	5 238	8.0	5 965	13.9	5 687	−4.7	5 810	2.2	5 832	0.4	5 060	−13.0	3.1
韩　国	4 664	28.3	5 552	19.1	5 479	−1.3	5 596	2.2	5 727	2.3	5 270	−8.0	3.2
意大利	4 473	9.9	5 233	17.0	5 013	−4.2	5 183	3.4	5 287	2.0	4 590	−13.0	2.8
中国香港	4 007	21.6	4 556	13.7	4 929	8.2	5 352	8.6	5 241	−2.1	5 110	−3.0	3.1
英　国	4 160	17.2	5 066	21.8	4 728	−6.7	5 410	14.4	5 068	−6.3	4 600	−9.0	2.8

数据来源：WTO《2016 贸易统计数据回顾》。

表 2.3 2010—2015 年全球主要国家和地区货物进口情况

国家或地区	2010 年		2011 年		2012 年		2013 年		2014 年		2015 年		
	金额/亿美元	同比增长率/%	金额/亿美元	同比增长率/%	金额/亿美元	同比增长率/%	金额/亿美元	同比增长率/%	金额/亿美元	同比增长率/%	金额/亿美元	同比增长率/%	占比/%
美　国	19 691	22.7	22 660	15.1	23 365	3.1	23 291	−0.3	24 094	3.5	23 080	−4.0	13.8
中　国	13 963	38.8	17 435	24.9	18 184	4.3	19 500	7.2	19 603	5.3	16 820	−14.0	10.1
德　国	10 548	13.9	12 549	19.0	11 632	−7.3	11 916	2.4	12 174	2.2	10 500	−13.0	6.3
日　本	6 941	25.7	8 554	23.2	8 858	3.6	8 332	−6.0	8 223	−1.3	6 480	−20.0	3.9
英　国	5 911	13.9	6 771	14.6	6 906	2.0	6 558	−5.0	6 829	4.1	6 260	−9.0	3.7
法　国	6 111	9.0	7 200	17.8	6 744	−6.3	6 815	1.1	6 792	−3.3	5 730	−15.0	3.4
中国香港	4 414	25.3	5 109	15.7	5 535	8.4	6 214	12.3	6 006	−3.4	5 590	−7.0	3.3
荷　兰	5 164	16.5	5 990	16.0	5 869	−2.0	5 897	0.5	5 868	−0.5	5 060	−14.0	3.0
韩　国	4 252	31.6	5 244	23.3	5 196	−0.9	5 156	−0.8	5 255	1.9	4 360	−17.0	2.6
加拿大	4 027	22.1	4 636	15.1	4 749	2.4	4 743	−0.1	4 749	0.1	4 360	−9.0	2.6

数据来源：WTO《2016 贸易统计数据回顾》。

（三）服务贸易发展情况

1. 服务贸易的美元价值持续下跌

2015 年，全球服务贸易进出口总额为 93 657 亿美元，同比下降 6.1%。其中，服务出口额为 47 540 亿美元，服务进口额为 46 117 亿美元，均同比下降 6.1%。全球服务出口的美元价值下降由强烈的汇率波动引起，特别是美元对美国贸易伙伴国货币的总体升值，更具体地说，欧元和英镑对美国货币的贬值。欧洲在全球服务贸易中占据很大份额（占出口总额的 46%），欧洲大部分服务贸易发生于欧元区和欧盟内，因此欧盟内的汇率变动对全球贸易会产生巨大影响。不过，由于贸易统计货币一般是美元，所有地区在一定程度都可能会受到汇率波动的影响。

2. 主要地区服务贸易总体出现下跌趋势

2015 年，全球服务贸易额同比下降 6.1%，一些地区出现了明显的下降。其中，独立国家联合体（独联体）商业服务出口额同比下降 16%，进口额同比下降 23%，表明了俄罗斯联邦服务贸易的缩水以及俄罗斯卢布兑美元的贬值。欧洲强劲的汇率波动很大程度上引发了欧洲地区服务贸易的下降，而巴西的经济衰退对中南美洲地区的服务贸易产生了重大影响，尤其是导致了进口额同比下降 12%。北美洲是唯一出现服务进口增长趋势的地区。亚洲地区由于货物贸易疲软导致的交通运输出口减少和其他商业服务出口缩水，导致服务出口额同比下降 3%。旅游服务出口占非洲服务出口额的 40%以上，因此旅游出口的减少导致非洲商业服务出口额同比下降 3%。相反，中东地区正在逐渐扩张旅游业，提升了其服务的出口，其服务出口额同比增长 5%（图 2.5）。

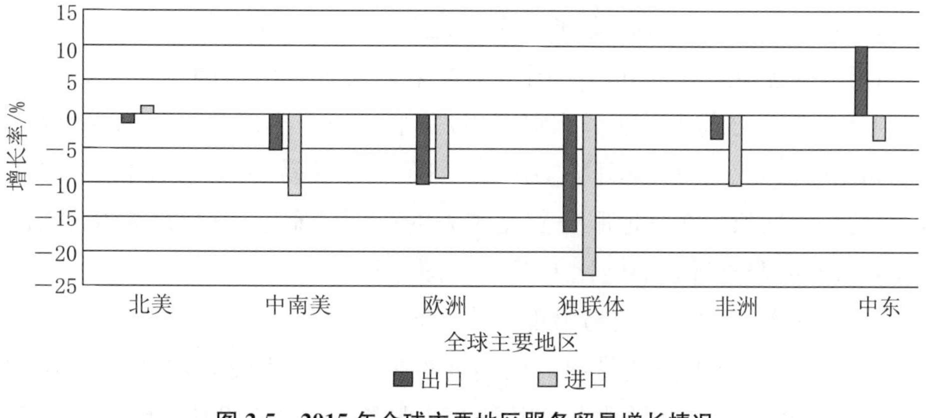

图 2.5　2015 年全球主要地区服务贸易增长情况

数据来源：WTO-UNCTAD-ITC 统计处。

从季度同比的角度来看，2015 年第二季度全球服务出口额同比下降 8%，第四季度则同比下降 6%。欧洲地区 2015 年的服务出口额总体发展趋势和全球趋势类似，但是下跌幅度更大，第二季度同比下降 12%，第四季度同比下降 8%。北美地区服务出口额下跌幅度相对比较小，2015 年第四季度同比下降 3%。亚洲地区服务出口额总体变化比较陡峭，2015 年第二季度同比增长 8%，而第四季度同比下降 6%，服务进口的趋势与服务出口类似(图 2.6)。

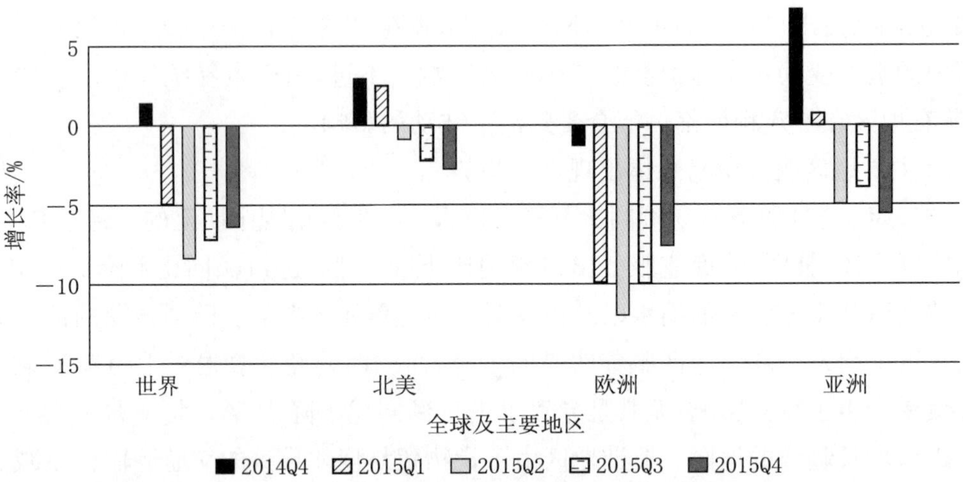

图 2.6　2014—2015 年全球及主要地区服务出口额增长情况

数据来源：WTO-UNCTAD-ITC 统计处。

3. 主要国家服务贸易发展平稳，美国服务贸易仍居世界第一

2015 年，全球排名前十的服务出口国也是排名前十的进口国，但次序不同。美国继续保持其作为世界领先的服务贸易国地位，虽然出口停滞，但进口额同比增长 3%，表明美国的经济正在复苏。中国是全球第二大服务出口国，占全球服务出口额的 6%，且中国在排名前十的服务出口国中，是唯一一个出口和进口都有所增长的国家(分别同比增长 2%和 3%)，不过，中国仍然是服务贸易的净进口国，主要是近几年旅游进口的快速增长。在其他服务贸易领先的亚洲国家中，进口降幅超过出口降幅的有日本，日本的服务进口额同比下降 9%(图 2.7)。

4. 主要服务部门的服务贸易出现下跌趋势

2015 年，全球交通服务贸易出口的美元价值下跌幅度最大，2015 年第四季度同比下降 12%。同时，货物相关服务和其他商业服务出口额在 2015 年第二季度开始出现复苏迹象，而在第四季度则分别同比下降 1%和 5%(图 2.8)。

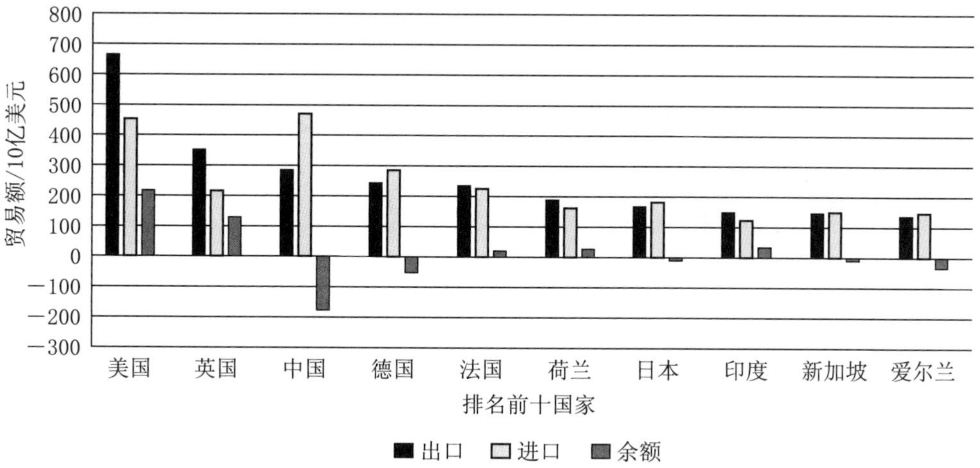

图 2.7 2015 年全球排名前十国家的服务贸易情况

数据来源：WTO-UNCTAD-ITC 统计处。

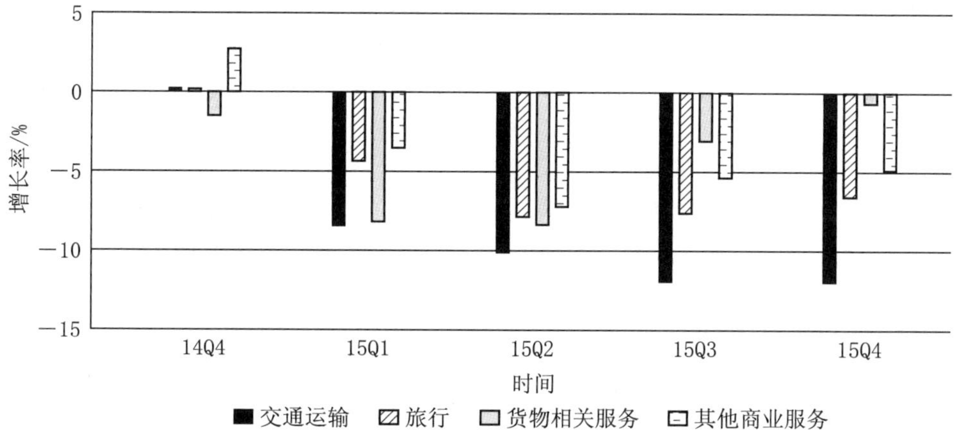

图 2.8 2014—2015 年全球主要服务行业出口的增长情况

数据来源：WTO-UNCTAD-ITC 统计处。

二、 2016 年全球国际贸易发展展望

2016 年，全球经济依然延续弱势复苏格局，美元加息进程不确定性增大，地缘政治风险上升，全球贸易仍难以摆脱困境。世界贸易组织预计，2016 年全球贸易量同比增长率为 2.8%，与 2015 年持平。其中，发达国家出口量同比增长 2.9%，略好于 2015 年，进口量同比增长 3.3%，增速较 2015 年有所放缓；发展中国家和新兴市场经济体出口量同比增长 2.8%，较 2015 年下滑，为金融危机以来首次低于发达国家出口

增速;进口量同比增长 1.8%,增速较 2015 年有所改善,但仍低于发达国家。

第二节 外国直接投资

一、2015 年全球外国直接投资发展特点

(一) 2015 年全球 FDI 总体情况

根据联合国贸易和发展组织(UNCTAD)发布的 2016 年《世界投资报告》,2015 年,全球 FDI 流量达到了 17 600 亿美元,同比增长 38%,是 2008—2009 年金融危机以来的最高水平,但这一水平仍然比 2007 年最高水平的 FDI 流量低 10%。全球 FDI 出现大幅度回升主要是由于跨境并购的大量出现,2015 年全球的跨境并购(M&As)总额从 2014 年的 4 320 亿美元增加到 7 210 亿美元,出现跨境并购大潮的部分原因是企业重组(如跨国公司的法律或所有权结构变更和税收倒置)。不考虑这种大规模企业重组的情况,2015 年全球 FDI 流量增长比较温和,同比增速在 15%左右。全球绿地投资项目的金额仍然保持在比较高的水平,总额达 7 660 亿美元(图 2.9)。

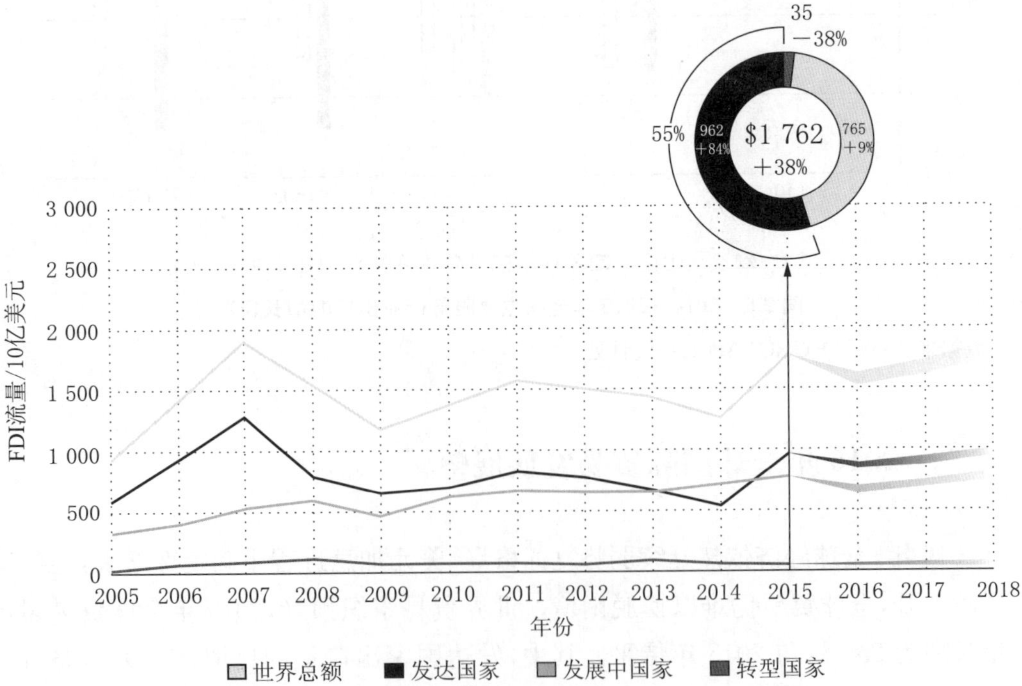

图 2.9 2005—2015 年全球不同类型经济体 FDI 流量情况

数据来源:UNCTAD《2016 年世界投资报告》。

（二）FDI区域分布情况

1. FDI流入情况

(1) 发展中经济体FDI流入量整体增速平缓

2015年，除亚洲地区之外，其他发展中经济体FDI流入量增速平缓，约为6%。亚洲地区相对于其他增长比较平缓的发展中地区来说，FDI流入量发生了大规模增加，FDI流入量超过5 000亿美元，是世界范围内FDI流入量最大的地区。非洲、拉丁美洲和加勒比海地区、转型经济体的FDI流入量分别减少至540亿美元、1 680亿美元和350亿美元，分别同比下降7%、2%和38%。发展中经济体的FDI流入量情况比较复杂，一些亚洲经济体FDI流入量显著增加，但是其他发展中经济体和转型经济体则显著减少，因此总体上来看，发展中经济体FDI增加情况并不显著。尽管如此，FDI流入量排名前十的经济体中仍有一半都是发展中经济体(表2.4)。发展中经济体总体上FDI流入量的减少是由于发展中经济体和转型经济体商品价格的降低，尤其是原油和金属矿物的价格下跌。2014年下半年油价的大幅下跌使得非洲、南美洲和转型经济体FDI流入量大幅减少。产油国FDI流入量的减少不仅仅是由于油价下跌导致计划资本支出减少，也因为利润缩减导致的再投资减少，进而导致以采矿为主

表2.4　2015年全球排名前20的FDI流入经济体

排名	国家或地区	2015年流入量/亿美元	2014年流入量/亿美元	增加值/亿美元	排名	国家或地区	2015年流入量/亿美元	2014年流入量/亿美元	增加值/亿美元
1	美　国	3 800	1 070	2 730	11	法　国	430	150	280
2	中国香港	1 750	1 140	610	12	英　国	400	520	−120
3	中　国	1 360	1 290	70	13	德　国	320	10	310
4	爱尔兰	1 010	310	700	14	比利时	310	−90	400
5	荷　兰	730	520	210	15	墨西哥	300	260	40
6	瑞　士	690	70	620	16	卢森堡	250	120	130
7	新加坡	650	680	−30	17	澳大利亚	220	400	−180
8	巴　西	650	730	−80	18	意大利	200	230	−30
9	加拿大	490	590	−100	19	智　利	200	210	−10
10	印　度	440	350	90	20	土耳其	170	120	50

数据来源：UNCTAD《2016年世界投资报告》。

的经济体 FDI 流入量有所减少。另一个导致发展中经济体 FDI 流入量增长趋缓的原因是新兴经济体总体上经济增长缓慢,打击了投资者的投资热情。金砖国家占到了全球 FDI 流入量的 1/3,其中巴西和俄罗斯的经济处于衰退之中,南非和中国经济发展十分缓慢,印度的经济发展则较为稳定,同时这些经济体的美元直接价格有所贬值,使得再投资收益受到下行压力。

(2) 发达经济体 FDI 流入量有所增加

尽管亚洲继 2014 年之后仍然是 FDI 流入量最多的地区,但 2015 年发达经济体的 FDI 流入量几乎翻了一番,流入发达经济体的 FDI 总量从 2014 年的 5 220 亿美元增加到 9 620 亿美元,同比增长 84%。流向发展中经济体的 FDI(不包括加勒比海金融中心)增加至 7 650 亿美元,同比增长 9%,而流向转型经济体 FDI 总量同比下降 38%,降至 350 亿美元。最终的结果是,发达经济体在全球外国直接投资流入中所占的份额从 2014 年的 41%跃升至 2015 年的 55%,一改过去 5 年间发展中经济体和转型经济体一直是 FDI 最主要流入地区的趋势。

2015 年,全球流向北美洲和欧洲的 FDI 大幅增加。北美洲 FDI 流入量增加至 4 290 亿美元,同比增幅达 160%,其中美国的 FDI 流入量同比增长 250%以上。尽管美国的这一巨大增幅是由于 2014 年的基数本身就很小,但美国 2015 年的 FDI 流入量绝对值也高达 3 800 亿美元,是美国自 2000 年以来 FDI 流入量的最高水平。欧洲 FDI 流入量的增幅也很大,同比增长 65%, FDI 流入量增至 5 040 亿美元,这是因为流向欧盟的 FDI 同比增长 50%以及瑞士的 FDI 流入量从 70 亿美元跃升至 690 亿美元。2015 年发达经济体 FDI 流入量增加的主要原因是大量跨境并购活动的发生。发达经济体在 2015 年的跨境并购总额增至 6 310 亿美元,同比增幅高达 109%,这是自 2007 年以来,发达经济体跨境并购总额最多的一年。跨境并购主要发生于美国,跨境并购净额从 2014 年的 170 亿美元增加到 2 990 亿美元。欧洲的跨境并购增幅也很显著,同比增长 36%(图 2.10)。

(3) 绝大多数经济组织的 FDI 流入量有所增加

2015 年,二十国集团(G20)、跨大西洋贸易与投资伙伴(TTIP)、亚太经济合作组织(APEC)、跨太平洋伙伴关系(TPP)、区域综合经济伙伴关系(RCEP)和金砖经济体(BRICS)等经济组织在全球 FDI 流量中占很大的份额。经济组织内公司间的投资非常显著,有大约 30%至 63%的 FDI 流量发生于经济组织内部。这些经济组织的主要目标就是形成利于投资的环境以促进 FDI 在经济组织内部流动,但经济组织对 FDI 的影响也取决于很多其他因素,如成员国之间的协定条款、贸易成本、现存跨国公司的规模和分布以及公司战略等。联合国贸易和发展会议(UNCTAD)在《2016 年世界

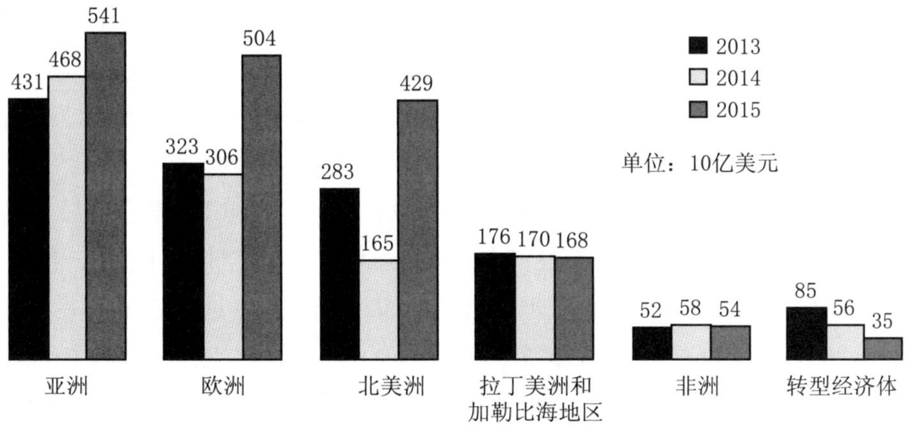

图 2.10　2013—2015 年全球不同区域的 FDI 流入量

数据来源：UNCTAD《2016 年世界投资报告》。

投资预期调查》中预测现存经济合作组织中，61%的经济组织将会在接下来的 5 年间影响到企业的投资决策。2015 年，在各种经济组织中，FDI 流入量最多的组织是 APEC，流入量达 9 530 亿美元，同比增长 42%，占全球比重为 54%，增量中 80%都流向了美国、中国(包括中国香港)和新加坡；其次是 G20，流入量达 9 260 亿美元，同比增长 42%，占全球比重为 53%，其中该组织 2/3 的 FDI 流入量都流向了美国、中国和巴西(图 2.11)。

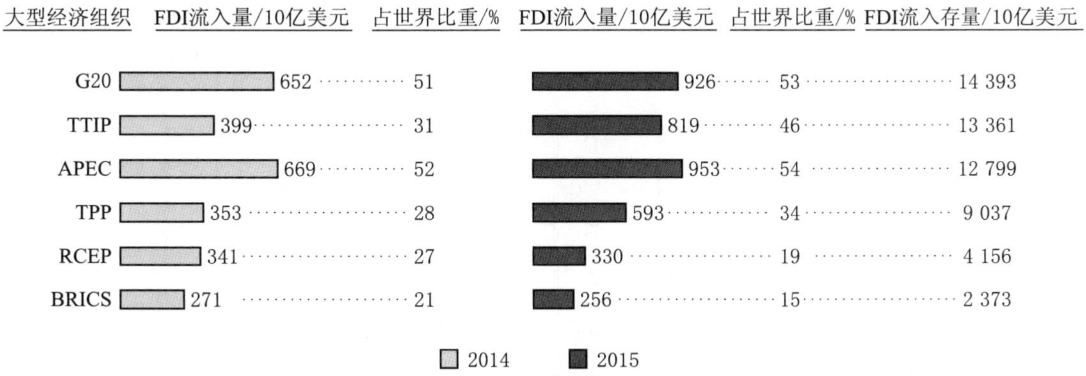

图 2.11　2014—2015 年全球大型经济组织 FDI 流入量

数据来源：UNCTAD《2016 年世界投资报告》。

2. FDI 流出情况

(1) 发达经济体 FDI 流出量大幅增加

2015 年，全球发达经济体跨国公司的对外投资大量增加，海外投资总额达 11 000

亿美元，同比增长33%，但这一水平仍然比发达经济体2007年的FDI流出量低40%，发达经济体在全球FDI流出量的比重从上一年的61%增长至72%。其中，欧洲成为全球最大的FDI流出地区，欧洲和日本是增速最高的地区；相反，发展中经济体和转型经济体的FDI流出量则有所减少。

在经历了连续4年的对外投资减少之后，欧洲再度成为FDI流出量最多的地区，这也促使了发达经济体对外投资浪潮的兴起。2015年，欧洲FDI流出量同比增长85%，增至5 760亿美元，占全球FDI流出量的40%，这主要是由于欧洲跨境并购的大量兴起，2015年欧洲的跨境并购净额达3 180亿美元，比上一年的570亿美元增加了5倍以上。2014年，欧洲跨境并购之所以出现低迷，是因为英国沃达丰公司对美国威瑞森无线通信公司撤资近1 300亿美元，如果不考虑这笔撤资的话，并购净额仍然同比增长70%。大量并购促进了欧洲跨国公司的投资，也使得全球FDI流出量排名有所改变。在发达经济体中，瑞士从2014年的第153名跃居第7名，比利时从第32名跃居第11名，爱尔兰从第9名跃居第5名。北美洲的FDI流出量则同比下降1%，其中加拿大同比增长21%，而美国则同比下降5%，但这两个经济体的排名都没有变化，美国依然排名第1名，加拿大依然排名第8名。日本连续5年对外直接投资高达1 000亿美元以上，使得日本FDI流出量在全球范围内排第2名（表2.5）。

表2.5 2015年全球排名前20的FDI流出国或地区

排名	国家或地区	2015年流出量/亿美元	2014年流出量/亿美元	增加值/亿美元	排名	国家或地区	2015年流出量/亿美元	2014年流出量/亿美元	增加值/亿美元
1	美国	3 000	3 170	−170	11	比利时	390	50	340
2	日本	1 290	1 140	150	12	新加坡	350	390	−40
3	中国	1 280	1 230	50	13	法国	350	430	−80
4	荷兰	1 130	560	570	14	西班牙	350	350	0
5	爱尔兰	1 020	430	590	15	韩国	280	280	0
6	德国	940	1 060	−120	16	意大利	280	270	10
7	瑞士	700	−30	730	17	俄罗斯	270	640	−370
8	加拿大	670	560	110	18	瑞典	240	90	150
9	中国香港	550	1250	−700	19	挪威	190	180	10
10	卢森堡	390	230	160	20	智利	160	120	40

数据来源：UNCTAD《2016年世界投资报告》。

(2) 发展中经济体FDI流出量有所减少

2015年,全球几乎所有的发展中经济体和转型经济体的FDI流出量都有所减少。亚洲是2014年FDI流出量最多地区,但是2015年该地区的FDI流出量同比下降17%,减少至3 320亿美元,减少额约为700亿美元,主要是因为中国香港FDI流出量同比下降56%。在许多发展中经济体和转型经济体中,需求疲软、物价紧缩以及货币贬值是FDI流出量减少的主要原因。制度环境和地缘政治也会影响到FDI流出情况。俄罗斯的跨国公司对外投资下降主要是因为俄罗斯对国际资本市场进行限制以及减少返向交易(指跨国企业利用海外分支机构持有母国资产)等。地区冲突也影响了一些西亚经济体的投资热情。和发展中经济体FDI流出减少的大背景不同的是,有少数几个发展中经济体的FDI流出量在2015年有所增加。如中国的FDI流出量从1 230亿美元增加至1 280亿美元,使得中国仍然是全球范围内FDI流出量仅次于美国和日本的经济体,尤其是以跨境并购形式实现的跨国投资。此外,科威特的FDI流出量也有所增加,从−105亿美元增加到54亿美元,泰国的FDI流出量从44亿美元增加至78亿美元,拉丁美洲以企业内贷款的形式使得FDI流出量同比增长5%。

(三)FDI部门和行业分布情况

1. 服务业FDI占主导地位

服务业占全球外国直接投资存量的近2/3。2014年服务业FDI为166 400亿美元,占全球FDI存量为64%,其次是制造业(70 200亿美元,27%)和初级部门(18 200亿美元,7%),另外2%为不详部门的FDI(图2.12)。

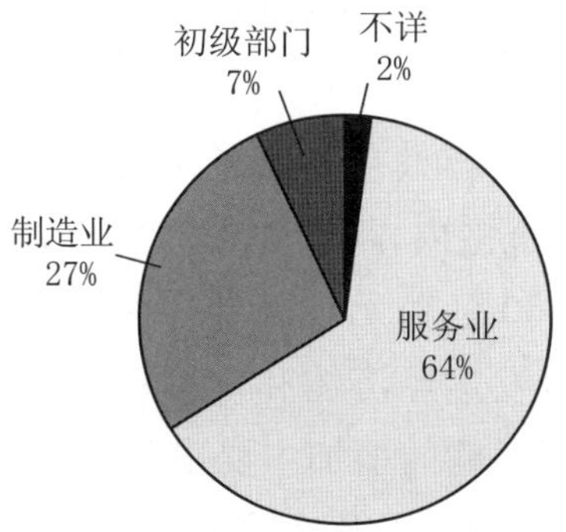

图2.12 2014年全球FDI流入存量分行业情况

数据来源:UNCTAD《2016年世界投资报告》。

2. 不同经济体FDI行业分布存在差异性

发达经济体和发展中经济体在投资流入方面的整体行业分布方面很相似,但在发展中地区之间差异比较显著。初级部门的外国直接投资在非洲、拉美和加勒比地区的份额分别为28%和22%，远高于亚洲经济体的2%，这在很大程度上是因为前者的采掘业占比很大。相比之下，亚洲的服务业FDI占据了相当的份额，主要是由于中国香港在服务业上的优势地位。大宗商品价格的下跌已经开始显著影响发展中经济体整体的FDI结构模式，特别是非洲、拉美和加勒比地区(图2.13)。

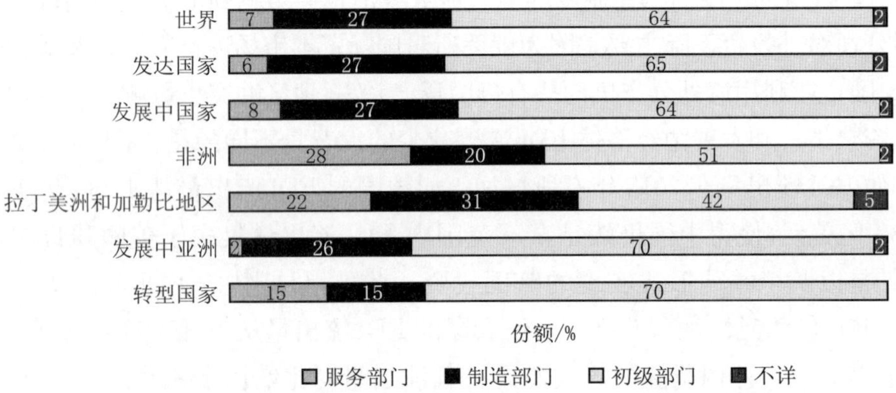

图2.13　2014年全球不同类型经济体FDI存量的行业分布

数据来源：UNCTAD《2016年世界投资报告》。

3. 各行业FDI模式特征

2015年，全球制造业掀起跨国并购大潮，发达经济体和发展中经济体表现出不同的FDI模式。跨国并购的总价值以及他们的部门分布，在过去几年已经发生了显著的变化。虽然2015年全球服务业跨境并购额增加了950亿美元，但是制造业的跨境并购依然占主导地位，占跨国并购总额的54%，相较于2012年的41%和2009年的28%都有所增长。

2015年，全球制造业跨国并购总值达到了历史最高水平(3 880亿美元)，超过了2007年的最高纪录。在全球范围内，跨境并购的增加主要是在制药行业(高达610亿美元)、非金属矿产品(高达260亿美元)、家具(高达210亿美元)和化学品和化工产品(高达160亿美元)。但是，发达经济体和发展中经济体的制造业跨国并购之间存在差异。在发达经济体，跨国并购的增加主要出现在制药和化学原料及化学制品、非金属矿物制品、机械和设备等行业，以及橡胶和塑料制品、基本的金属和金属制品、汽车和其他运输设备等工业。在发展中经济体，制造业的跨国并购增加是由数量有限的大型并购所驱动的，如家具、食品饮料、非金属矿产及制品行业。同时，药品和机械设备行业都曾经出现较大规模撤资，典型案例就是第一三共株式会社(日本)出售印度兰伯西实验室有限公司(印度)的股权给太阳药业(印度)，达30亿美元(图2.14)。

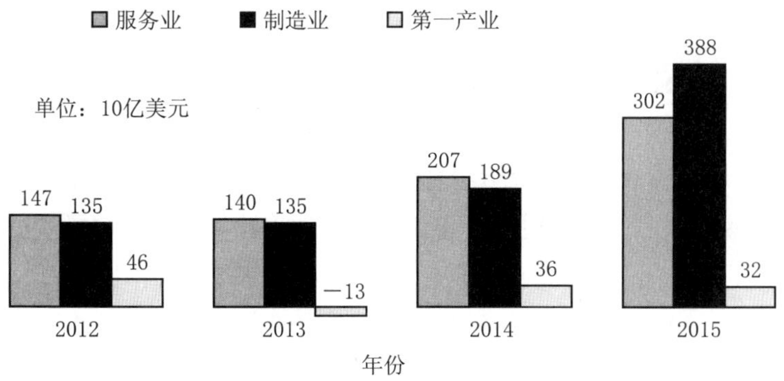

图 2.14　2012—2015 年不同部门的跨境并购价值

数据来源：UNCTAD《2016 年世界投资报告》。

跨境并购模式中初级部门的占比从 2014 年的 8%下降至 2015 年的 4%，绿地投资模式的 FDI 总额中初级部门占比的下降也很明显：2013—2015 年，初级部门占比下降至 5%左右，几乎为 2009—2011 年的一半(图 2.15)。

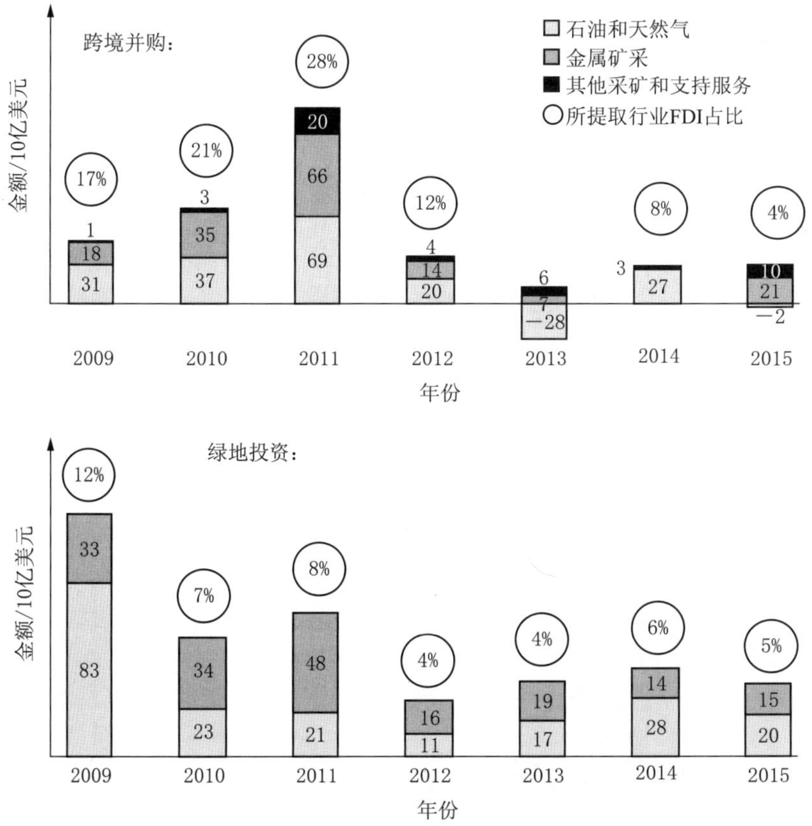

图 2.15　不同 FDI 模式下初级部门的行业分布

数据来源：UNCTAD《2016 年世界投资报告》。

二、 2016年全球外国直接投资发展展望

根据UNCTAD报告，由于全球经济的脆弱性，总需求持续疲软，经济增长乏力，再加之大部分经济体实施遏制税收倒置交易的有效政策措施，导致企业整体利润下滑，所以预期2016年全球FDI流量同比下降10%～15%。在中期内，全球外国直接投资流量预计将在2017年恢复增长，并在2018年超过18 000亿美元，同时也反映了全球增长的预期回升。UNCTAD的商业调查结果表明，只有40%的顶级跨国企业高管预期2016年的FDI会出现增长趋势，但是服务业预期不太乐观。

第三章　2015 年我国国际经贸的发展特点和 2016 年展望

第一节　国 际 贸 易

一、2015 年我国对外贸易的发展特点

（一）全球第一货物贸易大国地位巩固

2015 年，我国货物进出口总额 39 656.6 亿美元，同比下降 7.8%。其中，出口 22 844.9 亿美元，同比下降 2.5%；进口 16 811.8 亿美元，同比下降 14.2%。贸易顺差 6 033.2 亿美元，同比增长 57.7%。分季度和月度看，2015 年年内进出口增速总体前高后低(图 3.1)。

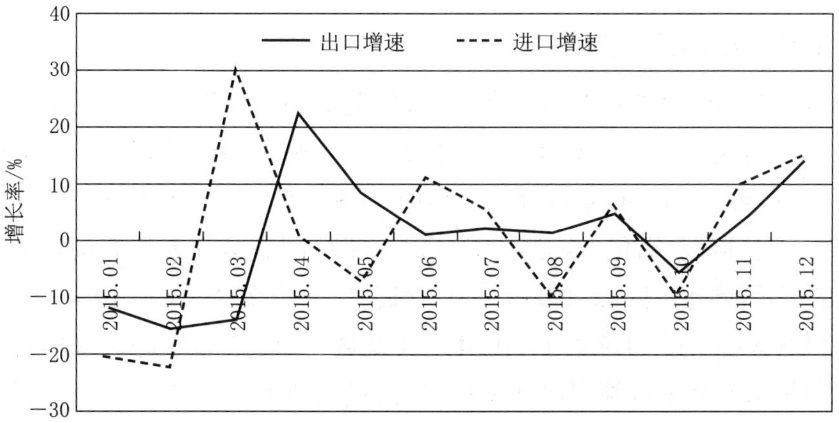

图 3.1　2015 年我国外贸月度进出口增速

数据来源：中国海关网站。

2015 年,我国进出口降幅比全球贸易降幅低 4.5 个百分点,也小于主要国家的贸易降幅,仍然保持全球第一货物贸易大国地位。我国出口占全球份额为 13.8%,比 2014 年提高 1.4 个百分点(表 3.1)。

表 3.1 2010—2015 年我国货物贸易情况

年份	进出口			出　口			进　口		
	金额/亿美元	同比增长率/%	全球占比%	金额/亿美元	同比增长率/%	全球占比%	金额/亿美元	同比增长率/%	全球占比/%
2010	29 740.0	34.7	9.7	15 777.5	31.3	10.3	13 962.4	38.8	9.0
2011	36 418.6	22.5	9.9	18 983.8	20.3	10.4	17 434.8	24.9	9.4
2012	38 671.2	6.2	10.5	20 487.1	7.9	11.1	18 184.1	4.3	9.8
2013	41 603.3	7.6	11.1	22 100.4	7.9	11.8	19 502.9	7.3	10.3
2014	43 030.4	3.4	11.3	23 427.5	6.1	12.4	19 602.9	0.4	10.3
2015	39 656.6	−7.8	11.9	22 844.9	−2.5	13.8	16 811.8	−14.2	10.1

数据来源:历年《我国统计年鉴》《2015 年国民经济和社会发展统计公报》以及世贸组织网站。

在全球大宗商品价格持续下跌的背景下,2015 年我国铁矿砂、大豆和原油进口数量分别同比增长 2.2%、14.4%和 8.8%,进口价格分别同比下降 39.0%、23.8%和 45.3%。大宗商品进口量增价跌,在满足国内生产需要的同时,有效下降企业的进口成本,节约了外汇支出,提高了进口效益。全年进口商品价格指数下降 10.7%,而出口商品价格指数仅下降 0.9%,贸易条件连续 4 年改善。

(二)商品结构进一步优化

我国出口商品的附加值有所提高,出口制造业在产业链的位置逐渐上升。2015 年,我国机电产品出口 1.3 万亿美元,与 2014 年持平,好于总体出口,占总出口额的 57.6%,较 2014 年提高 1.6 个百分点。其中,手机、船舶出口分别同比增长 8.5%和 13.3%。纺织品、服装、箱包、鞋类、玩具、家具、塑料制品等 7 大类劳动密集型产品出口 4 718 亿美元,同比下降 2.7%,占总出口额的比重为 20.8%(表 3.2)。

在进口额大幅下降的背景下,我国先进设备、关键零部件进口基本稳定。2015 年我国高新技术产品进口额同比基本持平,占进口总额的比重为 32.6%,较 2014 年扩大 4.5 个百分点。2015 年,我国部分大宗商品进口量保持增长。其中,进口铁矿砂 9.53 亿吨,同比增长 2.2%;原油 3.36 亿吨,同比增长 8.8%。由于大宗商品进口价格

表 3.2　2015 年我国主要出口产品情况

商品名称	计量单位	数　量	同比增长率/%	金额/亿美元	同比增长率/%
纺织纱线、织物及制品	—	—	—	1 095.0	−2.3
服装及衣着附件	—	—	—	1 742.8	−6.4
鞋　类	万吨	447	−8.4	535.3	−4.8
家具及零件	—	—	—	528.0	1.5
自动数据处理设备及其部件	万台	171 058	−10.6	1 523.1	−16.2
手持或车载无限电话机	万台	134 342	2.4	1 237.3	7.3
集 装 箱	万个	272	−10.1	76.7	−14.7
液晶显示板	百万个	2 293.4	−6.4	309.7	−2.6
汽车及汽车底盘	万辆	72	−19.4	112.3	−10.3
* 机电产品	—	—	—	13 107.2	0.0
* 高新技术产品	—	—	—	6 552.1	−0.8

备注：* 机电产品和高新技术产品中包含部分重合的产品。
数据来源：中国商务部网站。

下降较多，2015 年我国贸易条件指数为 112.1，表明我国出口一定数量的商品可以多换回 12.1%的进口商品，贸易条件进一步改善（表 3.3）。

表 3.3　2015 年我国主要进口产品情况

商品名称	计量单位	数　量	同比增长率/%	金额/亿美元	同比增长率/%
大　豆	万吨	8 169	14.4	347.7	−13.6
食用植物油	万吨	676	4.1	50.1	−15.5
铁矿砂及其精矿	万吨	95 272	2.2	576.2	−38.3
原　油	万吨	33 550	8.8	1 344.5	−41.1
成品油	万吨	2 990	−0.3	143.0	−39.0
初级形状的塑料	万吨	2 610	2.9	450.2	−12.7
钢　材	万吨	1 278	−11.4	143.3	−20.0
未段扎铜以及铜材	万吨	481	−0.3	290.3	−18.4
汽车及汽车底盘	万辆	110	−22.9	446.7	−26.3
* 机电产品	—	—	—	13 107.2	0.0
* 高新技术产品	—	—	—	6 552.1	−0.8

备注：* 机电产品和高新技术产品中包含部分重合的产品。
数据来源：中国商务部网站。

（三）新型商业模式成为外贸发展的新热点

2015年，我国一般贸易出口12 157亿美元，同比增长1.0%，占比53.4%，比2014年提高2.1个百分点；加工贸易出口7 977.9亿美元，同比下降9.8%，占比35.1%，比2014年下降2.7个百分点。跨境电子商务、市场采购贸易等新型商业模式发展迅速，逐步成为外贸发展的新热点。2015年，跨境电子商务增长30%以上，市场采购贸易方式出口增长60%左右。

（四）民营企业成为出口的主力军

民营企业经营机制灵活，适应环境能力强，在严峻复杂的形势下仍实现出口正增长，在我国外贸中的地位和作用进一步提升。2015年，我国民营企业出口1.03万亿美元，同比增长1.8%，比上年提高2.1个百分点，占比45.2%，占比第一次超过外资企业。外资企业出口1.0万亿美元，同比下降6.5%，占比44.2%。国有企业出口2 424亿美元，同比下降5.5%，占比10.6%（表3.4）。

表3.4　2015年我国进出口贸易结构及贸易主体情况

项目		出口			进口		
		金额/亿美元	同比增长率/%	占比/%	金额/亿美元	同比增长率/%	占比/%
总计		22 735.3	−2.9	100.0	16 800.3	−14.1	100.0
贸易方式	一般贸易	12 157.0	1.0	53.4	9 231.9	−16.8	54.9
	加工贸易	7 977.9	−9.8	35.1	4 470.0	−14.7	26.6
	其他贸易	2 614.6	2.6	11.5	3 117.6	−4.5	18.5
企业性质	国有企业	2 423.9	−5.5	10.7	4 078.4	−16.9	24.2
	外商投资企业	10 047.3	−6.5	44.2	8 298.9	−8.7	49.3
	民营企业	10 278.3	1.6	45.2	4 442.2	−20.5	6.4

数据来源：中国商务部网站。

（五）市场多元化成效显著

2015年，欧盟、美国、东盟为我国前三大贸易伙伴，双边贸易额分别为5 647.5亿美元、5 582.8亿美元和4 721.6亿美元。其中，我国对美国出口同比增长3.4%，对欧盟、日本、中国香港出口分别同比下降4.0%、9.2%和8.9%。我国对部分新兴经济体出口增长较快，其中对印度、泰国、越南出口分别同比增长 7.4%、11.6%和 3.9%(图 3.2)。

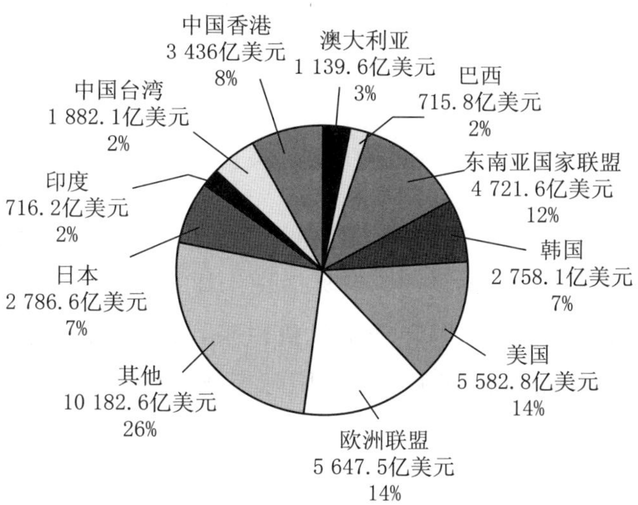

图 3.2 2015 年我国前十大贸易伙伴进出口额及占比情况

数据来源：中国商务部网站。

（六）服务贸易占整体外贸的比重进一步提高

2015 年，我国服务进出口总额 7 130 亿美元，同比增长 14.6%，增速较 2014 年提高两个百分点。其中，服务出口 2 881.9 亿美元，同比增长 9.2%；服务进口 4 248.1 亿美元，同比增长 18.6%；服务贸易逆差为 1 366.2 亿美元。2015 年，我国服务贸易占对外贸易总额(货物和服务进出口之和)的比重达 15.3%，比 2014 年提高 3 个百分点。

二、 2016 年我国国际贸易发展的展望

在外部国际环境的低增长局面难有根本改变的背景之下，2016 年我国进出口面临诸多不确定因素，但我国外贸增速有望继续高于全球贸易增速，在国际市场所占份额将稳中有升。

（一）有利因素

首先，我国具备跨国化经营能力的企业群体日益壮大，更加注重品牌建设。出口产品技术含量不断提高，装备制造业成为新的增长热点。民营企业活力不断迸发，积极向高端产业、高附加值产品出口拓展。中西部地区外向型产业链日益完善，外贸发

展能力持续增强。跨境电子商务、市场采购贸易、外贸综合服务企业等外贸新型商业模式蓬勃发展。其次，对外开放进程深入推进。我国提出的“一带一路”合作倡议、国际产能和装备制造合作进入实施阶段，对外贸易与对外投资相互促进的局面正在形成，为外贸发展增添了新的动能。

（二）不利因素

首先，国际市场需求不足。发达国家投资活动低迷，对能源资源、中间产品、机械设备的需求不振，严重拖累投资品国际贸易增长。其次，我国传统竞争优势进一步弱化。最后，贸易摩擦有所加剧。国际金融危机以来，市场需求不足的矛盾突出，一些国家采取设置贸易壁垒等非常规手段抢占国际市场，全球贸易保护主义高发的势头一直没有明显缓解。

第二节　外国直接投资

一、 2015 年我国外商直接投资的发展特点

（一）吸收外资规模再创新高

2015 年，我国共设立外商投资企业 26 575 家，同比增长 11.8%；实际使用外资金额 7 813.5 亿元（折 1 262.7 亿美元），同比增长 6.4%（未含银行、证券、保险领域数据）。截至 2015 年底，全国非金融领域累计设立外商投资企业 836 404 家，实际使用外资金额 16 423 亿美元（表 3.5）。

表 3.5　2010—2015 年我国利用外资情况

年　份	新设立企业		实际利用外资	
	数量/家	同比增长率/%	金额/亿美元	同比增长率/%
2010	27 406	16.9	1 057.4	17.4
2011	27 712	1.1	1 160.1	9.7
2012	24 925	−10.6	1 117.2	−3.7
2013	22 773	−8.6	1 175.9	5.3
2014	23 778	4.4	1 195.6	1.7
2015	26 575	11.8	1 262.7	6.4

数据来源：中国商务部网站。

（二）外资质量持续提升，产业结构进一步优化

2015 年，我国外商投资企业平均投资强度进一步提高，单个新设外商投资企业平均投资总额 1 530 万美元，比 2014 年（1 456 万美元）增长 5.1%。外资产业结构进一步优化。服务业实际使用外资 4 770.5 亿元（折 771.8 亿美元），同比增长 17.3%，在全国总量中的比重为 61.1%；制造业实际使用外资 2 452.3 亿元（折 395.4 亿美元），与上年基本持平，在全国总量中的比重为 31.4%。其中，高技术制造业继续增长，实际使用外资 583.5 亿元（折 94.1 亿美元），同比增长 9.5%，占制造业实际使用外资总量的 23.8%，而钢铁、水泥、电解铝、造船、平板玻璃等国内市场产能严重过剩的行业基本上未批准新设外资企业，有利于加快我国产业结构调整和优化进程。外资并购交易日趋活跃。2015 年，以并购方式设立外商投资企业 1 466 家，实际使用外资金额 177.7 亿美元，分别同比增长 14.4%和 137.1%。并购在实际使用外资中所占比重由 2014 年 6.3%上升到 2015 年的 14.1%。

（三）各项改革开放措施初见成效

一是自由贸易试验区引资聚集效应凸显。2015 年 1—11 月，广东、天津、福建自由贸易试验区共设立外商投资企业 6 040 家，合同外资 4 458.1 亿元，其中通过备案新设外商投资企业 5 088 家，合同外资 3 326.6 亿元，占比分别为 84.2%、74.6%。截至 2015 年底，上海自贸试验区新增企业 2.1 万家，其中外资企业 4 000 多家，扩展区域后的自贸试验区吸收外商投资占全市一半，融资租赁、科技研发、创业投资、电子商务、现代物流等高端产业向自贸试验区集聚的态势明显。

二是北京市服务业扩大开放综合试点效果初现。北京市认真落实国务院批复，开展服务业扩大开放试点，放宽科技服务等六大领域外资准入限制方面，提高投资便利化程度，明确了 141 项具体任务。2015 年，北京市扩大开放的六大重点领域新批设立外商投资企业 1 068 家，实际使用外资 95.5 亿美元，分别同比增长 10.2%和 62.5%，分别占全市吸收外资总量的 77.1%和 73.5%；其中，金融、科技领域实际使用外资分别同比增长 15.7 倍和 14%，分别占全市 56.4%和 7.6%。

三是广东省借力自由贸易试验区和 CEPA（《在广东省对港澳基本实现服务贸易自由化的协议》），吸收外资大幅回升。2015 年 3 月以来，港澳服务提供者在广东省对港澳先行开放领域投资设立公司，合同章程审批制改为备案制，加上广东自由贸易试验区运营，投资便利化程度大幅提升。2015 年广东省新设立外商投资企业数同比增长 15.7%，实际使用外资金额同比增长 42.7%，超过 217 亿美元，其中吸收港资同比

增长 48.3%，吸收中国澳门投资同比增长 222.2%。

（四）全球 500 强跨国公司投资增资踊跃

全球 500 强跨国公司继续在华投资新设企业或追加投资，所投资行业遍及汽车及零部件、石化、能源、基础设施、生物、医药、通信、金融、软件服务等，充分体现了跨国公司依然看好我国市场和来华投资前景。德国奥迪汽车公司、大众汽车集团、戴姆勒集团、汉莎航空公司，意大利菲亚特汽车公司，瑞典沃尔沃汽车集团，韩国现代汽车公司、起亚汽车集团、三星电子有限公司，日本电气硝子公司、普利司通公司、伊藤忠商事株式会社，美国英特尔公司、克莱斯勒汽车公司、空气产品公司、礼来公司等跨国公司都在上述领域投资或增资，单项金额均超过 1 亿美元。跨国公司在华投资设立的地区总部、研发机构等高端功能性机构继续聚集。截止到目前，外商投资在华设立研发机构超过 2 400 家。

（五）外商投资企业对经济社会促进作用显著

目前，外商投资企业创造了我国近 1/2 的对外贸易、1/4 的工业产值、1/7 的城镇就业和 1/5 的税收收入，对经济社会可持续发展的促进作用进一步增强。

二、 2016 年我国外商直接投资的发展展望

面对国际引资竞争日趋激烈、国内经济下行压力较大的困难和挑战，我国大力推动外商投资审批管理体制改革，推进自由贸易试验区建设，进一步扩大各领域对外开放，不断优化外商投资环境，从而使得 2016 年我国吸引外资的规模有望稳步增长。

（一）有利因素

首先，国内政治稳定、市场规模日益扩大，产业配套能力不断增强，各领域继续扩大对外开放、营商环境持续改善，对全球资本仍具有很强的吸引力。其次，尽管我国的劳动力成本不断提高，但是 500 强跨国公司继续在华投资新设企业或追加投资。最后，我国不断深化外商投资管理体制改革，采用自由贸易试验区试点等一系列促进外资发展的举措，将有力促进吸收外资规模和质量提升。

（二）不利因素

2016 年，我国对外贸易发展面临的国内外环境仍然严峻复杂，不确定、不稳定因

素增多，下行压力增大。世界经济复苏基础并不稳固，增长速度缓慢且分化严重，经济结构性问题突出，国际竞争更加激烈，全球经济前景总体不乐观。我国经济正处在结构调整的关键阶段，有效需求不足的矛盾突出，新旧动能转换面临多方面阻碍，就业、金融、房地产等领域的风险还在积累，对经济稳定运行的挑战增大。

第三节 对外投资与经济技术合作

一、 2015 年我国对外投资和经济技术合作的发展特点

2015 年，我国对外投资流量跃居全球第二，超过同期吸收外资规模，实现资本净输出。在全球外国直接投资流出流量 1.47 万亿美元，同比增长 11.8%的背景下，我国对外直接投资流量创下 1 456.7 亿美元的历史新高，同比增长 18.3%，超过日本成为全球第二大对外投资国。同期，我国对外投资存量全球排名位居第八，境外企业资产总额超过 4 万亿美元。截至 2015 年底，我国 2.02 万家境内投资者在国(境)外设立 3.08 万家对外直接投资企业，分布在全球 188 个国家(地区)；我国对外直接投资累计净额(存量)达 10 978.6 亿美元，位居全球第 8 位，境外企业资产总额达 4.37 万亿美元(表 3.6)。

表 3.6 2010—2015 年我国非金融类对外投资

年 份	投资金额/亿美元	同比增长率/%
2010	590.0	36.3
2011	600.7	1.8
2012	772.2	28.6
2013	901.7	16.8
2014	1 028.9	14.1
2015	1 180.2	14.7

数据来源：中国商务部网站。

(一) 对外投资并购活跃，领域不断拓展

2015 年，我国企业共实施对外投资并购 579 起，涉及 62 个国家(地区)，实际交易金额 544.4 亿美元，其中直接投资 372.8 亿美元，占比 68.5%；境外融资 171.6 亿美元，占比 31.5%。并购领域涉及制造业、信息传输/软件和信息技术服务业、采矿业、文

化/体育和娱乐业等 18 个行业大类。

（二）对外投资地域高度集中，对“一带一路”相关国家投资快速增长

2015 年，流向中国香港、荷兰、开曼群岛、英属维尔京群岛、百慕大群岛的投资共计 1 164.4 亿美元，占全年流量总额的 79.9%。对“一带一路”相关国家的投资占全年流量总额的 13%，高达 189.3 亿美元，同比增长 38.6%，是对全球投资增幅的 2 倍。投资存量的 8 成以上（83.9%）分布在发展中经济体，在发达经济体的存量占比 14%，另有 2.1%存量在转型经济体。

（三）对外投资行业分布广泛

2015 年，我国对外直接投资覆盖了国民经济所有行业类别，制造业、金融业、信息传输/软件和信息服务业等领域的投资大幅增长，分别同比增长 108.5%、52.3%、115.2%；租赁和商务服务业、金融业、采矿业、批发和零售业 4 个行业的存量均超过千亿美元，合计占比达 75.9%。

（四）新增股权和债务工具占比较高

2015 年，我国对外直接投资流量中，新增股权投资 967.1 亿美元，占比达 66.4%；收益再投资 379.1 亿美元，占比达 26%；债务工具投资 110.5 亿美元，较上年占比减少 1 成，仅为 7.6%。

（五）地方企业贡献突出，上海、北京和广东位列前三

2015 年，我国地方企业对外非金融类直接投资流量达 936 亿美元，同比增长 71%，占全国非金融类对外直接投资流量的 77%，其中上海市、北京市和广东省位列前三。截至 2015 年底，地方企业对外非金融类直接投资存量达 3 444.8 亿美元，在占全国比例达 36.7%，较上年增加 5.1 个百分点。

（六）境外企业对东道国税收和就业贡献明显，对外投资双赢效果显著

2015 年，我国境外企业向投资所在国缴纳的各种税金总额达 311.9 亿美元，同比增长 62.9%；雇佣外方员工 122.5 万人，较上年末增加 39.2 万人。

（七）对外承包业务再创新高

2015 年，我国对外承包工程业务完成营业额 9 596 亿元（折合 1 540.7 亿美元），

同比增长 8.2%，新签合同额 13 084 亿元（折合 2 100.7 亿美元），同比增长 9.5%，带动设备材料出口 161.3 亿美元。其中 2015 年 12 月当月完成营业额 239.5 亿美元，同比增长 13.5%，当月新签合同额 470.4 亿美元，同比增长 52.8%（表 3.7）。

表 3.7　2010—2015 年我国对外承包工程情况

年　份	新签合同		完成合同	
	金额/亿美元	同比增长率/%	金额/亿美元	同比增长率/%
2010	1 430.9	7.0	921.7	18.6
2011	1 423.3	−0.5	1 034.2	12.2
2012	1 565.3	10.0	1 166.0	12.7
2013	1 716.3	9.6	1 371.4	17.6
2014	1 917.6	11.7	1 421.1	3.8
2015	2 100.7	9.5	1 540.7	8.2

数据来源：中国商务部网站。

（八）对外劳务合同同比增幅显著

2015 年，我国对外劳务合作派出各类劳务人员 53 万人，较上一年同期减少 3.2 万人，同比下降 5.7%；其中承包工程项下 25.3 万人，劳务合作项下派出 27.7 万人。2015 年 12 月当月，派出各类劳务人员 5.8 万人，较上一年同期减少 0.5 万人。截至 2015 年底在外各类劳务人员 102.7 万人，较上一年同期增加 2.1 万人（表 3.8）。

表 3.8　2010—2015 年我国对外劳务合作情况

年　份	派出劳务/人数		年末在外劳务/人数	
	数量/万人次	同比增长率/%	数量/万人次	同比增长率/%
2010	18.7	3.7	47.0	4.4
2011	20.9	11.9	48.8	3.9
2012	27.8	33.1	50.6	3.5
2013	25.6	−8.1	48.3	−4.6
2014	29.3	14.5	56.7	17.5
2015	27.7	−5.5	53.6	−5.5

数据来源：中国商务部网站。

二、2016 年我国对外投资和经济技术合作的发展展望

虽然全球经济复苏有不确定性，我国经济下行压力也比较大，但预计未来一段时间内，我国对外投资还将保持比较强劲的发展势头。

（一）有利因素

首先，在外部国际环境上，发达经济体的复苏和发展中经济体的工业化进程，导致投资需求逐渐增加。其次，在国家综合实力上，2015 年我国成为资本的净输出国，是世界第二大经济大国，也是第一货物贸易大国和第一制造业大国，外汇储备连续多年位居世界首位，给我国企业开展对外投资提供了坚实的物质基础。再次，我国政府的政策支持，例如“一带一路”和国际产能合作等政策发挥了引领和推动的作用。最后，我国在进行经济结构调整促使企业积极融入全球的创新网络、制造网络和市场网络。

（二）不利因素

首先，投资政策环境导致的不利因素，如税收种类多、税率高、生产成本高等。其次，投资壁垒等客观因素。但更重要的是，我国企业自身的问题，例如对外直接投资效率不高，在全球价值链体系中居于中低端位置，不熟悉当地政策、法律、风俗文化以及难以有效规避政治风险等。

第二篇

国际经济与贸易

第四章　货 物 贸 易

第一节　总体运行情况

2015 年,面对复杂多变的外部经济环境和艰巨繁重的改革发展任务,在上海市委、市政府的领导下,上海外贸坚决贯彻党中央、国务院工作部署,主动适应经济发展新常态,紧紧围绕年初确定的目标任务,全力抓落实、抓推进,上海外贸进出口总体运行稳中趋缓、稳中有进、稳中有为,在全国外贸中排名不降,份额明显提升,整体形势好于全国。

一、 2015 年上海外贸运行情况及特点

根据海关统计数据,2015 年,上海外贸全年实现货物进出口 4 517.3 亿美元,同比下降 3.2%。其中全年进口 2 547.6 亿美元,同比下降 0.6%;出口 1 969.7 亿美元,同比下降 6.3%。上海进出口总额占全国进出口比重由 11%提升至 11.4%,成为进出口规模最大的城市。

(一) 市场波动抵抗能力不断增强

2015 年,受春节放假因素影响,上海 2 月进出口同比增速上涨到 8.63%,其余月份进出口相较 2014 年同期均处于较低位运行。2015 年全年尽管上海进出口增速下降,但降幅小于全国平均水平 4.9 个百分点,为近 10 年来超过全国增幅度最高的一次(图 4.1)。

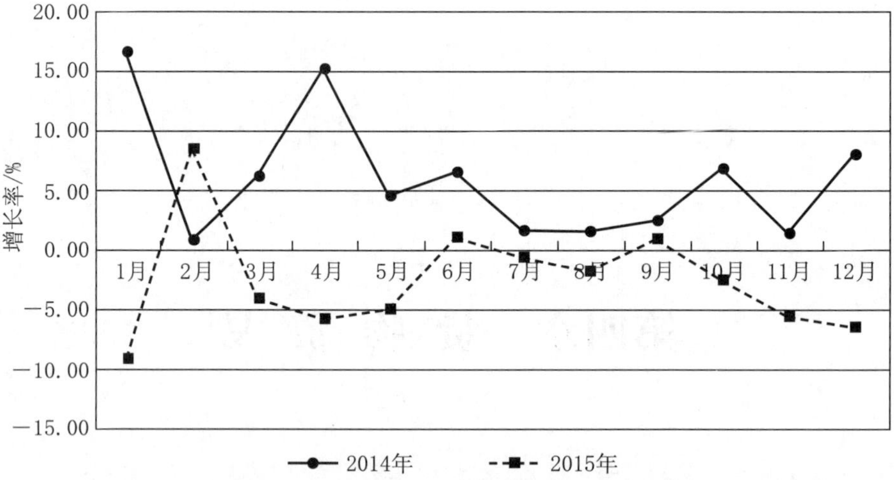

图 4.1 2014—2015 年上海月度进出口增长率

（二）结构调整和动力转换加快，发展质量和效益进一步提高

2015 年，上海机电产品实现进出口额 2 696.4 亿美元，同比下降 5.3%，占全市进出口总额的 59.7%。一些技术含量较高、工艺较复杂的产品如集成电路、船舶等出口增速趋好。高新技术产品成为拉动上海市外贸增长的主要力量，全年进口 847.32 亿美元，同比增长 3.43%，占比由 2014 年的 35.7%提升至 38%(表 4.1、表 4.2)。

表 4.1 上海出口前 10 位商品情况

商 品 名 称	出口额/亿美元	同比增长率/%
自动数据处理设备及其部件	277.7	−22.3
集成电路	168.1	20.1
电话机	162.8	26.0
服装及衣着附件	128.2	−9.7
纺织纱线、织物及制品	66.5	0.3
船舶	47.8	2.9
汽车零件	41.7	0.3
自动数据处理设备的零件	37.9	6.4
机械提升搬运装卸设备及零件	35.4	0.2
通断保护电路装置及零件	33.9	−5.5

表 4.2　上海进口前 10 位商品情况

商　品　名　称	进口额/亿美元	同比增长率/%
集成电路	356.7	7.0
汽车	110.9	−31.2
未锻轧铜及铜材	94.7	−22.0
初级形状的塑料	85.2	−10.5
医药品	77.0	8.8
计量检测分析自控仪器及器具	66.6	−8.4
飞机及其他航空器	61.7	3.3
自动数据处理设备及其部件	61.5	2.1
铁矿砂及其精矿	50.7	−16.7
通断保护电路装置及零件	46.9	−9.5

（三）一般贸易占比明显提升

2015 年，上海一般贸易进出口 2 142.4 亿美元，同比下降 2.7%，但增速高于加工贸易 4 个百分点，占全市外贸比重提升至 47.4%，贸易自主性持续增强；加工贸易进出口规模有所下降，同比下降 7.7%，加工贸易附加值加快提升（表 4.3、图 4.2）。

表 4.3　2015 年上海进出口贸易结构情况

项　　目		进出口额/亿美元	同比增速/%	出口额/亿美元	同比增速/%	进口额/亿美元	同比增速/%
总　　计		4 517.3	−3.2	1 969.7	−6.3	2 547.6	−0.6
贸易方式	一般贸易	2 142.4	−2.7	839.0	−4.6	1 303.4	−1.4
	加工贸易	1 190.7	−7.7	842.6	−8.4	348.1	−6.0
	其他贸易	1 184.3	0.8	288.1	−5.0	896.1	2.8

数据来源：上海海关。

（四）民营企业增速较快

2015 年，上海民营企业进出口 1 117.0 亿美元，同比增长 46.5%，占全市进出口总值比重由 2014 年的 16.3%提升至 24.7%。其中出口额和进口额分别同比下降 3.0%和 2.6%，但出口增速高于全市 3.3 个百分比。外资企业出口同比增速较快，高于全市 0.8 个百分比。集体企业和国有企业出口和进口同比增速均低于全市增速

(表 4.4、图 4.3)。

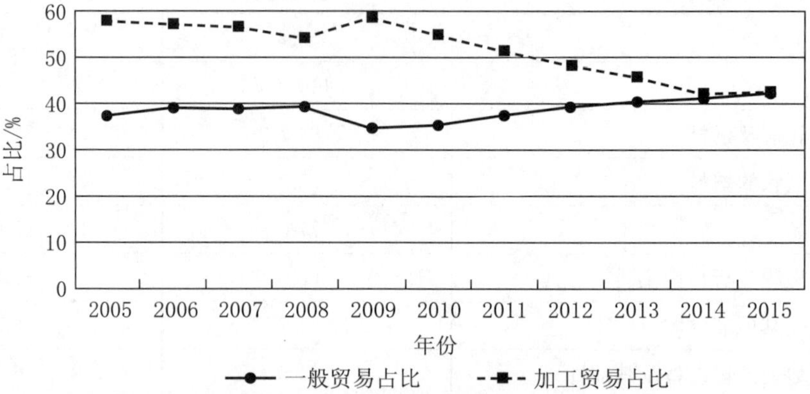

图 4.2 上海市近十年一般贸易和加工贸易出口占比情况

表 4.4 2015 年上海进出口贸易主体情况

项目		出口额/亿美元	同比增长率/%	进口额/亿美元	同比增长率/%
总计		4 288.4	103.9	2 320.4	−9.5
企业性质	国有企业	574.4	−13.2	321.7	−15.9
	集体企业	35.1	−6.6	17.1	−11.9
	民营企业	746.9	−3.0	370.1	−2.6
	外资企业	2 932.1	−5.5	1 611.6	−4.5

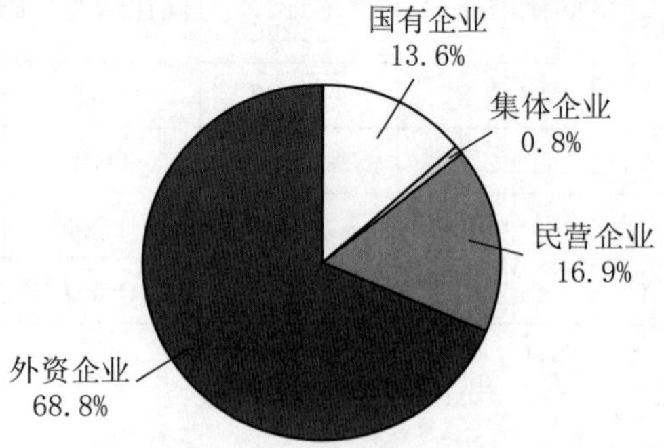

图 4.3 2015 年上海进出口贸易主体进出口占比情况

(五) 进出口市场更趋多元

从出口看，传统市场出现分化，对东盟、中国香港出口增速高于全市水平，对其他国家的出口增速均低于全市水平；从进口看，除日本、欧盟、拉美表现不佳外，其余主要市场基本均实现增长，如传统市场中的美国同比增长 7.5%，新兴市场中的澳大利亚同比增长 6.5%，俄罗斯同比增长 44.6%，中国香港同比增长 169.1%。新兴市场成为上海市外贸市场的增长亮点，对东盟进口同比增长 3.3%，进口金额达到 313.7 亿美元，超越日本成为上海第三大外贸市场(表 4.5)。

表 4.5　2015 年上海市进出口贸易伙伴情况

主要出口贸易伙伴情况			主要进口贸易伙伴情况		
国家或地区	出口金额/亿美元	同比增长率/%	国家或地区	进口金额/亿美元	同比增长率/%
总　计	1 701.1	−19.1	总　值	1 813.7	−29.3
美　国	455.8	−8.6	欧　盟	565.3	−12.9
欧　盟	361.9	−6.8	东　盟	313.7	3.3
东　盟	220.3	−5.9	日　本	285.4	−8.5
日　本	213.2	−8.5	美　国	285.3	7.5
中国香港	193.4	4.8	拉　美	131.2	−7.0
拉　美	83.1	−16.7	澳大利亚	113.3	6.5
中　东	64.3	−11.7	非　洲	35.5	−16.8
澳大利亚	50.2	−13.9	中　东	34.7	−19.7
非　洲	41.8	−6.9	俄罗斯	28.1	44.6
俄罗斯	17.1	−43.4	中国香港	21.3	169.1

二、 2015 年上海外贸发展工作重点

（一）全力以赴，千方百计稳增长，进出口全国占比稳步提升

1. 制定出台上海市外贸稳增长配套政策措施

一方面，推动建立区县和责任部门外贸稳增长工作机制，抓好国务院政策措施的贯彻落实，形成外贸稳增长合力。另一方面，梳理国家和上海市委、市政府稳定外贸增长各项政策要求，多次召开会议，听取企业、协会、区县对上海市外贸发展存在的问题和建议，研究起草了《上海市促进外贸转型升级和持续稳定增长的若干措施》。

2. 推动加大财政扶持力度

整合使用现有外贸专项资金，帮助企业抓订单、促成交。同时，为缓解企业资金

压力,鼓励上海企业抢市场、拉订单、保份额,协调推动建立了 3 亿元规模的外贸奖励基金,按照“保存量奖增量”原则,计划对上海市全年出口增量在 500 万美元以上,或第四季度出口增量在 100 万美元以上的重点企业,分 6 个层次给予最高不超过 1 000 万元的财政奖励。

3. 加强对重点外贸企业调研服务

组织对上海市重点外贸企业分区、分批进行调研,会同相关处室对上海市前 500 家重点外贸企业和新型贸易企业经营情况进行排摸,深入了解企业当前经营过程中的困难,梳理问题,形成外贸稳增长服务企业任务清单。在此基础上,联合中央在沪监管部门,对照任务清单,一项一项推进解决,推动一批影响和制约企业发展的瓶颈获得突破。

4. 大力提升贸易便利化水平

创新贸易便利化推进方法,提出贸易便利化“问题清单”,建立完善问题发现机制、解决协调机制、结果反馈机制和政策宣贯机制,使“问题清单”成为一种工作模式加以固化和推广,推动解决了一大批企业反映强烈、影响外贸发展的重点难点问题。截至目前,首批“任务清单”5 个方面 33 项问题和任务都得到较好解决或突破。

5. 积极推动优化营商环境

推动相关单位加大进出口环节经营性收费整顿和清理工作。联合税务部门对上海市重点出口企业,实施绿色办税通道政策优惠。联合检验检疫部门发布对诚信企业 CCC 产品进口免办审批证明,仅 CCC 免办一次审批放行举措就将直接为诚信示范企业每年降低物流成本 1 500 万元以上,每批进口 CCC 产品的平均滞港时间从一周缩短至几分钟。

6. 持续推进外贸企业转型升级

发挥船舶、汽车及零配件、生物医药、服装纺织等 8 家国家级和市级出口示范基地作用,吸纳具有自主品牌、核心技术的企业加入示范基地,推动基地企业向设计和研发、海外营销等环节延伸。推进加工贸易转型升级,支持有条件的加工贸易企业展开全球保税维修业务,增强企业贸易和售后服务功能,延长上海市加工贸易产业链条。深化完善“国家进口贸易创新示范区”已经具备全国影响力的机床、酒类、医疗器械、医药保健品等专业平台功能,提升相关产品进口规模。

(二)创新驱动,聚焦重点促转型,外贸竞争新优势逐步显现

1. 推进亚太示范电子口岸网络建设,提升上海市国际贸易规则制定话语权

协调成立 APMEN 筹建工作领导小组和部市联合推进领导小组,建立部际协同

机制。组织召开 APEC 亚太示范电子口岸网络联合运营委员会第一次全体会议，制订完成亚太示范电子口岸网络《工作机制》和《战略框架》等文件。2015 年 8 月 21 日 APMEN 运营中心在上海正式挂牌成立，中方成为 APMEN 联合运营委员会主席，进一步巩固了上海的影响力和主动权。

2. 加强"一带一路"沿线国家经贸合作，积极推动国家战略落实

推进与阿联酋、捷克、新加坡等"一带一路"沿线国家和城市签署了战略合作协议，在波兰、土耳其等国家成功举办了"一带一路"国际经贸合作论坛，推动"丝绸之路经济联盟"扩建为"一带一路贸易商联盟"，联盟秘书处设在上海进出口商会。

3. 主动对接国际贸易"单一窗口"建设，提升上海市贸易便利化水平

将涉及上海市商务委员会的各类进出口许可证的申领系统以链接的方式接入国际贸易"单一窗口"，将外经贸经营者备案登记系统以嵌入的方式接入国际贸易"单一窗口"，最大程度对接自贸试验区改革创新，推进上海市贸易便利化建设进程。加快推动实施货物状态分类监管模式，参与制定的《中国(上海)自由贸易试验区货物状态分类监管实施方案》在保税区域仓储物流类企业中全面推开实施，试点规模已扩大到 15 家企业。

4. 促进新型贸易发展，培育和增强外贸竞争新优势

加快推动虹桥和浦东两大国际机场的跨境电子商务监管场所建设，认定浦东新区、嘉定区和松江区 3 个跨境电商示范园区，支持和引导园区优化产业布局，形成集聚和示范效应。组织制订上海市外贸综合服务企业认定标准，培育并认定了 5 家外贸综合服务试点企业，给予通关、出口退税、检验检疫、融资服务等便利化措施。协调制定邮轮船供贸易监管方案，支持宝山区邮轮船供贸易发展。

5. 深化贸易平台载体功能建设，提高上海市贸易服务和辐射能力

推动完善外贸转型升级示范基地管理架构和管理机制，成立以化工区为核心区的上海化工产品出口基地。组织修订完善国别商品中心认定管理办法，新认定 5 家"一带一路"沿线国家国别商品中心，推动国别商品中心从展示功能向展示销售功能转变。

6. 启动平行进口汽车试点，走通平行进口汽车报关报检流程

制定完善试点方案，严格设置试点企业准入条件，明确平行进口汽车产品质量追溯责任主体。搭建第三方公共服务平台，建立平行进口汽车综合信息管理系统，加强全过程监管。推动公共服务平台在自贸试验区建设展示交易中心和首家综合维修店暨全国技术中心，并在全国布局设立服务网点，建设集整车销售、售后服务和零部件供应为一体的区域性服务中心，打造自贸试验区平行进口汽车"FTZCAR"的全国统

一服务品牌。目前,首批3家区域服务中心(合肥、深圳、苏州)已经开业。加大与商务部等国家部委沟通协调,争取在平行进口汽车3C认证、审价、落地征税等方面实现政策上的突破。目前,中国国家认证认可监督管理委员会已发布公告,将改革3C认证模式,支持自贸试验区汽车平行进口。

(三)改进流程,简政放权转职能,提高进出口许可监管效率

一是加大与商务部沟通协调,帮助有业务基础的企业申请特定商品进出口许可资质,争取扩大大宗商品进出口配额。按时核发各类进出口许可证件,保证企业正常经营。全年核发出口许可证、进口许可证、自动进口许可证、农产品关税配额证共4.59万份。按照商务部部署,推进电子许可证试点工作,核发电子许可证1.59万份,及时做好企业培训,协调解决试点过程中的各种问题。帮助企业获得各种商品的进出口资质,扩大进出口份额。其中,上海市植物油全年进口47.55万吨,同比增长117.77%;进口金额3.69亿美元,同比增长59.24%。

二是优化机电产品进口监管流程。依托机电产品进口许可证办理、机电设备进口贴息和机电产品进口招标,加强与企业的联系,对重点企业、重点行业跟踪调研,从企业在进口环节遇到的问题着手,对设备进口过程中政策的执行、突破及不同领域政策衔接加强与相关部门横向联系和沟通,推进企业形成竞争新优势。2015年,办理机电进口许可证约25 000张;进口贴息申报企业199家,比往年增加1/3,符合贴息要求的项目共3715个,总申报进口额约17.21亿美元;备案国际招标项目为2 330个,委托金额约25亿美元。完成新注册机构备案7家。

三是落实好进出口管制工作,维护外贸秩序,保护产业安全。建立严密高效的工作流程和管理制度,完善进出口管制协作网络,建立包含650家企业的进出口管制重点企业数据库,实行案件调查现场访谈双人双岗制度,将管制与服务有机结合,及时发现问题,解决问题。2015年,共办理"敏感物项和技术出口许可证"5 106份,"易制毒进出口许可证"3 006份;初审并转报"最终用户和最终用途说明"申请734份;转报企业咨询函35份。配合有关部门对购买美国管制商品的7家上海企业进行了最终用户访问,协助商务部完成8起案件调查和情况上报工作。帮助英业达和东方航空等有条件的企业成功申请了通用许可,极大便利了企业办理高技术产品出口、航空零部件维修等业务。

四是简化对外贸易经营者备案登记手续、降低成本。有序做好对外贸易经营者备案登记工作,将对外贸易经营者备案事项纳入企业准入"单一窗口",缩短企业办证日程。实施"三证合一、一照一码"登记制度改革,对新备案企业、变更企业发放加载

统一社会信用代码的备案登记表。截至 2015 年 11 月底，共办理 23 279 份对外贸易经营者备案登记(新增企业 14 383 家，办理变更企业 8 896 家)，其中由自贸试验区窗口办理 6 507 份备案登记证(新增企业 3 616 家、办理变更企业 2 891 家)。

(四) 问题导向，深入企业抓服务，践行“三严三实”锻炼提高人员综合素质

坚持把学习践行“三严三实”要求与深化推进“三服务”结合起来，带动处室干部在服务企业、破解难题中锻炼能力素质，转变工作作风。2015 年，在外贸形势严峻，各项工作任务头绪多、压力大的情况下，全处人员始终保持了积极上进的精神状态，全身心投入外贸稳增长、促转型等工作，在推动解决 20 项“三服务”清单任务的同时，带动一系列困难和瓶颈得到有效破解。

一是牵头调研推动实施进出查验费由国家财政承担。牵头组织对上海市口岸进出口环节收费种类、收费区域、收费主体、收费项目、收费标准、收费透明度等情况进行深入调研梳理。在此基础上，2015 年 6 月，针对进出口环节伴生于行政行为的经营性收费提出以政府购买服务的形式，把经营性行为转化为公共服务，建议相关收费都由国家财政承担，并以专报的形式向市政府进行汇报，直接促进和推动出台了《上海港试点政府承担查验作业服务费工作方案》，对海关查验没有问题的进出口集装箱货物查验，免除企业向上海港务集团缴纳包括吊装、移位、仓储等查验作业费用，降低企业运营成本和负担。

二是牵头组织解决“小红书”(行吟信息科技(上海)有限公司)在上海发展的问题诉求。协调上海海关、上海出入境检验检疫局、上海市工商行政管理局、上海东方电子支付有限公司等，就“小红书”在上海开设保税仓库，开展直邮进口业务，参与政策研讨制定，以及公司经营过程中遇到的工商注册、进口货物税基、开展集货进口模式业务、商品负面清单、进口商品送检、商品中文标签等具体问题进行专题协调解决，促进“小红书”基于移动端的跨境进口“社区电商”(包括保税备货和跨境直邮)等模式在上海快速发展。同时也以解决“小红书”业务诉求为契机，以点带面，促进类似的创新型企业加快发展。

三是牵头协调解决外高桥综合保税区危险化学品进口受限的问题。天津“8·12”爆炸事故发生以后，国家有关部门收紧危化品进口政策，外高桥综合保税区危化品进口问题较为突出，区内贸易类企业业务中断，下游企业波及面广；区外生产型企业原料供应中断，生产难以为继；半导体集成电路产业受到重大冲击，针对这一问题，组织力量就此进行深入调研分析，形成具体建议方案，报请市领导召开专题协调会，推动这一问题得到较好解决。

四是牵头协调上海海关、上海出入境检验检疫局和上海市国税局出台重点外贸企业便利化措施。实地走访 100 家企业，对 503 家重点企业进行电话访问，问卷调查 771 家广交会参展企业，全面搜集梳理企业政策诉求，并由上海市商务委员会主要领导和分管带队，专程拜访上海市财政局、上海市国税局、上海海关、上海出入境检验检疫局等相关部门，协调出台针对性的政策措施。目前，上海市国税局出台加快重点企业退税进度方案，根据上海市商务委员会建议，对上海市无法评为一类资质的 68 家出口企业作为重点关照企业，享受准一类企业的待遇，将退税办理时间压缩到 10 个工作日，并在退税指标受限时享受优先退税。上海海关专题下发关于推进上海口岸便利化的通知，进一步改进通关监管服务，推动加工贸易创新发展，清理和规范进出口环节收费，做好统计、打私、国际合作等 6 个方面的 18 项重点工作，促进外贸发展。上海出入境检验检疫局已将上海市委提出的重点企业名单转发到各分支局和办事处，要求各部门在受理名单内的申报检验检疫 AA 级企业时，予以支持，并提供相关便利。此外，捷豹路虎汽车贸易（上海）有限公司希望支持其进口环节税收退抵和依法尽快完成保险索赔，昌硕科技（上海）有限公司希望参照区内企业维修业务免去维修料件补税等问题也正在与相关部门积极沟通协调，推进解决之中。通过对这些企业诉求和困难问题的协调解决，一方面，带动了一些长期影响和制约外贸发展的瓶颈突破，促进上海市营商环境更加优化；另一方面，锻炼了处室人员调查分析、工作谋划、协调沟通等能力素质，强化了迎难而上、攻坚克难的信心，形成了人各独当一面的良好工作格局。

三、 2016 年上海外贸发展工作思路

2016 年，上海市商务委员会贸易发展处将围绕加快建设上海国际贸易中心，千方百计稳增长、调结构、促转型。一是对标国际高标准贸易投资规则，打造稳定、公平、透明、可预期的营商环境；二是培育和支持外贸综合服务企业，推动外贸新业态新模式发展；三是加强外贸促进平台建设，培育以技术、品牌、质量、服务为核心的竞争新优势；四是深化亚太示范电子口岸网络建设，加快全供应链数据互联互通；五是加强国别商品中心建设，强化进口产品展示销售功能；六是推动加工贸易转型升级，优化外贸结构；七是促进全球供应链生产环节企业转型升级，增强沪产产品市场竞争力；八是探索扩大高端装备进口再制造，弥补进口制造业务；九是深化开展平行进口汽车试点，增加汽车进口份额；十是改进工作作风，提高进出口许可监管效率。

第二节 跨境电子商务

随着国际物流和跨境支付服务能力提高，跨境电子商务应运而生。与传统国际贸易相比，跨境电子商务有以下特点：一是贸易碎片化，它是由消费者发起的，小批量、多批次物品跨境贸易业态；二是供应链扁平化，供应商将消费者选购的产品直销到海外，传统贸易中间商被弱化甚至替代；三是单证电子化，在整个贸易流程中，合同订立、货物运输以及货款支付都没有纸质凭证。

2012 年 8 月，国家发展和改革委员会与海关总署确定上海市、重庆市、杭州市、宁波市、郑州市等 5 个城市开展跨境贸易电子商务通关服务试点；2013 年 8 月，国务院办公厅转发商务部等部门《关于实施支持跨境电子商务零售出口有关政策意见的通知》(国办发〔2013〕89 号)，上海市、杭州市、宁波市、郑州市和重庆市被列入试点城市，2013 年底，广州市被列为试点城市；2014 年开展跨境电子商务试点城市拓展到 15 个，上海跨境电子商务面临更激烈的竞争；2015 年，上海跨境电子商务交易额稳步提升，上海市商务委员会监测的重点企业数据显示：上海邮政速递物流进口 10.13 亿元，洋码头进口 26.05 亿元，亿贝出口 226 亿元，以公共服务平台为通路的试点模式实现进口 4.39 亿元。

一、 2015 年上海跨境电子商务主要推进情况

（一）培育市场主体

一是着重培育洋码头、小红书、EMS、上海宝玉石交易中心跨境商城等具有市场引导、行业示范能力的企业，开展跨境电子商务业务，逐步扩大影响和效果，提升上海市跨境电子商务企业的数量和能级。二是认定东航物流公司为跨境电商外贸综合服务企业，鼓励跨境电商综合服务企业为跨境电子商务发展提供通关、报检、结汇、退税、融资等各类服务。

（二）提升公共平台能级

会同上海市发展与改革委员会、上海海关、上海市电子口岸办公室等部门，进一步提高上海市跨境电子商务公共服务平台的公共性。推动上海市跨境电子商务企业与公共平台直接对接，对接企业数量已近 300 家。

（三）认定示范园区

制定上海市跨境电子商务示范园区认定办法，认定上海东方航空物流有限公司浦东机场海关监管场所为上海市跨境电子商务示范园区，引导跨境电子商务产业向规模化、标准化、集群化、规范化方向发展。

（四）给予资金支持

对于经认定的示范企业、示范园区、海外仓等，且符合财政资金支持方向的，给予上海市外经贸发展专项资金支持。已申请 2014 年资金的企业共 8 家，将获得最高 500 万元资金支持。

（五）开展创新研究

联合跨境电商协会、研究机构和院校，开展研究，推动在中欧国际工商学院成立中欧—上海跨境电商研究中心，探讨行业发展方向规律和方式方法，用创新的理论来引导行业发展以及政府监管。

（六）加强统计监测

进一步完善统计方式，为开展上海市跨境电子商务运行分析和趋势预测提供数据支撑。一是继续与上海市统计局开展行业统计，扩大样本企业，完善统计方法；二是开展 9610 进出口和 1210 保税进口模式海关数据的统计和分析。

二、 2016 年上海跨境电子商务工作思路

跨境电子商务试点工作开展以来，上海作为第一批试点城市，企业普遍反映政策优势没有体现，上海开展跨境电子商务的优势难以充分发挥。同期，其他 5 个城市试点工作也取得了一定进展，部分业务外流。目前比较吸引跨境电商企业参与的城市，归纳起来有以下特点：一是参与试点企业较多，比如广东省开始参与企业有 6 家、宁波市有 2 家；二是海关与检验检疫简化放行流程，便利化程度相对较高；三是消费者体验较好，感受与国内电子商务差异较小，比如能够使用接受度更高的支付宝等支付工具，对卖家和买家都有较好的信用保护。跨境电商不是简单的国内老百姓买国外商品，大量的是企业进出口业务，是用“互联网＋外贸”实现优进优出，带动实体店和工厂的发展，同时，也会有力地促进就业。为充分发挥上海开展跨境电子商务得天独

厚的基础优势，加快推进上海跨境电子商务发展，上海市商务委员会将在以下 4 个方面重点推进。

（一）协调推进跨境电子商务监管场所建设

位于浦东机场的 9610 监管场所，目前尚不具备一般进口功能，很多直邮进口物品在上海入境后，不得不到周边省市通关。因此有必要进一步完善浦东国际机场口岸功能，争取浦东机场 9610 监管仓叠加一般进口业务，实现兼具进出口功能。

（二）加快复制推广保税进口业务模式

根据上海海关的批复，除了自贸试验区外，上海市松江出口加工区、普陀西北物流园区、嘉定出口加工区、青浦出口加工区等海关特殊监管区已获准开展跨境电子商务保税进口业务。目前，普陀区和青浦区业务尚未实质性开展。上海市商务委员会将在示范园区认定、财政资金支持、便利化工作协调、企业入驻吸引等各方面，会同各区县，本着“边发展、边规范”的思路，发挥区县和企业积极性，共同推动上海跨境电子商务发展。

（三）以小组工作模式加强为重点企业服务

为推进重点企业开展业务，进而发挥以点带面的作用，牵头相关单位成立专项工作小组，以现场调研、协调会议、微信群交流等方式，为企业服务，切实解决问题。下一步将重点引导洋码头与公共服务平台对接，协调小红书尽快在上海市落地开展保税和直邮进口业务，推进见见面平台设立并开展业务，打造专业类跨境电商平台上海宝玉石交易中心跨境商城。

（四）起草跨境电子商务综合示范区实施方案

国家已批复同意杭州市为中国跨境电子商务综合试验区。据向商务部了解，已有天津市等多个省市递交了跨境电子商务综合示范区申请，商务部正在研究是否再行认定一批跨境电商综合试验区。上海市商务委员会将根据上海的试点情况和国家的要求，组织撰写上海市跨境电子商务综合示范区实施方案。

第三节　贸易主体

2015 年，根据进出口贸易总额、出口总额、进口总额 3 个统计口径，汇总得出各指标在上海市排名前 100 的外贸企业,具体情况如下。

一、 总体情况

2015 年,累计进出口总额指标统计上海市排名前 100 的企业,共计进出口总额 2 007.6 亿美元,约占上海市进出口总额的 44.4%。其中,累计排名前 10 的企业进出口总额 870.8 亿美元,约占上海市进出口总额的 19.3%,行业集中度较高。

2015 年,累计出口总额指标统计上海市排名前 100 的企业,共计出口总额 940.7 亿美元,约占上海市出口总额的 47.8%。其中,累计排名前 10 的企业出口总额 518.5 亿美元,约占上海市出口总额的 26.3%,行业集中度极高。

2015 年,累计进口总额指标统计上海市排名前 100 的企业,共计进口总额 1 254.3 亿美元,约占上海市进口总额的 49.2%。其中,累计排名前 10 的企业进口总额 445.6 亿美元,约占上海市进口总额的 17.5%,行业集中度较高(表 4.6)。

表 4.6 2015 年不同统计口径的企业进出口、出口、进口额情况

项 目	前 100 企业		前 10 企业	
	总额/亿美元	占比/%	总额/亿美元	占比/%
进出口	2 007.6	44.4	870.8	19.3
出 口	940.7	47.8	518.5	26.3
进 口	1 254.3	49.2	445.6	17.5

通过以上数据可知,进出口额、出口额、进口额分别排名前 100 的企业,其进出口额、出口额、进口额分别累计占到上海市相应指标的 45%左右。排名前 10 企业的进出口额、出口额、进口额则又大约分别占到前 100 企业总量的 20%左右。

二、 企业性质

2015 年,根据进出口总额指标统计上海市排名前 100 的企业,其中,国有企业 17 家,私营企业 6 家,外资企业 65 家,集体企业 2 家(图 4.4)。

2015 年,根据出口总额指标统计上海市排名前 100 的企业,其中,国有企业 27 家,私营企业 6 家,外资企业 65 家,集体企业 2 家(图 4.5)。

2015 年,根据进口总额指标统计上海市排名前 100 的企业,其中,国有企业 17 家,私营企业 9 家,外资企业 63 家,集体企业 1 家(图 4.6)。

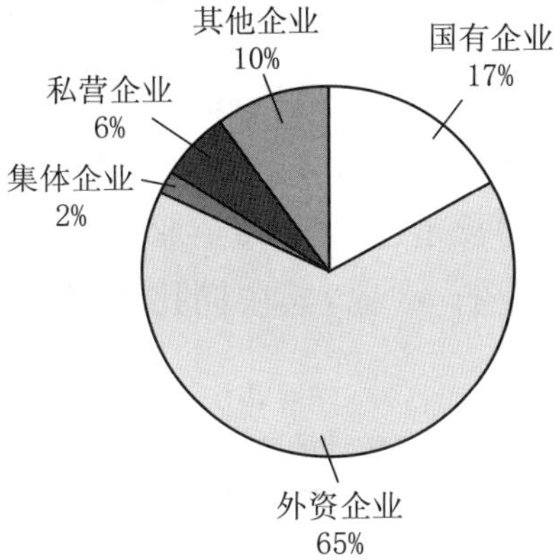

图 4.4　2015 年上海进出口总额排名前 100 企业性质结构

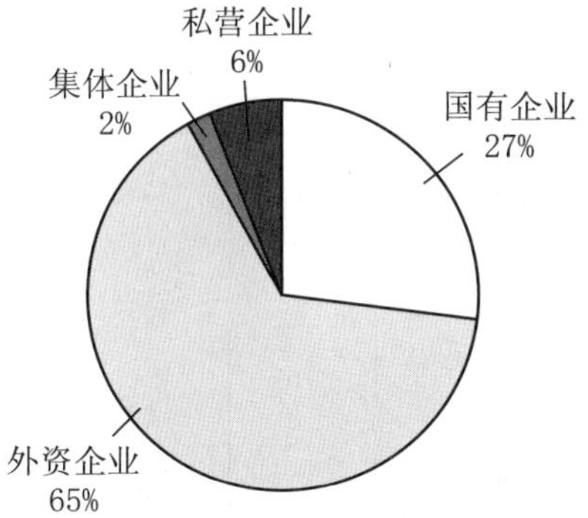

图 4.5　2015 年上海出口总额排名前 100 企业性质结构

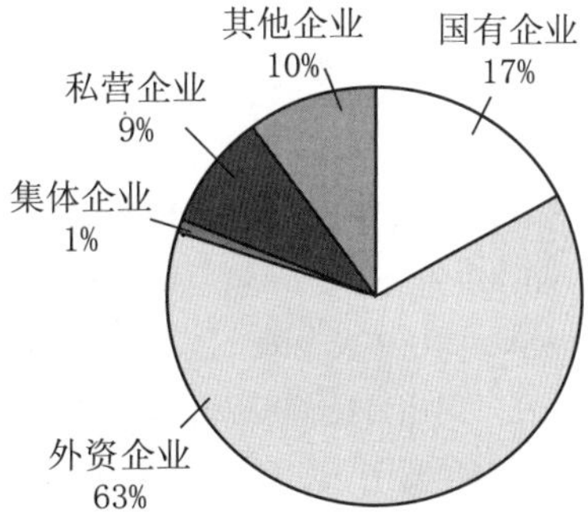

图 4.6　2015 年上海进口总额排名前 100 企业性质结构

通过以上数据可知,外资企业在进出口贸易方面占据着市场绝对优势。上海的商贸环境为外资企业从事进出口贸易创造了良好的外部条件,有利于促进吸引外资企业进驻上海。另外,从出口和进口额单项统计指标看,在前 100 企业中,外资企业总数均超过 60 家。与 2014 年相比,进口、出口的前 100 企业中,私营企业的数量增长较快。

三、 企业进出口增长情况

2015 年,在统计的进出口总额排名前 100 的企业中,与 2014 年相比进出口额同比增长的企业有 47 家,其中同比增长超过 30%的企业 15 家,其中包括 7 家同比增长超过 100%的企业;同比下降的企业有 46 家,其中同比下降超过 30%的企业有 12 家。

2015 年,在统计的出口总额排名前 100 的企业中,与 2014 年相比出口额同比增长的企业有 51 家，其中，同比增长超过 30%的企业 13 家，包括 6 家同比增长超过 100%的企业；同比下降的企业有 47 家，其中同比下降超过 30%的企业有 12 家。

2015 年，在统计的进口总额排名前 100 的企业中，与 2014 年相比进口额同比增长的企业有 50 家，其中同比增长超过 30%的企业有 26 家，包括 12 家同比增长超过 100%的企业；同比下降的企业有 43 家，其中同比下降超过 30%的企业有 10 家（表 4.7，图 4.7）。

表 4.7　2015 年根据不同口径统计的前 100 企业中同比增长与下降企业数

项　目	同比增长企业/家	同比增长30%以上/家	同比增长100%以上/家	同比下降企业/家	同比下降30%以上/家
进出口	47	15	7	46	12
出　口	51	13	6	47	12
进　口	50	26	12	43	10

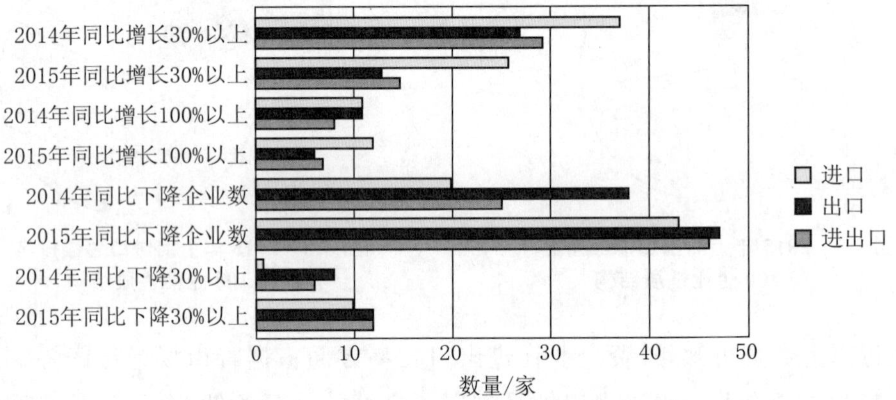

图 4.7　2015 年根据不同口径统计的前 100 企业中同比增长与下降企业数与 2014 年对比

通过表 4.7、图 4.7 可知，金融危机后经过数年的调整，国际经济环境已经有所改善，无论从进出口额、进口额来看，在排名前 100 的企业中，同比增长的企业都比同比下降的企业数量多，整体情况也是如此。

四、 进出口龙头企业

2015 年，在统计的进出口总额排名前 100 的企业中，排名前 3 的依次是昌硕科技（上海）有限公司、达功（上海）电脑有限公司、英运物流（上海）有限公司 3 家外资公司，前 10 位中只有 2 家是国有企业，其余均是外资企业。这两家国有企业是排名第 7

位的宝山钢铁股份有限公司和排名第 9 位的东方航空进出口有限公司，但与排名靠前的外资企业相比进出口总额差距较大，宝山钢铁股份有限公司和东方航空进出口有限公司的进出口总额都不到排名首位的昌硕科技（上海）有限公司的 1/5。

2015 年，在统计的出口总额排名前 100 的企业中，排名前 10 的都是外资企业，其中前 3 分别是达功（上海）电脑有限公司、昌硕科技（上海）有限公司、达丰（上海）电脑有限公司，前二者出口总额继续保持在 100 亿美元以上，在出口方面稳坐市场龙头地位。

2015 年，在统计的进口总额排名前 100 的企业中，昌硕科技（上海）有限公司以 70.7 亿美元进口额位列榜首，而居第 2、3 位的分别是英特尔贸易（上海）有限公司、英运物流（上海）有限公司。进口总额前 10 位中有 2 家企业是国有企业，即排名第 6 的东方航空进出口有限公司和排名第 8 的宝山钢铁股份有限公司，进口总额前 10 位中只有 1 家其他企业，其余均是外资企业（表 4.8）。

表 4.8　2015 年上海进出口额排名前 5 企业概况

企业名称	进出口总额/亿美元	同比增长率/%	出口总额/亿美元	同比增长率/%	进口总额/亿美元	同比增长率/%
昌硕科技（上海）有限公司	222.1	14.9	151.4	9.8	70.7	28.0
达功（上海）电脑有限公司	196.9	−13.3	182.7	−11.6	14.2	−30.0
英运物流（上海）有限公司	94.0	108.2	32.7	96.8	61.3	115.0
英特尔贸易（上海）有限公司	93.6	−1.8	27.0	1.8	66.6	−3.0
晟碟半导体（上海）有限公司	46.4	16.6	19.3	4.4	27.1	27.0

通过表 4.8 可知，2015 年，昌硕科技（上海）有限公司和晟碟半导体（上海）有限公司的进出口额稳步增长，其中进口额同比增长较快，英运物流（上海）有限公司进口和出口的同比增速都很高，达功（上海）电脑有限公司和英特尔贸易（上海）有限公司进口额和出口额均有较大的下降（表 4.9）。

表 4.9　2015 年上海市进口前 10 强企业

排名	企业名称	企业性质	进口额/亿美元	同比增长率/%
1	昌硕科技（上海）有限公司	外资企业	70.7	27.7
2	英特尔贸易（上海）有限公司	外资企业	66.6	−3.2
3	英运物流（上海）有限公司	外资企业	61.3	114.9
4	上海洋山保税港区世天威物流有限	外资企业	41.3	37.0

续表

排名	企　业　名　称	企业性质	进口额/亿美元	同比增长率/%
5	保时捷(中国)汽车销售有限公司	外资企业	40.9	−5.9
6	东方航空进出口有限公司	国有企业	37.7	91.9
7	捷豹路虎汽车贸易(上海)有限公司	外资企业	36.8	−43.6
8	宝山钢铁股份有限公司	国有企业	31.4	−27.3
9	世天威物流(上海外高桥保税物流园区)有限公司	外资企业	30.8	6.0
10	晟碟半导体(上海)有限公司	外资企业	27.1	27.2

数据来源:上海海关。

案例 1　欧普照明:从“小作坊”成为跨国照明集团

欧普照明股份有限公司(以下简称“欧普照明”)是一家集研发、生产、销售、服务于一体的综合型照明企业,现有员工 5 600 多人,拥有上海总部及中山工业园、吴江工业园等多个生产基地;公司产品涵盖 LED 及传统光源、灯具、电工电器、厨卫吊顶产品等领域,海内外终端销售网点超过 3.8 万家。2008 年,欧普照明将总部迁至浦东张江高科技园区,并设立了研发中心。

欧普照明的前身可追溯至 1996 年 8 月,王耀海、马秀慧夫妇两人成立了一个仅有 8 名员工的灯具生产厂。从创业之初起,两人就放弃了 OEM“贴牌”生产的模式,不赚快钱,而是用心经营产品。20 年后,当初的“小作坊”已发展成一家跨国照明集团,一组数据反映出欧普照明的“巨变”:在照明领域排名第一、在 LED 及应用领域排名第三、照明行业年销售第一;2015 年实现营业收入 44.69 亿元,同比增长 16.28%。如今,欧普照明的产品和服务已遍及亚洲、欧洲、中东、南非等全球 50 个国家和地区。在素有“亚洲品牌奥斯卡”之称的亚洲品牌盛典上,欧普照明获颁“亚洲名优品牌奖”,展示了品牌的综合竞争实力。

自 2013 年起,LED 替代传统照明产品的趋势明显加快,照明行业进入了新一轮产业升级周期,这也给包括欧普照明在内的国内照明企业带来了挑战。快速转型生产 LED 照明产品是欧普照明扭转乾坤的法宝,LED 产品成为其产业发展的重中之重。在欧普照明位于张江的产品展示厅内,摆放着各类公司自主研发的 LED 灯具。如今,欧普照明的技术已经被海外公司所认可,与荷兰 Seaborough 公司的合作就是一个新的突破。据悉,全球拥有约 120 亿个插口,加入了 oneTLed 技术的可持续节能

LED灯管将节约一半的电量，这将加速节能环保事业的进程。欧普照明的业务重点是帮助国外厂商实现升级换代，新产品将在中国研发，在吴江生产，最后销往欧洲。据统计，欧普照明平均每年投入超过亿元级的研发费用，获得批准的专利超过800项，正在申请的逾400项，并在上海、中山、苏州、欧洲等4地建有10个专业研发实验室。

作为最早“触电”的照明企业之一，欧普照明连续6年参加淘宝“双11”活动。2015年，欧普照明取得了1.2亿元交易额的骄人战绩。从2013年“双11”的6 024万元，2014年的9 450万元，到2015年的成功破亿元，在取得销售佳绩的同时，使欧普照明对渠道布局有了新的认识——加入“互联网+”战局。打开手机，下载APP，接入网络搭载控制系统，通过灯具内置的WiFi模块连接到云端，就能随时随地轻松操控灯具，实现理想的灯光环境。这样的场景并不是想象，正是欧普照明携手阿里云旗下“阿里小智”全新推出的高品质灯具产品。深谙“创新”之道的欧普照明，自2014年起，就在战略布局智能化产品。欧普照明未来几年主营业务的重心就是发展LED绿色照明产品，助推智能家居照明产品互联网化，革新销售渠道现状，谋求业绩实现新突破。

第五章 服务贸易

第一节 总体运行情况

一、2015年上海服务贸易发展基本情况

根据国家外汇管理局上海市分局国际收支统计初步数据，2015年，上海服务进出口总额1 966.7亿美元，同比增长12.2%。其中服务出口525.3亿美元，同比增长6.4%，服务进口1 441.4亿美元，同比增长14.5%。2015年，上海服务进出口占上海对外贸易的比重为30.3%，高于全国水平（图5.1）。

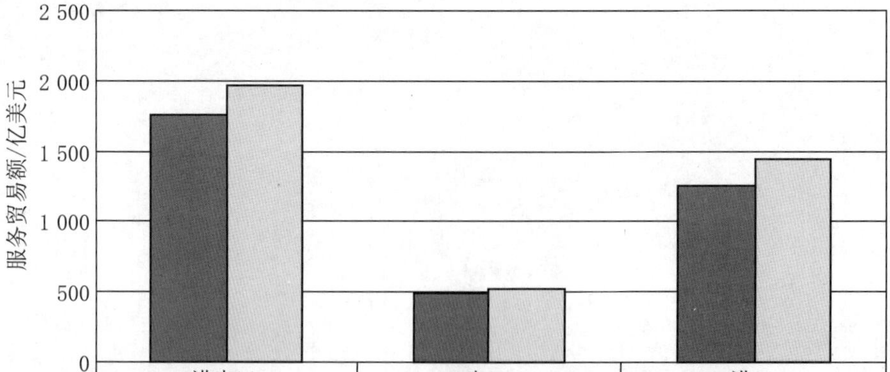

	进出口	出口	进口
■2014年/亿美元	1 753.9	494.3	1 259.6
□2015年/亿美元	1 966.7	525.3	1 441.4

图5.1 2014—2015年上海服务贸易进出口情况

2015年，上海的服务贸易总体呈现出良好发展态势，主要特点表现如下。

1. 传统服务贸易依然占据较大比重

2015 年，上海传统服务（运输服务和旅行）进出口占总额的比重为 70.1%，依旧处于较高水平。其中，旅游服务进出口 1 094.7 亿美元，以 55.7%的占比继续成为上海服务贸易第一大类别，贸易逆差首次突破 1 000 亿美元大关，达到 1 061.8 亿美元，也是上海服务贸易主要逆差来源；运输服务进出口 282.7 亿美元，同比下降 1.0%，同样处于逆差状态。

2. 高附加值服务进出口增长较快

2015 年，上海所有新兴服务类别进出口均实现了正增长，特别是建筑服务、保险和养老金服务、文化和娱乐服务同比增幅均超过 40%。从出口看，知识产权使用费、维护和维修服务和金融服务同比均接近或超过一倍以上的增长，建筑服务、文化和娱乐服务同比增长也在 40%以上；在进口方面，除建筑服务同比增长超一倍外，保险和养老金服务、文化娱乐服务同比增长也超过 15%。

3. 内资企业继续成为服务贸易主力

2015 年，内资企业占上海服务贸易进出口总额的比重达到 62.9%位居第一，其次为外资企业 26.1%、港澳台投资企业 10.9%。就出口而言，占比从高到低依次为国外投资 53.2%、港澳台投资 27.0%和内资 19.5%；在进口方面，占比从高到低依次为内资 78.2%、外资 16.5%、港澳台 5.3%。

4. 亚洲继续成为主要贸易市场

2015 年，亚洲地区继续成为上海服务贸易进出口主要伙伴地区，上海与上述地区服务贸易占贸易总额的比重为 61.8%，其次分别为欧洲、美洲和大洋洲地区。从国别或地区情况看，中国香港继续成为上海服务贸易进出口的最大贸易伙伴，双方服务贸易额 553.1 亿美元，占全部服务贸易额的比重为 28.1%，其次为美国和日本。从出口数据看，美国、中国香港、日本、中国台湾、德国和英国分列上海服务出口市场前 6 名，上述市场合计出口占比 72.5%；从进口数据看，中国香港、中国澳门、美国、日本、新加坡和韩国分列上海进口市场前 6 名，上述市场合计进口占比 69.4%。

二、 2015 年上海服务贸易工作推进情况

（一）完善服务贸易制度设计和统筹协调

贯彻落实《国务院关于加快发展服务贸易的若干意见》和《国务院关于促进服务外包产业加快发展的意见》，完成《上海市服务贸易发展行动计划（2016—2018）（讨论稿）》，经上海市人民政府常务会议审议通过后，以沪府办〔2015〕52 号文的形式正式

发布，是上海推进服务贸易发展的纲领性文件。落实国务院办公厅《关于做好跨境服务负面清单制订工作的通知》，会同上海市相关职能部门梳理汇总上海市跨进服务限制性法律法规和政策措施；召开上海市服务贸易工作会议，上海市服务贸易发展联席会议成员单位的相关处室、区县商务主管部门以及服务贸易重点企业参会，就 2014 年工作进行总结并对 2015 年工作做出部署。

（二）加强服务贸易宏观指导和政策制定

出台《上海市服务贸易促进指导目录（2015 年版）》，拓展了认定范围与扶持领域，将体育服务和服务贸易示范基地等纳入目录范围。开展一系列调研活动，把握服务贸易发展趋势；启动服务贸易示范基地和示范项目认定工作。认定首批市服务贸易示范基地和示范项目，并予以授牌。同时研究启动第二批示范基地和项目的认定工作，并研究在政策上给予一定的优惠和倾斜。

（三）持续推进服务贸易示范基地和示范项目认定工作

作为全国首创的探索性工作，先后认定了两批上海服务贸易示范基地（共 11 家）和示范项目（共 10 个），并结合各区县的资源禀赋和自身特点，指导各区县错位发展、资源共享，建设各具特色的服务贸易集聚区域；不断挖掘服务贸易新业态、新模式和新领域。示范基地对上海市服务贸易的集聚、辐射效应和带动效应已初步显现。

（四）加快推进服务外包转型升级

建立企业联系追踪和服务机制；及时制定国家服务外包业务资金的实施细则；修订国家服务外包平台资金的管理办法；发布服务外包产业发展指导目录。挖掘一批创新性强、带动面宽、服务效果好的服务外包公共服务平台发展。协同做好技术先进型企业认定相关工作。持续推进生物医药研发企业的通关便利化。

（五）加快推进对外文化贸易发展

首次发布《2014 年上海对外文化贸易发展报告》，修订完善“上海市文化产品和服务进出口综合统计报表制度”。35 家企业和 15 个项目被商务部等公示为“2015—2016 年度国家文化出口重点企业和重点项目”。积极推进自贸试验区文化贸易先行先试。支持企业赴中东、非洲、欧洲等举办或参加国际知名文化贸易展会活动近 50 余场。

（六）加快推进技术贸易发展

优化技术进出口合同登记办事流程，简化申报材料，减轻企业负担；严格按照程序选定审核机构，组织开展贴息资金申报、审核、公示、拨付等工作。举办了3期“技术进出口沙龙”；开展政策宣讲等交流活动，以点带面，推动高附加值的新兴技术贸易领域发展。服务双自联动，率先将技术进出口合同登记事项下放自贸试验区。

（七）加快推进中医药服务贸易发展

探索建立以国际市场为导向的中医药服务贸易促进体系。联合上海市卫生和计划生育委员会重点培育上海“中医药服务贸易试点单位”，鼓励试点单位整合现代科技、互联网技术与中医优质资源，把中医药服务转化为高附加值服务产品并推向市场。支持中医药服务贸易平台建立“海上中医”中医药海外营销网络。积极开展医疗旅游课题研究，借鉴国内外医疗旅游发展的经验，认清上海市发展医疗旅游所面临的机遇与挑战，提出发展上海市医疗旅游服务贸易的战略实施建议。

（八）精心组织各类服务贸易促进活动

筹办“第十三届上海软件贸易发展论坛”，聚焦新技术、新产业、新模式、新业态，围绕“软件助推创新，服务引领未来”的主题，组织政策解读、专家演讲、专题研讨、项目对接等活动；参与第三届中国（上海）国际技术进出口交易会的筹备工作；协助商务部在沪举办第十一届中韩技术展示暨洽谈会等，对标国际技术领先水平，拓展企业的全球视野。

（九）提升服务贸易人才工作水平

邀请全球服务贸易各行业的顶尖专家、学者，举办了8期“服贸大智汇”系列讲座，提升了参会人员的国际视野和综合能力；通过“千人招聘会、百家企业推介和十位企业家进校园”活动，全面提升了软件贸易及ITO企业的社会影响力和美誉度，并在一定程度上缓解了企业人才短缺和大学生就业难之间的矛盾。

（十）不断完善服务贸易统计研究工作

加强服务贸易重点领域的季度统计分析和企业动态监测；召开“2015中国（上海）自由贸易试验区服务贸易统计研讨会”；召开“2015上海市服务贸易统计工作总结交流暨培训会”，集中表彰服务贸易先进集体和先进个人。开展医疗旅游、教育服务、数字贸易、服务外包等课题研究。编撰出版《2015 上海服务贸易发展报告》。

三、 2016 年上海服务贸易工作思路

（一）开展创新试点，构建服务贸易发展环境

贯彻落实国务院常务会议精神，开展服务贸易创新试点工作。在结合国家政策和地方特点的基础上，研究出台创新试点工作方案，在财税政策、融资便利和制度环境 3 个方面加大力度，形成突破，为服务贸易企业提供良好的发展环境。同时，鼓励有条件的区县结合本区域的发展特色和优势，开展区域内的服务贸易创新试点。

（二）积极统筹协调，推进服务贸易均衡发展

贯彻落实《上海市服务贸易发展行动计划（2016—2018）》，分领域、分时段完成服务贸易重点工作。抓住国务院建立服务贸易发展部际联席会议制度的契机，进一步加强上海市服务贸易发展联席会议制度以及市区联动推进服务贸易机制的建设。启动上海市服务贸易发展“十三五”规划研究，围绕五中全会提出的“创新、协调、绿色、开放、共享”五大发展理念，研究完善服务贸易的相关功能，大力发展符合五大理念的技术贸易、文化贸易以及服务外包等领域。

（三）加强宏观引导，聚焦服务贸易重点领域和区域

编制出台《2016 版上海市服务贸易发展指导目录》，完善服务贸易重点领域的发展标准和促进重点，增补重点领域和区域的相关内容。编制出台《2016 版上海服务外包产业重点领域发展指导目录》。修订服务贸易示范基地和示范项目的认定管理办法，做好已认定基地和项目的跟踪调研工作，继续认定一批新的示范基地和项目，鼓励各区县提升区域内的服务贸易企业集聚度和专业特色。

（四）搭建公共平台，举办服务贸易促进活动

组织上海服务贸易代表团参加第四届中国（北京）国际服务贸易交易会，做好上海展区和上海日活动的相关筹备工作。举办第十四届上海软件贸易发展论坛，组织论坛研讨、项目洽谈和人才招聘等多项活动，搭建企业交流对接平台。通过主办或参与境外展会活动方式，积极开拓服务外包、文化、技术和中医药服务“一带一路”沿线市场，推动合作项目落地。鼓励区县用好知名展会平台，加大本区域服务贸易企业、

项目的宣传力度,提升知名度。提升文化语言服务、服务外包促进、中医药服务贸易促进等平台功能和业务水平,探索推进国际教育、医疗旅游等领域的公共服务平台建设。继续举办服务贸易培训活动,加强对区县商务主管部门以及企业负责人的培训。开展第二轮服务贸易人才培养"千百十"行动。

(五)加大支持力度,完善服务贸易财税政策体系

继续做好国家技术贸易和服务外包资金的申报指南制订和评审工作。修订上海市服务贸易和服务外包专项资金管理办法,进一步加大资金支持力度,优化资金的申报流程和使用方向,发挥财政资金的引导作用。完善服务贸易金融支持服务,联合进出口银行对服务贸易重点项目给予金融支持,联合中信保开发适合服务贸易企业的产品,并降低费率。加快落实对离岸服务外包和影视服务等出口服务适用增值税零税率政策;做好技术先进型企业的认定工作。

(六)夯实发展基础,做好服务贸易统计研究工作

做好服务贸易统计季报的编制工作。推进自贸试验区服务贸易统计试点工作。研究服务贸易和技术贸易的发展问题,以及服务外包重点领域发展,环境营造以及统计等课题。编制《2016 上海服务贸易发展报告》。

第二节 服务外包

一、 2015 年上海服务外包发展基本情况

2015 年,上海离岸服务外包合同金额 78.5 亿美元,同比下降 5.16%;离岸服务外包执行金额 59.9 亿美元,同比增长 0.15%,剔除补报,2015 年离岸执行金额 42.2 亿美元,同比增长 3.05%(图 5.2)。2015 年,上海服务外包发展总体呈现以下特点。

一是点面结合、覆盖全市。5 个服务外包示范区(浦东新区、长宁区、闸北区、黄浦区和漕河泾新兴技术开发区等)和 12 个服务外包专业园区,即张江金融信息服务外包专业园区(银行卡产业园)、张江生物医药服务外包专业园区、南汇生物医学服务外包专业园区(国际医学园区)、卢湾人力资源服务外包专业园区、陆家嘴信息技术服务外包专业园区(陆家嘴软件园)、信息技术服务外包专业园区(浦东软件园)、长宁数字媒体服务外包专业园区(多媒体产业园)、天地信息技术服务外包专业园区(天地软件园)、张江信息技术服务外包专业园区、金桥研发设计服务外包专业园区、嘉定汽车

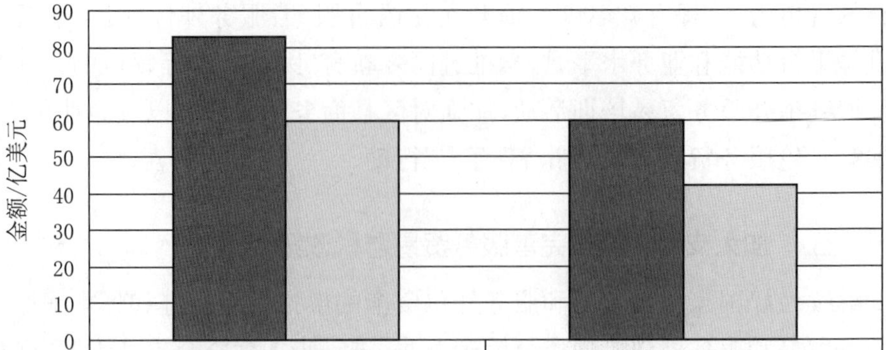

	服务外包合同金额	离岸执行金额
2014年/亿美元	82.8	59.9
2015年/亿美元	59.9	42.2

图 5.2 2014—2015 年上海服务外包情况

研发设计服务外包专业园区以及财经大学金融服务外包专业园区(财大科技园),142家服务外包重点企业分布在全市大部分区县。

二是专业集聚、联动发展。目前,上海 5 个服务外包示范区集中了全市 85.8%的服务外包执行金额,有 142 家服务外包重点企业和 253 家技术先进型服务企业,还有 7 个服务贸易(信息技术)示范基地和一批“市软件和信息技术服务出口重点企业”,基本形成了专业集聚、联动发展的格局。同时,中心城区通过发展服务外包,产业推进升级效应已经显现,并为长三角乃至中西部地区承接在岸服务外包创造了条件。

三是知识流程外包增长较快、转型升级效应明显。2015 年,KPO 离岸合同金额为 24.08 亿美元,同比增长 27.17%,占比为 30.7%;离岸执行金额为 14.28 亿美元,同比增长 25.09%;占比为 23.8%。服务外包产业在人力成本攀升和自身业务能力提升的双重驱动下,开始逐步从低端业务向高端业务转型升级。

四是企业数量持续扩大。截至 2015 年底,全市共有服务外包企业 1 707 家,比 2014 年底新增 150 家。埃森哲、汇丰和花旗等世界 500 强企业纷纷在沪设立亚太或全球数据处理中心,跨国企业也将财务、人事等业务流程共享中心设在上海,国内知名外包企业也以上海作为重要战略部署地。

五是从业人员迅速增加。截至 2015 年底,全市服务外包企业已经吸纳就业人员 35.85 万人,其中绝大部分为大专以上学历人员,比 2014 年底新增 3.54 万人。

六是业务来源地广泛。截至 2015 年底,居服务外包发包地前 5 位的国家和地区为美国、中国香港、新加坡、日本和瑞士,业务占比分别为 38.7%、10.9%、9.3%、7.9%、6.4%。

二、上海服务外包发展面临瓶颈问题

（一）离岸在岸协调发展的问题

从目前发展的趋势看，离岸业务额占服务外包企业业务总额的比重在下降。在岸市场的发展要远远快于离岸市场。但是目前的政策主要是鼓励离岸业务的发展，使得在岸的业务很难纳入统计体系中。一方面无法用政策工具来支持在岸服务外包业务发展；另一方面在岸业务的统计数据并不完善，无法有效地制定政策和加强引导。

（二）服务外包转型升级的问题

目前，劳动力成本大幅上升，加上外汇波动较大，对服务外包企业的业务造成冲击。企业的利润率有较大幅度的下降。为应对外来冲击，服务外包企业的转型升级意愿强烈。如上海海隆软件有限公司收购二三四五向互联网业务转型，博彦科技股份有限公司收购数家专业服务企业提升大数据和云计算服务能力，药明康德新药开发有限公司和尚华医药研发服务集团等企业打造一体化新药研发平台等。服务外包企业的转型升级会出现新的业态和模式。这些业态和模式是否可以纳入服务外包统计体系，当前的政策是否符合其发展的需求，都是服务外包下一步发展面临的重要问题。

（三）服务外包人才结构的问题

服务外包产业对人才的需求日趋多样化，从早期的计算机和软件人才、医药和化学人才等转向对复合型人才的需求，比如大数据和市场营销人才、金融和数学人才、战略和流程设计人才、软件和创意设计人才等。复合型人才能够提升服务外包产业的知识密集度和附加值。但是这类人才目前十分匮乏。在人才引进方面，资质互认、人员出入境以及居留方面还存在一定的障碍。在人才培养方面，校企培养体系不同，特别高校面临知识结构老化、课程设置不合理、培养资源有限等诸多问题，很难培养出工业界需求的复合型人才，使得企业在培训员工方面投入大，时间长，不利于产业的不断革新和发展。

三、2015年上海服务外包工作推进情况

（一）出台服务外包资金实施细则

出台《2015年度国家服务外包资金申报指南》，体现了提高支持标准、关注企业

并购、对重点企业给予研发费用支持等亮点。修订国家服务外包平台资金的管理办法,积极组织实施上海市促进服务外包产业发展专项资金。

(二)出台服务外包产业指导目录

出台《上海服务外包产业重点发展领域指导目录(2015 年版)》,对服务外包重点领域的业务范围、促进目标和培育重点给予宏观指导,并根据产业转型升级的实际情况,提出服务外包潜力领域,加快推动资源向潜力领域集聚。

(三)支持公共平台服务中小企业

挖掘一批创新性强、带动面宽、服务效果好的服务外包公共服务平台发展。从内容上,新增加对开展服务外包产业研究和展会项目的支持;从支持项目上,新增了上海育碧电脑软件有限公司中小企业游戏研发国际化开拓平台和上海外高桥保税区人力资源服务平台等新型平台,发挥了支持自贸试验区建设和加快上海服务外包企业国际化研发进程等重要作用。

(四)建设服务外包交易促进中心

继续打造上海服务外包交易促进中心,增强其项目对接能力,2015 年对接的项目额达到 10 亿元。同时,完善服务外包企业信用评价体系,并举办多场服务外包促进活动。

(五)促进服务外包企业成长

支持服务外包企业协会和生物医药行业协会等的企业培训等工作,联合上海市科学技术委员会等部门,做好对新技术、新业态、新模式"三新"企业的挖掘跟踪服务,做好技术先进型服务企业认定相关工作。

(六)规范服务外包统计工作

研究服务外包内涵外延扩展,加大统计政策宣传力度,联合区县商务主管部门和行业协会对新增的服务外包领域如检验检测、法律服务外包等进行宣讲;指导企业按时、合规上报服务外包合同,加大为企业服务力度;开展服务外包相关抽样统计研究工作,综合评价工作,完成《服务外包示范城市综合评价基础数据表》上报。

(七)注重服务外包营造环境

与中国服务外包研究中心合作开展"服务外包转型升级与加快上海科技创新中

心建设”等专业课题研究，积极探询服务外包转型升级的路径；贯彻“一带一路”战略，指导企业开拓新加坡、澳大利亚等新兴市场。

（八）加强服务外包知识产权保护

组织召开上海服务外包知识产权保护联盟工作会议，举办服务外包企业商业秘密保护研讨会、“创新、产权和市场”研讨会等，加大服务外包知识产权保护的宣传力度。

四、 2016年上海服务外包工作思路

（一）做好宏观引导

继续发布《上海服务外包产业重点发展领域指导目录（2016年版）》，对信息技术、业务流程和知识流程三类服务外包模式的发展方向给予引导，并明确重点培育的标准，深入挖掘潜力发展领域。

（二）加大政策支持力度

进一步规范国家服务外包专项资金的流程，研究资金的使用方向和支持范围，将人才培训、海外市场开拓、研发等关键环节纳入资金支持范围。

（三）营造良好发展环境

加强服务外包知识产权保护，依托上海服务外包知识产权保护联盟，举开展知识产权研讨和宣传活动，为企业提供知识产权保护的公共服务。

（四）发展重点区域

继续做好服务外包示范城市综合评价工作；加大力度培育服务贸易（服务外包类）示范基地和示范项目，打造服务外包集聚区；促进新静安区服务外包示范区和重点领域发展，研究转认定新静安区为市服务外包示范区事宜。

（五）推进便利化工作

充分发挥自贸试验区的作用，继续推进服务外包研发样本通关的便利化工作。继续落实服务外包外籍高管来沪签证和居留便利举措。

（六）建设服务外包公共平台

重点支持上海服务外包交易促进中心等平台，加强项目对接功能，拓展在线增值服务。支持和打造一批具有较强服务能力以及带动效应的交易、技术、培训和研究平台。

（七）加大海外促进力度

举办多形式、多渠道的海外促进活动，鼓励服务外包企业到"一带一路"沿线国家和地区开展业务。鼓励本土企业和促进机构和"一带一路"沿线国家及地区的机构开展合作，建立长效化的交流合作平台。

（八）强化服务外包人才培训支持

继续做好对服务外包新员工的培训支持，研究支持服务外包企业的中高级人才培训。继续举办人才培养"千百十"行动，缓解服务外包企业人才短缺和大学生就业难之间的矛盾。完善服务外包人才培训体系，在商务部指导下，发挥"服务外包人才培训中心（上海）"等功能，提升服务外包的整体培训水平和有效性。

第六章 外国直接投资

第一节 总体运行情况

一、 2015年上海利用外资基本情况

2015年，上海以深化自贸试验区建设为契机，对标高标准的国际贸易投资规则，全面提升开放型经济水平，不断完善国际化、市场化、法制化的营商环境，全年利用外资质量和水平进一步提高。

（一）2015年上海利用外资发展特点

1. 利用外资规模再创新高

2015年，在利用外资基数较大，经济总量增速有所回调的新常态下，上海利用外资规模再创历史新高，上海新设外资项目6 007个，同比增长27.9%；合同利用外资达到589.43亿美元，同比增长86.5%，再创年度引资新高，规模位居全国首位。实际利用外资在2014年高位基础上继续保持增长，达到184.59亿美元，同比增长1.6%，连续16年实现增长，实到外资约占全国的15%（图6.1）。截至2015年底，上海累计引进外资项目8.23万个，合同外资3 330.53亿美元，实际利用外资1 876.18亿美元。

2. 服务业为主的引资结构不断优化

2015年，上海服务业实际利用外资159.38亿美元，占全市实到外资的86.3%，同比下降2.7%，主要是由于房地产业实到外资同比下降32.8%。其他主要投资领域多呈现增长态势，商贸业、租赁和商务服务业实到外资分别达到26.59亿美元、28.18亿美元，分别同比增长41.7%、5%。以融资租赁为主的金融服务业和以“互联网+”为

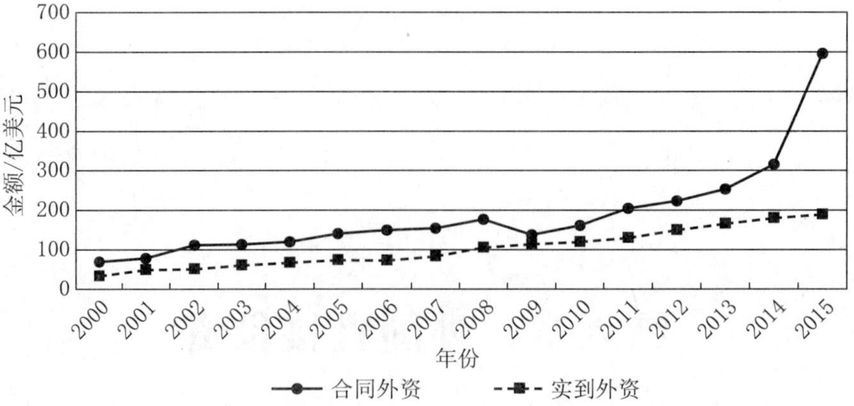

图 6.1　2000—2015 年上海利用外资情况

代表的信息服务业是 2015 年利用外资增长最快的领域，实到外资分别达到 21.11 亿美元和 7.82 亿美元，分别同比增长 84.6%、74.3%，金融服务业实到外资占全市的比重首次超过 10%（表 6.1）。

表 6.1　2015 年上海服务业实到外资按产业分情况

产业名称	实际利用外资/亿美元	同比增长率/%	占比/%
服务业	159.38	−2.7	86.3
＃商贸业	26.59	41.7	14.4
租赁和商务服务业	28.18	5.0	15.3
租赁和商务服务业	7.82	74.3	4.2
房地产业	21.11	84.6	11.4
金融服务业	56.06	−32.8	30.4

3. 大项目推动制造业实到外资出现增长

2015 下半年以来，随着上海华虹宏力半导体制造有限公司（3.2 亿美元）、上海光明荷斯坦牧业有限公司（2.49 亿美元）、上海罗氏制药有限公司、拜耳材料科技（上海）有限公司、巴斯夫化学建材（中国）有限公司等大项目资金陆续到位，制造业实到外资出现明显增长，达到 24.9 亿美元，同比增长 42.8%，占全市实到外资的比重由 2014 年的 9.6%升至 13.5%。但受资源环境承载能力接近极限及劳动力成本上升等影响，2015 年制造业合同外资为 18.94 亿美元，同比下降 15.9%，仍在下行区间。新增项目以装备、汽车零部件、生物医药制造等为主，引进中船瓦锡兰发动机（上海）有限公司，与中国船舶工业集团公司合资成立，总投资 7 851 万美元，从事大型缸径柴油机和双燃料发动机制造；引进梅赛德斯-奔驰零部件制造服务有限公司，总投资 9 976 万美元，从事汽车零部件再制造领域的技术开发。

4. 总部机构加快集聚和功能拓展

2015 年，跨国公司加快在上海的投资战略布局，地区总部数量稳步增加、能级持续提升，功能不断拓展。全年新设跨国公司地区总部 45 家，其中汉高(中国)投资有限公司、恩智浦(中国)管理有限公司、亚什兰(中国)投资有限公司等 15 家企业设立了亚太区总部，新增投资性公司 15 家。截至 2015 年底，累计落户上海的跨国公司地区总部 535 家，其中亚太区总部 41 家；投资性公司 312 家，上海继续成为中国内地跨国公司地区总部落户最多的城市。同时，积极鼓励外资研发中心参与上海科技创新中心建设，全年共引进费森尤斯医药新研发中心、中芯国际集成电路新技术研发(上海)有限公司等外资研发中心 15 家，累计达到 396 家(表 6.2)。

表 6.2　上海总部经济情况

年　份	投资性公司/家	地区总部/家	研发中心/家
2006	20	30	26
2007	15	30	34
2008	13	40	30
2009	13	36	30
2010	22	45	15
2011	27	48	15
2012	25	50	17
2013	18	42	15
2014	14	45	15
2015	29	90	30
累计(截至 2015 年底)	312	535	396

5. 外商投资领域不断拓宽

金融领域开放不断深化，外资融资租赁项目快速增长，全年新增外资融资租赁项目 746 个，同比增长 2.4 倍；新增外资商业保理项目 38 个；外资股权投资管理项目 9 个。外商投资“互联网＋”领域表现活跃，汉诚信息技术(上海)有限公司(大众点评)、上海雾博信息技术有限公司(优步)、奇心(上海)信息技术有限公司(快的)、直钱信息技术(上海)有限公司(快钱支付)等项目纷纷增资。医疗、养老产业的外商投资持续升温，在自贸试验区引进全国首家外商独资医疗机构——上海永远幸妇科医院有限公司、中德合资上海阿特蒙医院有限公司、中新(加坡)合资在新虹桥国际医学园区设立上海百汇医院有限公司、在前滩地区设立上海企华医院有限公司，引进上海福原护理服务有限公司从事居家护理服务。

6. 自贸试验区改革持续推进

随着自贸试验区外资管理制度改革的推进和服务业扩大开放措施的不断落地，给上海外资发展注入了新的动力。2015 年，自贸试验区共新增外资项目 2 802 个，合同外资超过 350 亿美元，实际利用外资超过 30 亿美元。融资租赁、工程设计、旅行社、游戏游艺设备生产销售、演出经纪、船舶管理、增值电信等行业的扩大开放措施取得了积极成效，截至 2015 年底，54 项扩大开放措施累计共有超过 1 300 个项目落户自贸试验区。

7. 来沪投资的国家和地区日益增多

截至 2015 年底，在上海投资的国家和地区增至 165 个。中国香港、日本、美国和欧洲仍然是上海主要的外资来源地，但结构出现变化，欧洲、美国投资增长，中国香港、日本投资下降。欧洲对沪投资实到外资 13.09 亿美元，同比增长 33.3%，主要是德国、法国、荷兰、西班牙等国的投资增长较快。美国对沪投资实到外资 10.02 亿美元，微增 0.5%。中国香港投资实到外资 112.95 亿美元，占比 61.2%，由于 2014 年同期有房地产大项目资金到位，2015 年实到外资同比下降 2.5%。日本对沪投资延续下降态势，实到外资同比下降 60.7%，合同外资同比下降 46.2%。此外，"一带一路"沿线国家合计对沪投资项目 611 个，实到外资 22.28 亿美元，同比增长 164.8%，主要是新加坡投资实到外资 21.7 亿美元，同比增长 161.5%（表 6.3）。

表 6.3　2015 年上海外商直接投资前 10 位资金来源地

排名	国家或地区	实到外资/亿美元	同比增长率/%	占比/%
1	中国香港	112.95	−2.5	61.2
2	新加坡	21.70	161.5	11.8
3	美　国	10.02	0.5	5.4
4	英属维尔京群岛	7.48	−20.8	4.1
5	日　本	4.89	−60.7	2.7
6	德　国	4.30	104.5	2.3
7	开曼群岛	2.60	48.1	1.4
8	荷　兰	2.43	82.9	1.3
9	韩　国	1.58	101.3	0.9
10	法　国	1.26	57.0	0.7

8. 外商投资企业经济贡献巨大

上海现有外商投资运营企业约3.8万家，贡献了全市约2/3的进出口总额和规模以上工业总产值以及1/3的税收和就业。2015年，外商投资企业完成工业总产值18 953亿元，占全市规模以上工业企业完成工业总产值的61%；进出口总额2 932亿美元，占全市进出口总额64.9%。2015年上海工业、第三产业税收100强企业中，外商投资企业分别占到66家和45家，实现税收总额1 076亿元，占百强企业税收总额的32.4%。

（二）2015年上海外资企业运营情况

根据2016年外商、台港澳侨投资企业（简称“外商投资企业”）联合年报，2015年度上海市外商投资企业运营情况总体良好，反映外商投资企业效益的核心指标：营业收入略有增长、纳税总额、利润总额较2014年小幅下降，从业人数持平，外商投资企业继续成为上海经济社会发展的重要力量。

1. 总体质量水平较高

参加2016年外商投资企业联合年报的企业共40 894家，比上一年度申报企业数量净增加3 138家，申报企业数量创历史新高。参加上海市工商行政管理局年报公示的外资存续企业数量为45 094家，以此为参照的企业申报率为90.7%。已通过审核企业40 877家，占参报外商投资企业数的99.96%，上报质量总体较好。2015年，上海外商投资企业营业收入62 901.87亿元，同比增长2.5%；纳税总额3 942.37亿元，同比下降4.5%；利润总额3 944.37亿元，同比下降2.3%；从业人数304.32万人，同比增长0.1%。

按照可比口径，2015、2016年连续两年参加联合年报的外资企业营业收入同比增长2.4%，纳税总额同比下降4.0%，利润总额同比下降1.1%，从业人数持平。

2. 服务业为主的外资结构日益突出

近年来，外商投资第三产业不断增加。三、二、一产业参加联合年报企业数量的占比分别为77.3%、22.5%、0.2%，外方认缴注册资本的占比分别为76.4%、23.5%、0.1%。同上年相比，第三产业企业数量、外方认缴注册资本的占比分别提高2.7个百分点和3.9个百分点；而第二产业企业数量、外方认缴注册资本的占比则相应减少2.7个百分点和3.9个百分点。

具体来看，参加联合年报的第三产业企业数为31 634家，较上年增加3 481家，同比增长12.4%；外方认缴注册资本合计1 956.51亿美元，同比增长23.8%。其中，投资批发零售业、租赁和商务服务业、信息软件业的企业最多，参报企业数量分别为

15 403 家、8 279 家和 1 838 家，合计占到第三产业参报企业数量的 80.7%。参加联合年报的第二产业企业数为 9 187 家，较上年减少 331 家，同比下降 3.5%；外方认缴注册资本合计 600.54 亿美元，同比增长 0.3%。其中，制造业企业 8 857 家，占参加联合年报企业总数的 21.7%，较上年减少 247 家，同比下降 2.7%；外方认缴注册资本合计 586.97 亿美元，同比增长 0.5%。

3. 外商投资企业效益良好

2015 年，外商投资运营企业营业收入 62 901.87 亿元，同比增长 2.5%。主要投资行业中，批发零售业、制造业、租赁和商务服务业以及交通运输、仓储和邮政业的营业收入排名前列，分别达到 24 428.93 亿元、21 813.30 亿元、6 603.06 亿元和 4 206.72 亿元，分别比上年下降 3.0%、下降 2.5%、增长 53.5%和增长 1.5%。金融业、房地产业和科技服务业的营业收入增长较快，分别同比增长 45.4%、21.7%和 16.8%。

2015 年，外商投资运营企业利润总额 3 944.37 亿元，同比下降 2.3%。主要投资行业中，制造业、批发零售业、租赁和商务服务业的利润额分别为 1 534.15 亿元、484.94 亿元、663.89 亿元，分别比上年下降 3.4%、下降 39.5%和增长 39.7%。住宿餐饮业、金融服务业、房地产业和科技服务业的利润增长较快，分别同比增长 71.0%、32.1%、30.6%和 52.8%。

4. 上缴税收略有下降

2015 年，外商投资运营企业上缴税金 3 942.37 亿元，同比下降 4.5%，占全市税收总额的 35.1%。第三产业纳税总额继续超过第二产业，达到 2 450.63 亿元，同比下降 6.4%；第二产业纳税总额 1 485.73 亿元，同比下降 1.4%。从行业来看，制造业、批发零售业、租赁和商务服务业的纳税额居前 3 位，分别达到 1 444.42 亿元、1 101.27 亿元和 521.77 亿元，分别占全市外商投资企业纳税总额的 36.6%、27.9%和 13.2%。纳税增长较快的行业主要是租赁和商务服务业、交通运输、仓储和邮政业以及金融业，以上行业的纳税额分别同比增长 54.8%、39.7%和 31.9%。

2015 年，上海工业、第三产业税收 100 强企业中，外商投资企业分别占到 66 家和 45 家(2014 年分别为 71 家和 48 家)。实现税收总额 1 076 亿元，占全市税收百强企业税收总额的 32.4%。

5. 吸纳就业比例较高

2015 年，外商投资运营企业从业人数合计 304.32 万人，比上年增加 1 776 人，外商投资企业从业人数占全市总从业人数的 22.4%(2015 年全市从业人数为 1 361.51 万人)。其中，外籍从业人士达 9.65 万人，净减少 0.34 万人。从就业人员的产业结构来看，第三产业从业人数为 167.28 万人，比上年净增加 14.08 万人，占全市外资企业从业人数的55.0%,第三产业吸纳就业人数连续第二年超过第二产业。其中,租赁和商务服务业、金融业、交通运输、仓储和邮政业的从业人数增长明显。第二产业从业人数为136.45万人,比上年减少14.09万人,占全市外资企业从业人数的44.8%,其中,制造业从业人数为134.04万人,比上年减少13.08万人,制造业和服务业从业人员的一减一增,反映产业结构调整在从业人员结构上的影响。

6. 上海外贸和工业的重要支柱

相关统计数据显示:2015年,上海外商投资企业进出口总额18 744.55亿元,占上海外贸进出口总额(28 060.88亿元)的66.8%,其中外商投资企业进口额10 543.02亿元,占上海外贸进口总额的66.6%;外商投资企业出口额8 201.53亿元,占上海外贸出口总额的67.1%。2015年,全市外商投资企业规模以上工业总产值18 953.20亿元,占全市规模以上企业工业总产值(31 049.57亿元)的61.0%。

二、 2015年上海利用外资主要举措

(一) 全面开展招商引资工作

1. 启动全市招商引资工作

加强"市区联动、内外联动",2015年累计在国内、国外举办超过20场大型投资推介会。在国外,5月,结合上海市领导出访,在新加坡、土耳其伊斯坦布尔举办了两场大型推介会;6月,结合上海市商务委员会领导出访,在德国汉堡、比利时安特卫普举办两场大型投资推介会;9月,在"2015南非中国年"活动中参与举办"中国—南非2015上海贸易与投资合作论坛";同月,结合上海市商务委员会领导出访,在美国洛杉矶、日本大阪举办两场大型投资推介会;12月,结合参加中国香港中小企国际博览会,在中国香港举办"上海营商环境及政策说明会"。在上海,结合中国(上海)国际技术进出口交易会主宾国活动,组织了捷克企业专场投资贸易推介会;还会同中国香港投资推广署、日中经济贸易中心、美国驻沪总领馆等机构分别举办了针对港资、日资和美国能源企业的专场投资推介会;与新加坡企发局合作举办了"上海—新加坡'智慧商圈'企业对接交流会";与中国香港驻沪经贸办事处联合主办了"中国香港法律及解决争议服务研讨会",通过这一系列专场投资促进活动,向海内外宣传推介上海投资环境和政策,吸引外商来沪投资兴业。

2. 推动与"一带一路"重点国家和节点城市建立经贸合作伙伴关系

推动了上海市政府与阿联酋阿布扎比签署经贸战略合作备忘录,推动上海市商务委员会与新加坡国际企业发展局、捷克工贸部国际经济政策司、比利时安特卫普

市、加拿大魁北克省、德国汉堡市等签署了经贸合作伙伴关系备忘录。

3. 启动了引进投资贸易类国际组织和机构工作

成功推动了亚太示范电子口岸网络运营中心（APMEN）于 2015 年 8 月揭牌成立，中国香港国际仲裁中心（HKIAC）上海办事处于 2015 年 11 月揭牌，世界钻石中心（AWDC）下设比利时钻石高层议会（HRD）钻石实验室中国办事处设在上海钻石交易所内。同时，与现有的国际组织和机构，如联合国工发组织、联合国贸易网络上海中心、联合国南南全球技术产权交易所保持紧密联系，充分发挥这些国际组织的优势。

4. 与相关经济开发区和中西部城市建立经贸合作协议

促成上海市商务委员会与虹桥商务区管委会签署商务合作发展协议；推动上海市商务委员会与陕西省汉中市政府签订合作发展协议，搭建产业转移服务平台。

（二）主动做好投资促进服务工作

1. 推动了一批商务领域重点项目落地

牵头制定了 2015 年上海市商务领域重点项目清单，共 169 项，总投资额约 1 821.8 亿元，项目涉及平台经济、民生工程、商业转型升级、外资引进和对外投资合作等，累计完成 87 项，总投资额约 610 亿元，取得了阶段性成效。如推动日本化工巨头东曹株式会社在金山二工区投资的日邦聚氨酯科技有限公司开工；推动新加坡莱佛士医疗集团在浦东前滩设立国际医院等。跟踪落实上海市领导出访达成的成果，推进阿联酋、新加坡、德国等国企业在上海的投资和与上海企业的合作。

2. 优质高效服务重大外资项目

开展外资企业专题调研，围绕重大项目、重点项目做好促进、跟踪和服务工作，特别是做好与横向部门的沟通协调工作，与工商、税务、海关等部门沟通，协调解决企业在报批和运营中遇到的问题。

（三）积极推动开发区转型升级

1. 落实国务院关于开发区转型升级的《若干意见》文件精神

研究上海市国家级经济技术开发区转型发展的思路和举措，先后两次征集相关单位意见，2015 年 8 月，上海市政府出台了《关于促进上海国家级经济开发区转型升级创新发展的实施意见》，为新时期指导上海国家级经济技术开发区转型升级创新发展确立方向。

2. 推动上海国家级经济技术开发区与"长江经济带"沿线开发区建立合作关系

贯彻落实"长江经济带"工作要求，促成上海漕河泾新兴技术开发区与云南滇中产业集聚区(嵩明杨林经济技术开发区)、云南瑞丽开发开放试验区，上海闵行经济技术开发区与云南大理经济技术开发区，上海金桥经济技术开发区与云南曲靖经济技术开发区，上海松江经济技术开发区与云南昆明经济技术开发区，上海自贸试验区保税片区与云南红河综合保税区、云南蒙自经济技术开发区签署了战略合作框架协议。

（四）加强为台港澳企业的服务工作

1. 成功举办“2015 上海台湾名品展”

2015 年 4 月 29 日—5 月 2 日，上海市商务委员会联合上海市人民政府台湾事务办公室和台湾贸易中心在上海世博展览馆举办“2015 上海台湾名品博览会”，这是继 2012 年首次在上海举办后再次在上海举行，展览规模 2.5 万平方米，450 家中国台湾厂商参展共设 1 000 个展位，主打“环保、科技、文创”理念，重点展示了中国台湾先进制造业和现代服务业的新理念、新技术和新产品，吸引 71 000 人次参观，促成 1.65 亿美元商机。

2. 参与筹备“第三次沪港经贸合作会议第三次会议”

上海市商务委员会与中国香港商务与经济发展局、自贸试验区签署了《关于加强沪港商务合作的协议》，并在会上就商务及创意产业的合作议题进行了互动交流。

3. 促成“中国台湾商品中心”在自贸试验区设立

会同上海市各相关部门多次召开协调会商议解决配额、农畜产品及肉类进口准入资质和检验检疫相关政策，为“中国台湾商品中心”提供多项优惠政策和通关、检验、检疫等便捷化措施，促成该中心于 2015 年 11 月 1 日正式在自贸试验区保税区域正式揭牌营运，标志着中国台湾中小企业的优质产品进入大陆市场又添新“通道”。

（五）稳步推进外资统计、联合年报工作

1. 扎实做好月度外资统计工作

落实 2015 年上海市利用外资统计制度的有关要求，完成月度实到外资数据的催报、核查、汇总和上报；通过积极主动的工作，对全市的外资项目，包括在谈项目、待批项目、纳入统计范畴项目等做到心中有数；加强统计分析运用，向领导和各部门提供外资报表、分析材料、港资台资企业情况等各类信息资料，及时反映上海利用外资的规模、结构和水平，提出利用外资新动向、新情况和新问题。

2. 推进联合年报无纸化申报工作

2015 年上海外商投资企业联合年报工作从 7 月 16 日开始，10 月 30 日结束，共有 37 756 家外商投资企业申报，占上海市工商行政管理局年报公示存续外资企业总

数的 91.16%。全面启动联合年报无纸化申报，取消现场联合办公和收取纸质材料。

（六）加强投资环境的宣传工作

1. 编制投资促进宣传材料

编制发布《2015 上海外商投资指南》《2015 上海外商投资环境白皮书》，并搜集各区县、开发区的投资环境宣传材料，提高政策宣传和服务能力；牵头制作《上海投资环境》宣传片；汇总自贸试验区政策，汇编成第 6、7 册。

2. 搭建全市外商投资促进工作网络

建立"投资促进沙龙"等投资促进微信群及"投资上海"微信公众服务号，组织"投资上海"门户网站的信息员制度，及时反映、报道外资领域的重大项目和重要信息。

3. 认真做好外事谈参的撰写工作

全年共完成上海市领导外事谈话参考 68 件。通过参与上海市领导外事会见，主动宣传上海投资环境，捕捉大项目信息，跟踪落实进展，推动项目落地。梳理 2014 年度和 2015 年度外事谈参，并编印《2014 年外事谈参汇编》《2015 年外事谈参汇编》共 2 册。

三、 2016 年上海利用外资工作思路和主要举措

（一）工作思路

深入贯彻党的十八届五中全会精神和中共上海十届市委九次全会精神，牢牢把握上海加快推进自贸试验区和科技创新中心建设的历史机遇，以落实"十大外资促进计划"为主线，本着"市区联动、内外联动"的原则，通过加大投资促进工作力度、拓展地区经贸伙伴关系、引进高质量的外资项目、加强监管及完善营商环境，进一步提升利用外资的质量和水平，推动外资在上海开放型经济建设和创新驱动发展战略中发挥更加积极的作用。

（二）主要举措

1. 启动"制造业一区一业引资计划"，引进一批高质量的外资制造业项目

一是举行"2016 制造业联合招商"引资计划启动仪式。会同嘉定区、青浦区、松江区、奉贤区、金山区等区与漕河泾新兴技术开发区、金桥经济技术开发区、上海临港经济发展（集团）有限公司、张江高新技术产业开发区、松江经济技术开发区等开发区，开展市区合作招商备忘录签约，启动 2016 年制造业招商活动，向境内外发布上海

制造业招商的信息。二是开展高端制造招商及宣传活动。编制《上海制造业招商指南》,联合重点区县、开发区赴境外开展高端制造和智能制造招商及宣传活动。

2. 推动与"一带一路"沿线国家及重要节点城市建立经贸伙伴关系,拓展投资与贸易合作空间

一是整理分析与"一带一路"沿线国家和城市经贸合作意向,在2015年签约基础上,继续推动与南非、泰国、俄罗斯、印度、以色列、印尼等国家有关城市建立经贸合作伙伴关系,配合上海市领导、上海市商务委员会领导出访活动进行签署。二是在签约基础上,推动签约双方实质性合作的开展,推动双向投资和经贸合作项目落地。

3. 加快引进贸易与投资类国际组织、国际知名行业协会、知名争议解决机构等国际组织落沪,提升上海国际贸易中心的贸易辐射效应和商务活动的枢纽功能

一是会同外事处等受理机构梳理非企业经济组织常驻机构申请流程,为国际组织和机构引进做好服务;二是继续推动国际展览业协会(UFI)、国际商会(ICC)仲裁院等落户工作;三是开展引进国际投资贸易类国际组织和协会的课题调研;四是继续发挥已落户上海的国际组织和机构的作用。

4. 加大招商引资工作力度,提高全市投资促进工作水平和成效

一是加强境外招商。配合上海市领导、上海市商务委员会领导出访,会同有关区县和开发区,针对美国、日本、欧洲、新加坡等重点国家和地区,以地区总部、科技研发、智能制造为目标,开展定向招商活动。二是发挥海外办事处作用。在充实海外办事处工作力量的基础上,发挥海外办事处信息搜集、活动协办、项目推进、对外窗口的作用。三是落实中美省州经贸合作机制。加强上海与美国加利福尼亚州、芝加哥市、华盛顿州的投资贸易合作。四是进一步提高外事谈参质量。利用上海市领导会见跨国公司高层机会,挖掘有关项目信息,撰写高质量外事谈参,跟踪和推动一批重点项目落地。

5. 加大上海营商环境推介力度,做好已落户外资企业的服务工作,打造开放亲商的投资环境

一是发挥上海投资促进机构联席会议(SIPP)平台作用,会同各国驻沪领馆、商协会、投资促进机构在境内外举办各类投资环境宣讲会、投资政策说明会,提升上海对国际资本的知晓度和吸引力。二是做好2016版《上海外商投资指南》《上海外商投资白皮书》《上海开发区投资指南》的编制工作,部署"投资上海"微信公众服务号英文版上线,帮助外国投资者及时获取上海外资政策和信息。三是定期开展外资企业调研、座谈等活动,倾听外资企业意见和建议,对于企业在经营过程中碰到的问题及时予以协调解决。

6. 推动国家级经济技术开发区转型升级，将国家级经济技术开发区打造成为开放型经济的重要载体和招商引资的重要平台

一是推动联动发展。引导国家级经济技术开发区与国内开发区建立跨区域合作关系，在与云南开发区签订战略合作协议的基础上，结合开发区转型发展的需要，推动品牌输出、人才交流、项目转移、合作开发等实质性合作的开展。二是推进开发区升级。大力推进嘉定工业区、康桥工业区、青浦工业园区的升级工作，按照国家级经济技术开发区综合评价标准，培养和储备一批市级开发区，条件成熟时优先升级为国家级经济技术开发区。

7. 做好对台和对港澳经贸工作

一是加强与上海市人民政府台湾事务办公室、上海市台湾同胞投资企业协会，上海市人民政府港澳事务办公室、中国香港驻沪经贸办事处、中国香港贸易发展局等的交流合作，了解中国台湾及港澳业界关注议题，搜集投资相关信息。二是围绕落实CEPA 服务贸易协议和第三次沪港经贸合作协议，重点推动沪港两地在专业服务业领域的合作，探讨建立文化创意产业合作平台；针对港资企业需求，与中国香港驻沪机构共同开展 CEPA 政策培训及税务、劳务方面的专业培训；继续做好中国香港“国际中小企博览”参展工作及相关投资促进活动。三是推进一批沪台经贸合作项目。指导、协调台湾贸易中心上海代表处开展非直接经营性活动；推动“中国台湾商品中心”在外高桥保税区顺利开展运营。

8. 发挥产业转移促进中心平台功能，助推上海产业转型升级

一是协助商务部投资促进事务局组织开展中国西部国际博览会、中国中部投资贸易博览会、厦门国际投资贸易洽谈会等系列对接、推介活动；二是举办产业转移交流会，组织各国领馆、工贸部、贸促会、商会、各地园区、企业参会；三是做好上海市企业产业转移咨询、介绍和对接工作，适时组织上海企业赴有关省市考察投资环境。

第二节　总 部 经 济

一、 2015 年上海跨国公司地区总部基本情况

2015 年，上海吸引跨国公司地区总部继续保持良好的发展势头，全年新引进跨国公司地区总部 45 家，其中有 15 家企业升级或被认定为亚太区总部。截至 2015 年底，外商在上海累计设立跨国公司地区总部 535 家，其中亚太区总部 41 家。2015 年上海跨国公司地区总部的发展特点如下。

（一）从投资国别看，以美、欧、日企业为主

2015 年，欧洲企业设立地区总部 16 家，占 35.5%；日本企业 9 家，占 20%；美国企业 8 家，占 17.8%；其他亚洲企业 12 家，占 26.7%，其中新加坡企业 3 家，中国香港企业 4 家，中国台湾企业 2 家，印尼企业 1 家。截至 2015 年底上海跨国公司地区总部占比较大的是：美国企业设立地区总部 152 家，占 28.4%；欧洲企业 147 家，占27.5%；日本企业 120 家，占 22.4%（图 6.2、图 6.3）。

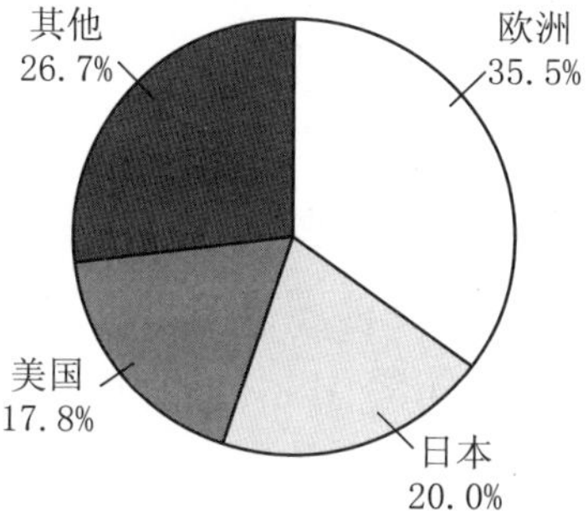

图 6.2　2015 年上海新设跨国地区总部来源地分布

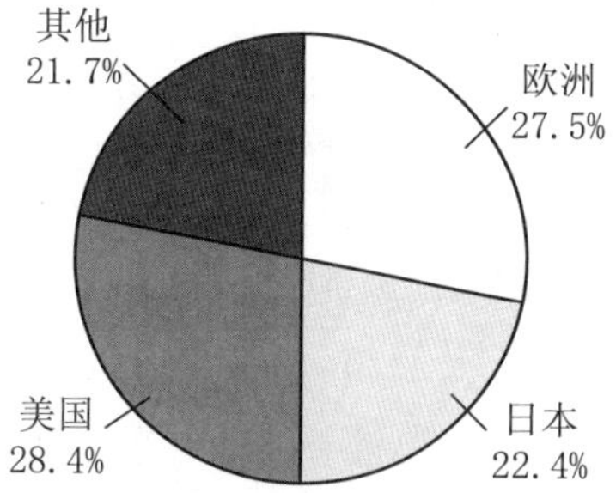

图 6.3　截至 2015 年底上海跨国地区总部来源地分布

（二）从行业分布看，以制造业企业为主

2015 年，制造业跨国公司设立地区总部 33 家，占 73.3%；服务业企业 12 家，占 26.7%。总体来看，上海跨国公司地区总部属于制造业企业设立的有 399 家，占 74.6%；属于服务业企业设立的有 136 家，占 25.4%（图 6.4、图 6.5）。

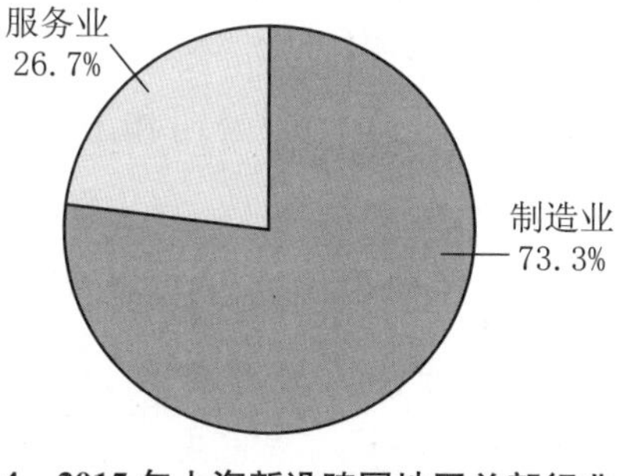

图 6.4　2015 年上海新设跨国地区总部行业分布

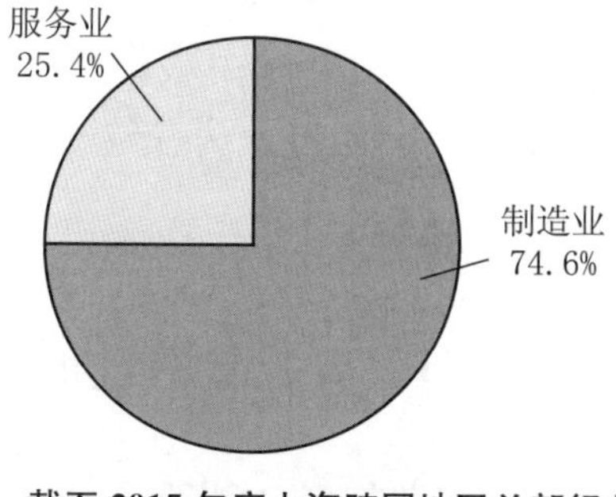

图 6.5　截至 2015 年底上海跨国地区总部行业分布

（三）从落户区域看，浦东新区是吸引跨国公司地区总部的主要区域

2015 年，落户浦东新区的跨国公司地区总部 17 家，占 37.8%，其中 16 家落户自贸

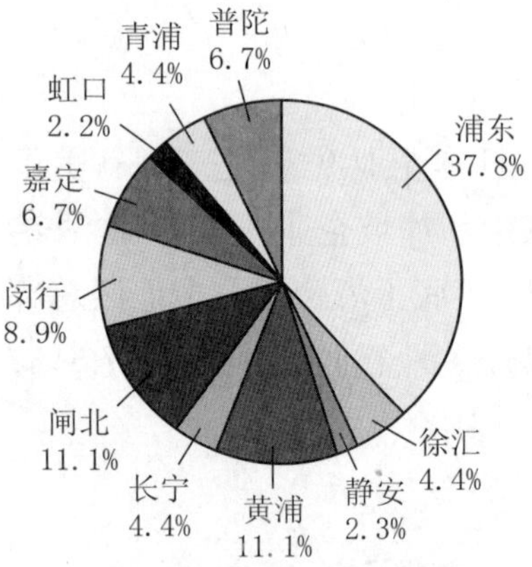

图 6.6　2015 年上海新设跨国公司地区总部落户区域

试验区；其他区域分布为：闸北区、黄浦区各 5 家，闵行区 4 家，普陀区、嘉定区各 3 家，徐汇区、长宁区、青浦区各 2 家，静安区、虹口区各 1 家(图 6.6)。截至 2015 年底，落户浦东新区的地区总部 241 家，占 45％，其中落户在自贸试验区的地区总部 191 家。

(四) 地区总部能级不断提升

2015 年，升级或新认定汉高(中国)投资有限公司、恩智浦(中国)管理有限公司、亚什兰(中国)投资有限公司、亚什兰管理(上海)有限公司、威能(中国)供热制冷环境技术有限公司、卡博特(中国)投资有限公司等 15 家公司为亚太区总部，好时(中国)投资管理有限公司、科施博格(中国)投资有限公司、尼康映像仪器销售(中国)有限公司等国际行业巨头在上海设立了地区总部。总体来看，落户上海的跨国公司地区总部的功能不断拓展，在沪地区总部成为集多种营运职能为一身的“综合性总部”。外商投资企业 2015 年联合年报数据显示，95％以上的在沪跨国公司地区总部具有两种以上的功能，82％的地区总部具有投资决策功能、61％的地区总部具有资金管理功能、54％的地区总部具有研发功能、35％的地区总部具有采购销售功能。

(五) 对上海经济发展的贡献突出

根据外商投资企业 2015 年联合年报数据，跨国公司地区总部营业收入总额累计超过 5 590.26 亿元，比上年度增长 8.02％，净利润总额累计超过 460.38 亿元，比上年度增长 6.4％。在 2015 年第三产业税收百强榜 45 家外资企业中，总部企业占 15 席，在工业税收百强榜 66 家外资企业中，地区总部占 2 席(3M 中国有限公司和惠普上海有限公司)。

二、 2015 年上海引进地区总部主要举措

(一) 完善机制，创新平台

以上海市外资企业协会为基础、以上海市政府相关部门和中央在沪机构为依托，牵头建立了跨国公司总部机构综合服务平台，为地区总部、研发中心及总部型机构在沪发展提供全方位的服务，协调解决各类问题，提高服务质量和水平。搭建地区总部

综合服务平台，创新地开展了多项特色工作以加强对地区总部的综合服务。比如将知名跨国公司联合起来，建立了“外资服务直通车”微信群，通过该微信群快速、高效地与跨国公司联络、沟通，开展服务工作。通过召开“阳光下午茶”“总部高管沙龙”等活动，加强总部企业与上海市商务委员会的联系，更好地搜集总部企业对上海投资环境和政策的建议、意见。

（二）提升能级，丰富形态

一是牵头相关部门共同在资金运作、人才引进、通关、检验检疫等方面为跨国公司在沪发展营造良好营商环境，进一步提高总部机构运营的便利化程度，引导跨国公司将价值链高附加值环节放在上海，将销售中心、采购中心、研发中心、资金管理中心、物流分拨中心、共享服务中心等功能集聚上海，提升在沪跨国公司地区总部的资源配置能力和辐射能级。

二是以自贸试验区建设为契机，进一步扩大服务业对外开放，促进投资贸易便利化，鼓励跨国公司将亚太区、全球总部以及相关的投资、管理、研发、贸易、结算等功能性机构落户上海，提升上海在全球资源配置中的战略地位。

三是宣传、落实跨国公司地区总部及“准总部政策”，加强与相关部门、区县、开发区的联动，形成工作合力，吸引 3 家跨国公司总部型机构落户上海。

（三）按期举办地区总部颁证仪式

2015 年 9 月按期举办跨国公司地区总部颁证仪式。上海市副市长周波为 29 家跨国公司地区总部和 3 家跨国公司总部型机构颁发证书，包括北美最大的巧克力公司好时、全球十大汽车公司之一标致雪铁龙，全球最大的全面文档影像解决方案商柯达乐芮等行业知名企业。

案例 2　科德宝：发挥亚太总部资金池管理职能

科德宝集团（以下简称“科德宝”）是一家有百年历史的全球化技术集团，业务范围涉及交通与运输、能源与资源、工业与制造、健康与食品、家居与纺织、服务六大领域。经过十多年的发展，科德宝已在中国开设 23 家工厂，70 多个分支机构，拥有 6 000 多名员工。2007 年 10 月，科德宝在浦东设立了集团管理性地区总部。2013 年，科德宝地区总部正式更名“科德宝亚洲地区企业中心”，管理服务范围扩大至整个亚太地区，后被上海市商务委员会正式认定为亚太地区总部，为科德宝亚太地区的百余家子公司提供全方位管理服务和运营支持。

资金池管理是科德宝亚太总部在财务管理方面最重要的职能之一。目前,公司正申请在自贸试验区内搭建境内外币资金池,外币资金池建成后将极大简化集团和海外各贸易伙伴的结算手续,提高资金使用效率。此外,科德宝已在德国总部魏茵海姆市建立全球轧差中心,科德宝亚洲地区企业中心将通过设立轧差清算试点项目与该中心对接,实现与海外关联方的日常轧差清算,大大减少付款笔数,节约付汇成本。

近年来,亚洲地区尤其是中国对科德宝的贡献率持续上升。亚洲区销售额已占科德宝全球销售总额的18%,中国地区销售额占科德宝全球销售总额的10%,中国已成科德宝继欧洲和北美洲之后的第三大市场。出色的业绩表明科德宝在华收获成功,随着自贸试验区扩区和金融优惠政策的逐步实施,科德宝亚洲地区企业中心将在享受自贸试验区优惠政策的同时,更好地为科德宝亚太地区所有企业提供服务。未来,科德宝亚洲地区企业中心将协调整体战略方向,力求为中国经济发展作出更多贡献。

第三节 外资研发中心

2015 年,上海积极吸引外资研发中心参与科技创新中心的建设,全年共引进研发中心 15 家。截至 2015 年底,累计落户上海的外资研发中心 396 家。外资研发中心是上海科技创新的重要组成部分,在产业带动、人才集聚、技术创新和要素辐射方面发挥了重要作用。

一、 2015 年上海外资研发中心基本情况

(一)外资研发中心集聚了资本、人才等全球高端创新要素

一是境外创新资本加速流入,扩大了全市整体研发投入规模。2015 年共有 15 家外资研发中心落户上海,截至 2015 年底,落户上海的外资研发中心累计达 396 家,占中国内地比重约 1/4。以诺华上海研发中心、陶氏化学(中国)有限公司研发中心、思科中国研发中心等为代表的外资研发机构投资规模均超过 1 亿美元,且都保持着较高的研发投入水准。目前,外商投资企业研发投入经费已占全市一半左右。

二是高学历海外创新人才集聚明显,优化了全市研发人员结构。上海市外资研发中心中研发人员高学历比重较高,硕士以上学位人数占比达 46.4%,其中外籍人员

的硕士以上学位人数占比高达72.8%。同时,外资研发中心在一定程度上抑制了高端人才流向海外,吸引了高层次海归人才。

三是人才培养和输出效应正在放大,深化了与本土高校、科研院所的合作共赢。通过人才流动、培训、合作研发等形式,外资研发中心形成了"知识溢出"效应。如上海罗氏制药有限公司与协和医院、华山医院开展合作,针对人才紧缺专业联合培养了9名博士后;通用电气(GE)中国研发中心与上海交通大学成立全日制工程硕士培养基地,旨在帮助学生了解企业需求,更快适应社会。

(二)外资研发中心在推动上海产业转型升级中发挥了重要作用

一是创新成效显著,为全市新产品生产销售作出突出贡献。根据外商投资企业2015年联合年报数据,2014年度上海市外商投资企业及研发机构的专利授权量近2万件,且以创新类的发明创造和实用新型为主,产权超过3成归属本地。

二是主要布局于信息技术、医药等高新技术领域,提升了上海战略性新兴产业的国际竞争力。全球最大的15家制药企业中,已有辉瑞公司、礼来公司等7家公司在上海设立研发中心。

三是完善了创新生态链,带动本土创新企业发展壮大。比如强生公司在药品基础研发阶段即寻求与本土中小企业开展合作,并在人、财、物等方面提供全方位的一揽子服务,着力打造和完善创新生态链。在这些外资研发巨头的有力推动下,药明康德新药开发有限公司等本土创新企业不断积累和丰富研发经验与实力,逐渐脱颖而出,走向世界。

(三)外资研发中心已经成为上海嵌入全球创新网络的重要接口

据初步统计,落户上海的外资研发中心有30多家是全球研发中心,15家是亚太区研发中心,包括通用电气(GE)上海研发中心、杜邦上海研发中心、联合利华公司中国研究院等均为集团在全球布局的最高层级研发机构。这些研发中心正逐步提升在全球研发体系中的地位与能级,面向亚太地区乃至全球开展"在上海、为世界"的技术创新和产品开发。比如,霍尼韦尔中国研发中心提出了"东方服务世界"战略,上海的研发中心从服务中国市场向服务全球市场升级,目前,已推出了180余项产品和解决方案推广到全球市场,涵盖了自动控制、智能楼宇、安防、汽车涡轮增压等众多领域。再比如,索尔维上海研发中心通过成立博士后工作站和院士工作站,并联合复旦大学、华东师范大学、法国国家科学研究院、里昂高等师范学校、里尔第一大学等国内外顶尖研究机构组建国际联合实验室,带动本土科研院所深入参与国际创新交流合作。

这些高能级的外资研发中心通过积极整合配置全球创新资源，为其 4 万多名中方研发人员搭建了更为宽广的平台，也进一步密切了上海与全球创新网络的联系。

二、2015 年上海推进外资研发中心发展主要举措

（一）突出“在上海，为全球”，加大对全球研发中心发展的支持力度

一是根据其对上海市科技研发和科技创新带动的影响和作用，参照《上海市鼓励跨国公司设立地区总部的规定》及实施意见给予一定资助；二是对非贸易项下付汇合同备案、纳税判定提供绿色通道；三是优先考虑提升信用及分类管理等级；四是对进口生物医药样品、试剂实行“一次审批、一年有效、多次放行”、大幅减少查验频次、直通放行的管理模式。

（二）突出“在上海，通全球”，支持外资研发中心吸引集聚全球创新资源

一是在外籍人员签证办理、居留许可、永久居留等方面提供更多便利，并为外资研发中心高层管理及科研人员在办理健康证明方面提供绿色通道。二是在人才引进方面，开通高级职称评审“直通车”，对海外高层次留学人才，其国外专业工作经历、学术或专业技术贡献可作为参评高级专业技术职称的依据，不受本人国内任职年限限制。三是在研发设备进出境方面，对外资研发中心进口设备及其配件、备件和研发用试剂、样品等，采用提前报检、提前报关、实货放行的通关模式，优先办理通检、通关手续；允许外资研发中心保税进口入境期限不超过一年的二手研发专用关键设备；适当放宽对风险较低的基础性生物医药材料的进境限制；对进出口化学试剂实施“合格保证＋风险评估＋事后监管”的监管模式。

（三）突出“在上海，为上海”，鼓励外资研发中心融入本地创新体系

一是支持外资研发中心参与上海市研发公共服务平台建设，与上海市高校、科研院所、企业联合开展产业链核心技术攻关，在基础研究等领域积极参与国际大科学计划。二是鼓励外资研发中心与上海市高校和科研院所共建人才合作平台和实践基地，支持外资研发中心设立企业博士后工作站等。三是支持外资研发中心参与政府科研项目，包括鼓励和支持外资研发中心及国际顶尖科学家牵头承担国家科技计划重大项目，鼓励和支持外资研发中心与上海市高等院校、科研机构和企业合作参与上海市政府重大科研和工程项目、联合申报各级各类科技发展计划项目，完善政府科技项目申报和管理制度等等。四是从财税角度具体列明了外资研发中心可按国家规定

享有的在自有设备进口、技术转让、高新技术企业等方面的优惠政策。五是对外资研发中心环境影响评价实行分类管理，探索部分行业外资研发中心优化环境影响评价前期手续。

案例3 丰田纺织：打造研发创新“策源地”

丰田纺织（中国）有限公司（以下简称“丰田纺织”）成立于2002年，初始办公地址位于上海浦东新区商务楼办公室。随着业务增长，原有规模无法满足需求，2013年决定移师上海外高桥综合保税区，并启动了新址建设工作。2015年10月，丰田纺织的中国地区总部暨研发中心（简称“新研发中心”）在自贸试验区内正式启用。新研发中心是丰田纺织全球五大研发中心之一，承担的是加快中国市场发展的战略，将在扩大本地研发人力资源、提高本土研发实力、优化日系汽车零部件制造商成本方面发挥重要作用。

随着中国汽车产业迅速发展，对汽车零部件制造企业丰田纺织而言，中国已不仅仅是“工厂”和“市场”，而成为研发创新的“策源地”。丰田纺织这样比整车厂客户进入中国市场还早的企业并不多见。1995年，丰田纺织正式进入中国，2002年，丰田纺织在华建立了一家设计公司，名为亚乐克（上海）有限公司，它是如今丰田纺织（中国）有限公司的前身，注册地为外高桥，办公在陆家嘴地区的时代广场。2001—2010年，这是丰田纺织在中国生根发芽、广泛布局并迅速发展的一个阶段。此时丰田汽车已经进入中国，并在该时期迅速扩张建厂，而丰田纺织作为与其关系最密切的供应商之一，随着丰田汽车的“脚步”一起扩张，“脚印”遍布成都、长春、广州、天津等地，共9座工厂。2008年，丰田纺织（中国）有限公司整合了中国区业务，升级为丰田纺织的中国地区总部。此后丰田纺织2011年做出了一个重大举动，即在中国区扩建迁移总部，并将总部功能和研发功能整合在一起。

在中国设立研发中心和技术中心，借助中国强大的制造能力、市场、中国人才和智慧实现创新发展，是跨国公司中正在涌动的一股潮流。丰田纺织全新的中国总部及研发中心位于外高桥区域，斥资2 200万美元，占地面积18 680平方米。已配备了汽车座椅、内饰系统、滤清器及发动机周边零部件的市场调研、造型设计、产品工程研发、对标分析、试作、评价等产品开发能力。比如，在新研发中心，丰田纺织设立了对标实验室，对要研发的最新车型市场进行细致调查，包括用户的喜好和要求、车内所用产品的材质和造型、竞争对象等各方面，然后针对调研结果为主机厂提案，同时吸纳主机厂新的想法和建议，生产出更适合市场需求的产品。

丰田纺织的客户对象主要为丰田汽车，占其目前总业务的90%。目前，在中国，通用汽车公司、宝马集团也是其客户。此外，丰田纺织也在不断开拓包括中国自主品牌整车厂商在内的新客户，全国已有300多家供应商与丰田纺织达成了合作。目前中国市场的业务占据了全球市场10%的业务，这也是丰田纺织看重中国市场投入的原因之一，截至2015年底，丰田纺织在上海的员工人数达到350人，而研发人员将占据一半以上的数量。

第七章　对外经济合作

第一节　对 外 投 资

一、 2015年上海对外投资基本情况

2015年,上海市共核准或备案对外直接投资项目1 338个,核准或备案对外直接投资中方投资额达398.97亿美元,同比增长284.35%;其中,核准或备案中实际对外投资额166亿美元,同比增长388%。

(一) 民营企业对外投资热情高涨,成为对外投资的主力军

2015年,上海对外直接投资1 338个项目中,民营企业1 117家,中方投资额达250.78亿美元,占比分别为83.48%和62.86%;国有企业126家,中方投资额为135.63亿美元,占比分别为9.42%和34%;外资企业95家,中方投资额仅占3.14%(图7.1)。

(二) 对外直接投资项目地区以亚洲为主,对北美、避税地的投资增速快

上海对外直接投资目的地仍以亚洲为主,2015年,中方投资额达200.24亿美元,占中方总投资额的50.19%,同比增长270.0%;南美洲(含避税地)中方投资额达94.92亿美元,占中方总投资额的23.79%,同比增长254.7%;北美洲中方投资额达60.37亿美元,占中方总投资额的15.13%,同比增长121.2%;欧洲中方投资额达25.5亿美元,占中方总投资额的6.39%(图7.2)。

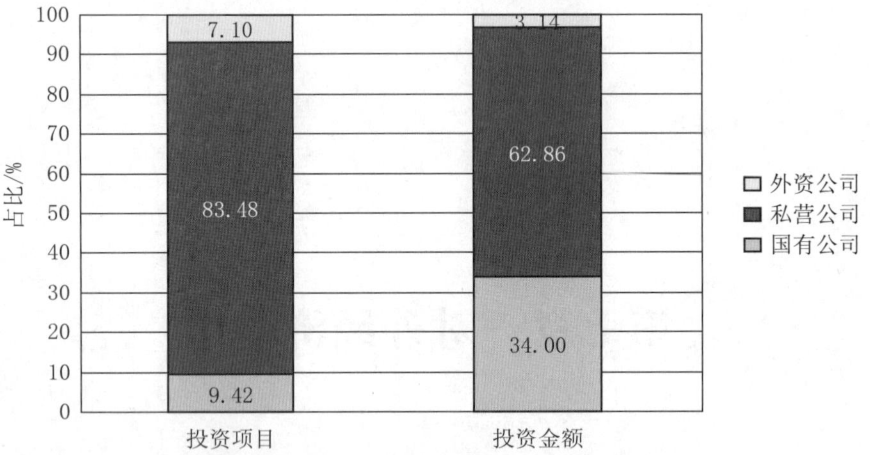

图 7.1　2015 年上海对外投资主体占比情况

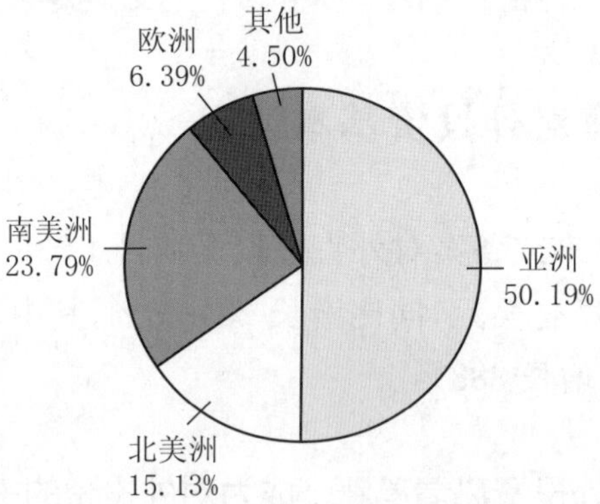

图 7.2　2015 年上海对外投资项目地区占比情况

（三）从对外投资行业分布上看，商务服务业、房地产业和软件业等是主要投资方向

2015 年，从上海对外直接投资金额的行业分布情况看，商务服务业中方投资额为 119.05 亿美元，占比 29.84％；房地产业中方投资额为 94.3 亿美元，占比 23.64％；信息传输、计算机服务和软件业中方投资额为 82.7 亿美元，占比 20.73％；制造业中方投资额为 34.95 亿美元，占比 8.76％；批发和零售业中方投资额为 31.2 亿美元，占比 7.81％（图 7.3）。

（四）推动上海企业境外投资向更高水平发展

2015 年，上海境外投资高度便利化措施向全国推广复制，创新行政许可手段向

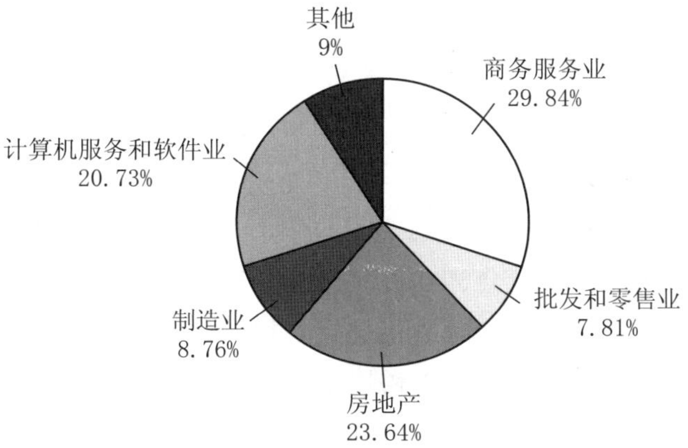

图 7.3 2015 年上海对外投资行业金额占比情况

一站式服务发展。同时，上海企业整合全球科技创新资源、知名品牌、营销网络等价值链、产业链和供应链高端要素的能力和水平明显提高。

（五）推进自贸试验区更加开放的集聚效应凸显

2015 年，自贸试验区高效的行政效率和便捷的公共服务体系吸引了 370 多家外省市企业以上海为海外投资第一平台落户自贸试验区，形成了以股权投资为主的集聚效应。

二、 2015 年上海对外投资主要举措

（一）制定简便易操作的指引性文件

重新调整编制网上《办事指南》，更加清晰有效指导企业办理申请事宜；配合完成政府管理体制改革，清理各项规章制度，理清权利清单，明确网上办事大厅公布事项。主动适应国际投资新规则和新变化，针对美国主导的 TPP 和 TTIP 等新一轮投资规则高标准和新要求，汇聚国际专业机构研究力量，在充分研究国际通行规则和上海企业“走出去”实践经验和教训的基础上，编制发放《上海企业跨国经营行为指引》，重点在人权与社会责任、就业和劳资关系、反腐败、风险及内部控制管理、税收合规、环境保护、信息公开和公平竞争 8 个方面，提出跨国经营基本原则和建议，提出最佳实践及案例等，为企业提供实用可操作的指导。与此同时，编制发放境外安全指南，举办境外安全风险防范培训，聘请国内著名的境外安全专家来沪专门为企业授课。

（二）出台减负松绑的配套措施

围绕科技创新中心建设、国有企业科技创新建设、装备产业“走出去”和国际产能合作、“一带一路”周边地区基础建设互联互通、国际贸易中心建设“十三五”规划、加快培育上海本土跨国企业等6个专题，积极调研，梳理问题，形成调研报告。相关意见建议被上海市科学技术委员会、上海市金融服务办公室、上海市国有资产监督管理委员会等部门纳入配套措施。针对股权类投资增长迅猛的情况，对20家企业进行调研，了解投资动向，会同相关部门建立跨境资金流动宏观审慎管理框架。

（三）构筑对外投资合作服务新机制

会同上海市财政局，出台新的财政支持“走出去”专项政策，优化整合，聚焦重点，明确方向，重点支持企业通过“走出去”实现创新驱动发展，推动上海产业转型升级。正确把握政府和市场关系，着力聚焦提升公共服务能力和水平，通过政府采购服务的方式，向企业提供信息服务、投资促进、人才培训和风险防范等服务。

（四）规范引导应急处置两手抓，促进安全高效“走出去”

1. 布控境外安全新防线，积极稳妥处置境外突发事件

积极发挥上海对外经济合作跨部门工作机制的作用，妥善处置和应对越南打砸抢烧事件、老挝万象塔銮湖经济专属区项目承包商欠薪和劳务人员集体上访事件、沙特机场玻璃幕墙项目欠薪事件、防范西非国家埃博拉病毒事件等，特别是主动谋划和落实针对伊拉克“伊斯兰国”恐怖组织发起战乱严重威胁在伊电站和石油钻井项目和人员安全事件的方案和措施，既保证了2 500多名在伊中方人员的安全，又避免了近40亿元工程款的违约损失和市场声誉损害。

2. 加强规范引导，编制发放跨国经营行为指引

主动适应国际投资新规则和新变化，针对美国主导的TPP和TTIP等新一轮投资规则高标准和新要求，汇聚国际专业机构研究力量，在充分研究国际通行规则和上海企业“走出去”实践经验和教训的基础上，编制发放《上海企业跨国经营行为指引》，重点在人权与社会责任、就业和劳资关系、反腐败、风险及内部控制管理、税收合规、环境保护、信息公开和公平竞争8个方面，提出跨国经营基本原则和建议，提出最佳实践及案例等，为企业提供实用可操作的指导。与此同时，编制发放境外安全指南，举办境外安全风险防范培训，聘请国内著名的境外安全专家来沪专门为企业授课。

3. 加强事先预防，及时搜集发布预警信息

按照预防优先的原则，通过政府购买服务的方式，向国际机构采购全球相关法律动态、产业政策动态、境外安全动态等信息，通过上海走出去信息服务平台、境外安全广角和海外投资瞭望台等微博平台、走出去服务港微信公号平台和对外投资精英汇微信群等第一时间发布动态信息，提出应对建议和意见，力争防患于未然。

三、 2016年上海对外投资工作思路和主要举措

（一）工作思路

1. 加强宏观指导和战略研究，引导企业"走出去"

一是不断深化境外投资的管理改革。提高对外直接投资服务质量，细化服务措施，为本土企业对外投资提供一个便利化的环境。

二是加强规划引导和国际化研究应对。结合国家战略，对上海企业在一带一路、装备走出去和国际产能合作、互联互通基础设施建设等领域对外投资合作进行引导，以指导企业实现"走出去"的可持续发展。

2. 强化公共服务体系建设，支持企业"走出去"

一是强化政府公共服务职能。在发布16个国别(地区)指南、6个重点行业投资指南的基础上，继续做好14个国别和7个行业指南的编纂，发布2016年度《上海对外投资合作发展报告》，为"走出去"企业提供信息服务，做好实时法律法规、风险防范、产业动态的信息推送，营造好走出去生态圈氛围。

二是做好安全风险防范工作。做好境外安全突发事件和风险防范培训工作。及时向企业通报境外安全突发事件，指导企业应对境外投资的各类经营风险。提供投资风险预警提示信息。

（二）主要举措

一是以提升价值链、产业链、创新链、供应链水平为动力，通过海外并购投资，形成对外投资新格局。鼓励一批上海企业和私募资本，抓住境外优质资产并购整合的机会，在信息技术、生物医药、互联网、文化娱乐等领域实施重大并购项目。

二是积极推动企业参与"一带一路"建设。围绕重点方向、重点国家、重点项目，以基础设施互联互通为先导，以国际产能合作为核心，以境外经贸合作区建设为载体，以公共服务体系建设为支撑，以多方联动合作为纽带，以境外安全风险防范为保障，制定《关于推动上海市企业参与"一带一路"建设工作方案》和《关于推动装备走出

去提速工程工作方案》。

第二节 对外承包工程及劳务合作

一、 2015 年上海对外承包工程及劳务合作基本情况

（一）对外承包工程基本情况

2015 年，上海企业新签对外承包工程合同额 111 亿美元，继续保持稳定增长。在电力工程建设、制造加工设施建设和工业建设项目等行业取得不俗成绩，新承揽 5 000 万美元以上项目 42 个，合同额 89.47 亿美元，贡献率达 80.6%。

（二）对外劳务合作基本情况

2015 年，新签劳务人员合同工资总额为 0.81 亿美元，劳务人员实际收入总额为 2.64 亿美元；派出各类劳务人员 20 232 人次（其中境外工程承包项目项下派出劳务人员 5 866 人），同比下降 24.21%；期末在外人数为 33 581 人（其中境外工程承包项目项下期末在外人数为 10 566 人），同比下降 6.01%（图 7.4）。

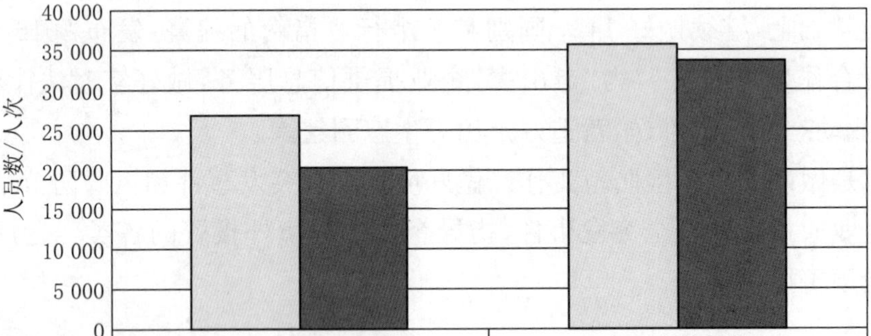

	派出劳务人员	期末在外人数
□2014年/人次	26 695	35 728
■2015年/人次	20 232	33 581

图 7.4 2014—2015 年上海对外劳务合作情况

二、 2015 年上海对外承包工程及劳务合作主要举措

（一）开展“一带一路”的相关促进工作

一是走访重点对外承包工程企业。走访上海建工集团、正泰电器集团、上海港湾

软地基处理工程有限公司、上海电气输配电股份工程公司、上海贝尔股份有限公司等多家重点对外承包工程企业，摸排“一带一路”项目，建立“一带一路”重大项目数据库，及时跟踪服务有效推进。

二是走访各相关政策性金融机构。走访国家开发银行上海分行、中国进出口银行上海分行、中国信用保险公司上海分公司等政策性金融机构，探讨利用“丝路基金”“亚洲基础设施投资银行”等融资途径，对于重点“一带一路”互联互通项目，召开项目融资对接会。

三是召开“一带一路”政策介绍会、举办或组织企业参加各“一带一路”国家的经贸论坛。召开对外投资合作从业人员培训会，宣讲对外承包工程相关业务知识，邀请商务部综合司领导介绍国家“一带一路”政策与战略；指导上海国际经济技术合作协会与俄罗斯驻华商务代表处上海分处，联合举办“俄罗斯投资环境法律问题”研讨会；指导上海国际经济技术合作协会，与瑞士苏黎世保险公司举办“一带一路”重点国家和地区的工程保函风险专题研讨会；组织上海工程企业与波兰工业发展局副局长的访问团联合召开“投资波兰座谈会”；组织企业参加中波经贸论坛、“印度：寻求您下一站发展机遇”等一系列研讨会活动。

四是联合外宣部门讲好企业“走出去”故事。搜集和梳理上海企业“走出去”过程中的好故事，特别聚焦在“分享机遇，共享成果”双赢及造福当地社会的话题，结合“一带一路”国家战略的对外宣传，联合上海市人民政府新闻办公室对外宣传处，为上海企业“走出去”营造良好口碑与人文环境。

五是召开“丝路基金”上海“走出去”企业座谈会。在上海市商务委员会和上海市金融服务办公室的共同组织下，丝路基金管理公司董事长一行与上海电力集团、上海电气集团及鼎信投资有限公司举行了企业座谈会，听取了企业的跟踪项目介绍，就“丝路基金”投资以上项目进行对接，为“走出去”项目开辟新的融资途径。

（二）继续发挥“三服务”精神，协调解决实际问题

一是与上海市城乡建设和管理委员会沟通，协调帮助解决中国能源工程公司的对外承包工程资质申请问题；与匈牙利驻上海总领馆联系，安排中建材上海工程公司与匈牙利 WYW BLOCK 公司会晤，商讨合作事宜；与中国银行上海分行保函部协调，帮助中曼石油天然气有限公司获取银行保函；协调中国进出口银行上海分行，帮助正泰电器集团尽早签署项目融资安排协议。

二是召开工程项下大型成套设备出口报关现场工作协调会。上海市商务委员会

与上海市口岸服务办公室共同组织，召开工程项下大型成套设备出口报关现场工作协调会，上海海关、上海检验检疫的相关领导参加会议，上海电气集团、城建国际工程有限公司、正泰电器集团、福伊特水电设备有限公司企业代表出席会议。会议形成关于对外承包工程项下成套设备出口的专题汇报并报相关领导。

三是继续鼓励企业转变对外承包工程发展模式。鼓励企业以 PPP/BOT 的模式承接对外承包工程项目，完成转型升级，专门设立 PPP/BOT 的项目跟踪库，安排专业咨询机构、金融保险机构等与项目进行对接，争取项目早日落地。

三、 2016 年上海对外承包工程及劳务合作工作展望

一是继续跟踪推进“一带一路”“国际产能合作”“园区建设”的重点承包工程项目落地，加强与企业的沟通和联络，提供个性化的针对性的服务。二是跟踪对外承包工程大项目，完善重大项目库。三是联合“一带一路”沿线国家的相关机构，推介“一带一路”国家的相关政策。四是改进企业对外承包工程管理模式，鼓励企业自担风险，采用 PPP 等新模式承接境外承包工程项目。

第三节 对 外 援 助

一、 2015 年上海对外援助基本情况

（一）援外培训基本情况

2015 年，上海援外培训班开班共 35 个，其中多边援外培训班 18 个，双边援外培训班 17 个，另有一个 2014 年开办的一年制班。培训内容涉及基础设施、城市规划与建设、财政金融、轨道交通、教育、信息技术应用、药品质量与安全、海运等。培训语种包括英语、葡语、西班牙语、阿拉伯语、法语。

（二）援外项目基本情况

2015 年，上海共计执行援外物资项目 11 个，合计金额 0.60 亿元；主要是上海汽车进出口有限公司执行的汽车援助项目和上海复星医药产业发展有限公司执行的药品援助项目。在建援外成套项目 17 个，金额为 44.87 亿元，分别由上海建工集团股份有限公司和上海外经集团控股有限公司承接实施。

二、 2016年上海对外援助工作展望

一是跟踪落实2015年推荐商务部的2016年援外培训项目的计划，继续做好各类援外项目的跟踪服务工作，推进年度的援外项目如期顺利完成。二是加强援外培训项目的资源搜集与汇总，以及与上海市走出去企业沟通与对接。拟定建立援外人力资源信息共享平台的方案，使这些信息资源得以有效利用。

案例4　自贸试验区境外投资服务平台：提供全生命周期服务

为加快构建对外投资服务促进体系，切实提高试验区内各类投资主体境外投资的便利化程度，创新投资服务促进机制，自贸试验区着力打造中国(上海)自由贸易试验区境外投资服务平台(以下简称“服务平台”)，为企业提供融合线上线下的全生命周期服务体系，助力跨境投资的功能再提升。该平台自2014年9月正式上线运营，从设立之初以投资管理体制改革为核心的1.0版本升级到以境外投资配套专业服务为核心的2.0版本，再升级到以“资本与项目”对接的境外投资全链条服务为核心的3.0版本。

一、背景

随着中国综合国力的提升、企业实力的增强，中国企业“走出去”日益发展成熟，由中国企业主导的跨境并购交易在跨境交易中逐渐占据了重要地位，境外并购已经成为中国企业高水平参与国际分工合作的一种重要方式。在这个过程中，中企海外并购融资多样化趋势显著增强，包括债务、股权融资等各种方式都已经出现。除了规模的持续增长，中企境外并购的结构也呈现众多积极变化。中企境外并购已从原来产能过剩的能源、化工等领域转向互联网、IT、生物医药等新兴领域，近几年并购主要目的地也从亚非矿产富集地带转向发达国家和地区，如韩国的综艺和动漫、德国的先进制造业、欧洲的足球领域、美国的消费和生物医药都成为中企热门的并购标的。自贸试验区的服务平台正是在境外投资需求旺盛的背景下应运而生的。

二、做法

(一) 搭建线上线下服务平台

服务平台通过“服务超市”整合服务机构的优势资源，涵盖了综合咨询、境外投资备案、投资项目推荐、投资地介绍、行业分析、境外投资专业服务等功能，在法律风险管理、资产评估、项目融资、跨境结算、会计服务、税务方案、保险方案等方面，为中国

企业“走出去”提供高效、专业、便捷的一站式服务。其中，最为突出的有如下四大亮点。

一是在线备案、实时跟踪。用户可以足不出户，就能网上填写并提交境外投资备案申请，而且可以实时追踪备案的办理进程；同时，服务平台配备专业人员提供备案咨询和辅导，提升用户体验度。截至2016年8月底，完成境外投资备案项目273个，累计中方投资额超过156亿美元。

二是交互关联、信息共享。服务平台将投资地政策、境外项目推荐、行业分析报告、成功案例等栏目按洲别、国别相互关联，有效扩展用户浏览视野，充分展现平台信息的共享作用。截至2016年8月底，平台浏览量超过8.6万次，累计访客量超过1.5万人，注册会员283家，发布资讯521条，发布政策、研究报告、案例分析268条，发布境外投资期刊70期。

三是资源整合、个性服务。用户可向服务平台任意服务机构发出需求征询，服务机构据此为用户量身定制专业的服务方案。该功能整合服务机构的优势资源，以集约化的服务机制、专业化的服务水平、高标准的服务质量，为投资者提供个性化服务。

四是投资指南、全程指导。服务平台按照投资生命周期理论，将境外投资分为6个阶段。根据各阶段的不同特点，主动指导投资者完成各阶段的工作，这也为职能部门“事前、事中、事后”的监管提供全面的辅助。

（二）集中资源成立境外投资服务联盟

2015年4月，自贸试验区正式扩区，企业数量从2.8万家增加到5.8万家，同时区内新设企业也在迅速增加。随着区内境外投资的迅猛增长，2015年9月28日，中国(上海)自由贸易试验区、浦东新区对外投资服务产业联盟(以下简称“产业联盟”)正式成立，这也标志着服务平台进入了2.0版时代。

产业联盟由上海外联发商务咨询有限公司(UDC)、上海第一财经报业有限公司等6家公司共同发起成立，以“中国(上海)自由贸易试验区境外投资服务平台”为依托，着力为企业提供“事前、事中、事后”全程配套服务，并朝着功能不断拓展、资本项目多元对接、积极配合国家战略等3个方向发展。各方将共同推进境外投资项目库、资金库、信息库的建设，实现跨境投资链条的信息共享、协力推进。同时，整合律师事务所、会计师事务所、咨询机构、评估机构、融资服务机构等各类专业服务力量，推进境外投资项目库、资金库、信息库建设，实现政府、中介机构与企业的有效链接与信息共享，打造全国领先、与国际接轨的境外投资全过程服务链。截至2016年8月底，已集聚34家专业服务机构，其中包括11家银行、11家法律服务机构、5家会计师事务所、3家保险机构及4家其他专业机构。此外，合作的投资促进机构已达12家。

（三）积极对接国家"一带一路"战略

伴随着"一带一路"国家战略的推进，产业联盟将深入聚焦和发掘中亚、南亚、东南亚、西亚、北非和欧洲的投资项目，引领"走出去"企业参与"一带一路"建设。一是打造企业境外投资保障体系。包括与专业机构合作，向企业提供重点国别和重点行业的评估报告，帮助企业规避风险；与相关国家和地区的驻沪领事机构合作，加强信息互换，为企业提供投资促进服务；引进和发展相关争端解决机构，形成多元化争端解决机制，引导有条件的法律和咨询机构"走出去"，为企业提供权益保障服务。二是打造更加完善的境外投资政策支持体系。按照自贸试验区总体方案的要求，与财税部门共同研究完善符合国际惯例、适应境外股权投资和离岸业务发展的税收政策。截至2016年8月底，完成境外投资备案项目273个，累计中方投资额超过156亿美元。

三、启示

（一）便利的投资环境

在为企业简化手续便利方面，服务平台正和社会优势资源提供集约化、专业化、精细化服务，最大限度地缩短企业的境外投融资备案时间，简化申报手续，提高投资效率和便利化程度。自贸试验区在全国率先实施境外投资备案管理，将原来需要耗费数月的多部门、多流程审批手续，简化为"一表申请、一口受理"，企业在3个工作日内就能拿到备案证书。目前备案范围已覆盖至整个浦东新区。

（二）便捷的融资渠道

在为企业降低融资成本方面，境外投资服务平台契合自贸试验区境外人民币借款、双向人民币资金池、跨国公司外汇资金集中运营管理等多项金融创新政策，切实为区内企业带来资金运作上的便利及融资成本的降低。自贸试验区取消境外融资的前置审批，在自由贸易账户分账核算管理框架下，企业和各类金融机构可以自主从境外融入低成本资金。目前已有多家银行通过自由贸易账户为"走出去"企业海外分支机构的经营和并购等提供融资服务，支持其海外业务发展。

（三）创新的服务模式

如今启动的以构建境外投资管理服务链为核心的3.0版本，正在逐步推动境外投资与国际接轨，实现更高水平的发展。秉承上海建设具有全球影响力的科技创新中心的"全球孵化"理念，在企业"走出去、引进来"创新方面，境外投资服务平台在收购境外优质产业和技术的同时，协助其拓展在境内的贸易、生产及市场等，最大化体现综合性解决模式价值，为招商引资开拓了新思路。

通过制度创新,为国内外投资者、企业家创新创业提供更加公平、透明与高标准国际投资贸易规则相衔接的营商环境,促进投资便利化,是自贸试验区的重要使命。自贸试验区境外投资服务平台无疑是制度创新的产物,彰显了政府治理理念创新与职能转变的示范作用。

(摘自《中国(上海)自贸试验区制度创新与案例研究》)

第八章　贸易投资服务

第一节　贸易便利化

一、2015年上海贸易便利化基本情况

2015年，国际经贸形势异常严峻复杂，上海市贸易便利化联席会议各成员单位认真落实中央和上海市委、市政府的决策部署，紧紧围绕创新驱动发展、经济转型升级，主动适应经济发展新常态，聚焦关键环节，推动全市贸易便利化工作取得较大进展。上海对标国际贸易通行规则的通关监管制度框架基本形成，全球高水平自由贸易协定中60条涉及贸易便利化的核心措施中有52条已在自贸试验区实施；进口、出口海关通关时间分别较2014年减少1小时、0.3小时，达33.9小时和3.3小时；试点进口检验检疫新模式，货物到岸至销售总耗时下降80%。

二、2016年上海贸易便利化工作展望

2016年，上海市贸易便利化工作的总体要求是：认真贯彻落实上海市委、市政府各项决策部署，坚持稳中求进工作总基调，适应经济发展新常态，紧紧围绕加快上海"四个中心"特别是国际贸易中心建设，聚焦上海外贸发展提速提质，改革创新，优化环境，为构建上海开放型经济，增强新的发展动能、增添新的改革动力、增创新的竞争优势。2016年将重点推动落实5个方面18项重点任务。

（一）改革创新，推进自贸试验区和跨境电商综试区建设

1. 持续推进自贸试验区建设

转变政府行政理念和管理方式，持续推进简政放权、放管结合、优化服务，探索形成以贸易便利化措施为核心、高效便捷的贸易监管制度。通过制度创新、科技创新和协同创新，力争在自贸试验区挂牌三周年之际形成一整套具有国际竞争力、与开放型经济新体制相适应的海关监管制度框架。以完善“十检十放”模式为抓手，进一步健全操作规范，形成具有刚性约束的闭环管理。

2. 开展跨境电商综试区建设

根据国务院批复要求，抓紧制定中国（上海）跨境电子商务综合试验区实施方案。结合实际，提出试点实施方案和明确的政策诉求，以上海市政府名义印发。加强组织领导和统筹协调，分解落实各项工作，明晰分工和时间节点，抓紧形成一批制度创新清单，探索形成一套引领全球跨境电子商务发展的国际规则。

3. 落实亚太示范电子口岸项目

推进口岸互联互通基础设施建设，推进APMEN亚太示范电子口岸能力建设，在相关电子口岸之间开展商品供应链数据互通、原产地证书无纸化等试点项目。

4. 深化国际贸易“单一窗口”建设

进一步提升“单一窗口”能级，实现功能向口岸监管的前置和后续的相关管理环节延伸。完善单一窗口信息互通共享机制。研究确定单一窗口公共平台的运维机制，加快推广企业运用。

5. 推动扩大货物状态分类监管试点

进一步完善海关税务协同监管机制，形成可复制可推广的改革经验。在现有试点基础上扩大试点范围，开展内外贸税收征管“一体化”试点，促进内外贸一体化和贸易多元化发展。

（二）培育新型业态，提升外贸增长新动能

1. 推动国际中转集拼规模化运作

鼓励企业运用“舱单申报、舱单放行”2.0版模式，推动洋山保税港区、外高桥保税物流园区集装箱国际中转集拼业务规模化运作。

2. 深化加工贸易监管改革

深化加工贸易管理体制改革，在浦东新区施行加工贸易合同审批改备案。探索加工贸易一体化监管，试点加工贸易集中审核模式，推动有条件的企业实现自核单

耗。推进加工贸易领域简政放权，优化内部核批，实行分类化改革。完善加工贸易台账保证金、内销征收缓税利息制度。深化加工贸易边角废料网上拍卖改革试点。加快海关特殊监管区域整合优化，推动研发、物流、销售、维修等业态发展。

3. 制定船供货物联合监管方案

总结 2015 年邮轮货物供船试验的经验，设计较为完善和便利的船供商品口岸联合监管实施方案，延伸优化邮轮产业链，使邮轮船供业务常态化、制度化和规范化，助力上海市国际邮轮产业发展。

4. 提升汽车平行进口业务规模

简化汽车自动进口许可证申领管理制度、深化平行进口汽车强制性产品认证改革、优化平行进口汽车报关、通关、查验等流程，提高通关效率，降低通关成本，优化平行进口汽车审价机制，进口落地保税等方面实现政策落地。

（三）提升工作效能，营造高标准的营商环境

1. 推进证照分离试点

按照“证照分离”改革试点总体方案，进一步清理和取消一批行政许可事项，推动一批行政许可事项由审批改为备案，推动一批行政许可事项实行告知承诺制，提高办理行政许可事项的透明度和可预期性。

2. 深化关检监管方式改革

积极推进上海口岸关检合作“三个一”工作。深化和提升 31 项海关改革措施，推进实施一批海关核心制度，加强重点稽核查等事中事后监管。推进实现检验检疫审批制度“四化”改革目标，同步推进线上线下审批便利化，加快制定和实施权力清单、负面清单、责任清单，实现职能、权限与责任的法定化和公开化。

3. 提升口岸通关效率

推进口岸监管作业前推后移，减少通关现场环节，全面实行通关作业无纸化。积极推广提前申报，由“串联作业”转为“并联作业”，加强监管单位、港口、机场、运输等部门的协作，优化口岸物流作业和查验流程，完善“联合查验、一次放行”。推广“集中汇总纳税”和“自主报税”。试行规范和公布通关作业时限，推动口岸各环节透明可预期。力争进口集装箱的整体通关时间减少一天半，空运进口货物的整体通关时间减少半天。

4. 加强电子政务建设

探索建设“互联网＋自助海关”，试行税单无纸化，完善集中汇总纳税，推进征缴电子化。按照《随附单证无纸化文件技术标准》，扩大检验检疫全程无纸化试点。

5. 推进通关一体化改革

积极适应全国加快通关一体化要求，扩大长江经济带通关一体化工作的深度和广度，强化协作机制，力争归类、审价验估等执法统一性实现新提升。全面实施检验检疫“出口直放、进口直通”，加快实现“信息互换、监管互认、执法互助”。深化长三角、川渝沪、上海与中部等区域大通关合作机制，完善项目化合作，提升上海口岸服务能力。

（四）优化支持政策，降低企业进出口交易成本

1. 推进退税管理便利化做好标准化建设，统一上海市出口退税办理操作口径

优化完善后的上海市出口退税分类管理办法，提高上海市分类分级管理质效。深化出口退税无纸化管理，健全管理制度，完善试点操作办法。

2. 加大出口企业金融支持

加大对有订单、有效益和中小微企业的融资支持，进一步缓解中小外贸企业融资难问题。加大对重点企业、重点区域、重点商品出口和出口买方信贷、出口卖方信贷、海外投资及海外租赁等信用保险支持力度。

3. 清理进出口环节涉企收费

进一步规范、归并和减少口岸通关环节的费用，探索推进由政府承担进出口申报环节收费试点，争取扩大由政府承担查验作业服务费试点范围，降低企业成本。以船代、货代市场为主，加大流通环节收费秩序整顿力度，加强事中事后监管，推动外贸企业及相关服务企业落实收费公示制度。

（五）以问题为导向，推进解决企业关切问题

推进解决问题清单所附问题。根据企业调研，在 2015 年工作基础上，2016 年贸易便利化问题清单列举了 21 项问题，涉及体制机制完善、货物通关监管、新型贸易发展、降低企业成本和事中事后监管等 5 个方面，并提出了解决问题的责任分工。各单位分工负责，协同互动，促进问题解决。

第二节 公平贸易

一、 2015 年全国及上海国际贸易摩擦情况

（一）2015 年全国国际贸易摩擦情况

2015 年，国外对中国提起的贸易救济调查新立案件 94 起（其中，反倾销 68 起，同

比增加 7 起，增幅为 11.5%；反补贴 8 起，同比减少 6 起，降幅为 42.9%；保障措施调查 18 起，同比减少 6 起，降幅为 25%，特别保障措施案全年未发生）。涉及的国家和地区达 18 个，具体发起国方面：发达国家为 5 个（美国、欧盟、加拿大、澳大利亚和日本），发展中国家（地区）为 12 个，转型国家 1 个（乌兹别克斯坦）。

自 2001 年 12 月 11 日中国入世以来 14 年的时间里，成员方共对我国发起贸易救济调查新立案件 1 106 起，年均约为 80 起（其中：反倾销案件 837 起，反补贴案件 100 起，保障措施案件 140 起，特别保障措施案件 29 起）（图 8.1）。

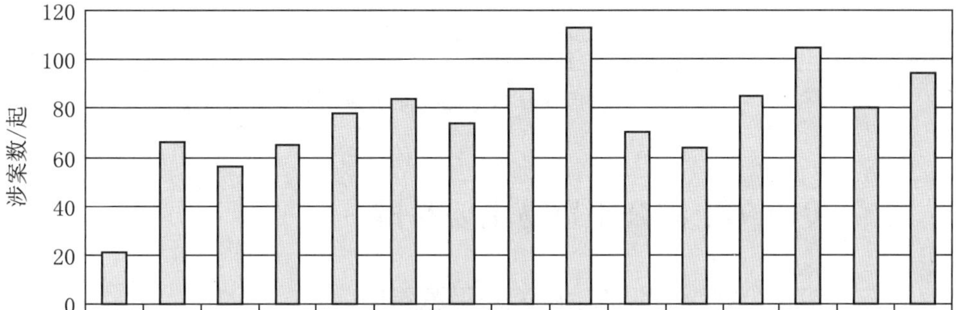

	入世前23年年均	2002	2003	2004	2005	2006	2007	2008	2009	2010	2011	2012	2013	2014	2015
□ 涉案数/起	21	66	56	65	78	84	74	88	113	70	64	85	105	80	94

图 8.1　中国入世前后历年受贸易救济调查新立案件数

（二）2015 年上海国际贸易摩擦情况

2015 年，上海遭受成员方贸易救济调查新立案件 58 起，在发起的国家（地区）方面：反倾销、反补贴案件分别来自 13 个国家（地区），具体为：美国 11 起，印度 7 起，澳大利亚 6 起，欧盟 5 起，巴西、阿根廷、墨西哥各 4 起，巴基斯坦 3 起，泰国、哥伦比亚、马来西亚、加拿大各 2 起，土耳其 1 起。保障措施案件来自 4 个国家，分别为：印度 2 起，土耳其、马来西亚、赞比亚各 1 起。全年涉案金额合计约为 2.26 亿美元（其中，反倾销案件 1.69 亿美元，反补贴案件 0.56 亿美元，保障性措施案件 181 万美元）。

统计入世后 2001 年 12 月 11 日至 2015 年 12 月的 14 年时间里，上海企业共遭受贸易救济调查新立案件 682 起（其中：反倾销 530 起，反补贴 81 起，保障措施 52 起，特别保障措施 19 起）（图 8.2）。

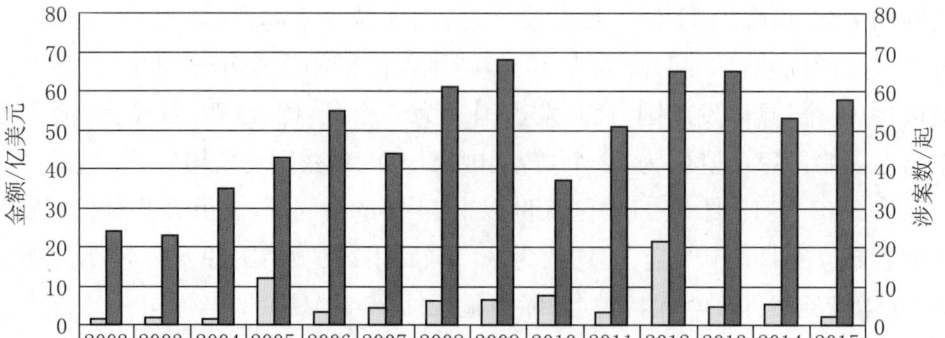

	2002年	2003年	2004年	2005年	2006年	2007年	2008年	2009年	2010年	2011年	2012年	2013年	2014年	2015年
□金额/亿美元	1.59	1.76	1.41	12.03	3.43	4.45	6.31	6.67	7.66	3.25	21.39	4.86	5.28	2.26
■涉案数/起	24	23	35	43	55	44	61	68	37	51	65	65	53	58

图 8.2　入世后各年度上海的涉案数和涉案金额情况

二、 2015 年上海公平贸易主要举措

（一）深化公共服务职能，保障公平贸易环境

1. 积极参与公平贸易案件应对

2015 年，共应对涉及上海市的贸易摩擦新立案件 58 起，涉案企业 450 余家。在案件应对上，除继续依托行业服务平台召开重点案件应诉协调会、召开“一带一路”工作站培训会外，还进一步主动加强服务，在加拿大钢管“双反”案、巴西 PVC 帆布反倾销案等案件应对中，协助企业开展海关历史数据查询、调查机关实地核查等工作，积极组织上海市光伏企业参加欧盟光伏“双反”案日落复审，并指导等企业开展贸易救济新出口商复审申请，取得较好应对效果。

2. 全面启动知识产权海外维权服务

通过设立国际贸易知识产权海外维权服务受理窗口，围绕具体案件开展咨询协调 6 次，并成立知识产权海外维权服务基地联盟，发展成员 300 家。推动与境外机构交流，先后与美、英等驻沪领事馆建立对话机制，与英国玛丽皇后大学达成合作意向，承办中欧知识产权第二次工作会议、中国（上海）国际技术进出口交易会知识产权主题论坛、中美知识产权与贸易国际论坛等活动，推动上海市企业对话交流。开展海外维权宣传培训，以风险防范、实务操作为重点，实现专题培训、园区巡讲和企业对接，推动在“上海‘十三五’知识产权人才规划”中设立“知识产权海外服务人才培训项目”，并编制《上海国际贸易知识产权维权分析报告》供企业参考。

3. 开创搭建技术性贸易措施服务平台

联合上海市检验检疫局，与相关科研机构、行业组织开展合作，在受技术性贸易措施影响最大的化工行业首次设立技术性贸易措施服务示范点，针对美国、欧盟相关法规及其修正案等开展通报、评议工作，并对行业内企业开展能力提升培训，推进技术性贸易措施应对。

4. 深化中小企业经贸摩擦服务平台功能

积极发挥行业中介机构中小企业会员集中的优势，通过招投标的方式搭建中小企业经贸摩擦服务平台，提供应诉咨询等服务，帮助中小企业克服贸易摩擦应对中信息获取、应对能力等方面的先天不足，进一步提升中小企业贸易摩擦案件应诉能力。

5. 推动商务行政事务服务标准化

在标准化推动方面，推动商务行政事务服务标准化试点通过市级标准化项目验收，并启动国家级试点；组织相关企业单位开展 2015 年标准化试点项目申报，获立项 5 件，涵盖农业、社会管理和公共服务、服务业和节能减排等 4 个领域。

6. 推进贸易政策合规实践

梳理上海市贸易政策 65 项，进一步落实国务院办公厅《关于进一步加强贸易政策合规工作的通知》要求，对上海市新制定的涉及贸易政策的法规、规章或规范性文件，在实践中形成由起草单位会同上海市商务委员会审查办理的工作机制，并结合政协提案办理，加强政策合规工作宣传培训。

（二）创新自贸试验区实践，推动地方世贸工作开展

1. 构建国际化争议解决平台，实现仲裁机构引进突破

先后与英国驻上海总领馆就共同推进国际经贸争议解决平台建设签署合作备忘录，主办"调解、仲裁与自贸试验区争议解决"国际研讨会，开展"加快建设上海亚太商事争议解决中心方案研究"课题调研。2015 年 11 月，中国香港国际仲裁中心驻上海办事处揭牌成立，上海也成为我国境内首个有境外商事仲裁机构设立代表处的地区，在经贸和法律实务界及学术界内产生广泛影响，这对提升上海作为国际商事争议解决中心城市的地位与辐射力，保障和促进国际贸易中心建设发挥积极作用。

2. 借鉴国际经验，率先开展产业安全预警试点

根据深化改革方案的要求，上海市商务委员会借鉴发达经济体在维护产业安全、提升产业竞争力方面的经验，在国内率先开展了产业安全预警体系建设试点。成立了由分管副市长任组长，商务部及上海市相关单位负责同志为成员的产业安全预警体系领导小组，在上海市和商务部分别设立执行和业务指导办公室，形成了部市合作

共建的格局。在具体工作内容上，梳理形成包括制造业产业及服务业领域的重点产业目录，搭建形成产业国际竞争力指数模型，完成产业安全预警信息化平台开发，并启动在重型装备、精细化工产业的试点运行。

3. 深化反垄断协助，率先在地方构建反垄断"1+3"工作机制

根据自贸试验区新的管理架构和地域特点，率先在地方构建反垄断"1+3"工作机制，在经营者集中反垄断领域，形成了以事前识别、审查配合和事后监管三位一体的协助工作体系，并结合内贸流通体制改革试点，推动相关机制在内贸流通领域复制推广。在事前识别方面，全年共接受企业反垄断申报咨询7次，协调有关企业赴商务部开展立案前商谈；在审查配合方面，积极配合商务部就案件开展实地调研，为审查提供参考；在事后监管方面，协调做好有关企业附加义务履行情况的调研和未依法申报案件的处罚沟通工作。另外，还承办了中欧竞争政策周经营者集中审查研讨会和知识产权反垄断指南圆桌会等活动，并积极开展反垄断宣传培训，组织上海市重点企业、行业协会116人次参加反垄断法培训班。

三、 商务法制

（一）加快推动重点领域立法实践

完成上海市会展业立法课题研究及立法立项论证，向上海市人大常委会报送《上海市会展业条例》为2016年立法项目。启动"家政行业政府规章立法研究"和"内贸流通领域法律制度比较研究"两项立法课题，并根据上海市人大会常委会及上海市人民政府法制办公室要求，报送2016年及"十三五"期间立法项目规划。开展《活禽交易管理办法》等政府规章实施情况评估，配合制定《上海市食品安全信息追溯管理办法》。

（二）积极开展立法意见反馈

积极参与上海市人大常委会法制工作委员会开展上海社会信用体系建设立法定位问题调研。对《外国投资法》《上海市台湾同胞投资权益保障若干规定》《国务院关于建立公平竞争审查制度的意见》等74件涉及商务工作的立法征询反馈上海市商务委员会意见。

（三）全面推动机关内部法制建设

牵头制订上海市商务委员会《企业信息公示规则》和《政府法律顾问制度实施办

法》。目前,2016年度兼职法律顾问选聘工作已完成,受聘法律顾问将全面参与商务领域重点工作,在上海市商务委员会法治政府建设中发挥积极作用。

案例5 旁氏水产:解决进入澳方市场的壁垒难题

近年来,以技术性贸易措施(又称"技术性贸易壁垒")为代表的新型贸易壁垒对上海市企业拓展国际市场的影响越发显著。技术性贸易措施,是指以国家或地区的技术法规、协议、标准和认证体系(合格评定程序)等形式出现,涉及的内容广泛,涵盖科学技术、卫生、检疫、安全、环保、产品质量和认证等诸多技术性指标体系,运用于国际贸易当中,呈现出灵活多变、名目繁多的规定。

2015年,旁氏水产公司向上海市商务委员会反映:该公司的三文鱼等水产品希望进入澳大利亚市场,但由于澳方严格的农渔产品准入机制,中国不在进口名单中,产品无缘进入澳方市场,影响了国际市场开拓。上海市商务委员会接到信息后主动赴企业调研,了解到当前中国三文鱼加工渐成规模、加工质量和成本在国际市场竞争力较强,出口前景广阔,并已进入美国、加拿大和日本等市场。澳大利亚三文鱼产品消费量大,需要从国外进口大量三文鱼产品,然而受目前管理制度等技术性贸易措施影响,澳方目前仅允许从加拿大、美国、波兰、泰国等12个国家进口三文鱼产品。在了解完相关情况后,上海市商务委员会首先主动与出入境检验检疫局、行业协会合作,梳理、翻译、解读澳大利亚三文鱼准入的法规文件,找准澳方设置的具体准入条件和申请程序。其次通过深入相关企业实地调研进出口概况,认定企业自身条件可以满足澳方的要求,并为企业提供技术性贸易措施应对指导。最后主动通过多方渠道联络澳大利亚农业部,提出中方希望打开澳大利亚三文鱼产品市场的诉求,得到了澳方积极回应,解决了该公司产品打开澳洲市场的关键难题。

第三篇

专　　题

第九章 中国（上海）自由贸易试验区

中国(上海)自由贸易试验区(以下简称"自贸试验区")，是中国政府设立在上海的区域性自由贸易园区，位于浦东新区境内，属中国自由贸易区范畴。2013 年 9 月 29 日，自贸试验区正式成立，面积 28.78 平方公里，涵盖上海市外高桥保税区、外高桥保税物流园区、洋山保税港区和上海浦东机场综合保税区等 4 个海关特殊监管区域(以下简称"保税片区")。2014 年 12 月 28 日，全国人大常务委员会授权国务院扩展自贸试验区区域，将面积扩展到 120.72 平方公里。2015 年 4 月 27 日，自贸试验区扩区启动运行。扩展区域包括陆家嘴金融片区、金桥开发区片区和张江高科技片区。

第一节 2015 年中国(上海)自由贸易试验区运营情况

一、 总体概况

（一）基本情况

2015 年扩区以来，自贸试验区经济运行呈现高位平稳、功能提升、优势明显的特点。一是自贸试验区经济活力明显增强。企业设立方面，2015 年新设企业数为 1.8 万家，比上年新设企业数的 1.5 万家增长 20%，2015 年一年的新设企业数大约相当于浦东开发开放 25 年来新设企业总数的 10%，其中，有税收记录的新设企业占比在 7 成左右。二是核心功能不断提升。在自贸试验区金融开放创新的带动下，2015 年上海金融市场交易额达到 1 463 万亿元，相当于 5 年前的 3.5 倍；上海金融业增加值同比增长 22.9%，占全市地区生产总值的比重达到 16%。三是自贸试验区推动上海经济转型升级步伐进一步加快。扩区后的自贸试验区以 1/10 的面积创造了浦东新区3/4的生产总值,以1/50的面积创造了上海1/4的生产总值(表9.1)。

表9.1 2015年自贸试验区主要经济指标

指　标	单位	2014年	2015年	指　标	单位	2014年	2015年
税收总额(税务部门口径)	亿元	576.4	590.7	全社会固定资产投资额	亿元	30.4	22.6
地方税收	亿元	117.5	117.7	商品销售总额(注册地口径)	亿元	13 800.0	14 300.0
海关部门税收	亿元	982.5	989.7	港口货物吞吐量	万吨	29 918.4	30 161.8
外商直接投资合同项目	个	1 417.0	2 486.0	集装箱吞吐量	万标箱	3 236.6	3 357.2
外商直接投资合同金额	亿美元	82.7	303.5	规模以上工业总产值	亿元	572.7	509.8
外商直接投资实际到位金额	亿美元	6.2	17.1	期末从业人员数(注册地口径)	万人	30.0	31.3
新增内资企业注册	户	9 383.0	6 995.0	新增内资企业注册资本	亿元	3 328.9	4 554.6

(二)外商投资

自贸试验区扩区后,增设浦东新区市民中心境外投资受理窗口,上海近半数的新增外商投资企业选择在自贸试验区落户。2015年,自贸试验区新设外资企业3 072个,合同外资396.3亿美元,实际使用外资43.6亿美元。新设外资项目数量相当于2014年的1.5倍,新设外资企业数量占比从自贸试验区挂牌初期的5%上升到2015年的20%,户均注册资本(约1 500万美元)相当于内资企业(约5 000万元)的两倍。

(三)境外投资

自贸试验区扩区后,将境外投资备案范围覆盖至整个浦东新区,浦东新区成为上海首个自行备案境外投资企业的试点区域。境外投资实行负面清单管理模式,在备案的基础上实行事中事后监管。2015年,自贸试验区共办结境外投资项目636个,其中中方投资额229.2亿美元,相当于2014年的5.5倍,境外实际投资额约占全国的7%。

2015年,自贸试验区境外投资类型不断丰富。一是私募股权类跨境投资,企业通过自贸试验区资金出海,对境外企业进行股权收购,达到完善布局、中国概念股回归等目的,典型案例如弘毅投资公司;二是生产贸易型跨境投资,企业通过在国外进行绿地投资,在当地建厂,利用当地低成本的资源和劳动力进行生产,并带动国内相关机械设备出口,典型企业如上海新源启能风力技术有限公司;三是高科技类跨境投资,企业通过并购境外高科技企业或联合设立新企业,取得境外先进技术和知识产权，提升壮大企业国内实体。自贸试验区境外投资还包含了信息技术开发及相关服务、房地产、生物医药、商务服务等多个行业。大型国企、股权投资基金以及民营企业均参与其中，还出现央企和民营企业合作共同进行境外投资的案例。

（四）国际贸易

2015 年，自贸试验区海关特殊监管区域内有进出口记录的企业数量为 5 050 家，较 2014 年增加 820 家，合计进出口 7 415.5 亿元，同比下降 2.7%，占全市进出口总值的 26.4%。

2015 年，自贸试验区聚焦制度创新，贸易环境更加便利。国际贸易“单一窗口”1.0 版上线运行，货物状态分类监管试点进一步扩大，平行进口汽车试点稳步推进。接轨市场“国际板”，发布《中国（上海）自由贸易试验区大宗商品现货市场交易管理规定》，有色金属、矿产、棉花等 6 家大宗商品国际交易中心上线运营，第三方仓单公示平台和第三方资金清算平台建立。深化反垄断“1＋3”工作机制，在申报识别、审查配合、事后监管等方面形成完整链条。成立部市共建领导小组，在国内率先开展产业预警试点。积极打造国际化商事争议解决平台，香港国际仲裁中心在自贸试验区设立办事处，实现零的突破。

二、 分片区情况

（一）保税片区

保税片区，共 28.78 平方公里，作为自贸试验区的先行先试区，充分发挥自贸试验区制度创新和海关特殊监管区域功能创新的叠加优势，聚焦制度创新，深化功能拓展，进一步提高区域的开放水平和国际竞争力，为建设开放度最高的自由贸易园区做出新的探索。2015 年，保税片区内企业经营总收入 1.64 万亿元，同比增长 2%；商品销售额 1.43 万亿元，同比增长 3%；工商税收 591 亿元，同比增长 2.5%；海关税收 762.35 亿元，同比增长 9.5%；实现进出口总额 7 415 亿元，同比下降 2.7%。商品销售额、进出口额分别占上海市的比重为 15.3%、26.5%，商品销售额、工商税收、进出口额分别占全国海关特殊监管区域的比重为 58%、53%和 19%。服务业比重不断上升，新设企业中服务业比重由 5%增至 43%。对外投资增长明显，对外投资中方投资额同比增长 4.2 倍，占上海市的 40%以上。新型服务业增长迅速，其中技术服务业收入增长 10%，金融服务业收入增长 1 倍；制造业加快转型升级，超过 2/3 的制造类企业积极拓展贸易功能，开展研发设计、保税维修等多元业务，商品销售收入增长 10%。

（二）陆家嘴金融片区

陆家嘴金融片区，共 34.26 平方公里，东至济阳路、浦东南路、龙阳路、锦绣路、罗山路，南至中环线，西至黄浦江，北至黄浦江，是上海国际金融中心的核心区域、上海国际航运中心的高端服务区、上海国际贸易中心的现代商贸集聚区。2015 年，陆家嘴金融片区着力探索建立与国际通行规则相衔接的金融制度体系，与总部经济等现代服务业发展相适应的制度安排，持续推进投资便利化、贸易自由化、金融国际化和监管制度创新，加快形成更加国际化、市场化、法制化的营商环境。截至 2015 年底，陆家嘴金融片区有持牌类金融机构 754 家，其中银行类机构 223 家，证券类机构 327 家，保险类机构 204 家。另有股权投资机构 906 家，融资租赁机构 95 家，私募证券基金 566 家，私募股权基金 925 家，金融专业服务机构 676 家，商业保理 36 家。区域内户管航运企业 1 128 家，其中港口运输业机构（包括水上运输、陆上运输、航空运输）161 家，航运服务业机构（包括航运金融、航运法律、教育科技、专业服务、港口经营）911 家，航运基础产业机构（包括设备制造与维修、航运设施建设）56 家。累计吸引内资 3 386.41 亿元，同比增长 381.49%；吸引合同外资 58.10 亿美元，同比增长 175.36%；累计实到外资 13.53 亿美元，同比增长 6.97%；税收实现 671.92 亿元，同比增长 18.64%。地方财政收入实现 204.09 亿元，同比增长 23.98%；累计完成固定资产投资 197.95 亿元，比上年减少 14%（表 9.2）。

表 9.2　2015 年陆家嘴金融贸易区主要经济指标

指　标	单位	2014 年	2015 年	指　标	单位	2014 年	2015 年
税收总额（税务部门口径）	亿元	570.77	671.92	期末金融机构	个	728	754
地方税收	亿元	165.23	204.60	外资银行法人行	家	18	18
外商直接投资合同项目	个	175	373	基金总公司	家	46	47
外商直接投资合同金额	亿美元	21.10	58.10	期末认定跨国公司地区总部	家	87	90
外商直接投资实际到位金额	亿美元	12.65	13.53	举办展览（博览）	次	135	168
新增内资企业注册	户	1 983	4 396	商品销售总额（限额以上）	亿元	12 511.40	14 288.00
新增内资企业注册资本	亿元	543.34	3 356.90	社会消费品零售总额（限额以上）	亿元	437.55	473.90

续表

指　　标	单位	2014 年	2015 年	指　　标	单位	2014 年	2015 年
全社会固定资产投资额	亿元	231.07	195.60	期末星级宾馆	家	34	34
房地产开发投资额	亿元	200.96	179.90	主要景点接待	万人次	2 046.8	2 026.1
办公楼及商业营业用房	亿元	84.32	103.70	商办楼宇	幢	235	235
房地产新开工面积	万	49.26	101.90	商办楼宇建筑面积	万	1 432.4	1 432.3
房地产竣工面积	万	20.16	27.59	商办楼宇平均入驻率	%	96.8	95.5
金融业增加值	亿元	1 288.10	1606.00				

（三）金桥开发区片区

金桥开发区片区共 20.48 平方公里，东至外环绿带，南至锦绣东路，西至杨高路，北至巨峰路，是上海重要的先进制造业核心功能区、生产性服务业集聚区、战略性新兴产业先行区和生态工业示范区。2015 年，金桥开发区片区全年经济发展总体平稳，完成财政收入 354.62 亿元，完成年度计划的 87.6%；地方财政收入 40.92 亿元，完成年度计划的 88.3%；固定资产投资 90 亿元，完成年度计划的 100%；实现工业总产值 1 825.6 亿元，同比下降 10.3%；引进合同外资 12.35 亿美元，同比增长 124.45%；完成实到外资 4.97 亿美元，同比增长 38.05%，累计完成全年考核指标的 238.94%；吸引内资 360.7 亿元，同比增长 415.29%，累计完成全年考核指标的 450.88%。

（四）张江高科技片区

张江高科技片区共 37.2 平方公里，东至外环线、申江路，南至外环线，西至罗山路，北至龙东大道，是上海贯彻落实创新型国家战略的核心基地，也是推进上海具有全球影响力的科技创新中心的关键载体。区内形成了集成电路、软件和生物医药科技产业基地、国家信息产业基地等 9 个国家级基地，以及多模式、多类型的创新创业孵化体系。2015 年，张江高科技园区电子信息产品制造业产值 419.54 亿元，同比增长 10.6%；高技术产业产值 648.33 亿元，同比增长 8.3%。

案例 6　索尼物流：打造开放共享型物流供应链平台

随着跨境物流业的快速发展，如何缩短通关时间，降低成本日益成为业内关注的焦点问题。2013 年 9 月，自贸试验区正式挂牌后，上海海关创新“一线放开”的监管模式，对有需求的区内试点企业采用“先进区、后报关”模式，极大地推动了跨境物流企业的发展。

一、背景

索尼物流贸易(中国)有限公司(以下简称“索尼物流”)成立于1998年，前身是索尼电子技术(上海)有限公司，是由日本索尼集团投资的全资子公司，主要负责索尼集团电子产品及相关零部件在中国的国际贸易及物流操作业务。公司成立时员工只有25人，注册资本20万美元，业务收入200万美元。现在，公司员工已达379人，注册资本750万美元，业务收入更是增长400多倍，达到8.2亿美元。索尼物流成立之初主要负责索尼在华的工厂物流，服务对象分布在上海、无锡、苏州、深圳、惠州、北京、烟台等地，现在业务范围已扩展到国内物流、国际物流，服务对象分布全世界，进而发展出国际采购业务、国际分拨业务，贸易功能不断加强。索尼物流的营业收入中，贸易收入大约是物流业务收入的3倍。

伴随着索尼物流规模的膨胀和业务的猛进，是外高桥保税区制度创新“红利”和先行先试的辐射效应。2006年公司被外高桥保税区管委会认定为首批“营运中心”，并获得两张享受通关便利化的重要“派司”——海关诚信企业和商务CCC诚信企业证书。2012年上海综合保税区在总结“营运中心”发展的基础上，为开拓实体型总部经济发展的新领域，全面启动亚太营运商计划(APOP)，索尼物流作为首批20家企业被率先纳入该计划。这一计划旨在吸引跨国公司在中国区以外的国际化业务，为企业有效覆盖国内、国际两个市场，整合在岸、离岸两种业务提供了便利。上海海关创新“一线放开”的监管模式，对有需求的区内试点企业采用“先进区、后报关”模式，并确定索尼物流等6家区内企业开展试点。索尼物流依托中国上海、浦东新区及外高桥保税区的政策优势，将物流、贸易、资金结算进行“三位一体”有机结合，使之发展成为索尼在全球业务量最大的供应链管理整合平台。

二、做法

(一) 重构物流网络：吸引全球国际运输招标中心转移至上海

随着索尼物流的发展，转移到中国的不仅仅是国际采购中心，还有索尼全球国际运输招标中心。2015年11月28日，索尼在上海宣布，将其全球国际运输招标中心从日本东京移至上海外高桥。随后，索尼在上海展开了国际运输招标，全球航运巨头纷纷投标争抢“航运大单”。DHL、UPS、Yusen等10家空运代理，马士基、APL、中外运等20家船运公司参加投标。

索尼将全球国际运输招标中心转移至上海，其重要原因在于中国既是“世界工厂”，又是全球最大的消费市场。早在2012年，索尼全球完成空运货物9.25万吨、海运货物 7.5 万 FEU(以长度为 40 英尺[①]为国际计量单位的集装箱),其中以中国作为始发地的空运货物占 74%、海运货物占 40%。索尼物流从最初统筹中国沿海地区的工厂物流,到成为跨国公司地区总部统筹华东地区和国内进出口物流,再到现在扎根上海探寻跨太平洋、面向全球的发展新契机,这说明了国际贸易中心正在发生历史性大转移。

(二) 充分多元协同:打造开放的共享型供应链

作为海关开展"先入区、后报关"模式试点企业,索尼物流公司通过加强与物流链服务供应方之间的多元协同,开展外汇集中收付及轧差净额结算,把原来错综复杂的物流业务集中到一个平台,形成开放的共享型物流供应链。例如,索尼物流通过使用国内资金池统筹总公司外汇存款,定时归集,统一支付,以此减少因结付汇产生的汇率差和手续费等成本,年财务费用节省约 24 万元。索尼物流还通过与第三方公司协调,达成收款付款抵充的协议,实现轧差净额结算,以此来避免因为金额过大和付汇过晚带来的损失。索尼物流之前只是中国区总部,索尼物流利用亚太运营商计划的优惠措施,包括协调员制度和无纸化通关推广等新政策,极大提高了企业竞争力,业务不断向亚太地区拓展。以国际采购业务为例,索尼物流整合索尼母公司原有分散在日本、新加坡、马来西亚及中国香港等地的国际采购业务,集中到外高桥统一运作,相比中国香港及东南亚地区,物流费用降低,运输周期缩短。目前,索尼物流服务的国内供应商已由 2007 年的 9 家发展到现在的 400 多家,索尼物流海内外工厂数量由 6 家发展到 66 家。

(三) "零"物流服务:实现进境货物的快速流转

经海关批准后,企业先凭进口舱单信息将货物提运入区,再在规定时限内(自运输工具进境 14 日内)向主管海关办理进境备案清单申报手续,减少了在港口等待时间。进口货物到港后,之前港口提货需要 1 个工作日,现在只需要 2 个小时。而且,区内索尼物流自有仓库的费用比港口存储便宜 15%～20%。外汇付款流程得到简化,无须人工逐笔确认,免除审单可直接收付款,单证以备案方式留存归档,节省了大量的人力物力。公司利用外高桥保税物流优势建立集配中心,集中采购国内零部件出口海外,利用混载功能,通道拼箱业务降低物流成本,缩短了跨国转运、多式联运和不同类型运输方式之间货物的逗留时间,全面提升了通关速度和总部职能资金结算等,实现了"零逗留时间、零距离、零附加费用、零风险"物流服务,进一步满足了企业对于物流效率的需求。目前,索尼物流已经开始整合整个亚太业务,包括中国台湾和

① 1 英尺=0.304 8 米。

韩国，索尼物流的业务量大幅增长。

三、启示

（一）自贸试验区制度创新为实现跨国联合经营提供了战略思维

自20世界80年代中期以来，由于区域集团化的发展和国际竞争的日益加剧，越来越多的跨国公司开始采取开放型的跨国联合经营战略，跨国公司之间在资金、技术、生产设备经销、融资能力等方面相互渗透，形成一种国际经验联合体。索尼集团公司拥有和经营目前分布于全世界的75家工厂和200多全球性的销售网络。借助自贸试验区制度创新，索尼物流根据全球市场需求对物流网络渠道重构，将全球国际运输招标中心转移至上海，这是从战略的高度对物流经营模式的创新，有利于充分发挥跨国经营的杠杆作用，扩大其在国际市场上的竞争能力。而这得益于自贸试验区“一线放开”的监管模式，是自贸试验区制度创新带来的经营模式创新。

（二）自贸试验区的开放性为优化供应链管理提供了整合平台

成功的供应链管理平台能够协调并整合供应链中所有的活动，最终成为无缝连接的一体化过程。在自贸试验区高度开放的环境下，索尼物流通过业务整合及流程创新，将供应链上的业务流程“物流、贸易、资金结算”三位一体有机结合，其最大的优势是减少了管理层面，把原来错综复杂的物流业务集中到一个平台，不仅避免了不必要的财力、物力、人力等资源浪费，降低了物流配送所发生的成本，而且缩短了通关时间，提高了效率和效益。在整个运作过程中，形成了一个完整的体系，对企业经营过程中的物料流、信息流、决策流以及资金流等进行有效的控制和协调，使企业内部的供应链与企业外部的供应链有机地集成起来进行管理，以达到管理效果的最优化。

（三）自贸试验区“一线放开”政策为未来跨境物流提供了发展方向

索尼物流作为地区总部，要承担的不仅仅是物流配送，还包括地区资金结算的职能：运用“一线放开”政策，公司利用外高桥保税物流优势建立集配中心，构建物流、贸易、资金结算“三位一体”整合平台，极大地缩短了跨国转运、多式联运和不同类型运输方式之间货物逗留的时间，通关速度和总部职能资金结算等各个方面全面提升，实现了“零逗留时间，零距离，零附加费用，零风险”物流服务。这为进一步创新物流模式，推动有需求的跨国公司立足中国、深耕亚太，统筹整合亚太区乃至全球范围的贸易、物流、结算功能，形成具有销售中心、供应链管理中心、结算中心的实体性总部提供了可复制可推广的经验，也成为未来跨境物流的发展方向。

（摘自《中国（上海）自贸试验区制度创新与案例研究》）

第二节　2015年中国(上海)自由贸易试验区进一步扩大开放和功能拓展

一、扩大开放

自挂牌以来，自贸试验区先后推出2批54项扩大开放措施(第一批23项，第二批31项)，其中服务业领域37项，制造业等领域17项，涉及建筑业、采矿业、制造业。这些扩大开放措施中，最受投资者关注的是融资租赁、医疗机构、旅行社、增值电信、教育和职业培训、船舶管理。截至2015年底，自贸试验区有1 492个扩大开放领域的项目落地，融资租赁、工程设计、旅行社、增值电信、船舶管理等行业的扩大开放措施取得明显成效。扩区后，浦东新区发挥区域范围更大、配套条件更好、产业领域更丰富的优势，加强对内的政策业务培训和对外的宣传推广，取得积极成效。在保税片区继续保持外资企业入驻良好势头的基础上，新扩片区引进保险经纪、认证检测、律师服务、邮轮设计等新项目，教育、医疗、文化等社会服务领域的扩大开放措施落地加速，在专业健康保险、电子商务、认证机构领域实现突破。

二、功能拓展

(一) 贸易转型升级步伐加快

2015年，“亚太示范电子口岸网络”及其运营中心在上海揭牌，上海口岸被确定为中方与亚太经合组织其他经济体间实现基础设施互联互通的示范口岸，推动通关流程电子化，提高通关效率，实现国际贸易全链条数据的可查可控。自贸试验区10家大宗商品现货交易市场启动筹建，第三方清算和第三方仓单登记公示平台启动试运作。上海有色金属交易中心、上海钢联金属矿产国际交易中心和上海国际棉花交易中心上线运作，累计交易额超过200亿元。17家企业开展平行进口汽车试点，国家认证认可监督管理委员会于2015年底出台自贸试验区平行进口汽车3C认证改革试点措施。加快建设洋山保税港区亚太转运中心，自贸试验区内集聚康宁生命科学亚洲物流中心、乐高玩具、中国台湾特力家居产品、美国肯度汽车零部件等20多家国际性分拨配送中心，涵盖大宗商品、进口食品、机电产品等行业领域。推动维修检测再制造功能落地，上海波音航空改装维修工程有限公司、卡特彼勒再制造工业(上海)有限公司为代表的30余家企业启动维修检测再制造业务运作。

（二）拓展金融对外开放功能

2015 年，自贸试验区坚持以服务实体经济、促进贸易和投资便利化为出发点，推进金融服务业开放，建设面向国际的金融市场。一是本外币一体化运作的自由贸易账户功能进一步拓展。人民银行上海总部于 2015 年 2 月 12 日发布自由贸易账户境外融资细则，扩大境外融资的规模和渠道，并于 2015 年 4 月 22 日启动自由贸易账户外币服务功能，已累计开立自由贸易账户 4.4 万个（表 9.3）。二是外汇管理创新和人民币跨境使用进一步深化。2015 年 12 月 17 日，国家外汇管理局上海市分局发布《进一步推进中国（上海）自由贸易试验区外汇管理改革试点实施细则》，允许区内企业（不含金融机构）外债资金实现意愿结汇，跨国公司外汇资金集中运营管理门槛进一步放低，人民币跨境交易规模持续扩大。三是金融服务业对内对外开放有序推进。一批面向国际的金融交易平台加快建设，黄金国际板功能得到拓展，原油期货品种获批，相关配套政策陆续发布。筹建上海保险交易所，探索搭建国际再保险平台、国际航运保险平台、大宗保险项目招投标平台和特种风险分散平台“3＋1”的业务平台。金砖国家开发银行等功能性机构相继落户，上海首家民营银行——华瑞银行开业，中外合资专业健康医疗保险机构——太保安联健康保险设立。

表 9.3　2015 年自贸试验区金融对外开放情况

项　　目	单　位	数　值
接入分账核算单元体系的机构	家	42
开设自由贸易账户	万个	4.40
账户收支总额	万亿元	2.20
参与跨国公司总部外汇资金集中运营试点的企业	家	80
办理外汇资本金意愿结汇业务的企业	家	361
涉及金额	亿美元	24.48
跨境人民币境外借款	亿元	69.82
跨境人民币结算总额	亿元	12 026.00
占上海市比重	%	42.00

（三）完善航运发展制度和运作模式

2015 年，自贸试验区扩大外商独资国际船舶管理企业设立试点，已集聚外资国际船舶管理企业近 10 家。完成洋泾国际航运创新区建设总体方案的设计，推进国际知名船舶管理企业入驻，航运资源配置能力进一步提高。海运和空运国际中转集拼业务规模进一步扩大。洋山港水水中转和国际中转箱量占比分别达50%和10%，建成外高桥物流园区国际中转集拼服务平台框架，为更多企业参与试点提供服务。航运保险产品注册制改革于2015年7月启动实施，航运保险产品注册管理平台正式上线运行，25家机构在上海航运协会完成注册平台登记，697个航运保险产品完成注册并投入运营。外贸进出口集装箱沿海捎带业务有序推进。

案例7　地中海邮轮旅行社：自贸试验区首家中外合资旅行社

旅游业是自贸试验区全面深化改革、扩大对外开放过程中的一项重要产业。邮轮旅游的发展是自贸试验区发展现代高端旅游业的一个重要契机。自贸试验区将通过制度改革和政策创新来支持和引导邮轮旅游的发展，成为旅游业对外开放的新高地，深化改革的试验田，制度创新的示范区。

一、背景

邮轮旅游应该说是市场中增长速度较快而又具有较大发展潜力的高端旅游产品，近几年一直保持着年均8%～9%的高位增长，是国际旅游增长的主要动力。

国际上邮轮旅游经过上百年的发展已经相当成熟，但在国内邮轮旅游目前还处于起步阶段，蕴藏着巨大的发展空间。以上海市为例，1997年首次迎来邮轮客人，随后几年显著增加，到2005年已有25艘次豪华邮轮出入上海口岸，带来7万多人次的旅游客源，2015年，客源已达到120万人次。

自贸试验区作为中国经济最发达的地区之一，发展邮轮旅游具有得天独厚的优势。首先是区位优势，上海所处的地理位置对于发展邮轮旅游来说优势十分明显；其次是经济优势，能够为邮轮旅游提供具有较高消费能力的人群；再次是基础设施良好，有着较为完善的城市放游服务设施。良好条件使得国际上的许多邮轮公司看好自贸试验区邮轮旅游发展的前景，纷纷来华开展业务。其中就包括知名的地中海邮轮公司。地中海邮轮公司是地中海、巴西和南非市场的领导邮轮企业，在全球范围内开展业务，拥有由12艘邮轮组成的现代化的船队。

为了发展中国的邮轮旅游项目，地中海邮轮公司与上海港国际客运中心开发有限公司（上港集团100%控股下属企业）共同在2009年成立地中海邮轮旅行社（上海）有限公司（以下简称“地中海邮轮旅行社”），双方投资股比为50%对50%，注册资金500万元。虽然中国目前已经允许外资按国家规定设立独资或合资旅行社从事入境旅行业务，但是相关的法律法规明文规定“外商投资旅行社不得经营中国公民出国旅游业务以及中国其他地区的人赴香港特别行政区、澳门特别行政区和台湾地区旅游的业务”。所以一直以来，这家“根正苗红”的旅行社一直没有出境游经营资格，只能通过有出境游资质的国内旅行社组团销售船票。

二、做法

政策的规定限制了地中海邮轮旅行社可经营的项目，对于邮轮旅游市场的开发是极为不利的。针对这一现状，不论是国家层面还是自贸试验区自身，都在积极创造条件为外资旅行社开发国内邮轮旅游市场提供便利。2009 年 3 月，国务院颁布了推进上海国际航运中心建设的若干意见，明确要规范和发展邮轮经济，鼓励国际邮轮公司在华设立经营性机构。2009 年 5 月 1 日，新的《旅行社条例》实施，进一步降低了外资准入条件。这些都为自贸试验区新的政策的出台奠定了基础。

在 2013 年颁布的《中国(上海)自由贸易试验区实施方案》中，明确规定了“允许在试验区内注册的符合条件的中外合资旅行社，从事除台湾地区以外的出境旅游业务”。《交通运输部上海市人民政府关于落实〈中国(上海)自由贸易试验区总体方案〉加快推进上海国际航运中心建设的实施意见》中首次提到，鼓励发展邮轮产业经济，支持筹建邮轮发展基金，促进中国邮轮船队发展，带动航运、金融、保险业发展；支持上海邮轮母港建设，鼓励在上海成立中外合资邮轮公司拓展邮轮业务；鼓励中资“方便旗”邮轮从事以上海为母港的大陆与港、澳、台地区邮轮运输业务。同时，国家旅游局在《关于旅游支持中国(上海)自由贸易试验区建设的意见》中也明确规定，中外合资旅行社迁址注册试验区的，其取得经营许可的时间按照迁入前旅行社的设立时间起算；国家旅游局审批试验区内注册的符合条件的中外合资旅行社，申请经营除台湾地区外出境旅游业务的时限为 20 个工作日。试验区内中外合资旅行社经营除台湾地区以外出境旅游业务的监管，将由市旅游局在上海市政府的领导下具体实施。

在此政策开放的背景下，2013 年自贸试验区刚刚成立，地中海邮轮旅行社就立即申请迁入。2014 年 4 月 11 日，地中海邮轮旅行社接到国家旅游局批复，获准经营中国公民出境旅游业务资质(不含台湾地区)，也成为第一家受益于自贸试验区扩大开放政策的中外合资旅行社。

三、启示

以改革促发展，以政策促引进。地中海邮轮旅行社成为全国首家落户自贸试验区的中外合资旅行社，这将给整个自贸试验区旅游行业乃至其他产业的发展带来示范效应并提供可资借鉴的经验。

(一) 自贸试验区经济持续增长需要拓宽新的产业发展领域

自贸试验区在发展旅游产业过程中，面临的重大挑战是优化旅游产业的结构，寻找更加高端、更加优质的增长点。自贸试验区大力发展邮轮旅游经济，为中外合资的旅行社开起政策的“绿灯”，就是认识到邮轮旅行社在旅游业经济中的重要作用。邮轮旅游产业涉及的包括船舶制造、维修、文化演出、港口建设、教育培训等多个行业，是一条很长的产业链，其强大的拉动能力和吸附能力将成为促进城市经济发展的新的增长点。

（二）政策的开放与监管的严格协同并进是实现自贸试验区经济持续增长的有效保证

自贸试验区发展过程中将有更多像地中海邮轮旅行社这样的中外合资企业甚至外商独资企业加入进来，这要求自贸试验区加快转变政府职能，实现更加高效、严格和及时的监管，用完善的监管体系促使自贸试验区制度改革和政策创新发挥积极作用。

（摘自《中国（上海）自贸试验区制度创新与案例研究》）

第三节 2015年中国（上海）自由贸易试验区管理制度创新

一、进一步深化以负面清单为核心的投资领域改革

2015年，上海市商务委员会会同上海市相关部门研究提出2015版负面清单和新的扩大开放措施，大部分建议得到了国家采纳。2015年4月20日，《自由贸易试验区外商投资准入特别管理措施（负面清单）》（以下简称2015版“负面清单”）印发。2015版“负面清单”统一适用于上海、广东、天津、福建4个自贸试验区，负面清单的长度已经从2013年版的190条缩短到2015年版的122条。对负面清单外领域的外商投资企业实行备案管理。多渠道宣传自贸试验区扩大开放措施，并在汉堡、洛杉矶、大阪等地举行专题推介会。向自贸试验区扩展区域和浦东新区下放境外投资备案事权，推进境外投资便利化。全面梳理商务系统行政审批事项，推进证照分离改革。深化商事登记制度改革，推行“先照后证”改革试点，实施企业准入“单一窗口”制度，实现企业新设、变更的“一口受理、信息共享、并联办事、统一发证”。对登记住所在浦东新区的设立未满三年、未开业或无债权债务且未被计入经营异常名录的有限责任公司、合伙企业，试点开展简易注销登记改革。

二、进一步完善以便利化为核心的贸易监管制度

2015年，自贸试验区创新“一线放开、二线安全高效管住、区内自由”的监管制

度，海关、检验检疫等部门推出“执法清单式管理”“空检海放”等一系列改革创新举措；国际贸易“单一窗口”1.0版正式运行，2.0版建设加快推进；扩大外贸集装箱沿海捎带、启运港退税政策覆盖面，获批开展货物状态分类监管物流配送模式试点，启动实施航运保险产品注册制改革。上海市商务委员会牵头推进自贸试验区大宗商品现货市场建设，首批10家大宗商品现货市场中已有5家上线，形成大宗商品现货市场风险管控新模式。会同相关部门推进实施平行进口汽车试点，认定首批17家试点企业。进一步优化对外贸易经营者备案系统和许可证申领系统接入“单一窗口”2.0方式。加快APEC亚太示范电子口岸网络运营中心（APMEN）建设，通过了中心的战略框架和工作机制。推进服务贸易发展，探索大幅度降低生物医药样本的通关查验比例，向浦东新区下放技术进出口合同登记事权，支持自贸试验区文化贸易平台建设。提升上海市跨境电商务公共平台能级，推进公共服务平台与各类企业直接对接。

三、 进一步推进以开放为核心的金融创新制度

2015年10月30日，经国务院同意，人民银行等6部委和上海市人民政府联合发布了《进一步推进中国（上海）自由贸易试验区金融开放创新试点加快上海国际金融中心建设方案》（简称“金改40条”），上述内容构成了以探索资本项目可兑换和金融服务业开放为主要内容的金融制度创新框架体系；人民银行上海总部发布自由贸易账户境外融资细则，扩大境外融资规模和渠道，启动自由贸易账户外币服务功能，共有42家机构接入分账核算单元体系，跨境收支总额超过4.4万亿元；跨境人民币业务增长迅速，自试点以来新增跨境人民币结算额1.5万亿元，累计246家企业发生跨境双向人民币资金池业务，资金池收支总额达4 775亿元；黄金国际板正式运行，全年累计成交4 795吨，占上海黄金交易所黄金交易量的14.1%。

四、 进一步推动事中事后监管制度创新

2015年，自贸试验区健全反垄断审查协助工作机制，深化自贸试验区反垄断“1+3”工作机制并向内贸流通领域复制推广。推动产业预警机制创新，启动产业安全预警信息化平台建设。与英国驻沪总领馆签署推进中国（上海）自由贸易试验区国际经贸争议解决平台建设合作备忘录，支持香港国际仲裁中心等国际知名商事争议解决机构入驻。加强外资融资租赁的风险排查和行业统计，探索推进信息化和跨部门联动事中事后监管模式。完善企业年报公示制度和经营异常名录制度，强化社会

力量参与市场监督;加强社会信用体系建设,建立浦东新区公共信用信息服务平台;行政审批制度改革继续深化,上海市级部门向浦东新区进一步下放151项行政审批事项。

案例8　美药典中国:探索保税研发测试服务创新实践

"如果要概括入驻自贸试验区对美药典中华区业务的影响,那就是四个字——事半功倍。"在2015年9月召开的一场发布会上,美药典标准研发技术服务(上海)有限公司(以下简称"美药典中国")总经理冯兵兵这样总结入驻自贸试验区给美药典带来的便利。这背后,是自贸试验区一系列制度创新举措。作为美国药典委员(以下简称"USP")在自贸试验区设立的全资下属分支机构,美药典中国是USP在全球设立的第三个标准品研发中心实验室,主要从事药品、食品、生物制品的国际标准研发、检测以及相关标准物质及检测技术的研发、测试、培训等业务。因此,能否获得稳定的实验室研发物料,能否和药品质量标准全球研发日程保持同步,以及研发用样品进口环节的通关便利性对于美药典中国的经营和发展至关重要。得益于离岸服务外包全程保税监管模式创新,如今美药典中国真正实现了事半功倍:进口研发用样品的通关时间缩短一半,业务蒸蒸日上,2015年美药典中华区实验室完成各类标准研发项目的总数是2014年的两倍。

一、背景

目前,中国拥有成熟的一般贸易进口管理体系,但这一进口渠道已经不能完全满足日益增长的药物标准研发型企业的需求。因为研发型企业所需的研发用样品的特性与一般贸易货物有很大的不同:一般贸易货物体量大,同批次申报种类单一,运输时效性相对较弱,货物来源比较固定;进口研发用样品的申报种类繁多,重复性低,进口频次高,时效性强,来源广泛。

但在传统管理模式下,进口研发用样品走的是一般贸易货物通道,入关审批手续和相关单证要求较多。以美药典中国为例,从国外每进口一种微量样品用于研究,都需要和进口销售类企业一样进行复杂的注册手续,为了一种产品的一个规格,几乎需要花费一两年时间申请批文。作为每年进口数百件不同种类样品的研发机构,这样的申报流程简直不可想象。而且样品下了飞机后要花费三到四周才能到达实验室,相比其他USP国际实验室在通关流程上要多花费两到三周,导致很大一部分USP总部计划分派给美药典中国的研发任务被分转到其他国家。冗长的进口通关流程降低了美药典中国的发展优势,极大阻碍了美药典中国作为USP重要研发中心之一的业务拓展。能否寻找到符合研发业务需求的创新通道，直接关系到美药典中国能否从全球各大实验室中脱颖而出。

面对研发型企业所需进口化学样品种类多、用量少、重复性低、频次高的要求，自贸试验区海关用改革思路和创新思维突破现有一般贸易进口管理体系瓶颈，创新离岸服务外包全程保税监管模式，降低了审批复杂程度，提高了研发用样品的通关效率，削减了企业综合通关成本。

二、做法

2014 年 1 月美药典中国迁入自贸试验区，2014 年 6 月底获得海关“高岸服务外包全程保税监管试点企业资格”的认定，试点使用保税研发系统，并可以享受到一整套覆盖通关各环节的便利举措。

(一) 技术保障：保税研发系统

结合研发型企业样品通关的实际情况，海关开发了保税研发电子化信息系统。通过与企业仓库联网实现全程录像和视频监控，海关在不降低监管标准的基础上，同步进行研发用样品的报批和放行。此外，该系统可以实现海关申报数据与企业运营数据的自动比对，海关由此简化了进口研发用样品的通关流程，减免了部分食品和药品样品的进口审批。

(二) 流程优化：简化审批和单证要求

保税研发监管模式的创新，大大简化了进口样品通关审批流程和单证要求，企业只需要完成进境备案，并在“保税研发系统”中上传备案数据，即可完成通关审批流程。以 USP“泼尼松标准品”样品为例，该样品从美国总部实验室寄出空运至上海浦东机场海关监管仓库后，美药典中国向海关申报进境备案预计 1～2 天时间，待申报完毕后从机场海关监管仓库提货运输至外高桥保税区美药典中国研发货物仓库预计 1 天时间，数量清点核对无误后经保税研发系统录入备案审核完毕需 1～2 天时间，全程最快仅需 3 天就能完成全部通关环节，即可送至实验室使用。由于全程都在保税监管状态下，从而减免了“泼尼松标准品”进口环节“进口药品通关单”的行政审批办理程序(见表 9.4)。

表 9.4 样品通关基本情况对比

	进境申报	机场提货	许可证办理	进口申报	虚拟过卡	海关系统数据放行
一般进口申报	1～2 天	1 天	视具体情况	3～5 天	3～5 天	1～2 天
保税研发申报	1～2 天	1 天	大部分许可证可免(如 Q 证、L 证等)	无须	无须	1～2 天

（三）费用削减：综合通关成本下降

通关审批环节的减少和流程的简化意味着研发企业的时间成本大幅降低。不仅如此，由于进口研发样品属于耗材，并且全部会在实验室里被消耗掉，因此在保税监管状态下可以通过相关程序进行核销，无须缴纳关税，使得研发耗材的综合进口成本节约了近25%；实验室大量的进口高端仪器设备也处于保税监管状态，在进口环节税费方面享受到了优惠。此外，依据“先进区，后报关”政策，美药典中国进口高价值的设备和仪器时，不必再将这些货物存放到浦东机场的海关监管仓库中，可以省下一笔高昂的仓储费用。

（四）配套措施：创新通关便利化举措

除试点使用保税研发系统外，海关、国检等口岸部门还出台了一系列配套措施，推动保税监管试点顺利进行。如上海出入境检验检疫部门针对小批量进出口化学试剂和样品，改变过去“事先登记＋口岸抽检”的传统监管模式，创新“风险评估＋事后监管”，其中，对低风险的化学试剂，口岸原则上不再查验。仅这一项，美药典中国所需研发样品从总部到上海实验室的时间，从原先起码两周以上，变为现在最快3天，保证一周内到达。又如，在对特殊物品进行卫生检疫审批时，根据物品的生物安全风险等级进行分类管理，美药典中国的部分产品由原来的B级调整为目前的三级，审批流程由原来的专家组评估调整为由审批人员直接判定，审批单有效期延长至12个月。此外海关、国检等部门还配套建立了诚信管理措施，将监管重心转向企业诚信与产品风险相结合，对信用等级比较高的单位，审批时限由原来的5个工作日缩短到3个工作日；对符合条件的，可直通放行至企业仓库进行查验，查验时间从过去3个工作日缩短到1个工作日。

三、启示

创新离岸服务外包全程保税监管模式有效加快了物流运转速度，降低了综合进口成本，大大提升了服务型企业离岸接包的能力。美药典中国这一生动案例为自贸试验区如何使用好创新政策服务企业提供了有益的启示。

（一）自贸试验区创新政策有助于提升企业服务品质

USP总部把全球实验室布局在第三世界国家，在自贸试验区出台服务外包全程保税监管政策后，USP各大全球实验室在通关速度方面回到了同一条起跑线，美药典中国很快就在全球实验室中崭露头角。追逐低成本是离岸服务外包的重要源动力，但企业选择离岸发包并非是为了购买临时性服务，而是为了获得长期、可信赖的战略支持，服务水平才是评估离岸接包企业的首要标准，并且在高端离岸外包服务中表现得尤为突出。自贸试验区创新政策有助于打造法治化、国际化、便利化的营商环境，能有效缩小区内企业与国外企业的差距，更好彰显区内企业实力，更好展现浦东人才实力，间接提升区内企业的服务品质。

（二）信息互通是自贸试验区政策创新的必要条件

监管部门和企业之间是否信息畅通，是保税监管能否实现的关键因素。过去监管部门和离岸服务外包企业之间存在信息屏障，仅能依靠文件和材料来交流，较低的监管效率直接限制了离岸服务外包行业的发展规模，拉低了服务外包的经济效益。信息交流渠道畅通后，实现了海关监管数据与企业运营数据的自动比对，以及海关对企业仓库的全程录像和视频监控，离岸服务外包全程保税监管模式才得以应运而生。

（三）完善的法制是自贸试验区企业发展的重要保障

许多离岸服务外包企业选择浦东的一个重要原因，就是浦东相较国内其他地区有完善的法律体系和知识产权保护机制，发包方和收包方都不用担心知识产权和商业信息得不到有效保护。但目前中国在自贸试验区发展离岸服务外包方面的法律法规还不够完善，应借鉴国外自贸试验区在制定法律法规方面的成功经验并结合本国实际制定相关行业标准，在加强监管措施方面使离岸服务外包全程保税监管这样的创新模式由试点转变为常态，惠及更多企业。

（摘自《中国（上海）自贸试验区制度创新与案例研究》）

第四节　2015年中国(上海)自由贸易试验区复制推广情况

可复制、可推广是党中央、国务院对自贸试验区建设的基本要求。目前，自贸试验区的试点经验复制推广工作分如下两个步骤。

第一步是在自贸试验区运行一周年之前，有关部门对看得准、效果好的试点事项，陆续在全国或部分地区复制推广，共有27项，在2014年完成。其中，涉及投资管理体制改革共13项，包括注册资本认缴制、境外投资项目备案管理制度、企业年报公示制度、经营异常名录制度等；涉及贸易便利化改革共10项，包括“先进区、后报关”、保税展示交易、集中汇总纳税等；涉及金融改革开放举措共4项，包括取消境外融资租赁债权审批、取消对外担保行政审批等。

第二步是在自贸试验区运行一周年后，上海市和国务院有关部门进行了全面的总结评估，在此基础上党中央、国务院统一作出复制推广的部署，在2015年完成。在全国范围内复制推广的改革事项有28项，涉及5个方面：一是投资管理领域，包括税务登记号码网上自动赋码、组织机构代码实时赋码、企业设立实行“单一窗口”等9项；二是贸易便利化领域，包括检验检疫通关无纸化、第三方检验结果采信等5项；三是金融领域，包括个人其他经常项下人民币结算业务、外商投资企业外汇资本金意愿结汇等4项；四是服务业领域，包括允许设立股份制外资投资性公司、允许内外资企业从事游戏游艺设备生产和销售等5项；五是事中事后监管方面，包括社会信用体系、信息共享和综合执法制度、社会力量参与市场监督制度等5项。在全国其他海关特殊监管区域复制推广的改革事项共6项，包括期货保税交割海关监管制度、融资租赁海关监管制度、进口货物预检验等。

2015年2月，国务院成立了自由贸易试验区工作部际联席会议制度。在2015年年底联席会议办公室会同相关部门总结自贸试验区创新性强、市场主体受益多、反映好的做法，形成了8个"最佳实践案例。这8个"最佳实践案例"，商务部通过发文的形式，以及在网站上进行公布，供全国各地借鉴和学习。

另外，自贸试验区金融创新复制推广工作不断推进。自贸试验区以服务实体经济为目的，在宏观审慎、风险可控的前提下，本着"成熟一项、推动一项"的原则配合国家金融管理部门稳步有序推进金融开放创新举措的复制推广工作。目前，一批自贸试验区金融创新试点措施已在广东、天津、福建自贸试验区或全国复制推广，例如，跨境双向人民币资金池、跨国公司外汇资金集中运营管理试点、个人其他经常项下人民币结算、外商投资企业外汇资本金意愿结汇、银行办理大宗商品衍生品柜台交易涉及结售汇、直接投资项下外汇登记及变更登记下放银行办理等创新业务均已在全国范围内复制推广。此外，上海市金融服务办公室会同"一行三局"、自贸试验区管委会等单位举办了5批自贸试验区金融创新案例发布会，共发布50个创新案例，主要涵盖人民币跨境使用、外汇管理改革、分账核算单元建设、自由贸易账户功能拓展、跨境投融资、保险业务创新、金融机构集聚、金融交易平台建设、金融监管创新、投贷联动等多个方面。

第十章 国际会展业

第一节 国际展览业总体运行情况

据上海市会展业促进中心统计,2015 年,上海全年累计举办各类展会 851 个,同比增长 12.72%,展览总面积达 1 513 万平方米,同比增长 21.96%。其中,举办国际展项目 292 个,同比增长 4.29%,展览面积 1 124 万平方米,同比增长 24.81%;国内展项目 559 个,同比增长 17.68%,展览面积 389 万平方米,同比增长 14.43%(表 10.1)。2015 年,上海举办的展会中,举办面积 5 万~10 万平方米的 32 个,10 万~20 万平方米的 24 个,20 万平方米以上的 8 个(表 10.2)。其中,12 月全市主要展馆共举办各类展会 103 个,同比增长 33.77%;展览总面积 128.03 万平方米,同比增长 31.10%。其中国际展 13 个,同比持平,举办面积 47.95 万平方米,同比增长 22.85%;国内展 90 个,同比增长 40.63%,面积为 80.80 万平方米,同比增长 36.59%。

表 10.1 2015 年上海展览会举办情况

项 目		2014 年	2015 年	同比增长率/%
展览会项目数/个		755	851	12.72
展出面积/万平方米		1 241	1 513	21.96
其中	国际展数量/个	280	292	4.29
	国际展展出面积/万平方米	900	1 124	24.81
	国内展数量/个	475	559	17.68
	国内展展出面积/万平方米	340	389	14.43

数据来源:上海市会展业促进中心。

表 10.2　2015 年上海 10 万平方米以上展会情况

序号	展　会　名　称	展会时间	展会地点	展会面积/平方米	所属行业	行业占比/%
1	2015 第十三届广州国际广告标识展	9.16—19	新国际博览中心	104 640	广告媒体	10.0
2	中国国际食品添加剂和配料展	4.1—3	国家会展中心	106 082	食品饮料	5.0
3	中国国际纺织面料及辅料(春夏)博览会	3.18—20	国家会展中心	106 763	纺织纺机	12.5
4	中国国际服装服饰博览会	3.18—20	国家会展中心	106 763	纺织纺机	12.5
5	中国国际宠物水族用品展	11.4—7	国家会展中心	106 763	礼品玩具	2.5
6	中国国际数码互动娱乐展览会	7.30—8.2	新国际博览中心	108 375	动漫游戏	2.5
7	2015 乐器展	10.14—17	新国际博览中心	109 735	音响乐器	2.5
8	第 25 届中国华东进出口商品交易会	3.1—5	新国际博览中心	115 000	贸易进出口	5.0
9	2015 中国缝纫设备展	9.23—26	新国际博览中心	115 250	纺织纺机	12.5
10	第十七届中国国际地面材料及辅装技术展	3.24—26	新国际博览中心	135 140	建材五金	15.0
11	2015 国际美容化妆洗涤用品展	5.19—21	新国际博览中心	136 805	美容美发	2.5
12	第十八届中国国际焙烤展	5.12—15	新国际博览中心	138 000	食品饮料	5.0
13	2015 中国国际自行车展览会 2015 中国国际电动车及零配件展览会 2015 上海国际户外骑行装备展览会 2015 中国国际摩托车及零部件展览会	5.6—9	国家会展中心	143 432	交通工具	10.0
14	中国国际五金展览会;中国国际厨卫展览会	10.21—23	国家会展中心	143 547	建材五金	15.0
15	第十五届世界制药展	6.24—26	新国际博览中心	147 260	贸易进出口	5.0
16	2015 源至尚海 · 上海世博国际游艇及生活方式展	7.1—31	法国馆	150 000	奢侈品	2.5
17	2015 国际太阳能产业及光伏工程展览会	4.28—30	新国际博览中心	150 770	能源矿产	2.5
18	第 27 届中国国际五金博览会	3.31—4.2	国家会展中心	153 326	建材五金	15.0
19	第 73 届中国国际医疗器械(春季)博览会	5.15—18	国家会展中心	160 466	医疗保健	2.5
20	中国国际家用纺织品及辅料(秋冬)博览会	8.26—28	国家会展中心	172 700	纺织纺机	12.5
21	上海国际广告技术设备展览会、上海国际印刷包装纸业展览会、上海国际照明技术设备展览会、功能性塑膜加工技术展览会	3.11—14	国家会展中心	179 485	广告媒体、印刷包装	12.5

续表

序号	展　会　名　称	展会时间	展会地点	展会面积/平方米	所属行业	行业占比/%
22	2015 亚洲国际动力传动与控制技术展览会	10.27—30	新国际博览中心	184 675	机械工业	5.0
23	第二十四届上海国际酒店用品展/第 23 届国际建筑装饰展	3.30—4.2	新国际博览中心	199 750	酒店用品及建材五金	17.5
24	第二十届中国国际建博会	6.3—6	新国际博览中心	199 970	建材五金	15.0
25	2015 上海国际时尚育儿产业博览会	7.22—24	新国际博览中心	201 490	孕婴童	2.5
26	2015 上海国际家具展	9.9—12	新国际博览中心	225 510	房产家居	5.0
27	上海国际工业博览会	11.3—7	国家会展中心	231 655	机械工业	5.0
28	中国国际纺织面料及辅料(秋冬)博览会	10.13—15	国家会展中心	236 986	纺织纺机	12.5
29	中国国际汽车商品交易会和中国国际摩托车及零部件交易会	9.19—22	国家会展中心	249 089	汽摩配件	7.5
30	上海国际汽车零配件/维修检测诊断设备/服务用品展览会	12.2—5	国家会展中心	275 179	汽摩配件	7.5
31	上海国际汽车工业展览会	4.20—29	国家会展中心	320 302	汽摩配件	7.5
32	中国(上海)国际家具博览会	9.8—12	国家会展中心	366 737	房产家居	5.0

数据来源:上海市会展业促进中心。
备注:行业分类来源于 e 展网(http://www.eshow365.com)。

根据表 10.2 的整理,表 10.3 给出了 2015 年上海 10 万平方米以上展会的行业分布情况。在 2015 年的上海 10 万平方米以上展会涉及 20 个行业,依次为建材五金、纺织纺机、广告媒体、交通工具、食品、家居、玩具、游戏等。其中建材五金类展会数为 6 场,占比 15.0%;纺织纺机类展会 5 场,占比 12.5%;广告媒体类展会 4 场,占比 10.0%;交通工具类展会 4 场,占比 10.0%。

表 10.3　2015 年上海 10 万以上展会行业分布情况

行　业	展会数/场	行业占比/%
建材五金	6	15.0
纺织纺机	5	12.5
广告媒体	4	10.0
交通工具	4	10.0
汽摩配件	3	7.5

续表

行　业	展会数	行业占比/%
食品饮料	2	5.0
贸易进出口	2	5.0
机械工业	2	5.0
房产家居	2	5.0
礼品玩具	1	2.5
动漫游戏	1	2.5
音响乐器	1	2.5
美容美发	1	2.5
奢侈品	1	2.5
能源矿产	1	2.5
医疗保健	1	2.5
印刷包装	1	2.5
酒店用品	1	2.5
孕婴童	1	2.5

截至2015年底，上海会展业顺利完成了“十二五”规划所提出的主要指标，并呈现以下主要特点：一是上海可供展览面积大幅提升，在国家会展中心全面建成后，上海主要展览场馆的可供展览面积超过100万平方米；二是整体布局结构发生较大变化，目前上海的国际性展会中，有34.34%在青浦区举办，57.65%在浦东新区举办（国家会展中心建成之前，在浦东举办的国际展最高占比曾接近80%）；三是大型展览会明显增加，10万平方米以上的展览会达32个，比“十一五”期间翻了两番，主要表现为建材五金、纺织纺机、广告媒体和交通工具行业展会的增加；四是国际化程度继续提高，国际展面积占全市总面积的比重达74.29%，国际展平均规模也有较大提升，从2010年的2.49万平方米提高到2015年的3.85万平方米。

第二节　中国（上海）国际技术进出口交易会

2015年4月23—25日，由商务部、科技部、国家知识产权局和上海市人民政府共同主办，由联合国工业发展组织（UNIDO）、联合国开发计划署（UNDP）、世界知识产权组织（WIPO）大力支持的第三届中国（上海）国际技术进出口交易会（以下简称“上交会”),在上海世博展览馆成功举办。本届上交会以“创新驱动发展、保护知识产权、促进技术贸易”为主题,以“技术展示”“项目对接”“交易服务”和“论坛活动”为主要内容,积极探索服务我国经贸外交、服务国际创新合作交流、服务“大众创业,万众创新”的新途径,全方位地展现我国技术贸易的特点以及国际技术贸易发展的趋势,凸现了中国知识产权保护的新形象。

一、 展会成效

该届上交会展览面积 3.5 万平方米,来自 20 个国家和地区以及境内 30 个省市自治区的 984 家科技企业和技术交易服务机构参展,其中境外参展增加到 139 家,同比增长 35%;吸引了 4.48 万人次观众参观展会,同比增长 16%,其中专业观众占近 80%,超过上届;举办了开幕论坛、“捷克主题日”“联合国工业发展组织主题日”和“知识产权主题日”3 个主题日活动以及 20 场专业论坛、31 场专题会议等多项活动,其中,举办的国际专题论坛活动达到 14 个;收集了项目信息 3211 条,并同步发布到“技术交易汇”手机客户端。

二、 展会特点

(一) 围绕国家战略，准确把握定位

该届上交会努力把握世界科技进步的大方向,全球产业变革的大趋势,积极贯彻落实国家创新驱动发展战略、“一带一路”战略,以技术贸易为抓手,以原始创新为动力,以创客空间等为载体,为科技创新搭建“秀场”,努力成为“建设具有全球影响力的科技创新中心”的平台和“大众创业、万众创新”的舞台。

(二) 首次建立主宾国机制

该届上交会坚定不移深耕国际合作网络,攻坚克难,站在经济外交的高度,首次建立主宾国机制,促成捷克共和国众议长率大型科技经贸代表团出席上交会,并开展主宾国活动,进一步促进了中捷经贸、文化、旅游等多方面的合作交流。该届上交会捷克主题馆展示面积超 1 500 平方米,吸引了捷克在航空技术、纳米技术、生物技术、健康安全和科研院校等在内的 80 多家重点行业企业和院所来华整体参展;在中捷经贸技术专场对接会上,184 家中捷企业在航空航天、电力设备、信息技术、生物医疗、能源环保等领域开展深入洽谈,其中近 1/3 的捷克企业在现场提出合作意向,意向合

作总金额超1亿美元。

（三）集聚科技创新各类元素

该届上交会设置科技创新区、专业技术区和交易服务区，展示和论坛各有特色。捷克主题馆、谷歌公司、意大利科学院等展出的技术产品显示了技术类展会的特色和水准。首次设立的科技创新展区，占上交会总面积42%，吸引了一批具有国际先进水平的技术参展，比如，google公司展示X Lab技术和文化炫彩3D互动站台人机对话，实时演示国际市场洞察数据系统；微软公司展示Xbox One，体验人工智能。展示了国内一批自主创新企业，比如，华大基因科技有限公司的基因检测技术、联影医疗科技有限公司的医疗器械项目、北斗卫星导航系统、氢燃料无人机等项目。搭建了多层次的科技创新引领共享平台，比如，开幕论坛吸引了科技部长万钢等中外权威专家演讲，首次举行的福布斯3030论坛和创客论坛，集聚了各类草根创新元素；比如，同济大学展示3D打印赛车、上海众人网络安全技术有限公司展示iKEY身份认证系统、上海厨易配菜有限公司展示社区生鲜厨易站等创新产品。达成了一批技术交易和意向合作，比如，高校展区达成十多项1 000多万元意向合作，其中复旦大学意向金额400万元，东华大学意向金额340万元等；比如，工商联展区的盛顺服务型智能机器人在展会期间与多家风投和资本机构进行了接触，目前项目融资已进入实质性谈判阶段。

（四）积极引入办展合作伙伴

该届上交会与国际机构合作不断深化，联合国工业发展组织（UNIDO）、世界知识产权组继续（WIPO）支持举办了两大特色主题日活动；荷比卢商会、欧洲商业联盟EBPC、伊朗Pardis科技园、日本MORI、德国技术中心GTC、英国安永等国际机构作为展商参展或提供中介服务。该届上交会还注重集聚民企、金融、专业中介等多种创新创业创造元素，加强合作方式创新。比如，新华社与安永合作发布2015技术贸易发展报告，为中小企业提供技术交易信息；在主宾国活动、特色论坛和专业会议方面与中国华信、中国银行上海分行等单位进行合作，效果良好，特别是中捷文化交流活动——捷克魅力之夜活动质量很高。展会闭幕后，不少国际组织和机构如奥地利驻沪总领事馆商务处、荷比卢商会、欧洲商业联盟EBPC、伊朗Pardis科技园、德国GTC、麦肯锡咨询公司、安永会计师事务所等，纷纷向上交会递来了橄榄枝，寻求进一步战略合作意向。

（五）宣传组织、卓有成效

该届上交会新闻宣传策划突出重点，组织落实到位。在与车展同期举行的情况下，上海市政府新闻办做到各有侧重，工作卓有成效，中外主要媒体加大报道上交会力度或给予充分评价，社会反响良好。展会期间共有73家中外媒体、268名记者报名采访上交会。开幕当天，解放日报、文汇报均在头版和要闻版刊发重点报道及评论。新华网、东方网专门在其官方网站及客户端开设上交会专题页面，现场图文直播上交会盛况。截至2015年4月26日，该届上交会的文字报道共计4 237篇，同比增长10％；广播电视新闻及网络视频报道超过500条。

三、工作体会

（一）高层领导重视，是展会成功的重要基础

该届上交会筹备期间，组委会先后召开工作会议，商务部、科技部、国家知识产权局领导对办好该届上交会指明了正确的方向。上海市市长杨雄主持召开上海市政府常务会议进行部署，上海市分管领导多次协调落实筹备工作的具体事务，确保了组委会各项决定的贯彻落实。

上交会开幕首日上午，全国政协副主席、科技部部长万钢，海峡两岸关系协会会长陈德铭，上海市市长杨雄，国家知识产权局副局长何志敏，新华社副社长慎海雄，上海市副市长周波等领导参加巡馆活动并出席开幕论坛。特别是捷克作为首任“主宾国”，由众议院议长杨·哈马切克带队，率高级政要和企业家组成科技经贸代表团参加上交会，提高了上交会的国内外影响力。

展会期间，中共中央政治局委员、上海市委书记韩正在商务部副部长房爱卿陪同下视察了捷克主题馆、创客等展区并与福布斯青年精英合影。外交部部长助理刘建超，上海市委常委、统战部长沙海林，上海市委常委、上海市委秘书长尹弘，上海市副市长赵雯，上海市政协副主席、上海市工商联主席王志平，上海市府副秘书长肖贵玉、徐逸波，老领导蒋以任、周禹鹏等先后亲赴展会巡视指导，参加有关活动。

（二）勇于摸索实践，是办展模式创新的前提

鉴于技术类展会没有固有模式可沿用，没有现成经验可借鉴，本届上交会坚持边摸索，边创新。

一是深耕国际合作交流网络，高度重视发挥适用技术输出国的作用，并嫁接国际

展会通用的主宾国机制，成功邀请“一带一路”沿线国家捷克共和国作为主宾国。不仅为我国经济外交做出了贡献，也大大提升了上交会对中外技术项目的对接功能。

二是牢牢铭记“建设具有全球影响力的科技创新中心”战略赋予上交会新使命，不仅通过一般技术贸易，带动技术产业链的发展，而且通过设立了创客专区和福布斯论坛等新举措，大力推动“大众创业、万众创新”，提升上交会对科技创新的引领功能。

三是充分发挥主办单位对展会工作的指导、引领作用。商务部不仅对筹备工作进行了宏观指导，并且积极召开全国商务系统组展会议，保证了全国科技企业踊跃参展上交会，科技部不仅指导和支持上海市科学技术委员会做好的技术转移主题日活动和展区各项工作，而且依托国家技术转移东部中心整合国际国内资源，组织了相关国内外科技型中小微企业和科研院所及技术转移机构等共 31 家企业和机构集中参展，展示面积比上届增加 20%。国家知识产权局精心组织指导上海知识产权局，全力以赴开展了以加强知识产权保护及服务、扩大知识产权宣传为重点的相关工作，圆满完成了各项上交会知识产权工作任务。

四是秉持“专业化、市场化”的办展思路，承办工作大力启用专业操作团队，聚焦中小微科技型企业和创客群体作为上交会专业展示的主体。五是尊重市场经济规律，相信市场、依靠市场、用好市场。为进一步专业化组展，2015 年实际参展省市区和新疆生产建设兵团共有 30 个，其中 21 省市不再强调形象集中展示，许多行业权重企业华大基因科技有限公司、药敏康德新药开发有限公司、小米科技有限责任公司、施耐德电气有限公司等纷纷加盟专业展。

（三）通力合作的工作机制，是展会高效运作的保障

在上交会组委会的领导下，在上海分管领导的具体部署下，执行办公室形成分工负责、统筹协调、共同推进的工作机制，确保了上交会的各项工作落实到位。上海市商务委员会在商务部和其他部委的大力支持下，举全委之力，真抓实干，有序推进总体筹备工作，并大力加强技术促进中心班子和团队建设，积极做好展会筹备的具体工作。在牵头力推主宾国以及力推张江发布参与上交会发挥了重要作用，上海市科学技术委员会积极承接“科技专区”1 000 平方米展示面积的组展工作，并增设了技术转移主题日活动，通过展会互动的形式，为技术交易供需双方提供一个展示技术实力、对接技术交易、寻求交流合作的平台。上海市知识产权局全力以赴，精心组织，开展了以加强知识产权保护及服务、扩大知识产权宣传为重点的相关工作，圆满完成了各项上交会知识产权工作任务。东浩兰生集团发挥展览业专长，在各委办的大力支持下，坚持国际化、专业化、市场化方向，千方百计，精益求精，圆满完成招展招商任务。

上海其他执行办成员单位也凝心聚力，奋楫争先，各司其职，通力合作。

第三节 中国华东进出口商品交易会

2015 年 3 月 1—5 日，第 25 届中国华东进出口商品交易会(以下简称“华交会”)在上海新国际博览中心举行。该届华交会由国家商务部支持，上海市、江苏省、浙江省、安徽省、福建省、江西省、山东省、南京市、宁波市等 9 省市联合主办。面临错综复杂的国内外经济形势，该届华交会各交易团和参展企业积极适应我国经济发展新常态，紧紧围绕转变外贸发展方式的主线，坚持以“稳增长、调结构”为目标，开拓创新、悉心准备，着力加强品牌建设、提升参展质量，取得了积极成效。经过华交会新理事会和与会各方的共同努力，外贸“新春第一展”成功举办。

一、 基本情况

(一) 展会规模保持稳定

该届华交会展览面积 11.5 万平方米，标准展位 5 780 个，共设立服装、家用纺织品、装饰礼品、日用消费品 4 个国内企业展区及一个以“现代生活方式”为主题的境外企业展区。其中，服装展区展位 1 887 个，占 32.82%；家纺展区展位 1 003 个，占 17.44%；家居展区展位 1 865 个，占 32.43%；电子消费品展区展位 89 个，占 1.55%；其他消费品展区展位 346 个，占 6.02%；装饰礼品展区展位 308 个，占 5.36%；境外展区展位 252 个，占 4.38%。该届展会共有 14 个交易团(9 个主办省市交易团、3 个组团城市交易团、1 个联合交易团、1 个境外交易团)，参展企业 3 378 家。其中境外参展企业达 204 家，较上届增加 59 家。该届华交会在展位分配方面，继续弱化基数概念，根据各交易团实际需求进行了调整。

(二) 采购商与会人数略有下降

该届华交会到会境外客商 21 200 人，来自 114 个国家和地区，客商总数比上届略降 1.09%。除非洲和亚洲(不包括日本)外，其他洲客商人数均有上升，其中北美洲增加最多。其中，日本客商略增，累计到会 8 815 人，比上届增加 0.81%，仍是到会客商最多的国别地区，占大会客商总数的 41.58%；欧美客商增加明显，欧洲客商 2 216 人，比上届增长 4.23%；以美国为主的北美洲客商大幅增长，到会 1 318 人，同比增长 18.53%；拉丁美洲客商 211 人，同比增长 14.67%；大洋洲客商 352 人，同比增长

18.92%。亚洲客商(不包括日本)累计到会 8 178 人,同比下降 7.55%。其中,韩国同比增长 10%,中国香港同比下降 14%,中国台湾同比下降 21%。

由于 2015 年展会期早于元宵节,到会亚洲客商数量受春节假期影响明显。江苏企业反映,该届展会期间,以日本客商为代表的老客商群体到会数量有所减少,而新客商有所增加。其重要原因一方面由于老客商订货渠道稳定,认为没有必要到会;另一方面,也体现出同日本等国家市场购买力仍显不足。上海企业反映,轻工类商品成交情况较好,但纺织服装类商品偏弱,主要是客商少,质量不够高。另外,有部分省市反映,以美元结算的客商到会情况较好,以欧元、日元结算的客商到会相对较少。

(三)出口成交有所下降

该届华交会累计成交 256 571 万美元,比上届下降 7.01%。其中,对亚洲成交 129 942 万美元,同比下降 18.83%;对北美洲成交 39 010 万美元,同比下降 6.31%;对中南美洲成交 14 319 万美元,同比增长 19.56%;对非洲成交 10 323 万美元,同比增长 20.88%;对欧洲成交 55 854 万美元,同比增长 12.40%;对大洋洲成交 7 122 万美元,同比增长 78.63%。日、美、韩仍居成交前 3 位,占大会成交总额的 47.47%。对日本成交 65 169 万美元,同比下降 30.27%;对美国成交 34 454 万美元,同比下降 4.49%;对韩国成交 22 190 万美元,同比下降 31.17%。其余成交额居前的国家或地区依次为:德国、英国、法国、中国香港、意大利、澳大利亚、俄罗斯等。民营企业继续成为成交主力,累计成交 164 289 万美元,同比增长 6.4%,在大会成交总额中的占比达到 64.03%;国有企业成交降幅较大,累计成交 22 168 万美元,同比下降 58.77%;外资企业成交 39 781 万美元,同比增长 16.63%;其他企业成交 24 551 万美元,同比下降 0.57%。

总体上,客商观望氛围浓,交易活跃度不高,显示市场仍处于相对低迷阶段,尤其是对华交会主要目标市场——日、韩市场成交均出现明显下降,值得引起重视和警惕。具体分析,一是纺织服装类与轻工工艺类商品成交涨跌互现,纺织服装类商品成交同比增长 6.41%,轻工工艺类商品成交同比下降 5.18%。二是服装与轻工日用品制造转移明显,部分中国企业携"海外"产品参展,江苏、浙江、安徽等交易团均有企业已经在海外设厂,携带国外制造的产品前来参展。三是日韩市场降幅较大,欧洲市场有所增长,北美市场出现下降。

二、组织工作

(一)华交会管理体制改革平稳推进

该届华交会注入现代管理理念,按照简化机构、提升效率、规范运行的原则,对华交会管理体制作了如下重大调整。

一是改革大会管理机构。在保留“华交会”最高决策机构——华交会工作委员会的基础上，建立了全新的理事会制度。改革后，提高了整体工作的统筹管理与成本控制效率。

二是取消《华交会工作文件汇编》(俗称“白皮书”)，将组织机构职能及各项管理办法以大会正式文件的形式印发，另将大会现场各项活动安排、职能部门联系方式、服务信息等内容编制为《现场工作手册》。

三是加大信息技术应用，开发网上办证系统，通过网上办证系统办理各类证件；减少纸质会刊，推动实现会刊电子化。

四是严格大会财务管理，提高了资金使用效益。2015 年结合华交会管理机构改革，取消了原由各省市财务人员组成的大会财务办公室，设立了由上海会展业促进中心负责的第三方财务组，并严格预算编制流程，聘请独立第三方专业人员审核把关，努力为企业降低参展成本。该届华交会管理体制改革创新使工作效率、管理水平得到提升。按照华交会新理事会的职能划分，本届展会新闻组、展务组、接待组、财务组、安保组都认真履行了职责，工作各有特色。

（二）组展、参展涌现众多创新元素

为了应对当前出口面临的严峻形势，适应新常态，各省市交易团和参展企业为办好该届华交会付出了比往年更大的努力，创新成为外贸出口企业驱动发展新动力。在招展、组展过程中，各交易团注重参展企业质量，积极动员优秀企业及优质产品参加该届华交会。其中，不乏商务部重点培育和支持的中国名牌、获得省市名牌和驰名商标的品牌企业及展品，以及集研发、制造、营销、服务为一体的高新技术型企业。一大批新款式、新技术、新工艺、新面料的“四新”产品出现在展会上，越来越多的企业把自己的“专利”“质量论证”产品向客户推介，展现了出口企业真功夫。充分反映出参展企业转型升级步伐不断加快，转变机制、自主研发、强化品牌建设、塑造新优势的新趋势、新气象。

此外，以“现代生活方式”为主题的境外参展企业中，日本企业带来的采用 500 年以上历史的精加工工艺所制成的羽绒被、不易塌陷变形的沙发座椅、采用进口美国无捻纱为原料的毛巾系列产品、日本厨房硅胶制品以及韩国企业参展的根据人体工程学原理设计的睡眠枕、采用传统韩方制造的真玉膏、远销美国白宫及德国“R&B”等 50 多个国家的韩国最高品质陶瓷产品等，集中展示境外国家或地区具有“品位、时尚、原创”等特点的进口产品。吸引了现场观众的眼球，为华交会提供了新看点。

（三）招商工作全方位有效推进

该届华交会将招商工作作为重中之重，力求取得实际效果。在总结上届招商工作经验教训的基础上，进一步明确方向和重点，强化手段，开展“点”“面”结合的宣传推广方式，收到明显效果。

一是组织境外招商活动。在组织召开东京、上海媒体推介会的基础上，分别在英国伦敦、印度新德里、巴西圣保罗、新加坡召开了专场推介会，并对圣彼得堡市工商会、英中贸易协会等 40 余家境外机构进行了拜访。

二是积极与招商机构合作。在第 115、116 两届广交会上发放各类宣传资料 26 万册、邀请函 3 万份，收集客商名片 1.8 万张，通过印度 *Trade India* 向全球 100 多万用户每周发送的 *NEWSLETTER* 中刊登华交会信息，通过两家专业招商机构定向邀请境外采购商 500 名。

三是注重媒体资源互换。与阿里巴巴、环球资源、环球市场、中国制造网、中华纺织网、龙之向导、法国 FashionMag、韩国 Coex 等开展网站链接、电子邮件宣传、网站推广、杂志广告，加大展会宣传推广。

四是做好直接邀请工作。向上届到会客商发送 2.5 万份新年贺卡，完成 15 万份（比上届增加 5 万份）邀请函的发放工作，并向 92 家我国驻外使领馆经商处（室）、40 多家国外驻沪总领馆、120 多家在沪设有代表处的境外商会寄送了相关邀请资料。

五是邀请上海跨境电子商务协会的会员单位，如兰亭集势、洋码头、西游列国、苏宁易购等，在开展传统贸易的同时，利用新型贸易方式帮助企业成交。

该届华交会还与上海市经济团体联合会（上海市工业经济联合会）、上海市商业信息中心合作，邀请国内大集团、大卖场等采购人员与会参观。

（四）鼓励企业成交与创新活动务实对口

为进一步增强展会的交易功能，扩大企业成交，该届华交会在展会现场成功举办了 4 项（6 场）重要活动。

一是举办了两场“一对一”采购商现场对接会（纺织服装和轻工专场）。来自英国、西班牙、俄罗斯、德国、阿联酋、巴基斯坦、印度、印度尼西亚、菲律宾、多哥等国家的 80 家采购商坐镇现场，与 139 家国内外贸企业开展现场对接洽谈 437 次。2015 年是第二次举办“一对一”采购商现场对接会，该活动受到了供应商和采购商的一致好评，现场气氛热烈。很多供应商希望 2016 年能继续举办此类活动，并扩大规模。

二是举办了“中国制造之美”等专业论坛及讲座。为更好地服务参展企业，该届华交会分别举办由中国制造网牵头的中国制造之美高端论坛——“设计让产品卖得更好”、“日用消费品行业的设计趋势及经典案例解析”、阿里巴巴策划的“未来已来——开启跨境电商信用保障时代”以及中国人民银行举办的跨境结算讲座，帮助参展企业在参展的同时，提升形象，开拓思维，扩大成交。受到各方热情关注。

三是举办了“一带一路”国家新兴市场需求发布会。通过这个会议，让大家更加深入了解“一带一路”相关国家的经贸情况，为今后外贸企业开拓新兴市场奠定基础。波兰和土耳其驻上海总领事馆商务参赞出席了会议。

四是该届华交会继续设立“创新奖”，开展参展企业评选活动。经各交易团推荐和大会工作委员会审定，在参加本届华交会的 3 378 家企业中，来自 12 个交易团的 35 家企业获此殊荣。此次获奖企业，广泛分布于服装、家纺、日用品、工艺品以及电子产品等诸多领域。各企业产品花样繁多，创新理念贯穿其中，工业设计别出心裁，是各自领域创新实践的优秀代表。

（五）华交会信息化服务逐步完善

该届华交会进一步完善各类信息化服务手段，为展会各方提供便利。一是完善华交会网站功能，开展网上办证等服务；二是升级改版“华交会 APP”，提供中、英、日、韩 4 种语言版本，调整美化了应用界面；三是继续开展“展位二维码扫描”，方便展商与客商的商贸洽谈；四是开展问卷调查电子化，利用平板电脑采集汇总信息，提高调查统计效率；五是增设现场触摸屏导航点，在上一届 26 台触摸屏的基础上，新增 80 台平板电脑，方便客商查询；六是继续开展客商网上预登记，及时掌握客商赴会信息。

（六）现场服务持续改进亮点纷呈

该届华交会通过优化完善管理服务，营造了良好的展会环境。主要有：设立展览现场一站式服务，为参展客商参展答问解疑；完善展馆无线上网，解决参展客商上网难问题；搭建临时餐饮场地，缓解参展客商用餐难问题；设置客商休息、公共网络、饮水供应、现场医疗、法律咨询、银行、出口信用保险、跨境人民币业务金融服务政策咨询等各类服务点，为展客商提供服务；设置出租车候车点、地铁与展馆间免费往返巴士、展馆内循环电瓶车等，解决参展客商交通问题。

（七）与会各方知识产权保护意识增强

该届华交会认真参照国家商务部、国家工商总局等 4 部委联合下发的《展会知识产权保护办法》，进一步完善了华交会期间知识产权管理办法，明确了制订办法的依据、适用范围，规范了受理条件，细化了相应处理程序。华交会业务办会同上海市知识产权局、上海市工商行政管理局组成工作小组，加大巡查力度，发现问题按法规和规定严肃查处。该届华交会共受理涉嫌侵犯知识产权投诉2起，都得到妥善解决。

（八）保证了展会安全和现场秩序

该次展会期间始终把安全保卫作为重中之重来抓。各相关方高度重视，工作细致、措施落实。如该届展会的消防检查第一次检查就获顺利通过；在快速处理突发事件等方面显示了较高的工作效率；在布展搭建和5天展期中未发生任何大的安全事故。

该届华交会由各交易团派员成立两个展览秩序督查小组，在展会期间进行展览秩序的检查、监督和管理。督查小组忠于职守，每天不间断进行现场检查，发现问题立即处理，现场盗窃事件、侵占展区通道、现场零售等现象大为减少，参展商纷纷反映该届展会秩序好于以往任何一届。

第四节　中国(上海)国际跨国采购大会

2015年9月22—24日，由商务部、上海市人民政府主办，全国各省市自治区及新疆生产建设兵团商务主管部门协办，上海跨国采购中心有限公司承办的2015中国(上海)国际跨国采购大会(以下简称“跨采会”)在上海世博展览馆圆满落幕。该届跨采会在坚持扩大国际工业品采购商专区的基础上，尝试打造混合型展会模式，为今后发展跨采会品牌下的专业自办展打好基础。

一、总体情况

（一）2015中国（上海）国际跨国采购论坛

2015年9月21日14:00—17:30，中国(上海)国际跨国采购论坛在上海世博展览馆隆重开幕，该届论坛规模超过250人。作为跨采会的开场大戏，2015跨国采购论坛顺应跨采会的发展趋势，以“中国制造2025——全球采购新布局”为主题，针对中国制造面临的机遇和挑战，来自德国联邦采购与物流协会(BME)CEO Dr. Christoph Feldmann、德国联邦外贸与投资署(GTAI)驻华代表韩佩德、英国FIS航运及大宗商品投资金融衍生品公司CEO John Banaszkiewicz、美国IBM全球采购中心总经理周子明等在内的中外嘉宾，以不同的平台视角，结合自身发展战略，从采购与供应链的各个环节，审视并探讨中国制造与全球经济增长的互动、德国工业4.0与中国制造2025的碰撞、地方产业园区对中国制造2025的助推作用、金融投资如何面对中国制造2025的机遇与挑战、大数据对制造业及物流采购的支持等策略，为中国制造2025在推进和实施过程中，需要的更精准的产业链服务，提出比较实际和可行的解决方案。

此外，在大会期间，徐州高新区分享了中国制造2025与"一带一路"国家战略背景下的地方工业区机遇。嘉兴市进出口商会(嘉兴平台)、运去哪、德国合立福律师事务所和联合国采购机构在现场组织开展了多场分论坛和供应商见面会，围绕"创新驱动、铸造品牌""2015跨国采购与外贸发展""中国制造2025——德国制造工业4.0暨德中(上海)投资合作""如何进入联合国采购体系"等主题，探讨传统企业如何创新发展，中国外贸制造企业如何适应国际跨国采购的新趋势，以及中国制造2025如何借鉴吸收德国工业4.0的经验等主题，与参会的采购商和供应商进行互动，为提升"中国制造"进入国际市场的竞争力建言献策。

(二) 2015中国(上海)国际跨国采购大会

2015年9月22—24日，2015中国(上海)国际跨国采购大会在上海世博展览馆举办。该次大会共设三大展区，分别为"国际工业品采购商专区""金属加工及工业制造展区"和"中国制造2025展区"。大会的会场面积2万平方米，共设760个展位，共有来自11个国家和地区的323家企业报名参展、6家联合国及国际组织采购机构设展，国内外专业观众8 000家企业参会，包括菲亚特克莱斯勒汽车公司、通用电气公司、伊顿电气集团、麦格纳集团、德国联邦铁路公司、安德里兹集团、百利通集团、欧图公司、斯凯孚集团等在内的国际知名企业携采购清单设展。调查问卷显示，参会采购商对该次大会满意度达到85%，供应商的满意度达到80%。德国联邦物流采购协会、菲亚特克莱斯勒汽车公司、安德里兹集团等国际采购组织和企业一致认为，通过该届跨采会，看到了中国企业对"中国制造2025"国家战略规划的积极响应，也感受到中国制造向高端智能化升级转化的能力在日益增强，与国际知名采购商对接的工艺水平和产品标准不断提升，可供跨国采购企业选择的优质供应商越来越多，中国制造正逐渐向中国创造发展过渡。

二、亮点与成效

(一) 联系知名采购商，落实真实有效采购清单

2015年，我国外贸出口面临较大压力，世界经济复苏力度仍然较弱。跨采会始

终为国际采购商和中国供应商搭建贸易平台，2015年特别邀请了菲亚特克莱斯勒汽车公司、通用电气公司、伊顿电气集团、德国联邦铁路公司等500强企业设展，并且带来了大量的真实有效的采购清单和采购金额，很多企业的采购清单特别附明了产品图片、规格尺寸和年采购量，真实寻找中国供应商进行合作，增加了中国企业与国际中大型采购商接触机会，中国出口企业也因此增强了信心。

（二）跨采会增值服务帮助中小企业接轨跨国采购商

每年跨采会都会邀请知名的跨国采购商来参展，但是参加跨采会的供应商大多以中小企业为主，这些企业里真正能符合这些跨国公司对供应商的要求，进入到他们采购体系中的很少。为此，跨采中心充分利用平台多年积累的经验和资源，为中小企业提供一系列的增值服务，帮助企业有效地打开"跨国采购"之门。服务从展会开始，为企业提供与对口采购商零距离沟通的机会，帮助企业了解买家的需求，从而审视自身的问题；再通过跨采论坛，增进与采购商的深入交流，了解跨国采购的趋势和战略转变，从而为企业今后发展进行布局；最后，通过跨采中心的采购商和专家团队，为企业提供更针对性的培训，帮助企业改善和提升各方面的能力，更好地接轨跨国采购商。

（三）各地中国制造企业亮相跨采会

为积极推进"中国制造2025"规划，有效帮助企业应对全球制造业格局的调整、加快拓展全球市场，2015年跨采会首次设立了"中国制造2025"展区，邀请近百家国内优质的制造型企业亮相跨采会，除了现场展示中国先进制造企业的综合实力外，还能与参展的知名跨国采购商零距接触，为企业获得优质买家，学习跨国采购成功经验提供机会。

（四）论坛主题聚焦"中国制造2025"

中国（上海）国际跨国采购论坛是一个汇聚跨国采购产业链相关企业精英进行信息交换、思想交流、经验分享的重要平台。当前，新一轮科技革命和产业变革与我国加快转变经济发展方式形成历史性交汇，国际产业分工格局正在重塑，中国制造2025是我国实施制造强国战略第一个十年的行动纲领。本次论坛围绕"中国制造2025——全球采购新布局"为主题，除了阐述各工业行业对中国制造2025的思辨与探讨外，还引入德国工业4.0概念，产生中德工业发展的重叠竞争和智慧碰撞。跨采论坛促进了整个跨国采购行业的发展，为中国企业进入全球跨国采购体系、扩大中国产品在跨国采购网络中的份额起到了重要的推动作用。

第十一章 功能性平台

第一节 虹桥商务区

2015 年是虹桥商务区成立的第六个年头。作为上海“十二五”重点开发区域和全市“创新驱动发展、经济转型升级”的重要载体，虹桥商务区紧紧围绕“现代服务业的集聚区、上海国际贸易中心建设的新平台、国内外企业总部和贸易机构的汇聚地”目标要求，坚持“枢纽虹桥”“贸易虹桥”“智慧虹桥”“低碳虹桥”“商务社区”“城市综合体”开发建设理念，按照上海市委、市政府的要求，加快推进主功能区，特别是核心区建设，逐步把工作重心向 86 平方公里拓展区延伸，按照建设“世界一流商务区”水准的要求，加强与相关区政府对接，整合商务区资源优势，探索创新联动开发建设机制，加快形成“最低碳”“特智慧”“大交通”“优贸易”“全配套”“崇人文”的发展特色，在产业规划、功能定位、配套建设等方面全力提升虹桥商务区开发建设再上新台阶。

一、 2015 年发展情况

（一）基本情况

截至 2015 年底，虹桥商务区核心区 31 个地块在建项目总体上保持连续施工、有序推进节奏，352 栋楼宇已有 288 栋实现结构封顶，建筑总面积达 450 万平方米，完成单体建筑结构封顶 82%、建筑总面积 77%，预计 2016 年底前社会投资项目主体结构 95%实现封顶；政府配套项目总投资约 60 亿元，21 个政府项目大部分完工，基本满足社会项目建成后的实际需要，经济效益逐步显现，引进了一批具有品牌优势、产业带动能力、集聚带动效应的企业：世界 500 强和行业领先企业罗氏诊断产品（上海）有限公司、壳牌上海商务中心、安博中国、格兰富中国、基恩士上海虹桥分公司、宣伟重防腐涂料事业部等，区域性总部台达电子企业管理（上海）有限公司、冠捷投资有限公司、北京传富控股有限公司（阿里巴巴）、富力地产集团、正荣集团、中骏置业集团、新华联集团、协信集团、永恒力合力工业车辆租赁有限公司等已入驻虹桥商务区，光宝科技（上海）有限公司、科施博格（中国）投资有限公司等投资性公司地区总部落户虹桥商务区，长江商学院、伊顿国际教育集团、国内最大民营医药企业江苏鱼跃医疗设备股份有限公司和电子商务企业广州唯品会信息科技有限公司已经签约。最早投入运营的虹桥天地办公部分出租率高达 90%，商业出租率超过 80%，起到了较好的引领带动作用。虹桥商务区已初步形成了总部经济、互联网、医疗、现代金融、汽车产业以及众创平台等现代服务业聚集效应。

此外，虹桥综合交通枢纽运营、属地管理等工作平稳有序推进，商务配套、公交配套、外围整治、智慧虹桥、环境提升等综合配套全面落实，产城融合重点突出，逐渐形成了商务、交通、会展、配套等各种功能融合发展的新格局。

（二）外资发展情况

2015 年，虹桥商务区核心区引进企业 228 家，其中外资企业 20 家，引进合同外资 4.4 亿美元（均是产业项目），累计引进外资企业 54 家，引进合同外资 37.5 亿美元，其中含房产项目 13 家、外资地区总部 2 家——光宝科技（上海）有限公司、科施博格（中国）投资有限公司（表 11.1）。2015 年，外资企业纳税额总计 3.18 亿元，占核心区纳税总额的 26%。其中，梅塞尔格里斯海姆（中国）投资有限公司纳税 1 299 万元，光宝科技（上海）有限公司纳税 1 072 万元。

表 11.1　2015 年虹桥商务区吸收外资主要情况

企　业　名　称	主营行业	注册资本（含增资）	其中：外资
埃非索管理咨询（上海）有限公司	管理咨询	14 万美元	14 万美元
上海丰升投资管理有限公司	投资管理	100 万美元	100 万美元
上海安乔投资管理有限公司	投资管理	20 万美元	20 万美元
上海虹宇物流有限公司	物流管理	22 500 万元	9 225 万元
寅祐实业（上海）有限公司	家用电器等	240 万美元	240 万美元
光宝科技（上海）有限公司	地区总部	5 500 万美元（增）	5 500 万美元
裕加投资管理咨询（上海）有限公司	投资管理	980 万美元	980 万美元
成旅酒店管理有限公司	酒店管理	850 万美元	850 万美元

续表

企　业　名　称	主营行业	注册资本(含增资)	其中:外资
上海新地嘉兆物联网有限公司	工业及仓储	72 800 万元	18 200 万元
上海捷格软件科技有限公司	计算机软硬件	100 万美元	100 万美元
赫佰世(上海)餐饮管理有限公司	餐饮服务	200 万元	70 万元
上海百汇医院有限公司	医疗机构	45 500 万元	31 850 万元
雷格斯芮弘物业管理(上海)有限公司	物业管理	10 万美元	10 万美元
寅祐实业(上海)有限公司	家用电器等	150 万美元(增)	150 万美元
迈群(上海)医疗器械有限公司	销售二类医学光用器具	300 万元	300 万元
壹系创意策划(上海)有限公司	创意服务	100 万元	100 万元
上海千麦博米乐医学检验所	医疗投资	1 200 万元(增)	800 万元
科施博格(中国)投资有限公司	地区总部	5 000 万欧元	5 000 万欧元
上海裕汉贸易有限公司	化工产品及原料	15 万美元	15 万美元
溥氏南洋国际投资(集团)有限公司	投资管理咨询	19 630 万美元	19 630 万美元
上海隆仕贸易有限公司	婴童用品等批发、进出口	10 800 万元	10 800 万元
上海利白加贸易有限公司	服装服饰	10 万元	10 万元
上海莱曼锁业有限公司	锁具	100 万元	100 万元

总体而言,虹桥商务区利用外资稳中向好,并呈现以下特点:一是外资导入趋势明显。随着虹桥商务区商务楼宇建设推进,交通、区位优势呈现,外资数量呈逐年递增趋势。二是外资来源日趋多元化。投资主体主要来自中国的香港和台湾地区、德国、新加坡、韩国、萨摩亚、美国、日本、开曼群岛、英国、英属维尔京群岛。在 54 家企业中,中国香港投资者达 23 家,以 43%的占比居首位,中国台湾、德国分别以 20%、9%的占比分列第二、第三(表 11.2)。三是服务业为主的外资结构日益突出。随着核心区开发建设的不断推进,现代服务业的产业类型比重不断加大。从投资行业领域来看,主要涉及物流、医院、酒店、科技、金融、投资管理、文化娱乐等行业。

表 11.2　虹桥商务区外资来源情况汇总

序号	国别/地区	投资企业数量/家	占比/%
1	中国香港	23	43
2	中国台湾	11	20
3	德　国	5	9
4	新加坡	4	7

续表

序号	国别/地区	投资企业数量/家	占比/%
5	韩　国	3	5
6	萨摩亚	2	4
7	美　国	2	4
8	日　本	1	2
9	开曼群岛	1	2
10	英　国	1	2
11	英属维尔京群岛	1	2
总　计		54	100

二、 2016 年工作展望

（一）突出市场化为主体模式，探索政府统筹加社会参与的投资促进方式

2016 年，虹桥商务区将坚持政府引导、市场运作、互利共赢的原则，进一步发挥市场主体和开发商的作用，借助专业化、社会化的第三方力量进行招商。例如前期可以请专业的评估机构进行调研，筛选符合虹桥商务区功能定位的产业和重点的外资企业，做到有针对性、有方向的重点引进外资；中期注重培商、养商，特别是针对一些入驻但未落地的优质外资企业，要及时了解企业需求，解决企业难题，争取企业落地。

（二）不断优化商务环境，注重投资环境的软硬建设

一个好的商务区的发展，不仅是产业发展，更是产业与城市的融合发展，是工作和生活的融合发展，需要产业、人流的集聚，这离不开体现商务生活配套的硬、软环境建设。一是重点抓紧实施外围整治、环境提升、公交配套、智慧虹桥、商务配套等 5 个“三年行动计划”，完善餐饮、交通、人才公寓、环境建设等商务配套。二是充分发挥专项发展资金杠杆的引导作用，适时修订完善促进产业经济和功能配套发展的相关政策，并规范使用和管理。有序推进产业扶持政策配套和保税物流中心功能建设，大力统筹主功能区和拓展区的发展，对 86 平方公里区域规划编制和功能布局进行统筹。

（三）完善虹桥商务区体制机制

2016 年，虹桥商务区将完善产业发展联席会议制度和招商引资合作机制，建立

一批专业的、高素质的招商队伍，不断提升商务区品质和环境。

（四）加快复制自贸试验区改革成果

2016 年，虹桥商务区将主动复制自贸试验区改革成果，如商事管理制度、金融服务、融资租赁政策等，特别是保税区功能、资金池功能等利于吸引外资的经验，推动投资便利化；加快推进落实享受张江高新区鼓励高新技术发展的相关政策，充分发挥专项资金的杠杆引领作用，完善各类试点政策，引导各区、各开发企业，在发展定位、招商战略和推广计划等方面形成合力。

第二节 贸易促进平台

一、上海国际贸易技术标准服务中心

2012 年，以当时的闸北区①市北高新技术产业园区为载体的“上海国际贸易技术标准服务中心”（以下简称“中心”）挂牌成立。自成立以来，中心积极促进上海市现代服务业的发展，深入推进国家服务业综合改革试点区域，重点发展全区检测认证服务业。2015 年中心的具体工作可概括如下。

一是定期召开上海国际贸易技术标准中心理事会，主要目的：就国际贸易技术标准最新动态听取意见和建议，并形成可行性方案报区领导和相关部门；与政府相关部门联合召开专题座谈会，就行政许可审批模式改革、第三方采信以及保税仓库等相关方面进行政策解读，并探讨行业发展与推进贸易便利化进程所遇到的新动向和新问题。

二是组织市北高新技术服务业园区作为检测认证产业集聚区申报上海市服务贸易示范基地（专业服务类），并报上海市商务委员会审批通过。

三是将检测认证服务业作为闸北区招商引资工作的重点，积极促进国内外知名的检测认证机构在闸北区的集聚发展。国家公共检验检测服务平台示范区——彭浦产业园在闸北区落成，上海德诺产品检测有限公司、毕诺信息科技公司、光明乳业技术中心等知名检测认证企业以及上海检测认证行业协会均已入驻该园；积极引进国际知名检测认证企业北德检测技术有限公司入驻闸北区；支持闸北区现有重点检测认证企业健康稳步发展。

---

① 闸北区已于 2015 年 11 月 4 日与静安区合并。

二、国家对外文化贸易基地（上海）

2015 年，国家对外文化贸易基地（上海）（以下简称“基地”）围绕国家文化发展战略，按照文化走出去、扩大中华影响力、加大产业集聚和做大文化贸易规模与增量的指示精神，按照基地新三年行动计划，深入推进国家对外文化贸易基地与国家版权贸易基地的建设与发展，在功能、服务、政策等方面不断提升能级和创新开拓，优化基地产业集聚结构，吸引与引导一批更具自贸试验区特点和与基地建设目标相符，坚持贸易发展、产业升级和版权拓展的外向型文化企业入驻，不断提升与做大文化贸易的规模与总量，全面完成既定的各项任务和目标。

（一）2015 年发展情况

1. 产业集聚结构优化

随着自贸试验区扩容及国家版权贸易基地的挂牌，越来越多更适合自贸试验区发展的文化类企业在基地集结，引入的文化企业从传统行业进一步扩展到软件技术、印刷业供应链服务、主题游戏等多个文化专业领域。2015 年，基地共聚集 340 家企业入驻，新增入驻企业注册资本 14.39 亿元，基地入驻企业累计注册资本 97.55 亿元，其中外资注册资本 4.5 亿美元；新签项目出租面积 5 877.97 平方米，出租率保持在 93% 左右；新签咨询项目 29 个，新签市场会员协议 47 个，截至 2015 年底文化市场会员总数达到 230 家。

（1）继续重点引进海内外知名文化龙头企业

继 2014 年成功吸引自贸试验区 001 号企业入驻，率先落实自贸试验区三项文化开放政策，2015 年基地招商工作着力于抓核心文化和龙头企业，其中主要有如下企业。

一是经过近一年的努力，从初次接触到深入沟通与多方协调，索尼音乐娱乐于 2015 年在基地设立全资子公司索尼音乐娱乐（上海）有限公司，并成功取得演出经营许可证。2015 年 8 月，索尼音乐娱乐美国总部高层表达力图将该公司打造成索尼音乐娱乐大中华区总部，并借此推动中国音乐娱乐市场成为继北美之后的全球第二大市场的愿望。作为基地引进的重量级企业，将跟踪服务该公司，力争助其获得自贸试验区首家文化行业地区总部的资格。

二是作为 2014 年赴韩推介的积极成果，韩国最大的娱乐媒体公司 CJ E&M 在基地设立全资子公司上海艺和雅文化发展有限公司，投资总额人民币 5 700 万元，注册资本人民币 2 850 万元,从事经营演出及经纪业务、动漫及动漫衍生产品的设计、开发和销售等业务。

三是东方梦工厂在基地设立全资子公司上海东方梦工厂文化发展有限公司,希冀利用自贸试验区先行先试的金改政策,建立跨境资金池,以此为东方梦工厂与国内外关联公司之间的经营性融资活动提供便利。

四是华人文化产业投资基金在基地又增设两家公司:上海苌蓉文化传媒有限公司和上海常传体育文化有限责任公司,前者主营文化传媒领域的广告及营销业务,后者以体育经纪为主要业务。

(2) 为重要文化活动保驾护航

2015 年,基地为中国上海国际艺术节特别展——"不朽的凡·高"感应艺术大展的所有高科技设备的进出口提供全程综合配套保障服务。全息影像技术重现世界艺术大师的经典名作这一创新做法,引起社会、业界及媒体的高度关注,也使基地在文化贸易的服务与功能拓展上尤其是自贸试验区政策的延伸与功能的拓展上取得了新的实践与突破。

(3) 合理运用政策积极探索实践解决难题

2015 年,基地在实践中发现,随着中外文化贸易的不断繁荣与发展,在国际文化合作运作项目过程中,如何规范合理地计缴税额,如何合规的收支外汇,成为文化国际贸易健康发展的关键。在税务等方面的关心、支持和指导下,基地为上海世博集团、吉业文化的演出和境外委托摄制等项目提供配套服务支持,妥善解决了国内外文化合作项目的收入及收益的资金进出及相关税收问题。

(4) 对外功能服务平台再进基地

2015 年 3 月,上海市新闻出版局设立的"印刷对外加工贸易综合服务平台"暨"上海新闻出版数字传媒服务中心"在基地揭牌。这是继上海市文化广播影视管理局在自贸试验区基地设立服务窗口后,上海市文化管理职能部门设立到基地的又一个新的服务窗口,基地的综合服务平台又添新功能。

2. 市场拓展活动聚焦战略成效显现

2015 年,基地通过 17 个国际国内的专业展会,包括传统成熟项目、一带一路概念的重要展会、本地重大节庆活动、重点功能延伸项目以及版权贸易方面的重点活动等,进一步拓宽基地的服务范围,国际影响力和贸易规模也随之大幅提升。

(1) 基地传统成熟展会项目

2015 年 1 月中旬,基地携手中国文化传媒集团,首次以中国国家展区的身份参展第二十届洛杉矶艺术展。2015 年 3 月,基地组团上海及全国 19 家优秀影视、动漫企业参加在香港会展中心举办的第十九届香港国际影视展，呈现以“国家对外文化贸易基地（上海）”命名的126联合展台。2015年5月，基地参加了第十一届中国（深圳）国际文化产业博览交易会，重点推介了基地在国际版权贸易、自贸试验区保税功能及文化装备领域的创新实践。

（2）“一带一路”概念及重要国际展会项目

2015年1月，基地赴纽约参加了2015年美国演艺出品人年会（英文简称“APAP”），在基地的大力支持下，中国上海国际艺术节中心组织了青年艺术家参加了由亚洲协会、线圈艺术节和艺术节中心联合主办的主题为“上海/纽约：未来的历史”的演出推介活动。2015年4月，基地组团15家文化企业首次参加第十届义乌文化产品交易会，同期举行《基地与义乌加强对外文化贸易及会展推广合作的备忘录》的签字仪式和“基地文化授权交易会”项目推荐会。2015年6月，由基地与上海艺博会组委会共同合作主办的第四届釜山艺术博览会“一带一路艺术展（逐梦・釜山）”首次在韩国釜山BEXCO国际展览中心举行，为期4天的展期，前来参观的买家、藏家、画廊及艺术机构逾千人，取得良好的国际效应和市场反响。2015年11月29日—12月8日，作为2015南非中国年重点文化项目的“携手未来——中南文艺之春”系列活动在南非立法首都开普敦举办，为了搞好这次活动，双方文化部均高度重视，都作为主办部门，并有领导出席，“中南文艺之春”系列活动将为中南文化交流添上一抹浓重的色彩，也将进一步提升基地在全国的影响和地位。

（3）与上海重大节庆的合作及沪上重要展会项目

2015年7月，基地以特别支持单位的身份连续4年支持CCG EXPO。基地与主办方共同举办了“2015西澳——中国动画电影商务合作洽谈会”，并在由基地冠名的商务馆定向洽谈区内举办文化授权沙龙及各类定向交易洽谈活动。基地作为中国上海国际艺术节交易市场合作单位，在艺术节上设立项目申报咨询处，针对基地拓展的海外专业展会而举办的国内“走出去”项目视频选拔推介会”也顺利举行。2015年11月，基地主办的自贸试验区文化授权交易会（CCLF）与上海艺博会组委会主办的上海艺术博览会同期举行，基地与艺博会携手推出“艺术之旅”联展活动（2015年11月12—13日），安排巴士专程往返于上海艺博会和CCLF，丰富观众的观展内容，也提升了观众的观展品质，为更多的专业观众提供切实的文化服务，为文化授权产业从业人员提供了专业的商洽平台。

（4）基地功能延伸重要项目——文化装备展示交易服务

基地积极引入全球文化装备高端展会NAB。2015年4月11—18日，作为基地服务功能在文化装备上的延伸拓展，高科技文化装备产业基地与美国国家广播电视业协会(以下简称"NAB协会")在全美广播影视设备展举办之际,正式签署"中国(上海)国际跨媒体文化装备及技术博览会暨NAB展,全球创新交易——上海"的合作签约仪式暨全球新闻发布。2015年5月27日,"中国(上海)国际跨媒体技术装备博览会——中国新闻发布会"在中国金融信息中心举行。2015年12月3—4日在上海国际会议中心举办高峰论坛和小型装备展,2016年秋季将在上海举办第一届NAB上海展。

(5) 版权贸易重点工作

自2014年9月被国家版权局批准命名"国家版权贸易基地"以来,基地就版权贸易工作开展积极实践:走出去,学习国际先进模式——香港国际授权展、美国授权展;引进来,举办自贸试验区保税海外书展和自贸试验区文化授权交易会。基地组团带领20家国内授权业企业组成观展团出席了2015年1月举行的第十三届香港国际授权展及第四届亚洲授权业会议。基地向参观团企业提供一系列定制服务,旨在借助授权展这一高效优质的商贸平台和开阔的国际视野,推进内地文化企业品牌产业化,促进品牌授权国际化。2015年9月,第二届中国(上海)自由贸易试验区"境外新版图书展"暨版权贸易洽谈会在基地举行。本次展会共聚集20多家国际知名出版商展出了新版图书2万多种,品种及数量较上一届有了30%的增长。展会现场演示"自出版"和按需印刷的全新模式,并结合当前最受关注的"互联网+"概念,向国内外同行展示了以"互联网+"的思维和运作模式拓展出版市场与规模的新技术和新动态,展会期间达成交易100多万美元,较第一届有了长足提高。2015第二届中国(上海)自由贸易试验区文化授权交易会[China(Shanghai) Pilot Free Trade Zone Culture Licensing Fair]于11月11—13日举行。三天的交易会吸引百多家中外参展商,上千名专业观众,万件授权展品。由文化部主办、基地承办的"文化贸易走上'一带一路'——2015中国文化产品国际营销年会(文化艺术授权)"在交易会同期举行,成为本届交易会亮点。据统计超过300家企业代表进入深入洽谈的环节,达成合作意向近百项,合作与意向交易金额突破亿元。

(6) 海外拓展其他项目交易活跃

2015年6月,基地组织国内近十家重要动漫企业和中国原创漫画家参加了第10届法国里昂国际漫画节,与多家出版社、漫画家个人陆续达成合作意向,意向总金额近150万欧元。2015年8月,来自中国的28家游戏企业以中国展团的形式参加了德国科隆游戏展,12家企业在为期3天的Gamescom商务区现场,共与400家(同比增长14%)海外游戏企业进行了洽谈,实现意向交易总额3 900万美元(同比增长2%)。2015年9月,美中影视产业博览会在洛杉矶会展中心召开,2015年6月24日它被纳入由国务院副总理刘延东和美国国务卿克里在华盛顿主持的第六轮中美人文交流高层磋商机制成果清单，成为由中方建议的清单中唯一一项影视类活动项目。展会期间，参展企业不仅介绍推广了《过山榜》《狮之魂》《医缘》等多部电影项目以吸引国外影视行业投资，还与美国好莱坞投资公司洽谈合作拍摄电影《飞虎将军——陈纳德》，该片投资近 2 亿美元。

(7) 基地影响力不断扩大

通过国际的交流活动和组展工作，基地与法国动漫协会、釜山艺博会组委会、美国国家广播电视业协会、拉斯维加斯授权展组委会、四川省文化产业商会、四川省民营文化企业协会、云南省文化产业发展领导小组办公室等都保持紧密联系，与义乌中义国际会展有限公司达成战略合作协议。据统计 2015 年上半年关于基地的媒体宣传(文字发稿、网络转载、微信发布)在数量上就有了很大的提升，包括微信发稿 80 余篇，其他媒体宣传发稿 400 余篇，其中关于洛杉矶艺术展有 100 多篇，香港影视展 70 多篇，义乌文交会 70 多篇，釜山艺博会媒体发稿 40 余篇，香港授权展 20 余篇。关于 NAB 媒体发稿 300 余篇，有来自五大洲 24 个国家和地区的近 150 家主流媒体进行了报道和网络转载。报道的文字语言涵盖中文、英语、韩语、法语、德语、西班牙语、葡萄牙语、意大利语、荷兰语等 10 多种语言，真正实现了国际化的全球信息发布。2015 年基地的自媒体公众微信订阅号——"文促网"成为基地宣传工作的亮点，目前粉丝数多达 3 000 人，推送频率每两天至少一次，推送信息包括基地产业动态、展会信息发布、企业文化建设等涵盖基地建设与发展的每一项内容。以 2015 年 8—9 月为例，围绕文化授权交易会发送的微信已超过 50 篇，日点击量过千。

3. 艺术品交易中心和保税仓库建设发展再上新台阶

基地在全国率先投资建设的国际艺术品交易中心和首期仓库，已取得很好的社会影响和公共服务作用，也为自贸试验区内发展货物贸易促进服务之外，又开创了一片全新的市场空间和拓展方向，起到了积极的引领和示范效应。目前佳士得在中国的拍卖业务都是由基地的交易中心提供全程的专业服务，上海西岸、北京天竺、深圳前海和福建厦门也都在积极投资和筹建同类艺术品交易中心和保税仓库。为进一步提升基地的服务与辐射能级，做大艺术品交易在文化贸易尤其是国际贸易中的比重，努力提供更高端、专业、安全、便捷的艺术品交易全产业链服务，更具规模和能级的艺术品交易中心的二、三期艺术品保税仓库已投入筹建，规模将超过 8 万平方米，同时一个达 6 000 平方米的艺术品专业交易展示厅在 2015 年 11 月 28 日正式开幕，未来各类艺术品及文化产品在上海、在自贸试验区的交易，将可享受全程保税、快速通关、自由中转、区外延展等一系列专业高效的优质服务，贸易的专业服务、规模与品质将进一步提升。

4. 文化市场客服功能升级

(1) 召开文化市场会员大会

作为基地文化市场服务文化企业、加深互动、创新拓展的务实举措,坚持举办文化市场会员大会暨自贸试验区文化政策宣讲会,吸引近百家文化企业参加,就文化企业所关心的海关行邮监管、文化出版物审批、艺术品及文物出境展览、吸引外资印刷企业建立总部等自贸试验区开放政策环境下的探索实践与规范监管等资讯向大家进行了交流宣讲。

(2) 筹建基地综合服务中心

为进一步推进自贸试验区在投资和贸易便利化等领域的制度创新,不断完善与深化文化市场的服务功能,基地按照既定计划完成文化市场综合服务中心的筹建。中心位于基地大楼 11 层,开辟了独立的“文化市场税务票据服务中心”,票据中心计划设置 120 个电脑开票席位,已有 74 个席位投入使用,综合服务中心的其他硬件设施也已陆续到位,包括公共办公区、VIP 洽谈区、资料室等独立空间都做好了对外开放的准备。目前,基地经自贸试验区管委会及相关职能部门查验,在相关部门的指导和支持下,正式开放综合服务中心,为文化企业提供包括集中注册、建立电子档案库、回访服务、政策辅导及业务培训等配套与增值服务,帮助企业解决经营管理过程中的具体困难,做好企业与政府职能部门的沟通与协调,确保文化企业在自贸试验区里更好地成长与发展。

5. 关心支持基地建设,领导视察指导基地发展

2015 年 6 月 29 日,文化部部长雒树刚一行视察基地的功能与服务设施文化产权交易所、艺术品交易中心及艺术品保税仓库并出席调研会议。雒部长对基地下一步工作指出:第一,要加强设计和规划;第二,要把现有的文化政策用足用好;第三,要以问题为导向,组织力量推动基地发展。基地的建设与发展也得到了各级、各方面的领导与部门的关心与支持,2015 年来基地视察、交流与访问的领导与团组有 100 多批次。

(二) 2016 年工作展望

2016 年,随着文化发展国家战略的实施,文化走出去的深入,自贸试验区的试验进一步扩容、扩区和深化,以及一带一路的全面推进,改革与开放进入深水区,结合创新创业、上海四个中心、国际文化大都市和科技创新中心的建设,基地将继续深化与提升基地的服务能级、半径和规模,继续保持每年持续增长与深化的态势,在渠道、交

易、物流、展示、仓储、网络支持、市场服务、创新创业平台、综合配套等各方面不断优化功能、提升能级，在影视后期、文化装备、保税租赁、保税融资、保税服务与加工、艺术品交易与服务、版权贸易服务、文化市场建设等方面和领域不断创新模式，做出亮点。培育和发展一批具有一定行业号召力和产业影响力的对外文化贸易和文化创意的龙头企业、项目和产品，也培育和孵化一大批具有创新意识、能力与成果更具市场潜力与未来的创业型中小企业和项目，努力将上海基地打造成为规模更强、辐射更广、功能更全、影响更大的文化贸易综合公共服务平台。基地的产业集聚继续保持文化企业占比75%以上，企业入驻总数稳步增长并进一步吸引更多重量级文化企业落户，紧盯基地5年达到1 000亿元的年贸易规模不断提升与做大做强。

鉴于自贸试验区在上海和全国的扩容，未来自贸试验区的各项开放政策和制度创新将在更大范围共享，基地将把保税的独特功能与优势在文化贸易领域中进一步做实，将这一核心竞争力在文化贸易促进过程中发挥到极致，在文化创意领域中加强实践与探索，将文化与投资、金融、科技、教育以及现代服务业有机融合，把推动产业发展、贸易繁荣、效率提高、进出便捷、成本降低所带来的优势不断复制、推广，推动文化创意设计与制造等相关产业的融合发展，用创意和技术推动我国文化产品实现从“中国使用”“中国制造”到“中国创造”的根本转变。同时，充分利用版权贸易基地的功能优势，助推文化创意产业在版权评估、登记与交易、国际推广与营销、版权纠纷与维权等方面的发展与完善，把基地也建设成为全国版权交易新的更大平台。基于经济建设发展依靠投资、消费和贸易三大要素驱动的基本定律，而文化贸易的发展与经济发展水平以及这三大要素间又密不可分的实际，基地在建设发展上有如下几方面具体思考。

1. 进一步推进与提升基地的服务功能与能级，建立更迅捷、有效、专业的信息、渠道和咨询服务平台

一是借力“互联网＋”思维，完善与提升在地在线相联动平台的能级。作为促进文化贸易与推进自贸试验区文化政策创新及延伸服务的重要举措，基地将在原有为文化企业信息咨询服务的基础上，依托互联网的发展与技术进步，在“互联网＋”的概念上着力强化基地的文化信息渠道咨询服务的功能与能级，为文化企业提供一个了解政策动态、宣传推广、产品交易展示、国际渠道与市场以及企业间相互交流的更广阔在线与在地相连动的平台。在基地组织的文化国际经贸活动、贸易展会的策划、组织和实施等方面为文化企业外向发展提供更多直接支持和配套服务。

二是依托自贸试验区保税片区企业住所集中登记点暨基地综合服务中心加速推进产业集聚。基地作为专业服务文化贸易企业的机构，在2015年11月率先成为外

高桥片区 4 个企业住所集中登记点的试点单位之一，这是基地结合自贸试验区在商事、投资和贸易便利化等领域的制度创新。基地将依托集中登记点暨综合服务中心，为更多前来自贸试验区寻求发展的文化企业，尤其是小微文化企业提供自贸试验区政策咨询和基地专业配套服务，帮助这些企业在维持最低运营成本的前提下，充分激发自身的文化创意，形成文化产品，达成文化交易，能够从基地出发走向更广阔的国际市场，从而推进基地的产业集聚和贸易规模的提升。

2. 全面推进具体拓展项目落实，努力将文化创新服务和创业功能做深做实

一是打造艺术品交易全产业链。借助基地业已成熟的艺术品国际贸易通道服务，为海内外艺术品进出境参展展销等提供通关代理、保税仓储、运输、保险等一揽子服务，并有效探索艺术品保税展示、交易、仓储、质押、担保、拍卖、鉴定、保险、租赁等相关业务和项目合作的开展，吸引更多的文化主体入驻自贸试验区，国际艺术品交易与服务的全产业链将在上海基地日益成熟与健全，促进文化贸易与服务规模跃上新台阶。

二是推进版权贸易。基地将围绕国际版权评估和交易、国际版权纠纷调解、国际版权金融服务、国际版权作品展演、国际版权人才培训、国际版权交易配套服务等 6 方面功能，积极集聚国际版权的相关管理机构和运营企业，探索与国际市场相接轨的版权贸易业务，形成面向国际国内服务的国际版权交易市场，促进中国版权以及服务加快走向世界。在文化装备产业的发展上，以国际高科技与高端专业的合作为突破，依托 NAB 合作的起步，努力对接文化装备产业前沿的研发、设计、技术，以投资、制造、市场和服务为抓手，借助自贸试验区的功能与政策优势，培育和孵化一批文化装备产业更具国际竞争力和市场影响力的产品、项目和企业，围绕中国使用向中国创造转化的概念与目标，在文化装备业领域积极开拓进取。主动对接自贸试验区在投资、金融、科技、现代服务业等方面更为开放与创新的政策与制度，实践与探索文化装备在保税环境中的来料加工、经营租赁、融资租赁、技术研发等业务开展，并努力实践文化装备的进出口贸易与代理服务。

三是依托自贸试验区更加开放与创新的投资、金融、科技与服务业政策，在实行负面清单管理的原则下，积极推动与促进文化从产品、到项目、到企业直至到资本走出去、走进去的战略性转变与提升，这种变化必将更直接地起到促进与推动文化贸易的发展，在有效解决与规避文化差异与意识形态问题的同时，努力实践与探索以文化贸易方式促进中华文化从走出去、卖出去、走进去到销地产的最为直接有效的转变，通过国际的品牌和渠道，传播中国好声音，讲好中国故事，让更多国际文化受众从被动接受到自然消费逐步成为一种习惯和必然。

四是进一步发挥保税功能与政策优势在文化贸易领域的延伸与拓展，积极拓展离岸业务，在制造、加工、贸易、结算以及金融配套服务等方面全面拓展文化贸易的离岸业务（如影视、印刷、音乐等加工创制），积极发挥上海口岸与亚太中心城市的独特作用，辐射与拓展周遍国家和地区的市场与空间，利用工差、价差、汇差、技术差等一些经济成本和要素的差异和契机，拓展与寻求文化贸易发展的空间与机会。

五是充分结合创新创业发展的要求，在艺术品、版权贸易、文化装备、文化投资以及制造、服务业等方面搭建起服务范围更大、产业链更长、专业能力更强的服务平台，依托自贸试验区加大走出去和引进来，吸引更多更具潜力的未来创业与开拓型的文化人才、项目和企业，加大支持与培育的力度和水平，提供更广泛的渠道和资源，孵化出一批具有国际竞争能力、实力和科技水平的文化外向型企业。

3. 继续围绕“走出去”尤其是“一带一路”战略，积极拓展主流文化贸易展会，做大做强文化贸易增量与规模

在多年国际文化贸易展会策划与组织的积累与基础上，上海基地将继续按照既定的建设发展目标，依托文化部积极对接与筹划国际国内文化贸易展会：如香港国际授权展、洛杉矶艺术博览会、纽约演艺交易会、香港国际影视展、义乌文化产品交易会、深圳文博会、釜山艺术展、科隆游戏展、拉斯维加斯授权展、芝加哥艺术展、戛纳影视展、美加影视市场以及自贸试验区保税海外书展和文化授权交易会等一系列的展会活动。同时结合“一带一路”战略、重要双边活动等，参与策划与组织相关文化贸易、交流展会活动，国际上与南非、东南亚、埃及、土耳其以及欧洲、阿拉伯等国家的相关展会、主管部门以及协会等积极联系，策划组织文化贸易与双边合作交流活动，国内与云南、西藏等地区对接，共同打造文化“一带一路”渠道和市场。基地希望通过连续不断的组展与国际拓展，与这些国际知名文化高端展会的主办方和政府管理部门建立持续的合作关系和不断扩大基地的影响力，在文化企业中在行业内也形成良好的信任度与公共服务品牌效应，有力推动国内优秀文化企业、文化产品、文化项目和文化展会走出去、走进去和扩大影响力，努力促进文化企业、项目和产品在国际市场上形成更具规模的贸易和合作，不断提升与扩大基地文化贸易的规模和增量。如基地的授权展的影响和专业已得到业界与各方的充分肯定，故宫、敦煌都与基地在共同策划未来的国内外拓展计划，未来的东南亚、美国、土耳其、阿联酋都将成为基地拓展的目标市场与空间，努力打造中国文化贸易和展会有影响力有实际成果的品牌项目。

面对国家文化发展和走出去的战略大局，面对自贸试验区扩容与可复制的形势快速发展，面对政策开放与制度创新的不断探索与实践，围绕“十三五”发展规划，在国家发展文化贸易扶持政策的推动与指导下，2016 年基地将在新的起点上重新起

步，在上海市委宣传部及各级领导与部门的关心和支持下，按照部市共建机制，在基地新三年行动计划的指引下，积极努力，不断进取，坚持各项服务功能协调发展，大力推进文化创新与产业集聚，用更专业、更高效的服务为更多外向型文化企业保驾护航，把更多优秀的文化产品、项目、企业推进国际市场，让文化贸易规模和增量不断提升，让基地的建设与发展再上新台阶，再创新成果。

三、 上海服务外包交易促进中心

"上海服务外包交易促进中心"（以下简称"中心"）作为商务部和上海市人民政府合作项目，在上海市商务委员会、浦东新区商务委员会的关心和指导下，按照"整合资源、立足上海、面向全国、服务全球"的指导思想，全面履行交易促进中心的平台功能，取得了一些成效。

（一）2015 年发展情况

1. 平台建设与交易促进工作

目前，中心线上会员库、项目库、信息库和服务库的建成和有效运作，为中心大数据系统的创建奠定了基础。其中，会员库注册会员达 600 余家、入库企业 1 万余家（其中信息传输、软件和信息技术服务业企业占比 87%，科学研究和技术服务类企业占比 5%，文化、体育和娱乐业企业占比 4%，金融类企业占比 2%，批发和零售业企业占比 1%），项目库累计发布项目 3 万多个，信息库囊括服务外包政策法规和行业资讯 2 000 余条，服务库整合了技术、人才、金融和法律四大类增值服务。在增值服务方面，中心与 18 家服务提供商达成合作，其中包括与赢了网合作在线法律服务，为会员企业提供免费的在线法律咨询服务；与巧思问卷合作，为中心会员企业提供在线云调研服务；与上海浦东新区软件平台有限公司合作，提供项目监理、系统评测、知识产权认定、司法鉴定等技术服务。

2015 年，中心共走访 330 多家服务外包企业，积累了大量一线数据。其中，智慧旅游服务平台软件对接是 2015 年最佳对接项目，项目总金额 1 500 万元，整个项目涉及互联网和物联网技术，项目方提供的需求非常详细，对接包方的要求也非常清楚，中心根据客户需求，邀请了携程国际有限公司、瑞友科技股份有限公司和上海雷技科技有限公司，发包方和接包方在交易中心进行了现场对接，最终携程和瑞友联合接包成功。

中心全年举办了多场项目对接及交流活动，行业影响力不断提升，中心以项目信息为核心推广产业服务的模式也越来越受业内人士的关注和肯定(表 11.3)。

表 11.3 2015 年上海服务外包交易促进中心活动一览

序号	日 期	活 动 名 称	人数/人
1	2 月 12 日	上海服务外包领军企业年度交流会	30
2	3 月 21 日	中心战略合作委员会 2015 年首轮会议	20
3	4 月 16 日	“从软件开发到业务开发的蜕变”圆桌讨论会	50
4	5 月 20 日	创新管理——“互联网+”时代的新科学讲座	80
5	7 月 9 日	服务外包统计和资金政策培训说明会	200
6	8 月 7 日	物联网—智能家居沙龙	50
7	9 月 11 日	IT 产业技术及人力资源解决方案沙龙	50
8	10 月 14 日	捷中信息通信技术研讨会	60
9	10 月 15 日	上海关岛服务贸易信息交流中心揭牌活动	30
10	11 月 7 日	郑州服务外包创新大会(第二批 OCCE 企业名单、郑州服务外包交易指数发布)	300
11	12 月 29 日	“金融与法律”服务外包企业家沙龙	50

2. 信用评价与服务外包交易指数研发

2015 年,中心进一步推进服务外包企业信用评价相关工作,完成了服务外包信用评价体系(OCCE)自测版、信息认证版的需求调研、系统设计、开发管理、测试和上线。《服务外包企业信用评价体系》已获得著作权证书,为进一步推广该体系并帮助企业获得信用评级打下了基础。现已有近百家企业成功进行信息认证并获得电子证书。

2015 年 3 月,在北京召开的“服务外包信用体系建设部分省市座谈会”上,中国服务贸易协会领导黄海、赵中屹出席,多个省市的商务主管部门负责人和服务贸易(外包)协会的负责人参加了会议,对中心的信用评价体系表现出较大兴趣。在中国服务贸易协会的支持下,中心与部分省市的政府和协会合作,开展 OCCE 信息认证的首批试点。中心正在研究如何通过 OCCE 认证的企业提供后续服务,第一时间为企业提供免费的项目资源和交易撮合服务,帮助企业之间迅速建立商业信任。

2015 年 11 月,在中心协助举办的第三届郑州服务外包创新大会上,中心公布了 21 家通过服务外包企业信息认证(OCCE)的郑州企业名单。同时,中心与河南省郑州市商务局合作发布了《郑州服务外包交易指数 2014》,对郑州服务外包的竞争力、交易能力、发展状况等进行评估分析,指出发展中的问题,并提供了工作建议,即建立健全信息共享机制、积极参与企业信用体系建设,有利于促进郑州服务外包产业又快又好地发展。

此外，中心还与全球知名信用管理服务机构——华夏邓白氏建立了业务联系，走访了浙江省商务厅和服务外包协会、石家庄市商务局和服务外包协会，并在上交会、软交会、服务外包领军者年会等行业会议上宣传介绍信用评价体系，获得了较好的效果。《国际商报》也开辟了专版对中心及信用评价体系进行报道。2015 年 11 月，华夏邓白氏再次访问中心，双方就服务外包企业数据积累和信用评价等方面进行了交流探讨。依托邓白氏集团全球资源、结合中国本土经验及数据洞察，华夏邓白氏致力于推动中国诚信商业体系的建设。中心与华夏邓白氏在完善及推动服务外包企业信用标准等方面进行了深入交流，达成初步合作意向。

第五届中国服务贸易年会于 2015 年 12 月在佛山举行，中心与中国服务贸易协会、国际商报共同发布服务外包交易指数。该指数的发布，将对产业的发展现状有较全面的了解和评估，以更健康持续地发展和交易，进行分析和决策。

3. 对外交流合作

(1) 海外合作取得新进展，与捷克、美国关岛等地建立试点合作机制

2015 年 10 月，中心与上海科学技术开发交流中心、捷克投资局联合举办"捷中信息通信技术研讨会"并签署了战略合作协议，积极推进捷克与中国企业间的交流合作，促成项目的直接对接，为两地的科技企业搭建更好的合作交流平台。中心后续对对接的项目做了跟踪，目前有两家捷克企业和中国同行已签署总金额为 500 万欧元的合同，分别为波西米亚互动工作室与蓝骑鲸动漫信息科技(上海)有限公司、MEDICAL MONITOR Ltd.与上海瑜龙信息技术有限公司。中心将进一步跟踪，为双方合作企业提供交易促进服务。

2015 年 3 月，中心与关岛达成战略合作，与关岛总督经济顾问委员会中国事务部主席签订《战略合作框架协议》，在互设办事处、资源共享、项目推进、活动举办等方面达成合作意向。2015 年 10 月，上海关岛服务贸易信息交流中心揭牌仪式顺利举行，在沪访问的关岛总督亲自为中心揭牌。上海关岛服务贸易信息交流中心是上海服务外包交易促进中心与关岛进行战略合作的产物。今后，双方将本着"政府推进、市场主导、合作双赢、共同发展"的原则，共同促进关岛与中国开展贸易、文化和商务等领域的交流合作，有利于充分发挥在关岛地区的影响力和资源整合力，以及交易中心作为中国国家级服务外包交易公共平台作用，展开多层次、多形式、多渠道互利合作，建立全方位的战略合作伙伴关系。浦东新区领导认为，上海关岛服务贸易信息交流中心是进入美国市场的窗口，具有重要意义。2015 年 10 月 19 日，《浦东新区时报》对上海关岛服务贸易信息交流中心揭牌仪式进行了相关报道。中心还为捷克及关岛企业提供各类信息及办公空间资源，进一步促进了捷克及关岛企业在中国的落地发展，有

利于人才资源的整合。

(2) 积极参与国家重大项目课题

“扩大中国服务业对外开放的路径与战略研究”为2015—2016国家社科基金重大项目(项目号:14ZDA084),该项目下子课题“服务全球化与服务外包:趋势、路径与战略选择”由中国国际经济交流中心承担。受中国国际经济交流中心委托,上海服务外包交易促进中心积极协助发放、收集本课题服务外包业调查问卷。

(二) 2016年工作展望

根据董事会的要求,中心未来将继续以交易促进为核心,不断提升上海服务外包交易促进中心的品牌影响力。2016年主要任务如下。

1. 健全交易促进功能,提升中心品牌影响力

完善交易平台(www.ospc.cn)各项功能,2016年信息库企业数达1.2万家,线上会员数达1 200家,全年项目对接金额达12亿元,进一步促进增值服务合作,为中心会员企业提供更多服务。探索商业模式,实现“主业聚焦”,提炼、归纳中心的主要业务、主要产品。不断修炼内功,增强自身实力。

2. 加强外包产业互动,推动上海服务走向全国

加强与大省份的合作,实现中心自创营业收入;在企业走访和交易对接过程中做好数据积累和数据分析,为全国企业提供整体解决方案的咨询服务;与媒体合作定期发布指数,研发服务外包交易指数信息化系统,探索与1—2个省市合作,发布地区版服务外包交易指数;优化“服务外包企业信用评价体系(OCCE)”,2016年完成全国OCCE企业认证100家。

3. 开展国际合作,助推中国走向世界

继续探索国际合作机制,与美国、加拿大、日本等主要发包国开展进一步合作;整合各国商务参展资源,深化与中国美国商会、捷克领事馆等机构的合作;以“上海关岛服务贸易信息交流中心”为试点,促进国际交流合作,全年国际项目对接金额达1 000万美元。

第三节　出口基地

一、国家汽车及零部件出口基地

(一) 2015年发展情况

国家汽车及零部件出口基地(上海)(以下简称“出口基地”)自成立以来在国家部

委、上海市区各级政府的大力支持下，认真贯彻执行《管理办法》及《指导意见》的要求，认真领会各项会议精神，加快推进出口基地各项服务平台建设，促进对外合作与交流，帮助企业增强自主创新能力，提高国际竞争力。

2015 年 1—11 月，嘉定区汽车零部件出口额为 18.23 亿美元，同比下降 9.5%。主要出口企业有天合汽车零部件(上海)有限公司、科世达(上海)管理有限公司、德尔福中央电气(上海)有限公司、福耀集团(上海)汽车玻璃有限公司和上海巴兰仕汽车检测设备有限公司等大型零部件企业。其中，天合汽车零部件(上海)有限公司和科世达(上海)管理有限公司累计出口额分别为 2.4 亿美元和 1.9 亿美元，同比下降 8.3% 和 4.16%。2015 年世界经济增长速度缓慢，整体环境较差，市场疲软，但随着美联储进入加息周期，美国汽车业复苏进一步加快，刺激中国地区汽车零部件企业出口。对嘉定区企业的走访调研分析，欧美订单恢复明显，尤其通用汽车公司、福特汽车公司的订单增加，2016 年嘉定区汽车企业总出口额有所提升。

出口基地一直坚持“政府引导扶持，市场化运作，集聚服务性企业，搭建公共平台”这一工作核心和重点，继续做好展览展示平台、海外服务平台、保税仓库建设工作，打造上海汽车金融港孵化平台，加快推进出口基地产业集聚和产业转型升级，并取得了一定的实质性进展。

1. 展览展示平台建设——组织企业参加国内外知名展会，搭建企业展示平台

依托出口基地平台，搭建企业展览展示平台，2015 年出口基地组织逾 40 家企业参加了“汽车商品交易会”“法兰克福(莫斯科)国际汽配展 MIMS”“斯洛伐克国际汽车及零配件展览会”“法国巴黎国际汽车工业展”“美国拉斯维加斯国际汽配及售后服务展”和“美国拉斯维加斯国际改装车展”。2015 出口基地组织约 800 名专业观众参观“DMC2015 中国国际制造技术、装备与模具展览会”“2015 模具与汽车零部件技术和市场报告会”“中国国际汽车商品交易会”和“2015 上海国际汽车展”。

2. 企业交流平台方面——强强联合举办各类论坛，打造企业交流平台

依托汽车城已有汽车产业优势，积极举办各类活动，在打造企业交流平台的同时，集聚各类汽车人才，扩大出口基地在业界的影响力、号召力。借助 2014 年成功举办各类大型论坛的背景优势和行业积累，2015 年 3 月 26 日与艾瑞咨询联合举办“2015 上海汽车电子商务发展论坛”，2015 年 4 月 9—10 日与中国连锁协会联合举办的“2015 中国汽车后市场连锁发展论坛”，2015 年 11 月 2—3 日与中国机电一体化技术应用协会、同济大学中德学院联合举办“2015 智能制造与工业 4.0 国际峰会”，2015 年 10 月 26 日与上海国际汽车城、建元资本、汽车商业评论联合举办“2015 安亭国际汽车金融论坛”，会议均取得了不错反响，每场论坛均吸引逾 500 名行业精英来到现

场参与解读汽车行业的新风向。2015年12月3—4日出口基地作为主办方，与晨哨集团、上海国际商会、法兰克福展览公司联合举办“中国汽车企业走出去战略高峰论坛”，致力于推动中国汽车企业加快海外布局，同期举办全球精选汽车项目对接会，定向邀请了中国投资机构对接海外优质汽车项目方，希望以其为切入点，整合分析中国汽车产业数据，共建一个智能共享的大数据平台，助力中国汽车走出去生态圈建设及可持续发展。有主机厂、零部件企业、投资机构共700多人参会，论坛和路演均取得很好的效果。

3. 检验检测平台方面——重点建设机动车出口认证检测平台项目

汽车出口认证检测平台顺利运行已5年，2015年，机动车出口认证检测网保持每月更新最新的企业和市场新闻、国内外管理动态和WTO/TBT通报评议等信息，月均上传信息50条；同时，平台的数据库进行了新一轮的内容更新与完善，更新了原数据库中的欧洲、美国、澳洲、海湾等国家和地区的标准，录入标准的最新版；2015年为上汽乘用车技术中心提供了澳大利亚法规、巴西法规与ECE法规的对标服务，涉及的技术领域包括被动安全、零部件、整车、灯具和排放等。还开展了“机动车出口认证平台软件优化研究”课题，根据近年来平台运行过程的一些不足之处以及客户意见，对中心“机动车出口认证平台”进行二次开发，在平台人机界面、数据库结构及平面设计等方面得到改进，提高管理水平，增强工作效率，新的平台系统已于4季度上线公测，将于2016年正式推出。

4. 海外服务平台建设——积极推进海外服务中心建设，进行企业走出去平台创新

海外服务中心是出口基地重点建设项目。北美服务中心和欧洲服务中心成立至今，积极帮助企业走出国门，深入海外市场一线，实现商务部赋予出口基地的责任。在市场调研方面，共完成5篇北美地区汽车零部件及售后市场调研报和2篇欧洲地区汽车零部件及售后市场调研报；在行业动态推送方面，已完成逾100篇行业信息报告；在国内企业出口数据和产品准备工作方面，已完成1 000家汽车零部件企业信息的数据库建设，6家企业的展品在北美服务中心展示厅展示；在企业出口贸易推动方面，现已帮助4家国内零部件企业达成约600万美金的出口。在企业服务方面，海外服务中心成功帮助了包括优立昂（上海）汽车零部件科技有限公司、上海盈创汽车零部件科技有限公司、吉尧汽车零部件（上海）有限公司等多家汽车零部件公司出口至欧洲和北美市场；协助一家汽车零部件企业在德国设立公司，目前该公司在欧洲地区的业务量逐年递增，年销量近50万欧元；协助一家汽车电子公司将原来在德国的办公室升级，并配套修建了汽车配件生产基地，帮助对接其与德国大众、奥迪等汽车厂

商的洽谈合作，并希望通过德国公司实现并购；协助一家汽车配件贸易公司开拓欧洲市场，并在法兰克福设立分公司开展欧洲业务。两大海外服务中心的成立及各项功能的完善，为上海地区汽车零部件出口企业开拓国际市场提供了坚实的基础和支撑。

5. 出口基地保税仓库建设——稳步推进保税仓库工作，深化企业服务平台功能

出口基地保税仓库建立符合外贸公共服务平台中公共供应链管理服务平台的建设要求，成为出口基地的重要功能板块，为出口基地区域内企业提供保税仓储、报关通检、运输配送等公共供应链管理相关服务。截至 2015 年 11 月底，安亭保税仓库累计实现进出库货物量 18 572 立方米，进出库货值 4 829 万美元。目前保税仓库二期工程正在进行中，主体结构 5 000 平方米库房已经基本完成，2015 年底已完成房屋工程验收，2016 年初投入使用。在工程建设进行中，出口基地正在同步进行海关保税仓库扩容的相关审批工作和仓库设施的改造建设，确保二期项目完成建设后尽快投入使用。

6. 汽车金融港建设——搭建信息集聚、资源整合、金融服务和企业孵化的平台

上海汽车金融港致力于搭建信息集聚、资源整合、金融服务和企业孵化的平台，并逐步建立起服务于汽车全产业链的金融服务体系，成为嘉定建设金融硅谷的特色板块。上海汽车金融港成立至今，经过两年的打造，金融招商已经初见成效；平台建设逐步成熟，资源集聚效应日渐显现；发展规划更加明确，影响力不断提升。上海汽车金融港成立至今，已成功扶持中小板挂牌企业 1 家、助推三板挂牌企业 8 家、上海股权交易托管中心挂牌企业 17 家、正在申请和办理的挂牌企业 20 多家。

7. 加快推进新能源汽车产业及电动车国际示范区建设

在新能源方面重点推进上海市新能源汽车及关键零部件基地建设，产业基地在紧抓先进制造领域产业的同时，鼓励上海新能源汽车领域高新技术产业化发展为契机；吸引高新技术产业化项目为目标，壮大新能源汽车及关键零部件产业集群，推动新能源整车及关键零部件企业的孵化、发展。EVCARD 项目运营工作稳步开展。累计拥有 500 辆新能源车辆，350 个分时租赁站点，个人分时有效会员（审核通过）2.9 万人。电动车试乘试驾中心累计至今，已引进国内外 25 个品牌 33 种车型共计 64 辆新能源汽车参与示范。截至目前，试乘试驾中心已累计接待近 14 万人次，接待团队近 400 人次，获得有效问卷近 1.4 万份。

（二）2016 年工作展望

1. 继续做好国内外展会组织工作，推进展示平台建设

2016 年，出口基地将做好企业参加“2016 年中国国际汽车商品交易会”“2016 俄

罗斯(莫斯科)国际汽车零配件及售后服务展览会”“2016 法兰克福国际汽车零配件及售后服务展览会”“2016 美国(拉斯维加斯)国际汽配及售后服务展”和“2016 斯洛伐克国际汽车及零配件展览会”等各类展会的组织及参展工作,继续推进出口基地展览展示平台的建设。

2. 继续举办各类论坛,打造企业交流平台

2016 年,出口基地将在成功举办 2015 年各类论坛的基础上,吸取举办各类论坛活动的经验,继续做好“上海汽车电子商务发展论坛”“中国汽车企业走出去战略高峰论坛”“中国汽车后市场连锁发展论坛”和“安亭国际汽车金融论坛”等大型论坛的组织和筹备工作,通过举办各类论坛,营造更完善的汽车生态环境,把握汽车行业新的增长点,孕育更多的汽车行业机会,为企业搭建信息和服务平台。

3. 完善北美服务中心功能、推进欧洲服务中心建设

2016 年,出口基地将继续完善北美服务中心各项服务功能,帮助企业了解最新的行业机构及连锁机构运营模式和技术信息,提高企业走出去的信心。推动采配对接会的举办,组织企业与通用汽车公司、福特汽车公司、克莱斯勒汽车公司等车企,以及美国汽车工业行动集团(AIAG)、美国国家汽车配件协会(NAPA)等对接。

4. 推进上海汽车金融港孵化器建设

2016 年,出口基地将继续完善汽车金融港服务功能,通过举办各类论坛和活动,搭建金融企业服务实体经济的对接平台。结合汽车产业链,2016 年将举办汽车金融、汽车电子商务、汽车广告、汽车后市场连锁等论坛和活动;结合企业的具体金融需求,组织企业上市、场外市场挂牌、法务、财务等方面的专场培训,交流企业投融资信息,帮助企业对接金融机构和专业服务。进一步挖掘汽车零部件企业在主板、中小板、创业板上市以及在场外市场挂牌的潜力,做好企业宣传、辅导,帮助上市和挂牌企业切实解决上市和挂牌推进过程中遇到的实际问题。

二、 国家船舶出口基地

(一) 2015 年发展情况

2015 年,上海市(崇明县①)国家船舶出口基地(以下简称“出口基地”)在上海市商务委员会的指导下,在崇明县委、县政府的领导下,在海关、检验检疫、海事、边检等中央在沪国家机关的大力支持下,在出口基地内各央企的积极配合下,在崇明县政府

① 崇明县已于 2016 年 7 月 22 日撤县设区。

各职能部门和相关乡镇政府的共同努力下，发挥综合协调职能和各种管理资源优势，为出口基地内企业提供便捷、优质的政府服务，营造宽松、良好的市场环境，出口基地内各企业出口生产保持稳定。2015 年，出口基地完成出口额近 40 亿美元，同比增长 5%；完成工业产值 510 亿元，同比增长 4%。

1. 主要发展特点

（1）出口基地三年考核工作名列前茅

2011—2013 年，出口基地按照商务部、工信部《国家船舶出口基地管理办法》的要求，扎实推进协调服务和推进产业升级、结构优化工作，较好地达到了商务部、工信部对出口基地三年一次的考核工作目标。2015 年 2 月，崇明县副县长、时任崇明基地领导小组组长杨宝良带队赴商务部，完成出口基地三年考核汇报工作；3 月，商务部组织相关专家来出口基地开展现场考核工作；12 月，商务部在江苏泰州召开国家船舶出口基地考核工作总结会议，出口基地在本次全国 12 个国家船舶出口基地考核中排名第三。

（2）积极主动为出口基地内企业做好协调服务工作

2015 年，出口基地按企业的要求，积极主动地为企业做好协调服务工作，确保企业的正常出口生产。如年出口额在 3 亿～4 亿美元的上海船厂规划落地的协调工作，为配合上海市政府黄浦江两岸的开发，上海船厂杨树浦生产基地按产业结构调整要求 2015 年年底前被关闭，企业需将全部生产能力集中到崇明生产基地。为此，中国船舶工业集团向上海市政府提出将上海船厂崇明生产基地规划落地，土地转为 104 区块，批准上海船厂与日本三井造船株式会社合资等一揽子要求。出口基地领导小组相关成员单位，按上海市发展和改革委员会的要求，根据崇明县产业发展的现状和崇明生态岛建设的要求，积极主动地提出崇明县的处理意见上报上海市发展和改革委员会，推进上海船厂项目的落地，确保该企业的正常生产和出口；年出口额在 5 000 万美元的上海华润大东船务工程有限公司码头对外开放的协调工作，该公司是一家业内知名的沪港合资修船企业，90%以上的业务为外轮修理。由于历史原因，该企业的修船泊位对外开放一直处于临时状态，严重制约了企业外轮修理业务的发展。2015 年，出口基地领导小组相关成员单位积极主动为该企业协调，9 月在上海市经济和信息化委员会的大力支持下，取得了产业功能定位符合要求的证明，12 月为该企业出具向上海海关要求延期开发码头的证明文件，确保该企业的正常生产。

（3）积极推进海洋装备生产性服务业的发展

出口基地以“扩能级、优结构、补链条、强创新，增出口”为工作重点，在目前船市低迷期积极鼓励企业主动实施战略转型，以“强船舶、拓海工、完善配套产业、延伸发展其他海洋装备产业”的优化升级思路，推进出口基地的建设，力争将出口基地建成为国内领先的基地之一。位于长兴海洋装备岛中部的上海长兴海洋装备产业园区，以中国船舶工业集团、中海集团、上海振华重工集团等央企为龙头，将船舶配套产业、海工配套产业与生产性服务业作为园区重点培育、发展的三大产业。2015 年，上海船舶设备研究所（中船重工 704 所）的军民产业化项目，上海船舶运输研究所的航运技术与安全国家重点实验室等项目已入驻长兴产业园区；总建筑面积 4.3 万平方米的长兴海洋科技港一期已进入招商阶段，3 000 平方米的“汇创崇明”创客基地中已有试潮电子有限公司、武汉理工船舶股份有限公司、犁天国际贸易（上海）有限公司等一批企业意向入驻。

（4）组织申报 2014 年度公共服务平台

2015 年，出口基地继续按照上海市商务委员会的要求组织基地内企业申报 2014 年上海市外贸公共服务平台项目。现共有江南造船（集团）有限责任公司等 3 家企业上报公共设计平台、公共培训平台等 3 个项目，总投资 511 万元，申请专项扶持资金 248 万元。

2. 主要工作经验

（1）集聚投资，全力打造良好的营商环境

出口基地中的主要生产地——长兴岛，各方面基础设施薄弱，各类配套服务设施滞后，严重制约出口基地的可持续发展。近年来，在上海市政府的重视下，集聚投资，补足长兴岛各种基础设施、配套服务设施的历史欠账，2008 年以来在长兴岛投资的各类基础设施投资超过 500 亿元，长兴岛的城市化率从 2008 年的 8%大幅度上升到 2015 年的 35%。同时，崇明县政府也根据出口基地建设的需要，为营造公平、优质的出口环境，方便驻长兴岛各央企办理海关、检验检疫、海事和边检等各项行政审批事项，减少企业在长兴岛和上海市区、崇明县城之间的往返奔波；支持央企吸引人才、留住人才；支持央企大力发展高端船舶和海工装备的制造和研发，2012 年以来，崇明县政府合计投资 13.3 亿元，在长兴岛上建造海关、检验检疫、海事和边检办公场所，建造 13 万平方米职工宿舍和沿街商业配套设施；建造了 3.6 万平方米商场，完善了出口基地的商业服务环境，2015 年，海关、检验检疫、海事和边检等机构已全部入驻，受理岛上各类出口企业的申报事项；为央企配套的职工宿舍一期、商场等也已投入使用。同时崇明县政府还扩建岛上的学校、医院，完善岛上的对外公共交通。

（2）配合央企，大力发展船舶与海工装备配套产业

出口基地为支持船舶与海洋装备业的发展，历年来投资 21 亿元建设长兴海洋装备配套产业园，园区 8.17 平方公里内的“七通一平”等基础性工程已基本完成。目前

先期入驻的沪东中华配套件、长兴海洋科技港等一批项目已陆续竣工投产。LNG 船专用低温管路、低温阀门等船舶与海工装备关键零部件已进入批量生产。2015 年，长兴产业园区产值有望突破 12 亿元，同比增长 20%以上；吸引投资 142 亿元，同比大幅度增长。

(3) 互补优势，积极推进公共服务平台建设

多年来，出口基地积极推进外贸出口公共服务平台的建设，充分利用好商务部外贸公共服务平台建设专项资金，共为上海江南造船(集团)有限责任公司、上海船厂船舶有限公司等 5 家企业申报 13 个项目，4 年来出口基地获得资金支持的项目有 9 个，获国家专项扶持资金 465 万元，主要有计量理化无损检测平台、船舶产品设计平台、船舶建造技术检测中心等公共服务平台。鉴于船舶与海工装备公共服务平台的高度专业性，平台的开放仅限于本行业。在上海市商务委员会和出口基地办公室的督促下，9 个获专项资金的公共服务平台已陆续向本行业开放，提供专业化、高端化服务，外高桥造船集团的检验检测中心等公共服务平台在同行业内已享有盛誉，得到业内同行的好评。

(4) 聚焦瓶颈，积极制定扶持政策

出口基地根据企业的特点和基地的出口现状，针对海洋装备产业发展中的瓶颈问题，出台了《崇明县促进工业企业发展暂行办法》《崇明县 2012—2014 年促进就业扶持政策》《崇明县 2012—2016 年重点地区、重点领域人才发展实施计划若干政策试行办法》《崇明县企业技术中心认定办法》等一系列文件，支持出口基地的建设。同时修订完善《崇明县关于鼓励企业开展股权托管交易和进入股权转让系统的暂行办法》，鼓励更多优质企业进入资本市场，促进企业利用资本市场加快发展。长兴岛海洋装备制造基地(央企)和海洋装备配套基地(长兴海洋装备产业基地)已纳入张江高新区管理范围，作为市级高新技术产业园区，重点发展船舶及海洋装备制造业，享受“大张江”的政策扶持。2015 年，长兴知识产权综合服务平台等 2 个项目获“大张江”专项扶持资金 600 多万元。

(二) 2016 年工作展望

2016 年，全球经济仍处于低迷，船市位于低谷，出口基地的主要出口产品仍以上海振华重工集团的岸边集装箱起重机，中船集团的各类船舶，中海集团和上海华润大东船务工程有限公司的外轮修理为主，预计 2016 年出口额在 38 亿元美元左右，工业产值在 500 亿元左右，比 2015 年略降。为确保出口基地出口生产保持平稳，2016 年主要工作措施如下。

1. 进一步完善基地组织领导体系

出口基地以央企为主，崇明县政府的协调统筹能力有限，出口基地领导小组的综合统筹协调作用尚有待加强，出口基地运作机制还需进一步探讨摸索。

2. 进一步加强基础设施配套

船舶和海工装备的生产周期较长，对全球经济低迷的反应滞后，为确保出口基地出口生产逐步走出低谷，对出口基地的各项基础设施投资仍需加强，逐步改变各项配套尚未不能满足基地内各大央企的需要的状况。2016 年，崇明县将围绕轨道交通 19 号线上岛，做好出口基地的对外交通规划，围绕央企呼声较高的教育、医疗、商业配套不足的问题，进一步做好服务设施的配套工作，推进出口基地的产城融合发展。

3. 进一步打造完整的产业链条

发挥地区优势和海工装备制造“一业特强”的产业优势，以建设成为引领中国船舶及海工装备创新集群为目标，积极引导船舶及海洋工程装备研发、设计、总成、总包，助推出口基地成为我国名列前茅的船舶与海工装备出口基地。

4. 进一步优化外贸出口环境

积极推动进出口贸易的便利化，努力营造具有竞争力的口岸发展环境。2016 年，崇明海关和崇明检验检疫局将继续扩大长兴岛办事机构，将业务人员的 2/3 以上派驻到长兴岛，为出口企业提供优质、周到、高效、便捷的服务。

5. 进一步研究出台重大项目扶持政策

发布《崇明县重大产业项目扶持意见》，对符合崇明县产业发展规划的重大项目按项目固定资产投资总额的 8%～15%进行专项资金扶持，鼓励企业技术创新和研发，支持出口基地海洋装备产业化研制项目、技术改造项目、示范工程以及重点引进项目。同时，崇明县将政府资金作引导，吸引民间资本，共同设立“崇明县产业投资基金”等专项资金，进一步鼓励企业投资海洋工程装备关键配套件等符合生态岛建设的产业。

第四篇

空 间 布 局

第十二章 区　　县

第一节 浦 东 新 区

一、2015 年浦东新区国际经贸发展情况

（一）外贸发展情况

1. 货物贸易发展情况

2015 年，浦东新区货物进出口 2 719.7 亿美元，占全市贸易额比重为 60.2%，同比增长 1.5%。其中出口 969 亿美元，同比下降 3.7%；进口 1 750.7 亿美元，同比增长 4.7%。浦东新区全年外贸进出口保持微增，主要呈现以下特点。

一是三大主要贸易方式均受出口拖累增长缓慢，其中一般贸易出口下降最为显著，是导致全区出口下滑的主要贸易方式。加工贸易进出口 518.8 亿美元，同比下降 1.3%，占全区进出口总额的比重为 19.1%。其中出口 345.7 亿美元，同比下降 1.9%；进口 173.1 亿美元，与同期基本持平。一般贸易进出口 1 138.9 亿美元，同比增长 1.8%，占全区进出口总额的比重为 41.9%。其中出口 366.2 亿美元，同比下降 4.8%；进口 772.7 亿美元，同比增长 5.3%。海关特殊监管区物流货物进出口 883.4 亿美元，同比下降 0.3%，占全区进出口总额的比重为 32.5%。其中出口 234.7 亿美元，同比下降 2.8%；进口 648.7 亿美元，同比增长 0.7%（图 12.1）。

二是外资企业、民营企业进出口保持微增，国有企业出口下滑显著，进口快速增长。外资企业进出口 1 827.2 亿美元，同比增长 1.6%，占全区进出口总额的比重为 67.2%，其中出口同比下降 2.8%，进口同比增长 3.1%。国有企业进出口 497.6 亿美元，同比增长 25%，占全区进出口总额的比重为 18.3%，其中出口同比下降 7.8%，进

口同比增长 49%。民营企业进出口 394.6 亿美元，同比增长 1.6%，占全区进出口总额的比重为 14.5%，其中出口同比下降 3%，进口同比增长 5.8%(图 12.2)。

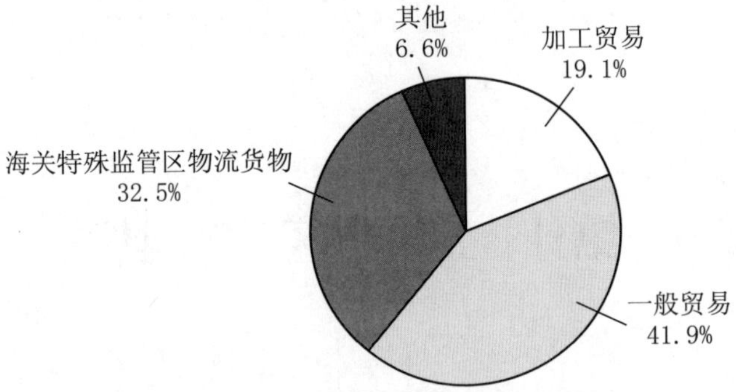

图 12.1 2015 年浦东新区进出口贸易结构

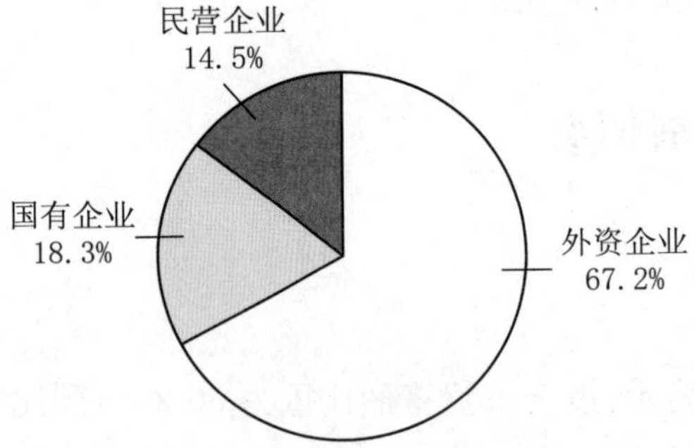

图 12.2 2015 年浦东新区进出口企业主体结构

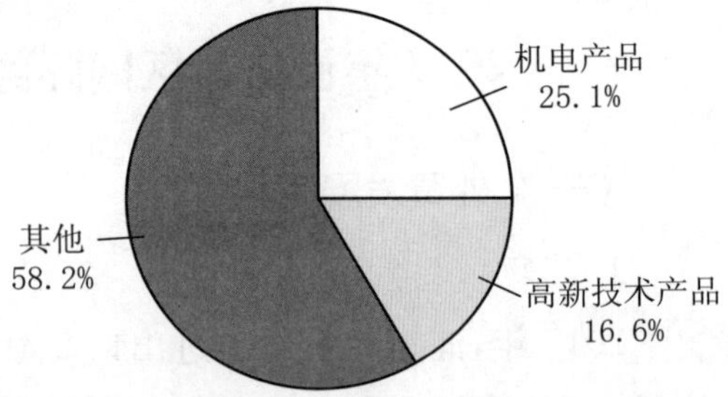

图 12.3 2015 年浦东新区出口主要商品结构

三是从出口看，对美国、欧盟、东盟出口有所下降，对中国香港出口有所增长；从进口看，从美国、东盟进口保持增长，从欧盟、日本进口下降。从出口看，美国、欧盟、中国香港和东盟合计出口占全区 6 成以上，同比增速分别为−9.6%、−1.6%、7%、−11.9%，其中东盟市场下降最为显著。其他主要市场中，对韩国、印度出口保持增长。从进口看，欧盟、美国、东盟和日本合计进口占全区近 6 成，同比增速分别为−10.8%、9.6%、4.8%、−5.9%，欧盟、日本有所下滑。其他主要市场表现不一，从澳大利亚、俄罗斯进口增长较快。

四是机电产品出口微降，高新技术产品出口保持增长；消费品进口总体有所下滑，大宗商品进口下降，集成电路、飞机进口增长较快。从出口看，机电产品出口 682.8 亿美元，同比下降 0.8%，占全区出口总额的比重为 25.1%。其中电器及电子产品占一半以上，同比增长 13.4%，其他品类有所下滑。高新技术产品出口 452.8 亿美元，同比增长 4.5%，占全区出口总额的比重 16.6%。其中一半以上为计算机及通信技术产品，同比增长 0.3%(图 12.3)。从进口看，消费品进口总体呈下降态势，汽车、钻石、手表、服装分别进口 102.3 亿美元、19.4 亿美元、12.1 美元、11.4 亿美元，同比增速分别为−27.9%、−21.8%、−12.8%、0.6%。大宗商品进口 258.3 亿美元，同比下降 13.3%。其中油气产品、塑料制品降幅较大。集成电路、飞机分别进口 264.6 亿美元、58.2 亿美元，分别同比增长 15%、6.7%。

五是外高桥保税区、外高桥保税物流园区、洋山保税港区、机场综合保税区外贸均下降，康桥工业园区外贸快速增长。外高桥保税区外贸进出口 942.9 亿美元，占全区外贸总额的 3 成以上，同比下降 4.1%。外高桥物流园区、机场综合保税区、洋山保税港区合计进出口占全区外贸总额近 8%，外贸分别同比下降 12.7%、37%、9.3%。康桥工业园区进出口 246.5 亿美元，同比增长 8.4%。

2. 服务贸易发展情况

(1) 服务贸易

根据国家外汇局上海分局的统计数据，2015 年，浦东新区服务贸易总额 775.3 亿美元，同比增长 14.71%，占全市的 39.42%。其中，服务出口额为 257.2 亿美元，同比增长 7.7%，占全市的 48.79%；服务进口额为 518.1 亿美元，同比增长 18.5%，占全市的 35.99%(图 12.4)。

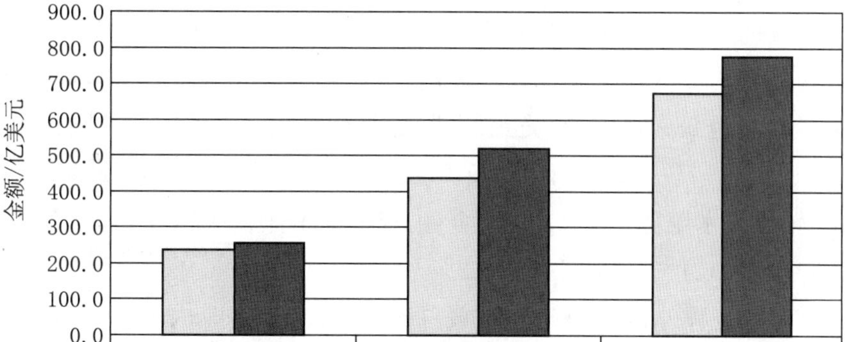

	服务出口	服务进口	服务进出口
2014年/亿美元	238.8	437.2	675.9
2015年/亿美元	257.2	518.1	775.3

图 12.4　2015 年浦东新区服务贸易情况

浦东新区服务贸易发展体现出以下特点。

一是服务贸易进出口保持积极增长态势。按照剔除银联国际的数据计算，浦东新区服务贸易从 2010 年的 294.6 亿美元增加到 2015 年的 522.5 亿美元，年均增长近 10%，占全市 4 成。

二是重点服务贸易领域优势明显。运输、旅游和咨询是浦东新区服务贸易进出口的三大引擎,三项进出口总规模占当期浦东新区服务贸易进出口总规模的 70%左右。

三是服务贸易结构不断优化。通信服务、建筑服务、保险服务、电影音像、咨询服务等进出口额增幅较大,体现了浦东新区服务贸易发展的转型方向。其中咨询和金融服务优势突出,其出口额占上海市比重均超过 85%。

四是大企业占比较高。从已经获得的浦东新区服务贸易进出口前 100 强的情况来看,2015 年浦东新区服务贸易进出口百强企业总量为 198 亿美元,占到全部近三千家统计企业进出口额的 45%。

(2) 服务外包

据商务部服务外包业务信息管理系统统计,2015 年,浦东新区离岸服务外包合同金额和执行金额分别为 57 亿美元和 41 亿美元,同比略有下降,但占全市比重增加到 70%左右。值得一提的是,在全年整体服务外包业务额略有下降的情况下,知识流程外包(KPO)执行金额取得了 76%的增长,其中主要是生物医药研发外包和工业设计外包有了大幅增长,成为浦东新区服务外包发展的一大亮点。

2015 年浦东新区服务外包发展有以下特点。

一是信息技术外包(ITO)占服务外包比重较大,仍以集成电路设计、软件研发及开发服务、软件技术服务三大类为主。2015 年,浦东新区承接离岸信息技术外包 ITO 合同金额为 265 932.9 万美元,占服务外包合同金额 51.0%,同比下降 18.9%;ITO 执行金额为 239 886.5 万美元,占服务外包执行金额 58.1%,同比下降 3.1%(图 12.5、图 12.6)。其中,软件研发及开发服务占 ITO 合同金额 34.6%,同比下降 14.6%。软件技术服务占 ITO 合同金额 22.7%,同比下降 26.4%。集成电路设计占 ITO 合同金额 30.1%,同比下降 18.2%。

二是业务流程外包(BPO)合同额占比较为稳定,企业内部管理服务、企业业务运营服务和数据处理服务成为 BPO 三大主要业务类型。2015 年,浦东新区承接离岸业务流程外包 BPO 合同金额为 75 464.7 万美元,占比 14.5%,同比下降 23.2%;执行金额为 70 752.5 万美元,占比 17.1%,同比下降 6.0%(图 12.5、图 12.6)。其中,企业内部管理服务和企业业务运营服务分别占 BPO 合同金额 17.8%和 19.6%,同比下降 61.7%、71.8%。新增数据处理服务占 BPO 合同金额 18.8%。

三是 KPO 合同金额占比基本稳定,医药和生物技术研发占 KPO 合同超 8 成,新增检验检测外包服务类业务。2015 年,浦东新区承接离岸知识流程外包 KPO 合同金额为 179 769.4 万美元,占比 34.5%,同比增长 57.5%;执行金额为 102 362.1

万美元，占比 24.8%，同比增长 76.2%(图 12.5、图 12.6)。其中，医药和生物技术研发占 KPO 合同金额 83%，同比增长 62.4%；产品技术研发占 3.7%，同比下降 3.1%。

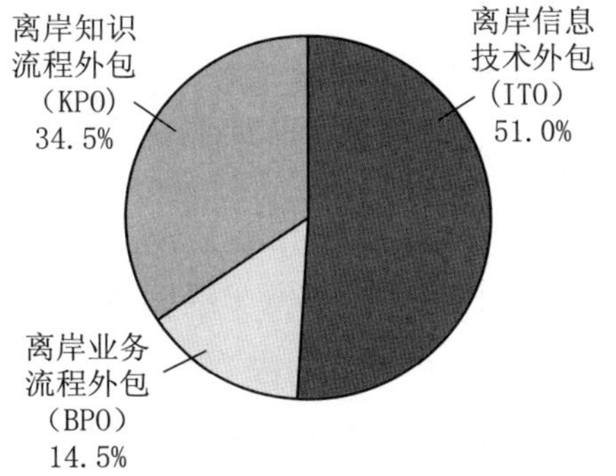

图 12.5　2015 年浦东新区服务外包合同金额结构

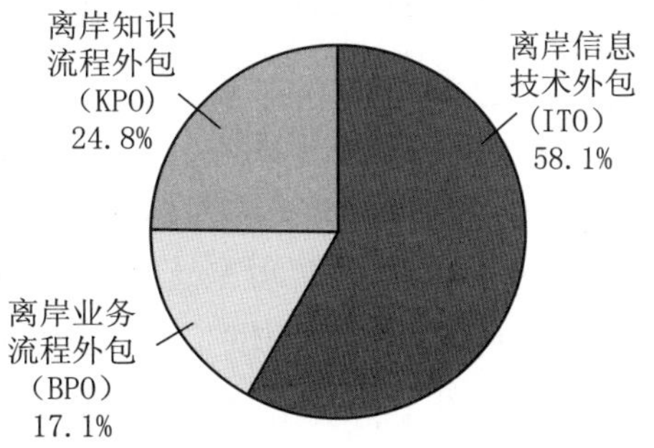

图 12.6　2015 年浦东新区服务外包执行金额结构

四是前十大发包国家/地区占合同金额 9 成。2015 年，浦东新区承接了美国、新加坡、中国香港、瑞士、百慕大、英国、日本、瑞典、德国、马来西亚等前十大国家/地区的离岸服务外包合同金额分别为 158 519.5 万美元、50 898.1 万美元、46 958.9 万美元、32 958.8 万美元、19 176.4 万美元、17 338.8 万美元、17 143.6 万美元、13 306.3 万美元、11 396.2 万美元、7 892.3 万美元等，前十大发包国家/地区合计发包合同金额为 375 588.8 万美元，占发包合同总金额的 90.4%。

3. 重点工作总结

2015 年以来，浦东新区紧紧依托自贸试验区建设，不断加大企业服务力度，持续优化外经贸发展环境，主要开展了以下工作。

(1) 积极推进自贸试验区建设

2014 年 12 月 28 日，全国人大常委会授权国务院在自贸试验区扩展区域暂时调整有关法律规定的行政审批，标志着扩区方案设计、四至范围确定、功能定位等工作得到了最终认可，自贸试验区扩区方案获批。2015 年，浦东新区商务委员会继续跨前工作，主动牵头扩区准备及过渡期深化自贸试验区改革推进的各项工作。

一是参与制订扩区总体方案。多方协调沟通，明确深化自贸试验区改革总体发展目标、制度创新任务、工作重点和突破方向，形成《进一步深化中国(上海)自由贸易试验区改革开放方案》的核心内容。同时，细化工作分工，制订浦东新区的工作方案。

二是推动扩区后管理体制机制进一步理顺。根据上海市、浦东新区领导指示精神，按照“有利推进、减少震动、强化统筹、有效衔接”的原则，研究提出扩区后的管理体制和工作机制方案，推动自贸试验区管委会和浦东新区政府合署办公，强化在完整的行政区域框架内谋划推进自贸试验区各项改革创新工作。

三是牵头推进新扩区域企业办事受理工作，确保扩区平稳过渡。增设企业受理点和咨询点。增设自贸试验区行政服务中心(浦东新区市民中心)、金桥行政服务中心受理点、张江行政服务中心 3 个自贸试验区业务受理点。在陆家嘴和世博增设了 2 个咨询点。做好办事系统对接。将自贸试验区管委会现有 3 套办事系统(外商投资管理系统、内资投资管理系统、境外投资备案系统)延伸到扩区后的 3 个新增受理点，并完成了系统的联网调试工作。做好政务信息更新。完成服务指南、告知单等材料，并在后台完成了自贸试验区电子政务网、浦东新区市民中心门户网站、自贸试验区官网等对外平台的政务信息调整。同时，加强与上海市有关部门的沟通，争取对外投资备案等事权下放至浦东新区。

四是组织相关培训。为使浦东新区有关管理部门尽快理解和适应自贸试验区管理要求，对新设片区四个管委会与浦东新区相关经济部门分批开展相关内容的专题培训。培训围绕负面清单及外商投资管理模式、扩大开放措施、海关、检验检疫贸易监管模式创新、金融领域开放创新、税务征管模式改革及创新措施等专题进行。同时，牵头组织对一线工作人员开展岗位操作培训。

(2) 落实推进自贸试验区重点工作任务

对照自贸试验区 2015 年涉及浦东新区的 4 项工作安排，认真加以落实推进。重点任务是“推动贸易转型升级”。主要工作包括一是以技术贸易和服务外包为主要抓手，推进服务贸易发展。在继续做好服务贸易、服务外包统计和鼓励政策执行等工作基础上，结合自贸试验区行政审批改革要求，积极推动上海市商务委员会将企业技术进出口合同登记备案业务权限下放到浦东新区。二是推进跨境电子商务发展。配合上海市商务委员会，积极推动上海市跨境电子商务试点工作，推进浦东新区跨境电子商务发展。推动设立“见见面”公司，整合市场化资源，立足国际视野，以“跨境通”平台为基础，打造基于移动互联网的跨境电商 O2O 平台。推进跨境电子商务公共服务平台建设，促进和完善平台的公共性和市场化程度，促进国药控股股份有限公司、中小融辅软件科技(上海)有限公司等公司与东方电子支付公司对接。推动张江上海跨境电商出口监管中心成立，上海市跨境电商航空物流综合服务平台成立，推进跨境电子商务出口规范化发展。同时，配合上海市商务委员会、上海市口岸服务办公室、上海海关、上海出入境检验检疫局等部门做好深化“一线放开、二线安全高效管住”贸易便利化改革、深化国际贸易“单一窗口”制度、推进货物状态分类监管试点等 3 项任务。做好政策宣传，跟踪试点进展情况，适时推动试点范围扩大。

（3）着力提升贸易便利化水平

一是加强与海关、检验检疫部门的合作，不断推出创新举措。2015 年 5 月 12 日，与上海出入境检验检疫局联合召开支持金桥先进制造业发展检验监管便利化措施发布会，推出 11 条创新措施；6 月 18 日，与上海出入境检验检疫局联合推出深化检验检疫监管模式改革支持自贸试验区发展 24 条意见；6 月 24 日，上海海关推出深化自贸试验区海关改革创新 8 项制度和支持科技创新中心建设的 8 项措施。

二是加强政策宣传，最大限度释放制度红利。联合相关部门，通过召开政策宣讲培训会、座谈、沙龙等多种形式加强对新推贸易便利化举措的宣传，如 2015 年 5 月与上海国际贸易单一窗口工作推进组联合召开企业宣讲培训会，推动更多企业参与国际贸易“单一窗口”等试点工作。推动将自贸试验区已取得的贸易便利化经验复制推广至浦东新区全境，扩大企业受益面。

（4）全面构建对外投资管理服务新体制

一是做好企业境外投资备案受理工作。积极争取上海市商务委员会的支持，将企业境外投资备案权限下放至浦东新区，在浦东新区市民中心专门设立了办事窗口，自 2015 年 4 月 27 日自贸试验区扩区后即开始受理浦东新区（原自贸试验区 28 平方公里除外）企业的境外投资备案申请。2015 年浦东新区总计境外投资中方投资额达 240 亿美元，同比增长超过 4 倍。

二是进一步完善境外投资服务体系。推动自贸试验区、浦东新区对外投资服务产业联盟于 2015 年 9 月 28 日正式成立。该联盟由上海外联发商务咨询有限公司、上海易界云软件有限公司、上海长盈股权投资管理中心、上海第一财经报业有限公司、海际金控有限公司、灏飞信息科技（上海）有限公司等 6 家公司共同发起成立，依托“中国（上海）自由贸易试验区境外投资服务平台”，为企业“走出去”提供咨询、项目推荐、融资保险等全流程专业服务。

（5）持续推进检验检测认证服务业发展

一是获批创建“国家公共检验检测认证服务平台示范区”。加强与质检部门的协作，在上海出入境检验检疫局的大力推进和上海市质量技术监督局的全力支持下，国家认监委于 2015 年 11 月正式批复同意浦东新区创建全国首个同时涵盖“检验检测”和“认证”的公共服务平台示范区。上海出入境检验检疫局和上海市质量技术监督局同步推出了支持浦东新区创建示范区的若干举措。

二是着力营造良好的产业发展环境。制定并发布《浦东新区促进检验检测认证服务业发展实施意见》;推进行业协会筹建。加强行业自律,促进行业规范管理。

（二）外资发展情况

2015 年,浦东新区面对招商引资面临的新形势、新挑战,积极转变思维和工作方式,群策群力,全面推进利用外资、服务自贸试验区、发展总部经济等重点工作,形成一系列亮点。

1. 外资持续高位增长

2015 年,浦东新区新设外资项目 3 722 个,同比增长 70.7%,占全市总量(6 007 个)的 61.96%,利用合同外资 440.82 亿美元,同比增长 208.11%,占全市总量(507.93 亿)的 74.29%;实际到位资金 64.6 亿美元,同比增长 44.33%,占全市总量(184.59 亿)的 35%,实到外资在绝对数和全市占比都有所上升,一举扭转了近年来全市占比逐步下降的趋势(2012 年占比 31.8%, 2013 年占比 30%, 2014 年占比 24.6%)(图 12.7)。

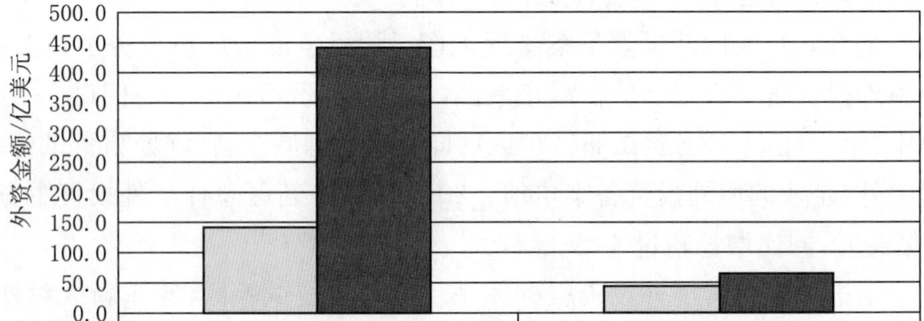

	合同利用外资	实际利用外资
□2014年/亿美元	143.1	44.8
■2015年/亿美元	440.8	64.6

图 12.7　2015 年浦东新区利用外资情况

2. 自贸试验区各项服务工作有序推进

一是高质量实施准入单一窗口,妥善实施推进备案工作,自贸试验区正式扩区后,通过与上海市商务委员会和浦东新区各相关部门通力合作、加强业务培训、增加窗口和后台人员配备、不断优化和完善备案系统,各受理点顺利开展外资项目备案等工作,自贸试验区已成为浦东新区吸引外资的主要引擎:2015 年,自贸试验区利用合同外资 396.26 亿美元,占全区的 89.89%;实到外资 47.51 亿美元。二是高频度开展自贸试验区推介,与美商会、欧盟商会、日本商工俱乐部举行一系列宣传活动;赴北京、成都开展自贸试验区宣讲和招商;赴美国、加拿大、日本开展自贸试验区推介,分别在旧金山和温哥华举行大型情况说明会，有效提高自贸试验区感知度。三是高强度推动项目落地，主动对接中央和上海市、浦东新区相关委办局，推动了中国第一家专业再保险经纪公司、第一家独资游艇设计公司等领域、功能和模式的突破，形成了23个服务业扩大开放创新案例，并成功举行了“自贸试验区服务业开放措施推进大会”。同时自贸试验区向区外辐射效应逐步显现，服务业开放领域中有四项共21项目已在自贸试验区外落地。

3. 总部经济继续发力，重大战略项目相继落户

2015年，浦东新区新获认定的跨国公司地区总部17家，占全市(45家)的37.78%，历年累计获认定的跨国公司地区总部达到246家，占全市(共535家)的45.98%。其中亚太区总部5家，占全市(15家)的33.33%(图12.8)。据统计，2014年跨国公司地区总部及其在浦东新区的子公司合计营业收入达到9 592亿元，合计纳税额608亿元，分别较2013年增长19.9%和15.6%。福特汽车公司与浦东新区签订战略合作协议，将形成较强的龙头带动效应。

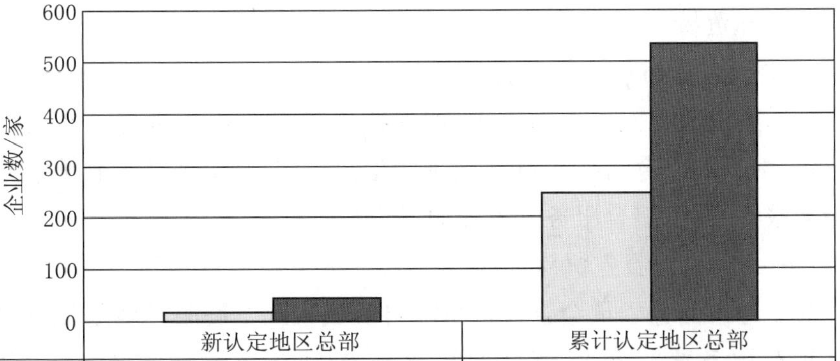

	新认定地区总部	累计认定地区总部
浦东新区/家	17	246
上海市/家	45	535

图12.8　2015年浦东新区总部经济情况

4. 商业保理行业发展初具规模

截至2015年底，由浦东新区商务委员会审批、浦东新区市场监督管理局登记设立保理企业累计111家(其中外资31家，内资80家)。外资注册资本总计6.13亿美元，合同外资4.86亿美元；内资注册资本总计74.85亿元。截至2015年底，累计有52家商业保理企业开始开展业务，累计放款470亿元(其中2015年1—11月累计放款125亿元)。已出台《浦东新区支持商业保理发展财政扶持实施意见》。商业保理是由浦东新区商务委员会从市场和企业实际需求出发，通过挖掘引进、政策试点、行业

培育、后续监管等一系列措施，推动了这个高端服务业细分行业在浦东新区成长。这是依靠综合改革和创新、依靠制度设计、通过产业培育来批量引进企业的方式，是一种更加高端的招商手段。

二、2016年浦东新区国际经贸工作展望

（一）外贸工作展望

2016年，浦东新区商务委员会将继续抓住自贸试验区与科技创新中心建设机遇，突出“三个结合”，即“稳增长”与“促转型”相结合、服务贸易与货物贸易相结合、“引进来”与“走出去”相结合，加快培育外贸竞争新优势，全力推进上海国际贸易中心核心功能区建设。主要工作考虑如下。

1. 大力推动服务贸易发展

(1) 支持服务贸易重点领域发展

利用自贸试验区建设和迪士尼主题公园开园营业的机遇，大力发展旅游服务贸易和文化服务贸易。

(2) 积极落实推进技术贸易发展

以技术进出口合同登记为抓手，加强技术贸易企业调研与工作推进。与相关开发区合作，引进和培育与技术贸易相关的信息服务、法律服务、金融服务、评估服务、交易撮合服务、技术整合服务等专业服务机构。

(3) 进一步完善服务贸易统计

拟与上海市商务委员会合作探索在自贸试验区开展服务贸易抽样调查统计。同时拟在现有服务贸易BOP统计的基础上，与浦东新区统计局合作，探索服务贸易FATS统计。

2. 深化境外投资促进体系

紧抓“一带一路”国家战略机遇，深入研究境外投资和进出口贸易新规则，积极构建境外投资服务促进体系，主要包括如下几点。

(1) 继续推进企业境外投资便利化

在前期备案管理便利化和资本流动便利化的基础上，继续探索境外投资的事中事后管理有效措施，探索自贸试验区资本项目的进一步开放，包括跨境资本监管以及跨境税收制度创新等一系列便利化措施。按照自贸试验区总体方案的要求，与财税部门共同研究完善符合国际惯例、适应境外股权投资和离岸业务发展的税收政策。

（2）打造境外投资全生命周期服务体系

整合律师事务所、会计师事务、咨询机构、评估机构、融资服务机构等各类专业服务力量，推进境外投资项目库、资金库、信息库的建设，实现政府、中介结构与企业的有效链接与信息共享，打造全国领先、与国际接轨的境外投资全过程服务链。

（3）打造企业境外投资保障体系

包括与专业机构合作，向企业提供重点国别和重点行业的评估报告，帮助企业规避风险。与相关国家和地区的驻沪领事机构合作，加强信息互换，为企业提供投资促进服务；引进和发展相关争端解决机构，形成多元化争端解决机制，引导有条件的法律和咨询机构走出去，为企业提供权益保障服务。

3. 支持新型贸易业态发展

（1）持续推进跨境电子商务发展

公共服务平台是监管部门实施监管、企业开展业务的通道，其功能定位与服务能力是跨境电子商务透明、公平、高效发展的关键因素。目前，上海市跨境电子商务公共服务平台的公共性和服务功能不够。下一步，建议进一步加强公共服务平台建设，提高市场开放度，提升平台的服务能力和公共性，充分发挥各市场主体的作用。以电商企业、消费者的需求为着力点，打通和完善各监管环节，提升效率，优化上海跨境电子商务试点模式，让更多的企业公平参与跨境电子商务业务。

（2）支持外贸服务企业发展

国际贸易中心建设需要多种形态的贸易服务企业和机构，支持提供检验检测、物流信息、展示营销等专业服务及综合服务的企业，提供贸易仲裁等法律服务的专业机构等。

4. 探索贸易监管制度创新

继续加大制度创新力度，重点探索非特殊监管区域贸易监管制度创新。主要包括如下几点。

（1）探索在非特殊区域实现“先入库、后报关”

加强与口岸监管部门的沟通协调，研究探索在非特殊监管区允许企业在海关联网监管条件下，凭进境货物的舱单等信息简要申报后直接将货物运入企业仓库，再在规定时限内向海关办理进境货物正式申报手续。

（2）推动重点产业和重点区域实现保税研发

推动将研发用设备和耗材免税政策的适用范围扩大到自贸试验区和自主创新示范区的重叠部分（即张江高科技园区和金桥经济技术开发区），加大对生物医药、集成电路、新能源、新材料等科技创新项目的支持力度。

(3) 推动入境检测维修业务发展

在前期试点的基础上，会同海关、检验检疫，研究制定入境检测维修管理办法，争取形成可复制推广的制度规范，并进一步扩大试点企业和行业范围，支持符合条件的企业开展高技术、高附加值、无污染的境内外维修业务。

（二）外资工作展望

当前世界经济复苏艰难曲折，全球贸易持续低迷，国际产业转移出现新动向，TPP、TTIP 对中国发展存在潜在威胁；中国国内发展处于转型期和换挡期。面对严峻的挑战，浦东新区商务委员会在 2016 年将着重做好如下几方面工作。

1. 抓好自贸试验区的推进工作

重点结合自贸试验区实际情况，配合国家修订新版负面清单，做好内容的研究和建议的梳理等工作。通过顶层设计提高招商的战略性，有的放矢地进行招商选资和招商选智，以有利于浦东新区产业更快捷的占领战略高端环节。研究出台浦东新区高端服务业发展指导目录。全力推进自贸试验区服务业扩大开放，推动自贸试验区项目和新技术、新产业项目落地，目标领域包括医疗机构、增值电信、旅行社、人才中介、教育培训等高端服务业。搜集自贸试验区服务业典型案例，包括已落地项目的运营案例、最新落地项目案例、境外自贸试验区投资项目案例、跨境人民币资金池使用案例等。

2. 深化总部经济发展

充分听取总部企业需求，制订“十三五”总部政策并开展宣传活动。通过搭建总部经济数据库、购买第三方数据，实现总部数据的统一管理和合理利用。充分发挥自贸试验区对外投资便利、金融服务创新等专有优势，全面推进总部企业招商。专注跨国公司地区总部能级和丰富度提升，争取更多亚太区总部新设和升级，推动总部功能延伸至资金结算、供应链、研发等多个方面；补短板、填空白，不断引进有生态协同效应的新总部形态、功能和模式，加快集聚推进国际组织、行业组织等泛总部机构。继续完善总部共享服务中心，突出共享服务中心的桥梁、平台和纽带作用，充分发挥其溢出效应。

3. 开展一系列活动提升招商引资力度

一是积极“走出去”招商，通过外事出访，提高国外企业家和投资者对自贸试验区的认知度，促进一批新的投资项目落户浦东新区。既要加强与各驻沪机构（如欧盟商会、上海美商会）的沟通和合作，也要发挥好海外机构的纽带作用，通过上海市和自贸试验区驻欧美日等地办事处的宣传推介。二是及时建立大项目库，定期召开项目分析会，把握项目进度，协力推动大项目的落地。三是加强与专业机构合作，比如与麦肯锡咨询公司、罗兰贝格管理咨询公司、德勤会计师事务所、安永会计师事务所等国际知名中介机构深化专业合作。四是做好外资指标的考核工作，日常做好实到外资的统计工作。五是继续做好对台的经贸和招商工作，编辑对台招商手册。

4. 抓好浦东新区营商环境建设

一是要完善服务体系，加强服务态度和服务水平建设；定期举办人员培训，包括自贸试验区业务培训、区外业务培训、中介机构沟通会等；及时梳理最新政策、修订告知单、改进审批流程。二是要探索事中事后监管的有效手段，包括融资租赁监管和服务，以及不断完善商业保理监管服务水平、建立融资租赁监管和服务体系。三是积极推动先行先试，2016 年试点出台商务服务公司管理办法，培育一批专业商务服务企业，通过试点完善外资备案企业信息的完整性和真实性；研究制定浦东新区高端服务业和新产业、新技术、新商业模式发展目录；研究商业保理行业的征信系统接入、行业培训、政策宣传和交流服务。

第二节　黄　浦　区

一、 2015 年黄浦区国际经贸发展情况

（一）外贸发展情况

2015 年，黄浦区累计完成外贸进出口总额 97.1 亿美元，同比下降 4.2%。其中出口完成 34.7 亿美元，同比下降 0.9%；进口完成 62.3 亿美元，同比下降 6%。进出口总额在全市中心城区继续保持领先，位居第三。与 2014 年相比，黄浦区外贸进出口的主要国家地区和商品种类也有所调整，具体情况如下。

2015 年，黄浦区进口商品的主要贸易伙伴为马来西亚、日本、泰国，进口额分别为 127 480 万美元、77 859 万美元、49 146 万美元，同比增速分别为 6.2%、−20.7%、−3.2%，占比分别为 20.5%、12.5%、7.9%（表 12.1）。

表 12.1　2015 年黄浦区进口商品主要贸易伙伴情况

国家或地区	进口额/万美元	同比增长率/%	占比/%
马来西亚	127 480	6.2	20.5
日　　本	77 859	−20.7	12.5
泰　　国	49 146	−3.2	7.9

2015 年，黄浦区出口商品的主要贸易伙伴为美国、日本、中国香港，出口额分别为 57 919 万美元、37 538 万美元、59 076 万美元，同比增速分别为－5.8％、－15.9％、95.5％，占比分别为 16.7％、10.8％、10.4％(表 12.2)。

表 12.2　2015 年黄浦区出口商品主要贸易伙伴情况

国家或地区	出口额/万美元	同比增长率/％	占比/％
美　国	57 919	－5.8	16.7
日　本	37 538	－15.9	10.8
中国香港	59 076	95.5	10.4

2015 年，黄浦区主要进口商品为矿产品，机电、音像设备及零件，纺织原料及纺织制品，进口额分别为 122 599 万美元、101 151 万美元、71 069 万美元，同比增速分别为－6.1％、－17.8％、16.8％，占比分别为 19.7％、16.2％、11.4％(表 12.3)。

表 12.3　2015 年黄浦区主要进口商品情况

主要进口商品	进口额/万美元	同比增长率/％	占比/％
矿产品	122 599	－6.1	19.7
机电、音像设备及零件	101 151	－17.8	16.2
纺织原料及纺织制品	71 069	16.8	11.4

2015 年，黄浦区主要出口商品为纺织原料及纺织制品，车辆、航空器、船舶，机电、音像设备及零件，出口额分别为 85 690 万美元、72 341 万美元、51 071 万美元，同比增速分别为－0.6％、46.9％、－4.0％，占比分别为 24.7％、20.8％、14.7％(表 12.4)。

表 12.4　2015 年黄浦区主要出口商品情况

主要出口商品	出口额/万美元	同比增长率/％	占比/％
纺织原料及纺织制品	85 690	－0.6	24.7
车辆、航空器、船舶	72 341	46.9	20.8
机电、音像设备及零件	51 071	－4.0	14.7

(二) 外资发展情况

1. 项目审批

(1) 合同外资

2015 年，黄浦区新设外资项目 200 个，引进合同外资 14.5 亿美元，同比增长

13.7%。行业分类上，新设立的外资项目以专业服务业、商贸流通业为主，投资来源上，总数最多的为中国香港，其次是欧洲和美国。

(2) 地区总部

2015 年，黄浦区共引进 3 家跨国公司地区总部。其中，威能(中国)供热制冷环境技术有限公司，由德国 Vaillant GmbH 投资 2 000 万美元成立，注册资本 800 万美元。德国威能创立于 1874 年，是欧洲领先的供热设备制造商。尼康映像仪器销售(中国)有限公司升级为跨国公司地区总部，注册资本 1 000 万美元。尼康是全球领先的光学仪器生产企业。中国香港 JOTUN PAINTS(H.K.) LIMITED，是挪威 Jotun A/S 的全资子公司，隶属于佐敦集团。该子公司在黄浦区注册成立了一家具管理与销售职能的东北亚地区总部——佐敦(上海)投资管理有限公司，注册资本 200 万美元。

2. 审改工作

2015 年，黄浦区进一步对接自贸试验区，研究复制推广自贸试验区的 2.0 版政策中有关外资审批的部分，探索进一步简化审批的可能性，提高审批效率。按照上海市商务委员会外资审批工作的总体要求，全面实施“告知承诺＋格式审批”的方式，将申报材料由原来的 10 多项精减到 6 项，并启用预审模式，通过网上留言、电话交流等方式，指导申请人修改完善，避免多次往返修改材料，力争做到一次交件、一次取证。

3. 跨境通专题调研

在黄浦区商务委员会分管领导的带领下，进行了有关跨境通的专题调研。前期，学习了跨境通方面的相关政策，走访调研了亿贝管理(上海)有限公司、魅力惠(上海)贸易有限公司等相关企业，下阶段将在调研的基础上形成调研报告。

4. 招商引资、企业服务工作

积极做好招商引资、企业服务工作。每周安排上门拜访企业，实地了解企业情况，及时了解企业发展动态，积极帮助解决企业在设立和经营过程中遇到的问题，为符合条件的企业争取政策扶持，与企业建立了良好的沟通机制；另外，积极与街道、工商、税务、金融办等部门联手做好企业引进工作。

5. 推动时尚产业发展

经过长时间的精心筹备，搭建了黄浦区时尚产业跨界平台，并召开了筹备大会、以上海时装周为主题的沙龙等跨界联动的活动，集合了上海时装周、VOGUE 杂志、凤凰时尚指数、时尚学院、新天地等商业地产、奢侈品、原创设计师品牌及国内外潮流品牌的代表，这也是黄浦区推进时尚产业、打造时尚产业聚集地，推动以上海时装周为代表的一系列时尚产业发展的重要举措，为下一步推动黄浦区时尚产业的发展打下基础。

6. 协会工作

2015 年 4 月 29 日，牵头上海市商务委员会下属七大协会联合举办“新常态·新思维·新征程——2015 年黄浦区企业家群英会”在世博创意秀场举行。该次群英会上，还举行了“2014 年度黄浦区业界表现突出企业家”颁奖仪式，以表彰在 2014 年积极进取、锐意创新，大胆探索“新产业、新业态、新模式、新技术”，实现了管理、技术、营销、品牌等方面突破与创新的企业家。

经过长时间的筹备，推动外滩商贸促进会于 2015 年 9 月 21 日，在上海半岛酒店，与法国巴黎圣奥诺雷街区管委会签订了友好合作协议。这是黄浦区继南京路步行街企业联合会与法国巴黎香榭丽舍大街管委会、淮海路经济发展促进会与巴黎圣日耳曼管委会之后，黄浦区商业街区管委会第三次与外国著名商业街区管委会友好结对。该次签约达成了 3 项实质性合作项目：一是在双方街区互设办事处；二是双方品牌在街区互设门店；三是在街区互做宣传，双方互办时装、传统工艺品等文化展览活动，提升两个街区及品牌在两国的影响力。

另外，完成了 2014 年全年的外资审批项目归档工作；总结了“十二五”期间外资审批工作，并提出了“十三五”工作规划；按照要求梳理了行政权力和行政责任清理事项等。

（三）外经发展情况

黄浦区企业积极贯彻“走出去”战略政策。2015 年，老凤祥在不断拓展国内市场的基础上，积极做好国际市场的业务开拓，继老凤祥美国公司在第五大道开设珠宝旗舰店后，又继续布局北美市场，2015 年 9 月老凤祥加拿大珠宝有限公司和温哥华的银楼盛装开业，前期投资 180 万加元。2015 年老凤祥银楼继续拓展中国香港市场，尖沙咀和旺角专卖店正式营业，总投资 780 万港币。老凤祥的规划在 3～5 年内，争取在国际市场上创造 50 亿～100 亿元的销售收入。

二、 2016 年黄浦区国际经贸工作展望

（一）完成外资各项指标

按计划完成新设项目、合同外资、跨国公司地区总部目标。

（二）加大招商引资力度

通过主动走访业主、宣传招商引资政策，推进楼宇招商。通过加大与包括四大会计师事务所、律师事务所等、咨询公司等大型中介机构、包括各国商会在内的投资促

进机构的联系与沟通，拓展招商引资的渠道和手段，加大招商引资的力度。通过提供良好专业的服务，形成招商引资的良好口碑，树立专业形象，营造氛围。

（三）抓重点企业的落地

做好重点企业的服务工作，为符合条件的重点企业争取政策扶持，鼓励满足条件的企业设立跨国公司地区总部。

（四）继续推进审改工作

按照上海市商务委员会及黄浦区委、区政府的要求，继续完善和推进审批制度改革。

（五）推动时尚产业的发展

围绕推进时尚产业、打造时尚产业聚集地这一重点工作，以时尚产业跨界平台为抓手，吸引更多产业链上的企业，尤其是外资企业的入驻和落地。

第三节　徐　汇　区

一、 2015年徐汇区国际经贸发展情况

（一）外贸发展情况

2015年，徐汇区外贸进出口形势总体呈平稳发展的趋势，进口贸易的增幅好于出口。全年完成进出口总额103.39亿美元，其中进口累计完成62.71亿美元，出口累计完成40.68亿美元。

按贸易类型分，外贸以一般贸易为主。一般贸易进出口额79.86亿美元，占比77.24%；加工贸易进出口额12.00亿美元，占比11.61%；其他贸易进出口额11.52亿美元，占比11.14%（表12.5）。

表12.5　2015年徐汇区外贸进出口情况

类　型	出口额/万美元	占比/%	进口额/万美元	占比/%	进出口额/万美元	占比/%
一般贸易	313 838	77.14	484 768	77.31	798 606	77.24
加工贸易	84 099	20.67	35 925	5.72	120 025	11.62
其他贸易	8 869	1.97	106 366	16.97	115 235	11.14
合　计	406 806	100.00	627 059	100.00	1 033 866	100.00

从大宗商品进出口情况看，主要的出口商品为机电、音像设备，出口额为 15.88 亿美元，占比 39%；其次是纺织原料及纺织制品，出口额 6.83 亿美元，占比 17%；第三位是化学工业及其相关工业，出口额 4.18 亿美元，占比 10%(图 12.9)。主要的进口商品为机电、音像设备，进口额 12.83 亿美元，占比 20%；其次是植物制品，进口额 8.55 亿美元，占比 14%；第三位是贱金属及其制品，进口额 7.32 亿美元，占比 12%(图 12.10)。

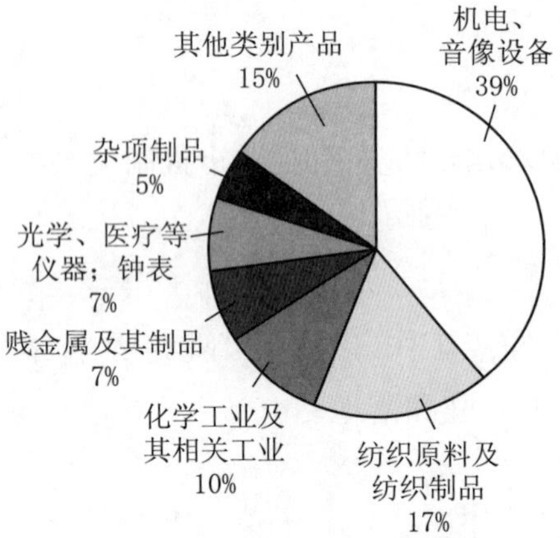

图 12.9 2015 年徐汇区出口商品结构

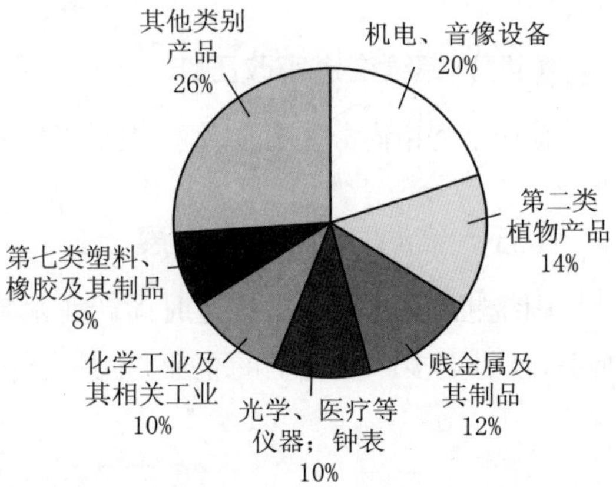

图 12.10 2015 年徐汇区进口商品结构

从商品进出口来源地看，出口主要以美国为主，出口额达到 9.78 亿美元，占比 24.04%；日本和中国香港分列第二、三位，出口额分别是 4.2 亿美元和 4.16 亿美元。进口也以美国为主，进口额为 12.16 亿美元，占进口总额 19.39%，日本和巴西分列第二、三位，进口额分别为 6.05 亿美元和 4.55 亿美元。

（二）外资发展情况

1. 基本情况

2015 年徐汇区共引进外资 10.67 亿美元，同比增长 1.29%。其中，新批企业 189 家，合同外资 1.95 亿美元；增资项目 120 个，合同外资 8.72 亿美元。新批及增资项目中，投资总额超过 1 000 万美元的大项目吸引合同外资总计达 9.05 亿美元，占了合同外资总额的 84.83%。

2015 年，徐汇区批准外商投资企业设立 189 家，批准外商投资企业增资 120 家。年内批准外商投资企业设立及增资共吸引合同外资 10.67 亿美元。其中，合资企业有 15 家，合同外资 0.51 亿美元，独资企业有 174 家，合同外资达 10.62 亿美元(表 12.6)。

表 12.6　2015 年徐汇区利用外资情况

外商直接投资	项目数/个	合同外资金额/万美元	同比增长率/%
合　　计	189	106 705	1.29
其中：合资	15	511	−92.85
合作	0	0	0
独资	174	106 194	8.14

2. 利用外资情况

(1) 投资行业

2015 年，徐汇区批准外商投资企业设立 189 家，批准外商投资企业增资 120 家。年内批准外商投资企业设立及增资共吸引合同外资 106 705 万美元。其中，以咨询、软件、总部经济为代表的现代服务业企业引进合同外资 89 208 万美元，占全年吸引外资总额的 83.6%(表 12.7)。

表 12.7　2015 年徐汇区引进外资行业分布情况

行　　业	新设合同外资/万美元	增资合同外资/万美元	合计/万美元	占比/%
合计	19 474	87 231	106 705	100.00
第一产业	—	—	—	—
第二产业	—	—	—	—
第三产业	19 474	87 231	106 705	100.00
现代服务业	8 351	80 857	89 208	83.60
其中：咨询	1 861	3 730	5 591	5.24
软件	6 474	50 065	56 539	52.99
总部经济	0	26 605	26 605	24.93
其他现代服务业	16	457	473	0.44
房　　产	0	0	0	0.00
商　　贸	10 732	4 998	15 730	14.74
其　　他	391	1 376	1 767	1.66

(2) 投资来源地

中国香港、英属维尔京群岛、毛里求斯是 2015 年徐汇区引进外资的主要来源地。其中，中国香港项目个数和合同外资均占首位，2015 年新批准项目数 133 个，占项目总数的 43.04%；共引资 5.96 亿美元(含增资)，占全年引资的 55.81%，同比增长

4.42%。英属维尔京群岛新批准项目数 9 个,占项目总数的 2.91%;共引资 2.19 亿美元(含增资),占全年引资的 20.50%。毛里求斯新批准项目数 2 个,占项目总数的 0.65%;共引资 1.43 亿美元(含增资),占全年引资的 13.43%(表 12.8)。

表 12.8 2015 年徐汇区外商投资主要来源地情况(金额部分含增资)

国家或地区	项目数/个	合同外资/万美元	国家或地区	项目数/个	合同外资/万美元
中国香港	133	59 553	伯利兹	1	300
英属维尔京群岛	9	21 878	荷 兰	3	265
毛里求斯	2	14 330	德 国	9	243
新加坡	11	1 734	丹 麦	1	210
日 本	24	1 477	英 国	10	207
美 国	28	1 383	韩 国	9	206
投资性公司投资	4	1 364	意大利	3	142
西班牙	1	1 207	法 国	6	135
中国台湾	23	644	哈萨克斯坦	1	80
萨摩亚	8	563	其 他	20	352
塞舌尔	3	432	合 计	309	106 705

3. 2015 年徐汇区外资工作总结

2015 年徐汇区总部经济继续保持良好的发展势头,年内新增外资总部经济机构 2 家,其中,投资性公司 1 家,管理型公司 1 家。外资总部经济机构新批和增加合同外资 1.46 亿美元,占引资总额的 13.7%。外资总部经济在中心城区中位居第一。

(1) 做好商事制度改革工作

自 2015 年 10 月 1 日起,"三证合一、一照一码"登记制度改革开始在全国推行;自 2015 年 10 月 8 日起,在上海全市范围内实施"告知承诺+格式审批"的外资审批方式。在 2014 年正式启动的"徐汇区五合一商事登记制度改革"的基础上,主动做好各项衔接、协调工作。结合徐汇区区域实际情况,与上海市商务委员会积极沟通、对接,进一步优化工作流程、规范审批行为;与徐汇区工商局主动沟通协商,积极拓展审批直通车范围。

(2) 做好招商引资工作

一是在企业设立及变更时,通过窗口答疑、电话答疑等方式为企业解答投资中遇到的困惑。二是采取电话沟通、上门走访、邮件联系等多种途径加大对外资政策的宣传力度，积极做好相关企业的扶持政策解释工作，确保信息及时、有效地传递到企业。三是当企业在经营中运到困难时，主动整合区域行政资源，加强与产业促进中心、财政、工商、税务等部门的沟通合作。四是协助企业解决人才难题，协调解决商务楼宇停车难、就餐难等问题，积极优化企业经营软环境。五是举办形式多样的活动，主动沟通做好大企业的跟踪服务工作，积极争取让企业在徐汇区持续发展，推荐企业参加“徐汇区首届企业社会责任案例征集（推广）活动”，共有 15 家外资企业获奖。

（3）加强对科技创新企业服务，关注新业态

积极调研企业需求，了解科技企业发展过程中关注的问题，帮助企业协调解决实际困难；加大企业走访力度，走访有意向成立研发中心的企业，鼓励其加大研发投入，提升科技创新能力。按照企业实际需求，研究徐汇区关于外资研发中心及研发型机构发展的相关扶持政策。

二、 2016 年徐汇区国际经贸工作展望

（一）外贸工作展望

2015 年外贸下行压力进一步加大，一是由于徐汇区产业转型，加工贸易明显萎缩；二是欧美等国的需求依然不振，新订单基本不增长甚至减少。机电类产品受到影响尤其明显，国外市场需求受本国经济形势影响以及国际商品市场行情走弱等因素影响，导致订单量不增反减；三是人民币贬值及大宗商品降价预期导致进口受到影响；四是企业成本上升，出口意愿减弱。新的一年围绕上海国际贸易中心建设，自贸试验区政策复制推广等，对贸易促进工作提出新的要求，提供新的舞台。

1. 主动对接自贸试验区政策

一是按照“上海建设国际贸易中心”工作要求，推进服务贸易等重点领域发展。提升高附加值、知识密集型的流程设计和研发外包比例；提升会计服务业、法律服务和咨询服务水平，加快本土服务业与国际接轨的进程；支持创意设计、动漫网游等新兴文化贸易领域发展；继续扩大软件信息技术出口规模，鼓励企业开发自主知识产权的软件技术和产品，开拓新邻域、新市场，提高企业核心竞争力。

二是以漕河泾开发区、滨江、徐家汇等地区为重点，聚焦重点楼宇，为引进跨国企业和贸易企业总部服务。从国际贸易发展的趋势来看，跨国公司贸易比例逐年提高，全球贸易中大约四至五成的份额是跨国公司内部及相互间的贸易。新加坡既非制造业基地也非主要的消费市场，但正是因为成功地吸引了众多全球知名的跨国公司总部，从而成为全球重要的贸易中心之一。自贸试验区设立后，由于具备人民币自由兑

换、允许企业设立跨境账户、设立资金池、外汇管制宽松等政策便利,使跨国公司可以在区内开展全球资金调拨、全球资金结算等业务。这将有利于跨国公司的驻沪机构升格为地区总部、亚太总部或全球总部。徐汇区将抓住机遇、通过政策复制,加大政策支持力度等方式吸引总部落户。

三是以对接海关、检验检疫政策为突破,实现自贸试验区与徐汇区联动。积极争取自贸试验区海关、检验检疫政策延伸到徐汇区。进一步深化合作,主动对接自贸试验区政策,一方面为已落户重点企业服务,另一方面为引入高质量企业、推动徐汇区经济转型、发展服务。

此外,根据企业需求,继续跟进西岸艺术品保税仓库运营工作。给予相应的指导和服务,为西岸艺术品保税后续运营提供帮助。

2. 继续推进徐汇区服务贸易平稳发展

徐汇区服务外包发展仍处于稳步发展中,结合上海市加快推进服务贸易发展规划,在新的一年积极主动对接上海市商务委员会相关工作与政策,根据重点发展标准,确定重点企业,促进徐汇区服务贸易健康发展。通过对接上述工作,推动徐汇区服务贸易重点领域集聚,吸引更多企业落户,鼓励已有企业承接更多离岸外包合同,并指导有条件的企业开拓知识流程外包(KPO)业务,提升外包业务整体水平,结合产业结构调整转型发展战略,积极探索区域外贸发展新途径。

3. 完善徐汇区进出口贸易基础工作

近年来随着外贸经营权管理的备案化管理,徐汇区获得外贸经营权企业数量增多,针对目前在进出口数据统计方面仍存在的信息滞后和数据不全的现象,争取上海市商务委员会支持,进行专项调查和规范化指导,重点抓好新增贸易企业的管理和服务。

(二)外资工作展望

1. 不断拓广信息源,牢牢抓住大项目

加大与上海市投资促进中心的联系,主动及时地宣传徐汇区的招商载体资源和相关扶持政策,第一时间掌握跨国公司投资信息,由专人负责跟踪大项目,定期汇总信息,做到事事有结果。对于未能落地的企业,分析原因,找出招商工作的弱点,不断提高招商实力。与专业服务机构如知名律师事务所、会计师事务所形成长期合作机制,共同谋划梳理出招商项目需求,由境外关联分所主动出击寻找目标客户,更有针对性地变被动招商为主动招商。

2. 紧紧围绕科技创新,打造总部新高地

吸引总部由最初的"引资"为重点转变为"引资""引智"相结合,尤其是大力引进全球研发中心及具备较强研发实力的总部。在吸引研发总部时，注重梯度培育。对于达到上海市政府规定的研发中心标准的企业，积极鼓励其认定资格。对于未达到标准，但具备发展潜力和一定研发规模的企业，由政府相关部门制定相应的扶持政策，参照上海市商务委员会出台的"准总部"规定，培育其发展为研发中心。

3. 努力做好企业的服务工作

进一步完善审批制度改革。与工商协商，对于一般章程变更采用简批流程，当场办结，最大限度地便利企业。根据徐汇区区内功能区招商的思路，通过授权委托、网上受理、分设窗口等多种形式发挥功能区的作用，将服务更贴企业，彻底改变"门难进"的老方式。

第四节　长　宁　区

一、 2015 年长宁区国际经贸发展情况

（一）外贸发展情况

1. 基本情况

2015 年，长宁区累计进出口总额 107.54 亿美元，同比增长 12.55%，其中累计进口总额 72.14 亿美元，同比增长 29.56%，累计出口总额为 35.40 亿美元，同比下降 11.20%。从企业来看，2015 年累计进出口超过 1 亿美元的进出口企业共有 12 家。

从贸易方式来看，长宁区还是以一般贸易为主，一般贸易、其他贸易呈现上升趋势；而区内加工贸易依旧呈现下降趋势。一般贸易、其他贸易、加工贸易进出口额分别为 801 732.5 万美元、229 355.33 万美元、44 324.94 万美元，同比增速分别为 17.97%、6.51%、−26.76%(表 12.9)。

表 12.9　2015 年长宁区进出口贸易结构

贸易方式	进出口额/万美元	同比增长率/%
一般贸易	801 732.5	17.97
其他贸易	229 355.33	6.51
加工贸易	44 324.94	−26.76

从进出口国别来看，主要以美国、法国、德国、日本、越南等国家为主，2015 年进出口额分别为 339 756.29 万美元、113 821.49 万美元、108 135.78 万美元、107 016.18 万美元、42 688.75 万美元，同比增速分别为 30.55%、95.69%、30.24%、−8.91%、

30.11%(表 12.10)。

表 12.10 2015 年长宁区进出口主要贸易伙伴情况

主要进出口国家	进出口额/万美元	同比增长率/%
美 国	339 756.29	30.55
法 国	113 821.49	95.69
德 国	108 135.78	30.24
日 本	107 016.18	−8.91
越 南	42 688.75	30.11

从进出口商品来看,商品主要以车辆、航空器、船舶,纺织原料及纺织制品,机电、音像设备及其零件,化学工业及其相关工业,塑料及其制品、橡胶及其制品为主,2015 年进出口额分别为 418 358.35 万美元、183 215.41 万美元、150 405.55 万美元、66 397.41 万美元、61 079.94 万美元,同比增速分别为 68.73%、−2.85%、−30.74%、8.91%、−5.88%(表 12.11)。在进口方面,东方航空进出口有限公司由于整机进出口业务市场开拓情况良好,订单数量同比增长较多,进出口额增幅达到 94.30%,导致长宁区其他贸易以及进出口商品种类中车辆、航空器、船舶等的进出口数量上升;在出口方面,由于上海电气集团股份有限公司伊拉克火电站的境外承包工程在 2015 年年初结束,出口下降绝对值则达到 3.78 亿美元,导致全区出口总量下降。

表 12.11 2015 年长宁区主要进出口商品情况

主要进出口商品	进出口额/万美元	同比增长率/%
车辆,航空器,船舶	418 358.35	68.73
纺织原料及纺织制品	183 215.41	−2.85
机电、音像设备及其零件	150 405.55	−30.74
化学工业及其相关工业	66 397.41	8.91
塑料及其制品、橡胶及其制品	61 079.94	−5.88

2. 主要工作总结

(1) 启动与上海海关、上海出入境检验检疫局第二轮全面战略合作

一是完成签约仪式。2015 年 5 月 29 日下午,长宁区政府在“上海虹桥航空服务业创新试验区”揭牌仪式上与上海海关和上海出入境检验检疫局分别签署了第二轮全面战略合作协议。新一轮合作内容在巩固原有合作基础上在深化“贸易便利化试点区”和支持“上海虹桥航空服务业创新试验区”建设方面有较大拓展,海关与检验检

疫将结合长宁区重点产业、园区和企业需求，支持长宁区对接自贸试验区改革创新。同时，上海出入境检验检疫局发布了17条《支持长宁区提升贸易便利化水平和做大做强战略性产业的意见》。

二是提升贸易便利化平台服务功能。贸易便利化“一站式”服务中心。聚拢政府资源，成立检验检疫驻区机构，打造集通关、查验、咨询服务于一体的功能平台。目前，贸易便利化“一站式”服务中心检验检疫办事机构已正式升级为虹桥办事处，包括服务窗口、食品、轻纺、轻工等审批处室，具备了完整的咨询、通检及放行功能。育德公共保税仓。2015年年初育德公共保税仓向上海出入境检验检疫局提出申请都市型公共查验点。2015年6月17日，上海出入境检验检疫局通关处、动植处、卫食处等组成了联合专家考评组对育德公共保税仓进行了评审，育德保税仓根据专家评审提出的要求进一步进行整改和完善。2015年9月，国检局正式发文同意设立育德保税仓综合性查验场站。2015年10月，海关现场业务一处和浦江检验检疫局领导分别带队赴育德保税仓，考察育德保税仓库成为都市型现场查验点后业务开展方向与相关监管部门的配合，帮助育德能够尽快适应其新职能。正式开展海关和检验检疫“三个一”(一次申报、一次查验、一次放行)试点工作。2015年1月12日，上海海关现场业务一处与上海浦江出入境检验检疫局正式签署关检全面合作协议，此次合作协议是以关检“三个一”工作、“单一窗口”工作为主的一系列关检政务、信息等要素共享的全面合作，长宁区作为中心城区首个试点关检合作区域，将在货物通关通检过程中试行“一次开箱、一次查验、一次放行”的联署办公。2015年6月，高岛屋保税展示商品进口即是该试点之一。该功能已正式落地长宁育德公共型保税仓库，相关符合条件的公司均可通过育德实现该政策的试点。

三是支持重点产业与重点企业转型升级。支持高岛屋、日本商品中心等重点企业转型升级。2015年6月19日，长宁区高岛屋百货内进口商品保税展示交易厅正式对外营业，成为上海首家海关特殊监管区外保税展示交易试点。长宁区商务委员会通过贸易便利化平台，联合海关、检验检疫等相关部门，共同探索突破，为上海高岛屋百货定制了“前店后仓”的全新保税展示模式。截止到2015年8月10日，实现销售44万余元，商品数量1 322件，主要以工艺品类销售突出，客流量2.4万余人次。下阶段，高岛屋将按照顾客的需求逐步扩展食品药妆、保健用品、工艺品、男士产品、文具、玩具、皮具等新进产品，同时，加快对5楼二期保税展示场地的建设。另外，日本商品中心申请保税展示于2015年8月正式获得海关批复。日本商品中心于2013年10月和2014年4月先后分两期开设展厅，主要展示日本生活用品、婴儿和儿童用品、节能环保产品等，为中日两国在经济与技术领域开展合作提供了一个重要平台。为适应传统商业业态调整，推进企业转型发展，日本商品中心依托长宁区贸易便利化服务，向海关申请保税展示功能，海关于 2015 年 8 月正式给予批复。

(2) 创新机制，主动对接，合力推进自贸试验区试点经验复制推广工作

长宁区结合自身实际制定了长宁区复制推广服务自贸试验区试点经验的 34 项主要任务。长宁区商务委员会负责对企业的宣传培训和政策对接工作。在长宁区各责任部门的共同支持下，长宁区商务委员会于 2015 年 7 月 7 日和 8 月 13 日分别牵头组织召开了对接自贸试验区改革试点经验两期专题培训会。两期培训会分别邀请了区内 3 个招商中心、各街道(镇)企业服务人员、区各相关责任部门人员和区内重点企业参加，学员人数总计达 360 余人。通过开展两期培训，长宁区商务委员会将加强与企业的沟通和交流，收集企业诉求，帮助企业落实解决实际运行中遇到的问题和难点，将政策落实、服务于企业，积极为企业创造良好的投资发展环境。2015 年 11 月 6 日，长宁区商务委员会联合海关、检验检疫局召开了贸易便利化支持商业企业转型发展座谈会，海关、检验检疫为企业较详细地介绍未来进口改革发展方向，便利化贸易的落脚点，并为企业解答疑惑，为企业更好地转型发展指明方向。

(3) 支持电子商务企业和园区发展

一是虹桥临空经济园区获批"国家电子商务示范基地"。2015 年 7 月，商务部正式公布了第二批"国家电子商务示范基地"名单，上海虹桥临空经济园区榜上有名。这是临空园区继 2011 年、2013 年两度获批"上海市电子商务示范园区"之后，首次获得国家级电子商务示范基地称号。此轮评选中，上海仅临空园区和普陀区中环商贸区等 2 家园区获此殊荣。

二是长宁区企业获评"国家级电子商务示范企业"。在上海市商务委员会的指导下，上海菜管家电子商务有限公司(网络零售业)、上海携程商务有限公司(生活服务类)被认定为"国家级电子商务示范企业"。

三是完成电子商务相关政策申报工作。根据《长宁区鼓励软件与信息业发展相关政策》，长宁区对企业运营费用及市场开拓费用进行支持。2015 年 9 月，包括上海银联电子支付服务有限公司、上海菜管家电子商务有限公司、史泰博(上海)有限公司等 8 企业进行了申报，支持金额达 126 万元。

(4) 完成长宁区委 2015 年重点调研课题分报告

"对接自贸试验区，提升贸易核心功能，推动产业转型发展"是长宁区委 2015 年重点调研课题"长宁区'十三五'发展若干重大问题研究"的重点分报告二，长宁区商务委员会经贸科紧密结合长宁区实际，围绕重点制订工作方案，并完成分报告撰写。调研报告通过对"十三五"发展面临的机遇和挑战的分析，提出长宁区"十三五"期间

贸易核心功能提升和产业转型发展的思路、目标和对策。

(5) 召开提升贸易核心功能"十三五"专项规划课题评审会

《长宁区提升贸易核心功能"十三五"规划》是长宁区"十三五"重点专项规划。按照长宁区委、区政府要求,在长宁区发展和改革委员会的指导下,长宁区商务委员会委托上海市商务发展研究中心进行"长宁区提升贸易核心功能'十三五'规划"的课题研究。课题从 2015 年 4 月开始,在制订调研课题工作方案的基础上,2015 年 5 月起,先后赴长宁区大众点评网、携程旅行网、地素时尚股份有限公司、上海易果电子商务公司、上海世贸商城、亿百媒会展(上海)有限公司、上海纺织控股集团有限公司、上海服装集团等企业进行实地调研,并在研究过程中多次进行多领域的座谈讨论。2015 年 7 月,课题完成初稿,在与长宁区商务委员会经贸科充分讨论交流的基础上,课题组于 2015 年 9 月和 10 月分别进行了两次修改,完成了第三稿。第三稿先后送长宁区商务委员会分管领导、各科室以及区相关部门审阅,并根据提出的意见和建议再次对课题进行修改和完善。2015 年 10 月,正式形成调研报告。2015 年 11 月 5 日,召开了课题专家评审会,邀请了上海市政府、上海市商务委员会、上海海关、上海出入境检验检疫局以及长宁区内相关职能部门的专家和领导对课题进行评审,各位专家和领导对课题给予了高度肯定,并提出了进一步完善的意见和建议。

(二) 外资发展情况

1. 基本情况

2015 年,长宁区引进外资企业 165 家,同比增长 19.57%;投资总额 11.35 亿美元,同比增长 10.42%;注册资本 7.25 亿美元,同比下降 0.83%;引进合同外资 7.22 亿美元,同比增长 3.03%(表 12.12)。

表 12.12　2015 年长宁区利用外资情况

吸引外资方式	批准外资企业			合同利用外资	
	企业数/个	总投资额/万美元	同比增长率/%	金额/万美元	同比增长率/%
外方直接投资	165	52 028.29	16.96	34 329.80	16.04
其中:合资企业	9	1 040.60	183.54	503.20	103.17
独资企业	156	50 987.69	15.57	33 826.60	15.30
增　资	—	61 489.51	5.43	37 868.27	−6.48
合　计	165	113 517.80	10.42	72 198.07	3.03

2015 年长宁区吸引外资的主要特点如下。

一是商业领域投资比重较大。2015 年全年共引进外资商业企业 91 家，占比 55.15%，引进合同外资 1.43 亿美元，占到新设企业合同外资的 41.7%。其中包括了百盛纽可尔瑞特商贸(上海)有限公司、上海易果电子商务公司(易果生鲜)、明基医疗器械(上海)有限公司等知名企业。另外近年来长宁区一直大力发展总部经济，2015 年又认定了斯比克(中国)投资有限公司、日立物流(中国)有限公司、不二富吉(上海)企业管理有限公司共 3 家地区总部，使得长宁区的总部企业数量稳步增长，位居全市前列。

二是重点企业发展投入持续性良好、规模大。存量企业增资仍是长宁区引进外资的半壁江山，2015 年长宁区共批准增资项目 119 户，增加合同外资 3.79 亿美元，占引进合同外资数的 52.5%，而且如统一企业中国控股有限公司、好侍食品(中国)投资有限公司、汉海信息技术(上海)有限公司(大众点评)、上海华天房地产发展有限公司、上海博报堂广告有限公司等企业连续几年多次大规模的增加投入，能够充分说明长宁区良好的营商环境也促进了企业的快速发展。

三是外商投资来源地主要集中于亚洲。2015 年，长宁区的外商投资项目数主要来源地前 11 名分别是中国香港、日本、中国台湾、新加坡、德国、韩国、萨摩亚、荷兰、美国、维尔京、英国，合计项目数占全区总项目数的 84.8%，合计投资额占全区投资总额的 96.4%，合计合同外资额占全区合同外资的 96.8%。其中，亚洲地区的中国香港、日本、中国台湾、新加坡、韩国合计项目数、投资总额、合同外资额在全区所占的比重分别为 84.3%、91.7%、91.5%(表 12.13)。

表 12.13　2015 年长宁区外商投资主要来源地情况

国家或地区	项目数/个	投资总额/万美元	合同外资/万美元
中国香港	67	38 544.9	24 194.0
日　本	25	3 448.0	2 471.9
中国台湾	12	613.5	453.0
新 加 坡	9	3 196.2	3 142.0
德　国	6	402.6	283.4
韩　国	5	178.5	155.2
萨 摩 亚	4	130.0	102.6
荷　兰	3	49.0	35.0

续表

国家或地区	项目数/个	投资总额/万美元	合同外资/万美元
美　国	3	112.3	80
维 尔 京	3	3 081	2 057
英　国	3	404	272
其　他	25	1 868.4	1 083.7
总　计	165	52 028.3	34 329.8

2. 主要工作总结

（1）推进外资审批改革工作。与市场监督管理部门“三证合一”的改革充分协调对接，于 2015 年 10 月 8 日正式实施“告知承诺＋格式审批”外资审批流程改革，总体运转良好。

（2）复制推广自贸试验区试点经验。对接自贸试验区外资领域开放政策，通过与上海市商务委员会及其他相关职能部门的沟通协调，完成首家融资租赁企业增加商业保理项目，并且由点到面，逐步推进，使长宁区融资租赁企业兼营商业保理的达到了 50％以上，全面对接此项外资开放政策的落地。

（3）除了实施行政审批之外，全力做好总部等重点外资企业的招商服务工作。如支持、协助、牵头做好总部以及其他重点外资企业申报办理各类事项的政策法规咨询指导、相关部门协调等工作，包括总部企业的设立认定、拟上市前的股改、重点经营事项的调整、大型商业企业发展布局、相关扶持政策的申报兑付等。

二、 2016 年长宁区国际经贸工作展望

（一）升级贸易便利化功能，提升贸易要素集聚能力

1. 继续加强功能性平台建设

2016 年，长宁区商务委员会将继续推动贸易便利化功能平台建设，提升贸易要素集聚能力。进一步增加贸易便利化“一站式”服务中心职能，扩大服务半径。包括：一是以检验检疫长宁区工作点升级为虹桥办事处为契机，完善检验检疫职能，在办事处纳入包括食品、轻纺、轻工等审批职能，力争企业所有的报检业务均能办理。二是争取更多政策的试点和突破，包括检验检疫“通报通放”、原产地证书，以及海关非贸查验功能等在长宁区落地。三是探索自贸试验区海关、检验检疫单一窗口在“一站式”服务中心进行试点。

2. 推动功能性平台有效发挥作用

因成本因素，长宁区内绝大部分贸易企业在进行报关报检时，选择委托第三方专业机构在口岸进行，或选择直接在海关一些特殊监管区内设立贸易公司，由此长宁区内的贸易便利化平台作用未能充分发挥。2016 年将创造各种条件将育德保税仓海关分送集报和综合性查验场站功能与区内现有的第三方报关报检服务企业和机构进行充分对接，有效发挥贸易便利化平台作用，并引进和培育更多的专业服务类企业和机构，进一步集聚贸易企业、配套服务企业和机构，形成完整的产业链。

（二）对接自贸试验区建设，加快贸易便利化制度创新

贸易便利化"一站式"服务中心、公共保税仓以及检验检疫综合性查验场站使长宁区具备了与自贸试验区相似的货物进口监管条件，为后续长宁区复制落实自贸试验区创新制度打下了坚实的基础。一是建立"34＋N"的制度创新模式。2016 年，长宁区商务委员会将按照"三个主动"要求，加强与海关、检验检疫等部门的互联互动，及时关注自贸试验区未来贸易监管创新制度。自贸试验区相关制度的复制推广是一项长期性工作，2016 年长宁区商务委员会将继续深化完善原有任务中的相关工作，同时，在此基础上，建立"34＋N"的制度创新模式，如进一步突破预检验、短货架或冰鲜类商品快速通关政策，如进一步突破第三方检测、预检验、短货架或冰鲜类商品快速通关政策。二是结合长宁区服务业特点和企业具体诉求，组织相关职能部门针对性地召开小型、专业型企业座谈会，深化企业对接，争取突破一个、带领一批，进一步扩大受惠企业的覆盖面。三是探索诚信监管等事中事后监管方式。将海关、检验检疫等相关职能部门的数据与长宁区公共信用信息服务平台进行对接和共享，积极探索诚信监管等事中事后监管方式，督促企业遵法守信。根据企业诚信情况，推行分级分类监管，对诚信级别高的企业优先实施贸易监管的便利化举措。

（三）对接区域重点企业，加强贸易与产业联动发展

一方面以贸易功能支持航空、信息、金融等新兴领域企业的引进，重点发展航空贸易，以航空服务为基础，扩大维修、货运、票务等业务，以及航空金融、保险等服务贸易领域的发展；依托上海市国际技术进出口促进中心的信息汇集、交易撮合、中介服务等功能，积极争取外资研发中心、与技术贸易相关的展会等活动落户。另一方面，充分发掘和利用传统产业贸易资源，探索以贸易方式和贸易内容的创新促进传统产业转型发展。其中，重点支持世贸商城的整体转型，一是提升国际展会贸易便利化水

平，支持世贸主办或引进更多品牌展；二是支持日本商品中心打造进口商品保税体验馆，提升世贸商城进口展示交易中心的功能；三是探索进口服装面料进口的检验检疫第三方采信，支持世贸商城打造时尚创意设计和发布中心，使世贸商城成为集会展、贸易为一体的体验式综合贸易区域，从而吸引更多的进口商品、时尚创意等企业和平台入驻。

第五节　静　安　区①

一、 2015 年静安区国际经贸发展情况

2015 年，静安区紧紧围绕建设国际静安的目标，深入对接上海国际贸易中心建设以及自贸试验区可复制可推广贸易便利政策，在国内外经济形势严峻的背景下，紧扣年初制定的目标任务，攻坚克难，抓形势分析，抓产业分析，经过各方共同努力，顺利完成各项经济指标及各项重点工作任务。

（一）外贸发展情况

2015 年，静安区完成外贸进出口总额 27.80 亿美元。其中出口累计完成 12.83 亿美元，同比增长 4.25%；进口累计完成 14.97 亿美元，同比增长 7.16%。其中，自营进出口企业及外贸公司出口额稳中有增，三资企业增幅较大；三资及非三资企业均保持小幅增长。

1. 进出口低速增长，对外贸易保持逆差

2015 年，静安区对外贸易出口总额较上年小幅增长，其中，亚洲、美洲地区出现两位数增长，欧洲地区则出现了两位数的负增长。对亚洲市场贸易额同比增长 16.89%，对美国市场贸易额同比增长 8.19%，对日本市场贸易额基本持平，对欧洲市场贸易额则同比下降 29.75%。由于静安区地处上海中心地区，商业商务繁荣繁华，一线高端品牌云集，进口商品众多，2015 年进出口继续保持逆差，差值为 2.13 亿美元，较 2014 年有所增长。

2. 纺织、机电产品贸易数额较大

2015 年，静安区出口商品主要是纺织原料及纺织制品、贱金属及其制品、化学工

① 静安区与闸北区已于 2015 年 11 月 4 日正式合并为静安区，因统计数据仍按原辖区划分，故本书仍保留原辖区的名称。

业及其相关制成品、机电及其零配件等，其中纺织产品累计出口2.82亿美元，占比22.00%；机电产品的累计出口额为3.85亿美元，占比30.00%（表12.14）。进口商品主要包括纺织原料及纺织制品、机电及其零配件，其中，纺织产品进口额为4.49亿美元，占进口总额的30.00%；而机电产品的进口额出现大幅下滑，由2014年度的5.11亿美元下滑至2 545万美元。

表12.14 2015年静安区主要出口商品情况

主要出口商品	出口额/亿美元	占比/%	同比增长率/%
纺织产品	2.82	22.00	−15.40
机电产品	3.85	30.00	−14.38
车辆、航空器	1.54	12.00	−31.53

3. 主要贸易伙伴进出口位次微调

2015年，静安区主要进口国家/地区为意大利、美国、日本、法国和德国。对意大利进口额实现3.26亿美元，同比增长22.56%，意大利连续3年成为静安区进口额排名第一的国家。2015年，美国取代日本成为静安区第二大进口国。主要出口地仍以亚洲、美国和欧洲为主，出口额分别为5.13亿美元、4.75亿美元、2.05亿美元，占出口总额比重分别为40.00%、37.00%、16.00%（表12.15）。

表12.15 2015年静安区出口商品主要输出地情况

国家或地区	出口额/亿美元	占比/%
亚洲	5.13	40.00
美国	4.75	37.00
欧洲	2.05	16.00

（二）外资发展情况

在国际经济形势复杂多变的环境下，静安区2015年利用外资情况保持平稳，引进协议外资合计20.00亿美元，外商直接投资合同金额为10.77亿美元（表12.16）。受2014年房地产项目一次性因素影响，2015年实现外商直接投资实际到位金额4.25亿美元，同比下降75.48%。涉外经济稳步发展，静安区累计实现税收总额314.3亿元，同比增长20.6%，其中，涉外税收185.99亿元，同比增长17.8%，占全区税收的59.17%。

表 12.16　2015 年静安区利用外资情况

利用外资方式	批准外资企业		合同利用外资
	企业数/家	协议外资金额/亿美元	金额/亿美元
外商直接投资	129	20.00	10.77
其中:合资企业	8	2.52	2.52
合作企业	—	—	—
独资企业	120	17.49	8.24

1. 外资引进形势总体平稳

在合同外资方面,增资项目有所上升,而新设项目有所下降。2015 年,静安区增资项目累计实现 9.27 亿美元,较 2014 年同期增长 57%;新设项目累计实现 1.45 亿美元,较 2014 年同期下降 30.6%。在项目数量方面,项目新增压力显现,新设项目共 129 个,同比下降 12.24%。从行业分类来看,仅旅游生活服务业同比有所上升,其余五大行业均出现下降。

在行业分布方面,2015 年,静安区商贸流通业实现合同外资 4.69 亿美元,同比大幅上升 76.77%,房地产业共实现合同外资 3.98 亿美元,同比增长 36.85%,两个产业占比 80.51%,是静安区合同外资增长最重要的产业;专业服务业实现合同外资 1.16 亿美元,同比下降 40.14%,占据实现合同外资第三的位置,占比 10.75%;三大行业合计占比 91.26%,构成静安区吸收合同外资主体。

在来源地分布方面,2015 年,静安区来自中国香港的合同外资 58 171.40 万美元,占全区合同外资的 54.04%;来自新加坡的合同外资 18 064.48 万美元,占比 16.78%;来自法国的合同外资 7 023.10 万美元,占比 6.52%;来自英属维尔京群岛的合同外资 6 061.00 万美元,占比 5.63%;来自瑞士的合同外资 3 271.40 万美元,占比 3.04%;来自其他国家和地区的合同外资合计 15 062.95 万美元,占比 13.99%(表 12.17、图 12.11)。

表 12.17　2015 年静安区外商直接投资主要来源地情况

国家或地区	项目数/个	协议外资/万美元	合同外资/万美元
中国香港	66	111 622.06	58 171.40
新加坡	6	18 452.64	18 064.48
法　国	7	15 563.58	7 023.10
英属维尔京群岛	2	12 200.00	6 061.00
瑞　士	0	10 452.12	3 271.40
其他国家和地区	48	31 744.67	15 062.95

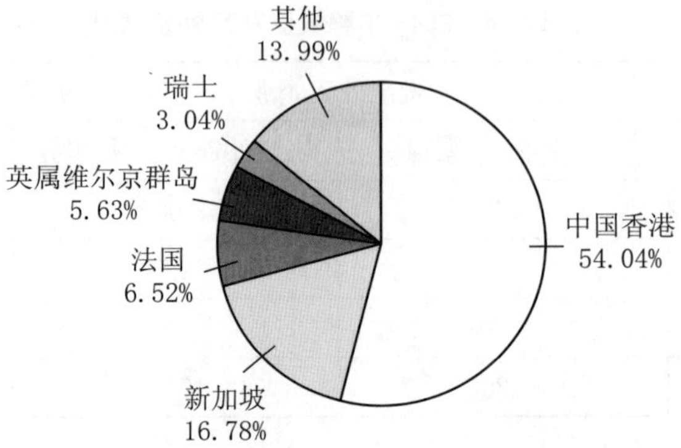

图 12.11 2015 年静安区合同外资主要来源地情况

2. 外资审批改革有序推进

推行"告知承诺+形式审批"及投资总额 1 000 万美元以下的项目取消了复核程序后，增加网上预审，前置改为后置，进一步缩短了审批时限。同时按照申请事项提供多样的审批方式，如一口受理、备案、常规。新政策宣传解读及时，便于企业开展新业务，如企业增设网上零售、跨境人民币直接投资新规定等事项，增加了企业贸易方式的多样性。

3. 提高区域贸易便利化水平成效显著

2015 年 5 月，静安区政府与上海出入境检验检疫局共同签署了《关于深化合作的 2015 年行动计划》，明确了双方在免税店、跨境电子商务、保税展示交易、进口商品直销中心、"十检十放"政策、进口服装面料预评估、检验检疫静安窗口职能拓展等合作内容。同时，经过不断反复与监管处衔接，成功帮助瑷利珈（SMC、BV、AMQ 品牌）取得进口服装面料预评估试点管理的资质。

二、 2016 年静安区国际经贸工作展望

根据上海市委、市政府"撤二建一"的部署，紧紧围绕"国际静安、圆梦福地"发展目标，深刻把握开放性经济新体制下先行先试的新要求、经济新常态下产业联动发展的新趋势，按照"一轴三带"，促进转型升级与提质增效相结合，推动静安区产业发展方向更加清晰，商务环境更加有序。

（一）加强总部企业引进培育

高端产业需要有面向国际市场，在国际产业链分工上占据主导地位的总部型企

业。鼓励具有采购、分拨、营销、结算、物流等功能的企业设立贸易型总部。大力引进产业龙头企业，聚焦行业领袖型、创新型、功能型、结算型企业。把握全球产业布局调整机遇，提升跨国公司总部能级增强跨国公司地区总部管理投资功能。鼓励跨国公司设立地区总部和投资性公司、研发中心等功能性机构，发展采购中心、分拨中心、营销中心等“贸易型”总部。

（二）促进区域外贸平稳增长

加强政策引导，组织政策和业务宣讲，进一步帮助企业了解最近政策，支持外贸企业做大做强。用好中小企业开拓国际市场等外经贸专项资金，支持企业走出去，拓展国际市场。引导企业加快出口商品结构的调整，通过培育等方式，扩展静安区出口商品类别。

（三）提升区域贸易便利化水平

加强与对口海关、国检部门对接，重新签订合作备忘录。依托“上海国际贸易技术标准服务中心”和“国家公共检验检测服务平台示范区”，与海关、国检部门进一步探讨，将原有“绿色通道”待遇机制化，明确标准，将更多符合条件的重点企业纳入试点。逐年扩大进口服装面料预评估试点工作企业覆盖面。

案例 9　上海斯麟：专注品牌培育和研发创新

上海斯麟特种设备工程有限公司（以下简称“上海斯麟”）是一家以研发、生产、销售及敷设安装电线电缆为主的综合性公司，云集了各类电线电缆设计、制造的具有高级技术职称的专家，生产各类裸线、风力发电机组电缆、光伏电缆、绝缘架空电缆、地下配置电缆、建筑用桥架电缆、机车车辆电缆、电力电缆、控制电缆、船用和石油平台电缆、矿用电缆、油井油泵电缆、海底电缆等等，品种繁多，规格齐全，并可以根据用户的不同需要设计特种电缆，应用领域涵盖清洁能源、输配电网、建筑工程、煤矿油井、控制仪表、光电信号传输、航空航天、海洋船舶等任何需要使用电缆的场所。所有产品均可按国际、国内标准生产和检验。上海斯麟研发的新型铝合金导体电缆改变了中国电线电缆的导体结构，引领了以铝代铜的革命，上海斯麟研发的旋转曲面电缆开启了中国建筑装潢线缆的变革。

2015 年，上海斯麟出口的主要产品是新型铝合金电缆，仅该项产品出口金额就达数亿元，为企业带来出口高速增长。以新型铝合金代替铜作为电缆导体是一项伟大的更新,电缆导体以铝代铜是一项节约能源、利国利民、造福后代的工程,符合可持续发展的战略方向。上海斯麟始终将增强自主创新能力作为企业发展的战略基点,坚持走开拓创新之路,以创新带动转型,以科技引领发展,被评为“上海市出口名牌”并获得国家发明专利。该公司拥有一支资深的、优秀的电缆设计、研发、制造的技术专家队伍,有较强的创新设计能力,可根据客户要求设计各类品种电缆,以满足国际国内市场需求。该公司还建立自己的品牌“SL”,不断丰富“SL”品牌内涵,自主研发了旋转曲面连锁铠装电缆,填补了国内空白。该电缆因其防压强度高,弯曲自如,敷设成本低而在北美国家建筑装潢中得到广泛应用。公司成立了项目小组,专门进口了生产设备并依托国内技术力量进行试制,还会同铝业企业开发线芯铝带,制定标准,大幅降低线芯价格,此外又陆续开发出编织电缆、太阳能电缆等一大批技术含量高、竞争力强的环保型、节能型产品,产品订单由此大批而来,品牌和创新给企业带来了发展。

第六节 普 陀 区

一、 2015 年普陀区国际经贸发展情况

2015 年,普陀区进一步提升开放型经济水平,努力提升区域经济的外向度,推进产业结构调整,加大外资引进力度,完善企业服务体系,加快优化对外贸易结构,提高服务贸易发展水平,不断完善国际化、市场化、法制化的营商环境,使普陀区外向型经济继续保持稳定、健康、协调发展的良好势头。

(一) 外贸发展情况

2015 年,普陀区对外贸易在区域经济转型与经济结构不断调整过程中,继续保持适度规模,进一步优化了进出口商品的结构,提升了进出口商品的技术含量,成为助推区域经济转型发展和产品升级换代的主要动力源之一。

2015 年,普陀区外贸进出口额达 35.54 亿美元,同比下降 6.56%。其中,出口 19.56 亿美元,同比增长 0.37%,占进出口总额的比重为 55.04%;进口 15.98 亿美元,同比下降 13.85%,占进出口总额的比重为 44.96%;累计贸易顺差达 3.58 亿美元。从月度走势来看,因为农历春节的影响,前 3 个月进出口额有所下降,随后逐月增长,至 8 月达到年内峰值,随后有所下降,至年底又逐渐回升(图 12.12)。

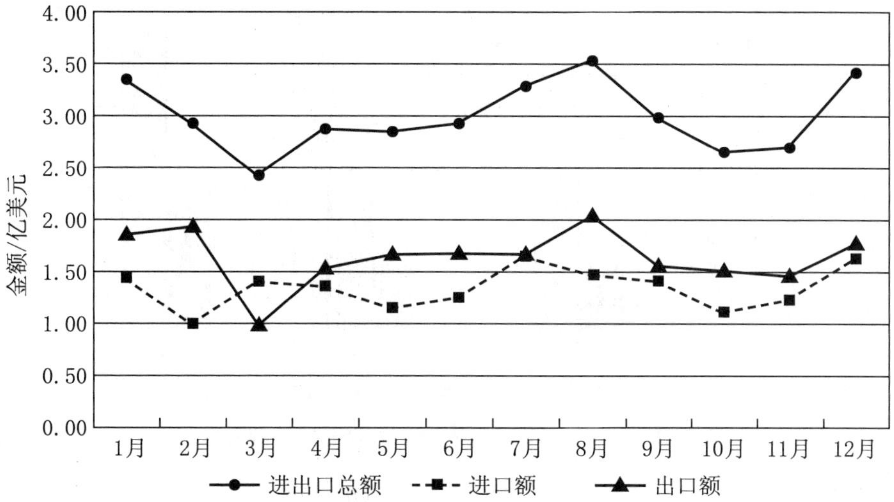

图 12.12　2015 年普陀区进出口额月度趋势

1. 企业性质

(1) 国有企业

2015 年，普陀区国有企业经营进出口业务的企业达到了 24 家，进出口总额 87 389.9 万美元，同比下降 10.94%，占全区进出口总额的 24.59%。其中，出口 58 970.8 万美元，同比下降 2.24%；进口 28 419.1 万美元，同比下降 24.82%。目前，进出口额超过 1 000 万美元的国有企业有 11 家，这 11 家企业的进出口额累计达 85 079.8 万美元，占国有企业进出口总额的 97.36%。

(2) 外资企业

2015 年，普陀区外资企业经营进出口业务的企业达到了 288 家，进出口总额 80 459.7 万美元，同比下降 3.99%，占全区进出口总额的 22.64%。其中，出口 38 919.5 万美元，同比增长 0.83%；进口 41 540.2 万美元，同比下降 8.11%。目前，进出口额超过 1 000 万美元的外资企业有 16 家，这 16 家企业的进出口额达 41 295.3 万美元，占外资企业进出口总额的 51.32%。

(3) 民营企业

2015 年，普陀区民营企业经营进出口业务的企业达到了 779 家，进出口总额 187 547.6 万美元，同比下降 5.49%，占全区进出口总额的 52.77%。其中，出口 97 714.2 万美元，同比增长 1.83%；进口 89 833.4 万美元，同比下降 12.34%。进出口额超过 1 000 万美元的民营企业有 34 家，这 34 家企业的进出口额累计达 104 884.2 万美元，占内资企业进出口总额的 55.92%(图 12.13)。

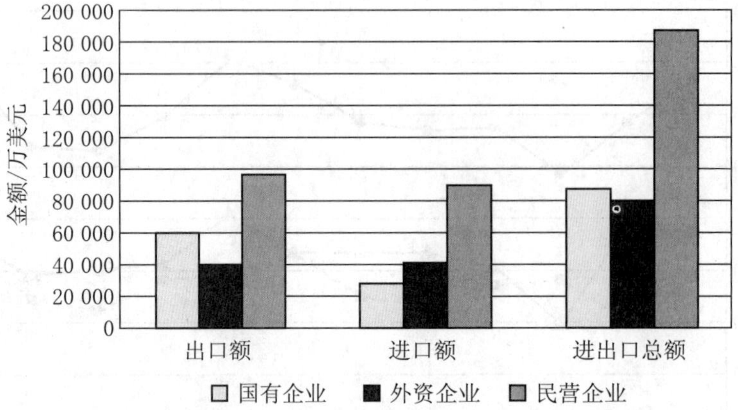

图 12.13　2015 年普陀区不同性质企业对外贸易情况

2. 贸易方式

2015 年，普陀区一般贸易进出口总额为 276 731.7 万美元，占全区外贸进出口总额的 77.87%，同比增长 0.11%。加工贸易的进出口总额为 13 827.4 万美元，占比 3.89%，同比下降 7.95%。其中，来料加工进出口额为 2 926.1 万美元，同比增长 3.85%；进料加工进出口额为 10 901.3 万美元，同比下降 10.68%。其他贸易的进出口总额为 64 838.1 万美元，占比 18.24%，同比下降 27.08%(图 12.14)。其中，国家间、国际组织无偿援助和赠送的物资的进出口额为 274.7 万美元；对外承包工程货物的进出口额为 12 724.4 万美元，同比增长 45.29%；保税仓库进出境货物进出口额 51 380.7 万美元，同比下降 35.33%；保税区仓储转口货物进出口额 1.1 万美元；其他方式进出口额 457.2 万美元，同比下降 32.00%。

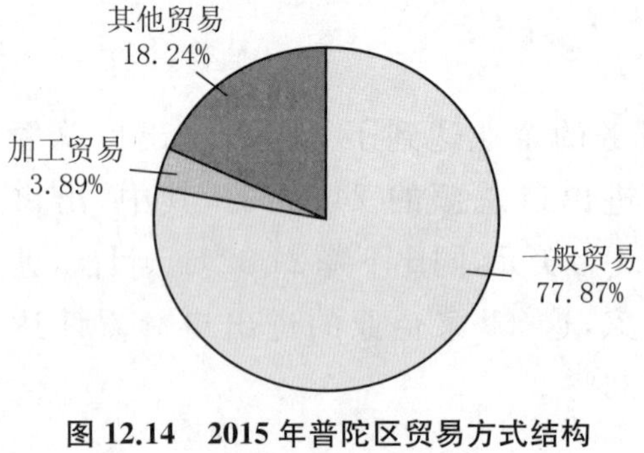

图 12.14　2015 年普陀区贸易方式结构

3. 商品结构

2015 年，普陀区外贸企业涉及的进出口商品共有 20 项大类、91 项小类、899 种具体产品。其中高新技术产品进出口总额达 29 944.8 万美元，同比增长 13.15%；机电产品进出口总额达 109 006.9 万美元，同比增长 5.62%。

其中，前 5 位进口商品分别是机电、音像设备，化学工业及其制品，食品、饮料等，动物产品，塑料、橡胶及其制品，进口额分别为 32 274.1 万美元、25 138.8 万美元、22 396.5 万美元、20 605.3 万美元、13 235.3 万美元，分别同比增长 19.95%、

−37.41%、9.38%、−32.22%、−16.64%，占比分别为 20.20%、15.73%、14.02%、12.90%、8.28%(图 12.15)。

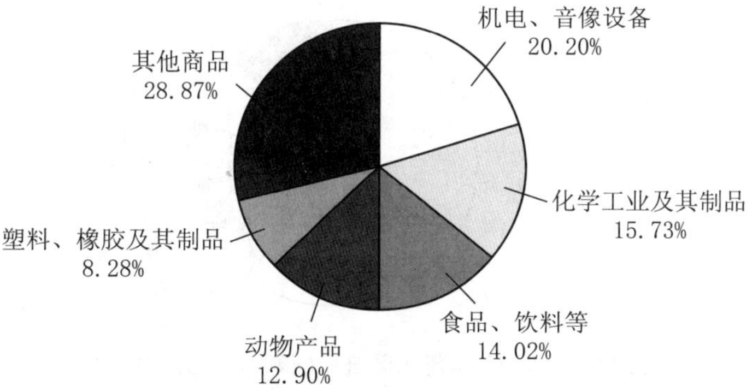

图 12.15　2015 年普陀区主要进口商品结构

前 5 位出口商品分别是纺织原料及其制品，机电、音像设备，化学工业及其制品，杂项制品，贱金属及其制品，出口额分别是 54 674.0 万美元、52 675.2 万美元、22 104.1 万美元、14 297.7 万美元、13 671.8 万美元，分别同比增长 17.89%、10.96%、−21.95%、1.09%、−9.50%，占比分别为 27.95%、26.93%、11.30%、7.31%、6.99%(图 12.16)。

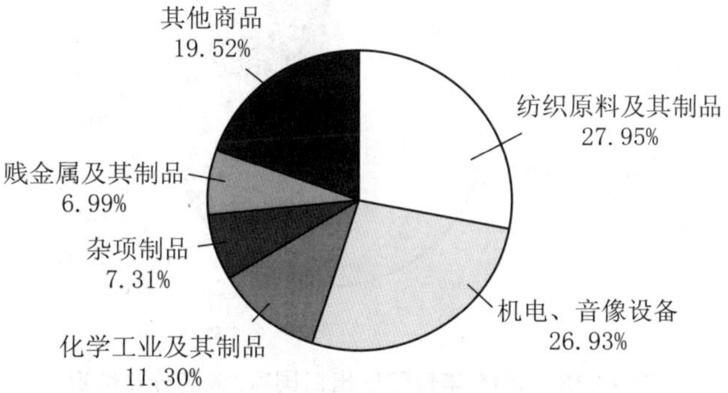

图 12.16　2015 年普陀区主要出口商品结构

4. 市场结构

2015 年，普陀区外贸企业进出口所涉及的国家及地区共有 189 个。其中，进口排名前 5 位的分别是：德国、美国、韩国、日本和中国台湾，进口额分别为 19 152.1 万美元、13 552.9 万美元、10 854.4 万美元、10 337.7 万美元、10 095.8 万美元，同比增速分别为 5.03%、−19.87%、35.48%、10.60%、7.79%，占比分别为 11.99%、8.48%、

6.79%、6.47%、6.32%，累计进口额 63 992.9 万美元，占进口总额的 40.05%(图 12.17)。

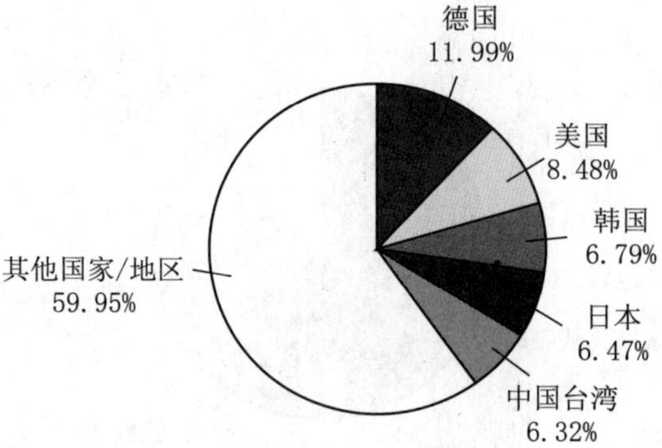

图 12.17 2015 年普陀区进口国家/地区分布情况

出口排名前 5 位的分别是：美国、日本、中国香港、阿尔及利亚和英国，出口额分别为 30 996.9 万美元、25 431.7 万美元、10 264.9 万美元、9 090.3 万美元、7 330.5 万美元，同比增速分别为 7.44%、−5.15%、185.48%、929.65%、26.87%，占比分别为 15.84%、13.00%、5.25%、4.65%、3.75%，累计出口额 83 114.3 万美元，占比 42.49%(图 12.18)。

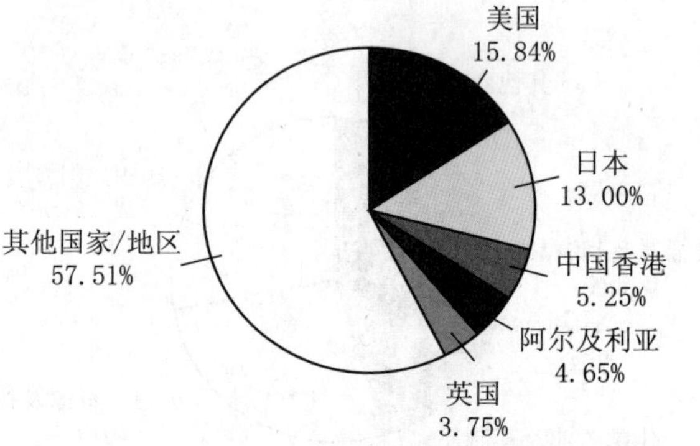

图 12.18 2015 年普陀区出口国家/地区分布情况

（二）外资发展情况

2015 年，普陀区继续不断优化和完善相关措施，努力提高全区投资贸易便利化水平，提升普陀区区域经济外向度。

1. 合同外资情况

2015 年，普陀区审批新设立外资企业 118 家，同比增长 14.56%；引进合同外资达

172 385.7 万美元，同比增长 75.92％。其中新批项目合同外资 53 805.75 万美元、增资 121 554.15 万美元、减资 2 974.2 万美元。上海市批项目的合同外资达到了 146 186.58 万美元，占合同外资总额的 84.80％，普陀区自行审批合同外资为 26 199.12 万美元，占比 15.20％(图 12.19)。另外，合同外资大于 1 000 万美元的企业的外资总额达到了 158 192.21 万美元，占合同外资总额的 91.77％。

从新设立企业类型来看，合资企业 12 家，合同外资 1 999.73 万美元，占比 3.72％；独资企业 105 家，合同外资 51 491.59 万美元，占比 95.70％；股份制企业 1 家，合同外资 314.43 万美元，占比 0.58％(图 12.20)。

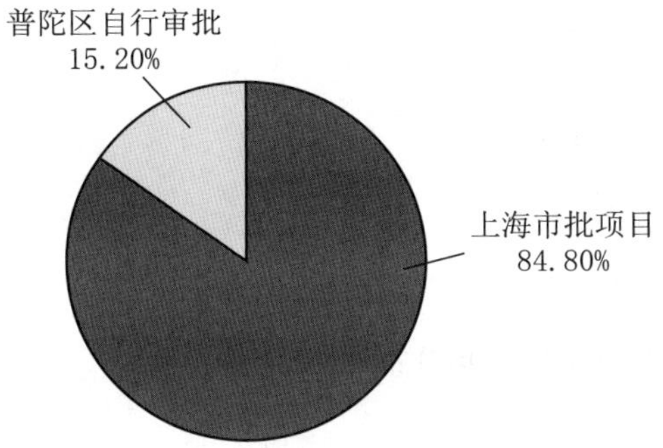

图 12.19　2015 年普陀区合同外资批准情况

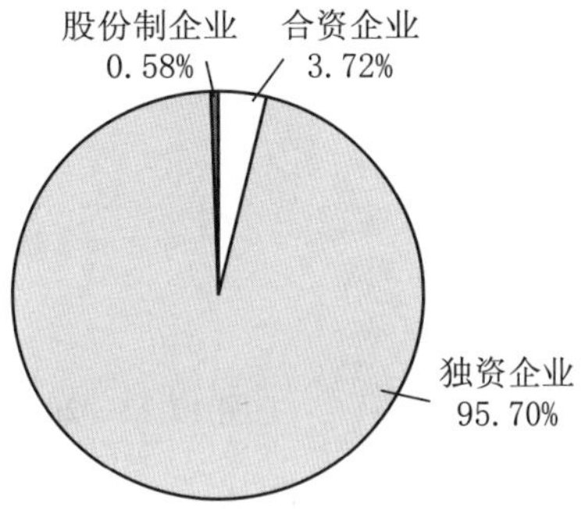

图 12.20　2015 年普陀区新设合同外资利用方式

从企业投资的行业来看，二产类企业都是制造业企业，合同利用外资 3 111.83 万美元。三产类企业合同外资 169 273.87 万美元，其中，计算机服务业企业合同外资 65 213.83 万美元，占服务业合同外资的比重为 38.53％；企业管理服务业企业合同外资 46 147.30 万美元，占比 27.26％；房产业企业合同外资 39 607.64 万美元，占比 23.40％；批发零售业企业合同外资 9 719.81 万美元，占比 5.74％(图 12.21)。

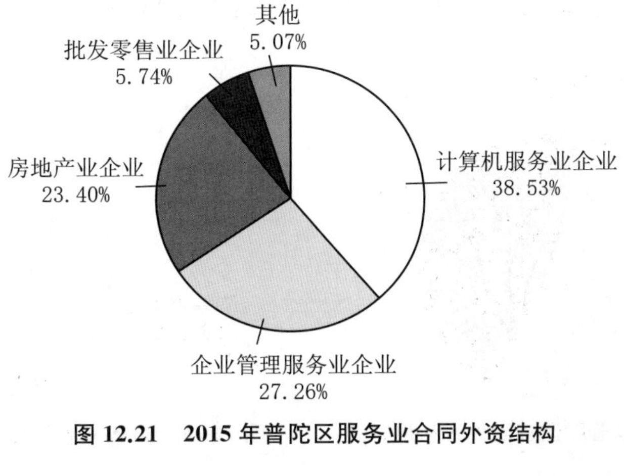

图 12.21　2015 年普陀区服务业合同外资结构

从投资国家或地区来看，所有合同外资所涉及投资国家或地区有 29 个，其中中国香港来普陀区投资的合同外资最多，合同外资为 161 133.37 万美元，占比 93.47%；其次是中国台湾，合同外资 2 831.38 万美元，占比 1.64%；排名第三的是韩国，合同外资 1 699.96 万美元，占比 0.99%；接下来依次是美国、萨摩亚、开曼群岛、新加坡、其他，占比分别为 0.95%、0.90%、0.56%、0.54%、0.95%（图 12.22）。

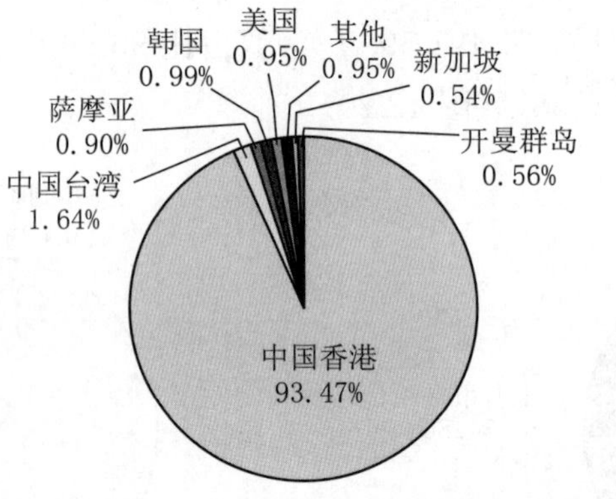

图 12.22　2015 年普陀区合同外资国家/地区分布

2. 实到外资情况

2015 年，普陀区实到外资 75 503.5 万美元，同比增长 37.32%。其中单次到位大于 1 000 万美元的合同外资 63 660.1 万美元，占实到外资总额的 84.31%。

从企业类型来看，独资企业实到外资为 40 947.0 万美元，占比 54.23%；合资企业实到外资为 31 956.1 万美元，占比 42.32%；股份制企业实到外资为 2 600.4 万美元，占比 3.44%（图 12.23）。

从产业来看，第二产业的实到外资为 2 780.4 万美元，占实到外资总额的比重为 3.68%；第三产业的实到外资为 72 723.1 万美元，占比 96.32%（图 12.24）。

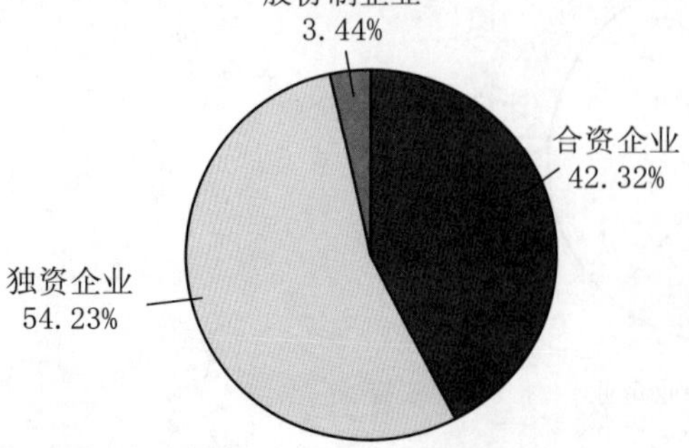

图 12.23　2015 年普陀区实到外资利用方式

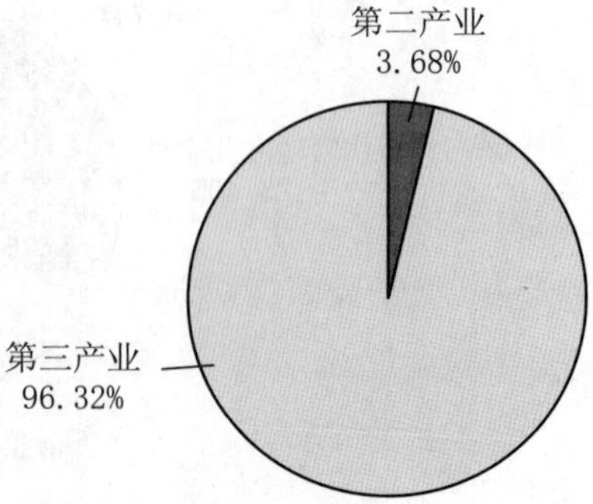

图 12.24　2015 年普陀区实到外资产业结构

从国家或地区来看，实际到位资本金的共有 17 个，其中，中国香港实到外资 64 833.0 万美元，占比 85.87%；西班牙实到外资 3 242.8 万美元，占比 4.29%；投资性公司实到外资 2 596.2 万美元，占比 3.44%（图 12.25）。

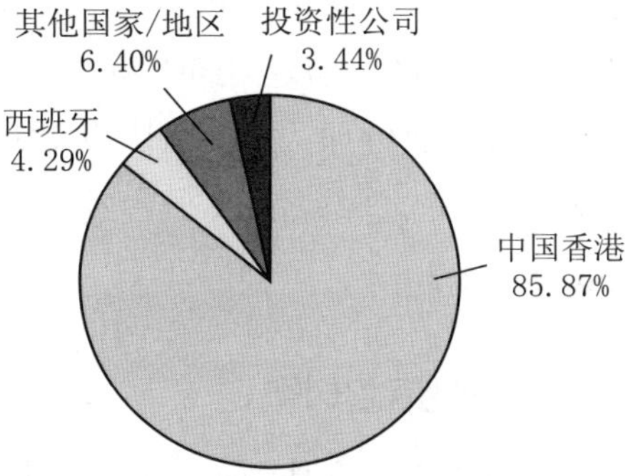

图 12.25　2015 年普陀区实到外资国家/地区分布

3. 外资工作特点

（1）重点项目推进有序有力

在审批中秉持对企业的服务精神。企业遇到急难愁情况，相关科室主动介入，对企业采取特事特办、急事急办的原则，尽最大限度缩短审批时间。主动走访，为外企送政策上门。主动就企业在境内开设分店等计划进行政策指导。对于涉及外资并购的企业，专门赴企业释疑解惑，并就并购安全审查有关事宜与上海市商务委员会以及企业所在街道多方沟通协商，促进企业并购的顺利进行。做好重大外资项目发展中的协调服务工作，如上海拉扎斯网络科技有限公司。

（2）总部经济实现突破发展

2015 年，普陀区适应经济全球化的新形势，通过招、引、促、培等多种方式加大推进力度，加强总部企业的走访排摸，对具有条件发展成为地区总部的企业，做好引导及政策的服务，使总部经济实现较快发展。截至 2015 年底，普陀区共引进、培育、认定外资总部项目累计 9 家，其中：投资性总部 1 家，管理性总部 4 家，总部型机构 1 家，研发中心 3 家。2015 年认定外资总部项目 4 家。地区总部的设立将有利力于促进现代服务业的发展，推动产业转型，为普陀区经济社会发展做出积极贡献。

（3）营造良好的发展环境

坚持服务，及时跟踪研究国家的外资政策及相关的行业政策，抓住自贸试验区建设的机遇，不断提高研判和灵活运用政策的能力。同时，进一步提高审批效率，简化审批流程，与相关部门一起，共同营造更加公开透明、高效便捷的优良环境，吸引更多符合发展方式转变和产业结构调整方向的外资企业，促进开放型经济的持续健康发展。

二、2016 年普陀区国际经贸工作展望

2016 年,普陀区商务委员会将坚持稳中求进,着力推进经济转型,为推进"科创驱动转型实践区、宜居宜创宜业生态区"建设,注重"调、提、引"并重,加快淘汰低端产业,改造提升传统产业,促进外贸企业健康发展,加快发展现代服务业、现代商贸业、科技产业等优势产业,推动楼宇经济、总部经济、平台经济、园区经济稳步发展,大大提升普陀区吸引外资的质量与水平。

(一)加强指导协调,促进外贸稳步增长

加强与上海市商务主管部门的联系合作,加强区域监测站的管理工作,及时将上海市有关外贸方面有效的动态信息,实时监测数据,定期通过检测站告知相关外贸企业,让企业及时全面的掌握外贸形势的发展动向,便于企业根据形势的发展制定战略决策和调整应对措施,从而使普陀区外贸的发展进一步成为推动区域经济结构调整、产业转型获得成功的主要源动力之一。按照"优势互补、高效协作、紧密互动、发展共赢"的原则,以提升贸易便利化水平、实现区域战略规划目标为宗旨,完善与海关、检验检疫之间长期化、深层次、宽领域沟通合作平台,提高服务水平、形成服务合力,推动进出口企业便捷化运作。

作为行业管理部门,普陀区商务委员会将继续积极为区域内的外贸企业做好服务工作,利用国家现行的外贸政策、法规,通过科技手段,搭建沟通平台,及时给予企业政策辅导和信息沟通,为企业在实际运营当中,创造一个良好透明的运营环境。同时,推进外贸企业与金融保险公司、国际会展公司等行业组织的联系与沟通,向外贸企业提供更多的金融产品。通过会展公司提供的国际商贸信息、各类专业会展信息以及国家推行的一带一路沿线的商机,为外贸企业获取相关信息、拓展销售渠道提供便利。

(二)深化审批服务,提高行政服务效能

一是实行"告知承诺+格式审批"的外商投资审批管理模式做到简化审批,精简材料,加强服务,提前做好网上预审,通过网上留言、电话交流等方式,指导申请人修改完善申请材料,避免多次往返修改材料,方便企业办理。二是加强业务培训力度,会同普陀区投资促进办公室,就设立外资企业的审批业务知识以及总部经济政策对重点地区重点企业开展业务培训。三是加强与市场监管、街镇等部门的联动,创新监管方式,逐步建立企业诚信管理模式,共享监管信息。

（三）加强总部企业培育，营造总部发展环境

一是分类指导、找出目标企业。在2015年对普陀区注册资本200万美元以上226家企业进行全面排摸的基础上，根据投资总部、管理总部、总部型机构、研发中心4类不同的认定标准，对其中资产雄厚、有实际控制管理能力、在国内有投资业务的企业推进其向跨国地区总部（总部型机构）发展；对于拥有技术中心的外资企业、先进技术型外资企业及有研发实力的其他制造类外资企业，推进其进行研发中心的申报。二是研究促进总部经济发展的机制。起草区服务总部经济发展的措施和机制，形成促进总部经济发展的合力。三是对在谈总部信息密切跟踪、做好政策宣传与引导。指导相关企业向总部企业发展，通过设立公司、股权调整等方式，达到总部标准。

（四）加大服务力度，促进外企稳步发展

一是建立政策信息发布制度，提高政策透明度，定期在普陀区商务委员会网站上刊登外资、工商、海关、商检等相关部门的政策法规，使企业及时了解政策变化。不定期举办政策培训会，组织有关专业部门现场为企业解答政策法规方面的疑问。二是建立与企业沟通机制，组织各类活动，进一步营造亲商、重商氛围，与重点企业保持热线联络，及时了解这些企业的发展动态，巩固、扩大招商引资成果，做到以商引商。三是探索外资年度运营情况网上联合申报工作的方法，组织外资企业做好年度运营情况网上联合申报工作，发挥此项工作的作用，抓新批、增资企业的资金到位率，以及每月外资报表的上报率，确保数据的准确性，加强外资各项数据的运行分析，为掌握外资企业运行状况奠定基础。

第七节　闸　北　区①

一、2015年闸北区国际经贸发展情况

（一）外贸发展情况

2015年闸北区进出口总额26.59亿美元，同比下降12.96%；其中进口15.71亿美元，同比下降7.18%，出口10.89亿美元，同比下降20.13%。

出口产品以机电产品为主，累计出口7.34亿美元，贱金属及其制品居第二位，累

① 闸北区与静安区已于2015年11月4日正式合并为静安区，因统计数据仍按原辖区划分，故本书仍保留原辖区的名称。

计出口 2.09 亿美元,纺织业位居第三位,累计出口 1.16 亿美元。

出口企业中民营企业出口 3.87 亿美元,占比 35.58%;外资企业出口 3.61 亿美元,占比 33.23%;国有企业出口 3.4 亿美元,占比 31.19%(图 12.26)。出口企业排列前三的是,上海五金矿产发展有限公司,累计出口金额 1.43 亿美元,其次是迅达(中国)电梯有限公司,上半年累计出口金额 1.25 亿美元(下半年因为生产场地外搬原因迁出闸北区),第三是上海集优机械股份有限公司,累计出口金额 0.94 亿美元。

在出口国家或地区,前三位分别是:出口至美国 1.64 亿美元,出口至日本 0.91 亿美元,出口至俄罗斯 0.86 亿美元。

在贸易方式中占比较大的为一般贸易,占出口总额的比重为 98.53%;其次为加工贸易,占出口总额的比重为 1.31%,其中来料加工占出口总额的 0.05%,进料加工占出口总额的比重为 1.26%;其他贸易方式占出口总额的比重为 0.16%(图 12.27)。

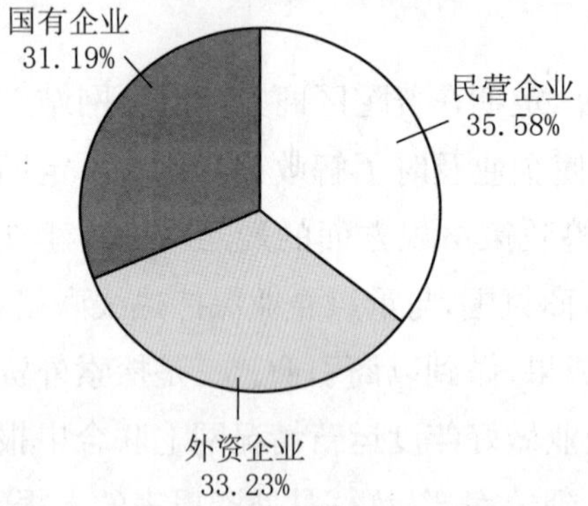

图 12.26　2015 年闸北区出口企业主体结构

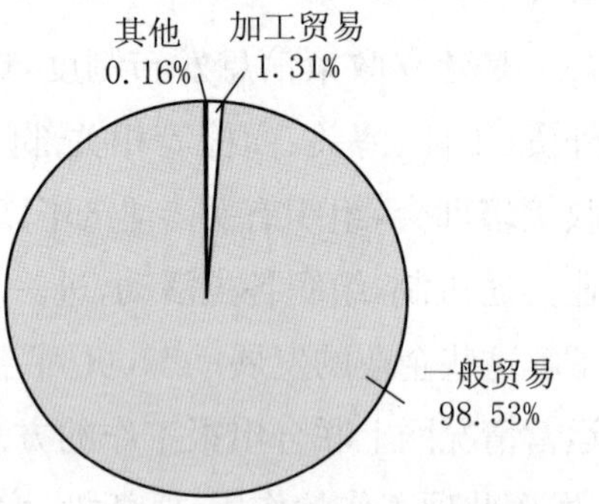

图 12.27　2015 年闸北区出口贸易方式结构

2015 年闸北区出口额同比下降明显,主要原因在于:一是国际经济大环境不佳,外部需求减少抑制了出口额。二是由于闸北区出口排名第一的生产型企业迅达(中国)电梯有限公司外迁至嘉定区(2014 年该企业占全区出口额的 28%)。随着中心城区土地成本越来越高,生产型出口企业还将会继续向郊区转移,闸北区的出口规模将会持续受到影响。

(二) 外资发展情况

2015 年,闸北区新引进外资企业 165 家,合同外资 10.66 亿美元,同比增长 6.48%。其中 100 万美元以上项目 44 个,1 000 万美元以上项目 12 个。2015 年闸北区外资企业实现税收总额达到 82.88 亿元,外税占全区税收比重达到 40.3%,均创历史新高。2015 年闸北区引进跨国公司地区总部 5 家,分别是恩智浦(中国)管理有限公司、欧陆检测技术服务(上海)有限公司、晶科绿能(上海)有限公司,励讯(中国)投资有限公司和方兴地产投资管理(上海)有限公司。截至 2015 年底,闸北区经上海市政府认定的跨国公司地区总部达到 32 家。

二、 2016 年闸北区国际经贸工作展望

(一) 加大招商引资力度,积极引进外生优质资源

结合闸北区集中、鲜明的核心优势,凸显、放大其中心城区的区位优势、城区后发的空间优势、服务业综合改革的先行优势以及楼宇级差的成本优势“四大优势”,突出重点,做好外资招商工作。一是着力引进总部企业。坚持引大引强,继续以具有总部特征的“大体量”“大税收”的项目为引进重点,积极推介区内优质载体等招商资源,强化专人跟踪和量体服务,确保项目信息成功落地。二是大力引进产业龙头企业。围绕“5+X”重点产业和已有的平台金字招牌,聚焦行业领袖型、创新型、功能型、结算型企业。三是积极关注“四新”经济。在排摸相关领域排名靠前企业名单的基础上,积极联合第三方机构力量,开展有针对性的走访沟通,力争在科技创新中心、健康产业、节能环保等领域取得进展。

(二) 做好安商扶商工作,扶持企业做大做强

通过走访企业,有针对性的定制企业服务,满足企业个性化需求,同时搭建平台,利用好外资企业协会等渠道,为企业提供更全面的服务,帮助企业安心发展。第一,建立定期联络企业制度,及时了解企业生产经营状况及发展动态,不断在为企业提供增值服务上下功夫,解决企业后顾之忧。第二,通过走访及时掌握企业发展动态,了解企业未来的市场发展及税收情况。帮助新引进企业尽量节省设立时间成本尽早开展业务,引导老企业在现有基础上进一步拓展业务、整合税收,不断做大做强,提高其对区域税收的贡献度。

(三) 继续做好服务外包和服务贸易的相关促进工作

借助闸北区“国家服务业综合改革试点”建设工作的不断推进,在深入研究区内服务外包和服务贸易产业发展现状的基础上,积极挖掘和培育一批区内服务外包重点企业,优化闸北区服务贸易发展结构,并提升服务贸易类企业的竞争力。对区内初步形成集聚规模的检测认证特色产业和以环上大创意产业园区为核心的文化服务类服务贸易产业,进一步加强政策研究、宣传和服务对接,推动检测认证类企业纳入上海市服务外包企业扶持范围,享受服务外包离岸收入免税等扶持政策,不断提升区内

服务外包和服务贸易的便利化发展环境。

案例 10　上海意诺:坚持拓展国际市场

意诺国际贸易(上海)有限公司(以下简称"上海意诺")注册于上海市闸北区,成立于 1994 年,是艾艾精密工业输送系统(上海)股份有限公司(以下简称"艾艾精工")(注册于闸北区)的全资子公司。

母公司艾艾精工是国内最大的集研制、生产、销售为一体的工业输送带公司,专业从事轻型输送带的研发、生产及销售。艾艾精工所生产的轻型输送带采用各类高分子改性材料,包括经过改性的 PVC、PE、TPU、TPEE 材料等,作为自动化生产和输送设备正常工作的关键部件,广泛应用于铝型材加工、纺织印染、食品加工、物流运输、农产品加工、娱乐健身、木材加工、电子制造、印刷包装等行业和领域。艾艾精工在上海及苏州吴江设有生产基地,总面积约为 8.6 万平方米,目前设有 PVC/PU 轻型输送带生产线、铝型材行业用毛毡产品生产线、聚氨酯同步带齿型带生产线。艾艾精工成立以来,瞄准国际先进水平,长期持续地进行技术创新、科技成果应用开发。通过长期的技术创新,目前公司注册商标工业输送带产品,在拉伸强度、高速稳定性、耐磨性、耐温性、耐腐蚀、负重性、防滑性、阻燃性、抗静电、低噪声等性能指标居于国内领先、国际先进地位,为国内知名的工业输送带制造企业。

上海意诺作为艾艾精工的全资子公司,专门负责拓展国际市场,主要出口产品为各类轻型输送带等,主要出口美国、墨西哥、新加坡、澳大利亚以及中东地区。并在德国设有销售公司及生产线拓展欧洲市场。在近两年外贸整体环境下滑的情况下,公司外贸规模继续保持稳定发展,2015 年公司外贸进出口额高达 4 376 万元。

未来,公司将继续秉承"以技术为基础,以质量为根本,以人才为核心"的理念,不断进行技术创新,将现有输送带产品做专、做深、做精,成为同行业中有国际竞争力的优秀企业。

第八节　虹　口　区

一、 2015 年虹口区国际经贸发展情况

(一) 外贸发展情况

2015 年,全球经济复苏步伐缓慢,出口综合成本居高不下,进口大宗商品价格持

续下跌。面对严峻的外贸形势，虹口区积极应对挑战。通过加强与上海海关、上海出入境检验检疫局等口岸部门合作、开展自贸试验区溢出效应的研究、持续推进贸易便利化建设等方式，进一步优化虹口区对外贸易软环境，贸易新业态、新模式企业发展取得初步成效，对外贸易企业质量获得整体提升。

1. 基本情况

据海关数据显示，2015 年虹口区进出口总额 49.74 亿美元，同比下降 15.73%。其中，出口 18.81 亿美元，同比下降 12.66%；进口 30.93 亿美元，同比下降 17.49%。累计逆差 12.12 亿美元，同比缩减 23.96%。整体呈现如下特点。

(1) 贸易国家或地区

一是传统市场持续疲软。对美洲、欧洲和日本等传统市场的进出口总额分别为 10.65 亿美元、10.19 亿美元和 4.04 亿美元，分别同比下降 22.56%、5.49% 和 25.77%。

二是主要新兴市场现下降趋势。对东盟、印度和非洲等主要新兴市场的进出口总额分别为 5.16 亿美元、4.12 亿美元和 3.02 亿美元，分别同比下降 6.34%、21.27% 和 4.96%(表 12.18)。

表 12.18　2015 年虹口区与主要贸易伙伴的贸易情况

国家或地区	贸易金额/万美元			同比增长率/%		
	进出口	出　口	进　口	进出口	出　口	进　口
亚　洲	200 156	91 349	108 808	−19.60	−12.38	−24.80
美　洲	106 456	49 239	57 217	−22.56	−13.01	−29.24
欧　洲	101 850	26 987	74 864	−5.49	−17.76	−0.11
东　盟	51 562	26 694	24 868	−6.34	4.54	−15.75
印　度	41 243	9 620	31 623	−21.27	17.89	−28.50
日　本	40 360	16 276	24 084	−25.77	−27.11	−24.84
大洋洲	40 213	6 138	34 075	−7.98	1.08	−9.44
非　洲	30 235	13 959	16 276	−4.96	−7.26	−2.90
澳大利亚	32 988	3 724	29 263	2.23	9.64	1.35
智　利	25 524	1 704	23 820	−51.97	−34.82	−52.85
波　兰	18 802	458	18 344	19.72	−38.28	22.60
俄罗斯	18 777	2 400	16 377	35.87	−36.70	63.32
中国香港	18 712	14 160	4 553	−26.01	−36.60	54.11

续表

国家或地区	贸易金额/万美元			同比增长率/%		
	进出口	出　口	进　口	进出口	出　口	进　口
韩　国	15 047	4 043	11 004	−48.12	−24.52	−53.46
印度尼西亚	12 791	7 557	5 235	−11.37	5.66	−28.10
德　国	11 531	3 137	8 393	−4.68	−15.13	−0.08
菲律宾	11 192	4 291	6 901	14.18	44.39	1.04
南　非	10 845	1 317	9 527	47.19	37.71	48.61
中国台湾	9 665	4 205	5 460	8.50	22.30	−0.18
意大利	9 205	2 953	6 253	−23.96	−11.92	−28.58

(2) 贸易方式

一是保税贸易进口大幅下降，保税贸易进出口总额 13.23 亿美元，同比下降 33.67%，其中出口同比下降 28.51%，进口同比下降 35.35%；二是加工贸易基本持平，加工贸易进出口总额 1.79 亿美元，同比下降 0.73%；三是一般贸易保持低位运行，一般贸易进出口总额 34.43 亿美元，同比下降 7.16%(表 12.19)。

表 12.19　2015 年虹口区分贸易方式进出口情况

项　目		出　口		进　口		进出口	
		金额/万美元	同比增长率/%	金额/万美元	同比增长率/%	金额/万美元	同比增长率/%
总　计		188 143	−12.66	309 274	−17.49	497 418	−15.73
贸易方式	一般贸易	137 300	−9.47	207 090	−5.56	344 390	−7.16
	加工贸易	13 671	−1.22	4 200	0.96	17 869	−0.73
	保税贸易	35 081	−28.51	97 209	−35.35	132 290	−33.67
	其他贸易	2 091	150.72	775	−33.13	2 869	−22.48

(3) 贸易企业

一是国有企业成进出口下行重灾区，进出口总额 14.84 亿美元，同比下降 36.90%，上海中燃船舶燃料有限公司、上海市工艺品珠宝首饰进出口有限公司、上海晋能国际贸易有限公司和上海外轮供应有限公司这 4 家主要国有企业领跌，分别同比下降 53.38%、41.04%、47.47%和 31.69%，下降总额 7.02 亿美元，占进出口总体降值 75.64%；二是外资企业逆势增长，进出口总额 4.29 亿美元，同比增长 4.32%，增幅高于民营企业 6.64%(表 12.20)。

表 12.20　2015 年虹口区分企业性质进出口情况

企业性质	出　口		进　口		进　出　口	
	金额/万美元	同比增长率/%	金额/万美元	同比增长率/%	金额/万美元	同比增长率/%
国有企业	67 898	−28.40	80 518	−42.65	148 417	−36.90
外资企业	15 951	−7.75	26 977	13.06	42 928	4.32
民营企业	104 294	1.48	201 756	−4.18	306 050	−2.32

(4) 贸易商品

一是矿产品、贱金属等大宗商品进出口趋冷，石油和铜产品出口分别同比下降 34.85%和 21.93%，进口分别同比下降 76.13%和 37.5%；二是高新技术产品进出口好于整体，同比增长 2.92%，高于进出口均值 18.65%，进出口前 3 位商品分别是贱金属、矿产品和机电产品，进出口额分别是 10.87 亿美元、8.86 亿美元和 7.62 亿美元，分别同比下降 19.78%、28.07%和 2.59%(表 12.21)。

表 12.21　2015 年虹口区主要进出口商品情况

序号	商品名称	出口额/万美元	同比增长率/%	占比/%	商品名称	进口额/万美元	同比增长率/%	占比/%
1	机电音像	43 771	0.57	23.26	贱金属	92 456	−21.80	29.89
2	矿产品	29 128	−30.58	15.48	矿产品	59 495	−26.77	19.24
3	纺织品	24 321	−10.30	12.93	机电音像	32 458	−6.55	10.49
4	化工品	19 544	−0.14	10.39	珠宝贵金属	27 602	−36.85	8.92
5	贱金属	16 288	−5.99	8.66	化工品	17 857	33.01	5.77
6	车辆、航空器、船舶	13 228	1.80	7.03	毛皮箱包制品	15 771	1 879.22	5.10
7	杂项制品	11 262	−3.42	5.99	光学医疗制品	10 139	19.07	3.28
8	毛皮箱包制品	7 757	−23.84	4.12	纺织品	8 495	6.06	2.75
9	塑料橡胶	7 497	−15.77	3.98	塑料橡胶	8 049	−20.38	2.60
10	光学医疗制品	3 838	−23.97	2.04	植物产品	6 237	−28.91	2.02

2. 2015 年外贸主要工作

(1) 积极承接自贸试验区“溢出效应”

一是主动对接口岸部门，达成多项合作共识。与上海海关签署《合作备忘录》，双方拟在保税仓库功能拓展、国际酒类功能区建设、企业服务常态化机制建设、知识产权保护、企业诚信体系建设和海关工作保障等 6 方面建立深度合作。与上海出入境检验检疫局召开便利化工作推进座谈交流会，就打造“进口商品保税展示交易平台”

"自贸试验区改革开放新政复制试点平台""外贸企业诚信管理平台",以及支持"上海国际酒类现代商贸服务功能区"发展、明确口岸管辖权限等方面的合作进行磋商,并达成一致意见。

二是注重调研,完成自贸试验区政策制度创新研究工作。通过对宝钢资源控股(上海)有限公司、蜜利国际贸易有限公司和途牛国际旅行社有限公司等 20 多家外贸重点企业、新运营企业和进出口波幅较大企业做深度调研,了解自贸试验区在贸易便利化建设和跨境电商支持等方面好的经验和措施,以及虹口区要借鉴和承接的具体需求,完成《借鉴自贸试验区政策制度创新的措施研究》报告,为虹口区更好地承接自贸试验区"溢出效应"提供理论支撑。

(2) 鼓励、支持贸易新业态企业发展

一是加强企业服务。鼓励上海上港电子商务有限公司旗下的上港商城开展网购保税进口业务,目前该平台采用 B2B2C 的保税备货销售模式,已于 2015 年底正式上线运营。支持上港国客中心积极对接"跨境通"平台,开设"日本广场"及"中国台湾亚柏"O2O 体验店。为上港集团旗下进口商品直销超市——上港全洲超市提供全方位服务。

二是加强关检政策支持。与上海海关、上海海关杨浦监管站、上海出入境检验检疫局、上海出入境检验检疫局航交所办事处等属地化管理部门建立长效沟通机制和联动服务机制,共同走访宝钢资源控股(上海)有限公司等外贸转型重点企业,主动上门提供政策对接服务,并针对企业反馈意见,开展关检新政系列培训活动。

三是加强资金支持。首次将外贸企业纳入《虹口区促进四川北路现代商贸业发展的若干措施及实施细则》扶持范围,为外贸企业开展跨境电子商务所需的人才培育、供应链整合、国际物流仓储平台建设等提供资金支持。

(3) 优化事中事后监管制度

联手海关建立企业资信查询合作机制,主动承接"企业信用状况证明"业务前期审核和后期发证工作,制定虹口区内国际贸易企业和物流企业《信用状况查询申报指南》,对业务申请依据和运营情况作具体核查,并根据海关反馈的企业信用状况信息建立虹口区国际贸易、物流企业诚信管理数据库,为企业品牌建设、政策申报、融资保险、上市增发和境外投资等促进国际贸易业务发展的活动提供适度的资信支持服务。

(二) 外资发展情况

2015 年,虹口区吸引合同外资金额 11.2 亿美元,同比下降 19.27%;实到外资 6.77 亿美元,其中非房地产实到外资 5.12 亿美元,完成全年指标数 102.4%(表

12.22)。全区涉外三级税收累计 49.04 亿元,同比增长 6.91%,比重为 28.93%,区级税收累计 20.79 亿元,同比增长 22.53%,比重为 30.16%。非房地产开发经营业涉外三级税收 32.6 亿元,同比增长 0.21%;非房地产开发经营业涉外区级税收 9.95 亿元,同比下降 7.2%。

表 12.22　2015 年虹口区利用外资情况

吸引外资方式	批准外资企业			合同外资		实到外资	
	项目/个	投资总额/万美元	同比增长率/%	金额/万美元	同比增长率/%	金额/万美元	同比增长率/%
合　　计	—	90 281.47	−33.9	112 069.02	−19.3	67 678.30	−43.3
外方直接投资	91	55 259.00	−48.4	44 140.32	−55.4	—	—
合资企业	15	9 401.10	−87.9	7 658.68	−74.5	—	—
独资企业	76	45 857.90	55.1	36 481.64	−47.2	—	—
外方其他投资	—	35 022.47	18.5	67 928.70	70.9	—	—

2015 年,虹口区利用外资的主要特点如下。

1. 重点连锁餐饮品牌落地

由中国香港 DomKing Holdings Limited 投资设立的上海东钦餐饮管理有限公司在虹口区成立,注册资金 1 000 万美元。公司实际投资人为京东集团创始人刘强东以及原麦当劳中国首席运营官缪钦。公司主要从事茶饮品连锁餐饮以及相关衍生品的网络零售,全力将东钦的“因味茶”品牌打造成“中国的星巴克”。餐厅内除了现场售卖饮茶,还会摆放一些设计师独家设计的创意茶具、家具、饰品、工艺品等,餐厅所有的产品、摆设都可利用扫二维码等手段进行线上交易,实现线上线下的互动营销。公司计划 2016 年在全国达到 40 家门店,2017 年达到 100 家。

2. 金融服务业爆发性增长

2015 年,虹口区引进金融服务业新设项目 7 个,增资项目 1 个,合同外资 3.62 亿美元,合同外资占比 32.28%。其中,引进 6 家融资租赁公司,分别为诺斯(上海)融资租赁有限公司、上海辰茂融资租赁有限公司、上海瑞讯融资租赁有限公司、上海佳成融资租赁有限公司、上海宏易融资租赁有限公司、加金融资租赁(上海)有限公司,合同外资 1.23 亿美元;浩科融资租赁(上海)有限公司增资 2.37 亿美元。此外,虹口区新引进一家股权投资管理公司“上海榅谷股权投资管理基金有限公司”,合同外资 200 万美元。

3. 外资商业地产项目助推虹口区中部地区发展

(中国香港)启明有限公司成功拍得虹口区嘉兴路街道 HK354B-01 号地块,启明有限公司的母公司崇邦集团是一家以城市高端综合商业地产为主的地产投资发展企业，以科学的价值体系和专业化的运营团队，致力服务于成长中的中国资本和城市建设。崇邦集团已经在上海成功开发了大宁国际商业广场、金桥国际商业广场等项目。崇邦集团将在周家嘴路打造一个集商业与办公功能为一体的综合性项目，满足周边中高端客群的消费需求，填补区域商业空白。同时，作为北外滩板块办公集群的重要部分，吸引航运、金融等行业的企业入驻办公，从整体上提升周家嘴路区域的商业及商务层次。

二、 2016年虹口区国际经贸工作展望

（一）外贸工作展望

1. 加强调研分析，做好产业引导工作

继续做好外贸监测统计工作，全面掌握重点外贸企业运营情况。加大外贸新模式、新业态企业挖掘和走访，开展全面调研排模，完成《虹口区外贸新业态企业发展情况报告》，为外贸企业转型发展提供路径和意见。

2. 加大政策支持力度，推进外贸转型升级

继续做好现有外贸政策的宣传推广工作，为转型企业和困难企业提供政策保障。进一步扩大区级外贸政策的支持范围和支持内容，为外贸招商引资、存量企业维护提供抓手。主动融入上海市外贸重点项目建设，积极争取市级资金、政策支持，借力推进虹口区外贸企业发展。

3. 深化关区、检区合作，加快贸易便利化建设

深化与上海海关、上海出入境检验检疫局的合作，建立并完善外贸企业常态化服务机制和外贸企业诚信体系，提升通关、通检便利化水平。积极发展跨境电子商务，努力建立与之相适应的海关监管、检验检疫、跨境支付和物流仓储等支撑体系。

（二）外资工作展望

2016年，加大力度吸引和利用外资，是服务各产业提质增效的重要途径之一。虹口区商务委员会作为区内外商投资的审批和管理部门，将积极联合区内各产业部门和招商中心，以开放、协调、共享的态度，共同推进涉外经济发展。

第一，抓龙头。重点加大对跨国公司地区总部的引进力度。同时引导虹口区目前符合总部条件的企业拓展职能、做大做强。

第二，抓资源。一是用好市级平台。紧密联系上海市商务委员会、上海市外商投

资促进中心等市级部门和社会中介机构，用好它们的资源，服务虹口区的涉外经济。二是积极对接自贸试验区。承接好自贸试验区可复制推广领域的成功经验。尤其在服务业开放领域——中央明确在自贸试验区以外复制推广的五大领域之一，落地企业和项目（服务业开放领域包括：允许融资租赁公司兼营与主营业务有关的商业保理业务、外商投资资信调查公司、股份制外资投资性公司，融资租赁公司设立子公司不设最低注册资本限制，允许内外资企业从事游戏游艺设备生产和销售等）。

第三，抓队伍。一是抓好招商队伍。建立外资招商专业队伍，提升招商干部对外资招商的专业性。健全外资项目的预报、跟踪制度，及时了解、解决项目引进过程中的相关问题。二是抓好审批队伍。借鉴负面清单，进一步简化审批、精简材料、加强服务。

案例 11　上港商城：打造新物流时代跨境电商平台

上港商城是上港集团全新打造的海外购物平台，也是目前上海市仅有的几家真正可享受“行邮税”的跨境电子商务平台之一，筹建于 2015 年初，9 月 27 日上线公测，目前处于试运营阶段。平台采用“海外直采＋全自营”模式，主要运用 B2C（采购商→平台商→消费者）网上购物模式，整合海外供应商、国际仓储及物流、跨国支付等各种资源，让用户可以一键式下单，轻轻松松购买到心仪价优的海外商品。另外，平台通过叠加 B2B 团购业务、上港足球队线上售票业务等，进一步拓展平台综合服务功能和服务领域。上港商城的跨境支付业务由集团公司的境外经营实体——上港集团（中国香港）有限公司（主要从事海外投融资业务和整个集团的全球支付业务）负责，由于需要走跨境通渠道，因此上港商城的货权保留在境外（中国香港公司），支付时，上海东方电子支付有限公司将钱款拆分为海外货款打给上港集团（中国香港）有限公司，行邮税则在上海向海关支付。

上港商城跨境电商进口商品同时需要接受出入境检验检疫和海关的监管查验，出入境检验检疫局负责商品的准入审核，海关则负责商品行邮税的计核。一是采用行邮税，且对于税额低于 50 元的商品免征行邮税，降低了进口缴税额，给消费者带来了实惠，上海海关推出“行邮税担保实时验放”模式，通过电子计征、担保验放、汇总征税等缩短跨境电商订单进口通关时间，且无须中文标签，备案进库，上海出入境检验检疫局只做形式上的核对检验；二是利用口岸物流资源，其母公司上港集团背靠长三角，物流成本具备优势，上港集团作为全球最大的集装箱港口，未来整合产业链资源切入跨境电商物流的能力较强，上港集团公司本身是跨境电商试点的参与主体之一，而且其收购的“同盛物流园区投资开发有限公司”的下属公司是市场唯一一家在洋山保税港区具备海运进口分拨监管仓库资质的公司，仓库一期面积 4 000 平方米，并预留了 16 000 平方米仓库空间；三是发展跨境电商，采取自营方式，公司设有采购部门赴全球采购，按地区划分日韩、澳洲等。海外买断商品被运到洋山保税区仓库的上货架，商品仍处于保税状态，客户实名认证后下单(每张认证后的身份证每年可消费 2 万元)，商品从保税仓库中发货到客户手中，保税备货模式可提升商品从国外到国内消费者的速度，使消费者可以购买到许多尚未从一般贸易渠道进入国内市场的优质产品，满足国内消费者的跨境消费的需求(客户上午 10 点前下单 24 小时内送达，10 点以后下单的隔天送达)。

上港集团物流有限公司依托上港集团在海运、港口、国内物流、港口配套服务和金融服务等方面的优势资源，新成立上海上港电子商务有限公司，旨在打造新物流时代的跨境电商品牌——上港商城，建设针对国内消费者的集跨境采购、全程物流、网上销售为一体的购物平台。上港商城未来发展方向：一是向跨境电商物流方向发展，主要提供海外物流、备案、报关报检、仓储等一站式综合服务；二是发展平行进口汽车业务，目前平行进口汽车的上牌、保养维修和保险等问题已得到妥善解决，上港集团在洋山港的保税仓库已进口法拉利和保时捷，已在保税仓内设置进口汽车展示厅；三是在虹口区开设上港商城线下体验店，开设大型百货＋停车场，将货架仓储从洋山港搬到虹口区。

第九节　杨　浦　区

一、 2015 年杨浦区国际经贸发展情况

(一) 外贸发展情况

1. 基本情况

2015 年，杨浦区外贸发展总体平稳，外贸进出口总额为 19.05 亿美元，同比增长 5.19%，达成全年 3%增长的任务目标。其中，海关进口总额为 8.5 亿美元，同比增长 7.24%，海关出口总额为 10.55 亿美元，同比增长 3.59%。杨浦区第三季度为外贸企业交易最为频繁时期，纺织和机电类产品仍为外贸主要出口产品，此外，2015 年杨浦区外贸发展还有如下特点。

(1) 进口形势好于出口

2015 年，杨浦区外贸出口形势从一季度起便持续增长，区内外贸企业出口订单

相较2014年增幅有所下降，出口方向主要为美国、东盟、日本等地；进口从一季度起也保持持续增长，进口主要货物品类为机电、音像设备、塑料及其制品。2015年进口增幅高于出口增幅，进口形势明显好于出口。

(2) 贸易方式持续优化

2015年，杨浦区一般贸易进出口总额14.99亿美元，占比78.78%；加工贸易进出口总额4 518万美元，占比2.37%；其他贸易(物流、保税等)进出口总额3.59亿美元，占比18.85%(图12.28)。相较于传统加工贸易，一般贸易具有国内产业链条长、自主研发因素强、行业带动效应大等特点，而其他贸易比重也略有提升，表明杨浦区的贸易方式正在进一步调整优化。

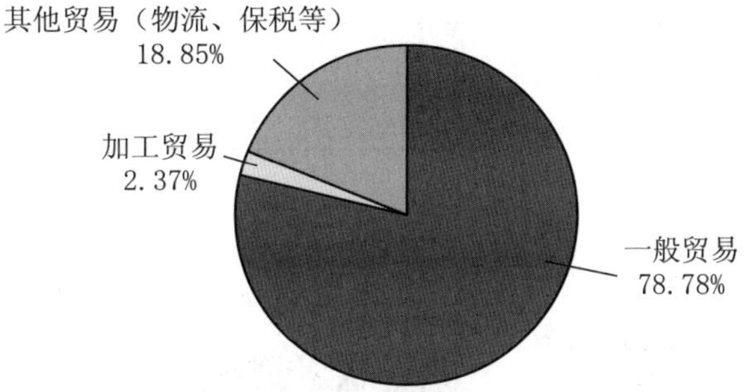

图12.28　2015年杨浦区外贸进出口贸易方式结构

(3) 重点企业进出口平稳增长

2015年，在外贸进出口下行压力的大背景下，杨浦区仍能保持平稳增长态势，为全市少数保持增长区县之一。其中，外贸进出口总额规模1亿美元以上企业继续保持2家：上海华申进出口有限公司进出口额为2.82亿美元，上海远洋运输有限公司船舶供应公司进出口额为2.41亿美元；规模千万美元以上企业31家，如上海五角场(集团)有限公司、上海卜力国际贸易有限公司、上海久商国际贸易有限公司、上海复旦微电子集团股份有限公司等；规模百万美元以上企业168家，如上海广略实业有限公司、上海远洋渔业有限公司、汉高(中国)投资有限公司、上海申缆科技贸易公司等。

(4) 主要出口产品以纺织和机电产品为主

2015年，杨浦区主要出口商品产品结构仍以加工类纺织原料及纺织制品和机电、音响设备及零部件产品为主，出口额分别为38 254万美元、30 743万美元，占比分别为36.26%、29.14%，两类合计出口额占全区出口总额的比重达65.4%(表12.23、图12.29)。

表 12.23 2015 年杨浦区主要出口商品情况

出 口 商 品	出口额/万美元	占比/%
全区合计	105 500	100.00
纺织原料及纺织制品	38 254	36.26
机电、音响设备及零部件	30 743	29.14
贱金属及其制品	6 657	6.31
杂项制品	6 246	5.92
其他	5 908	5.60
化学工业及其相关工业的产品	5 307	5.03
塑料及其制品	2 638	2.50
皮革、毛皮及其制品;箱包	2 163	2.05
鞋帽伞等;羽毛品	1 530	1.45

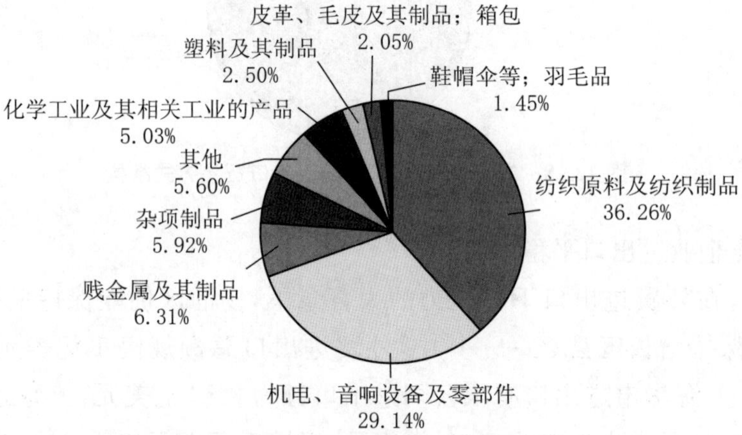

图 12.29 2015 年杨浦区出口商品结构

(5) 主要出口市场仍集中在成熟市场

2015 年,杨浦区的出口市场仍集中在亚洲、欧洲和北美洲等成熟市场。其中,向亚洲市场出口额为 41 852 万美元,占比 39.67%;向北美洲市场出口额为 19 940 万美元,占比 18.90%;向欧洲市场出口额为 19 222 万美元,占比 18.22%(表 12.24)。

2. 外贸工作总结

(1) 认真做好日常服务工作,促进外贸稳定增长

2015 年,杨浦区商务委员会完成加工贸易生产能力证明 20 份,赴上海揄扬服饰有限公司实地验厂,完成加工贸易合同批准证 165 份,完成 8 家企业关于外经贸发展

表 12.24　2015 年出口商品主要输往地情况表

国　家　或　地　区	出口额/万美元	占比/%
合　　计:	105 500	100.00
亚洲	41 852	39.67
其中:东盟	14 570	13.81
日本	8 007	7.59
中国香港	4 737	4.49
北美洲	19 940	18.90
其中:美国	18 895	17.91
欧洲	19 222	18.22

专项资金的资质审核和备案工作。完成杨浦区外贸企业 2014 年度外经贸发展专项资金项目材料审核工作,2015 年度杨浦区共 55 家外贸企业合计申报 105 个项目,涉及申报资金 215.36 万元,经审核后实际批复同意项目 82 个,批复资金 153.9 万元。配合上海市商务委员会做好部分申报外经贸发展专项资金企业的账户核查工作,帮助企业顺利获取资金。完成 2015 年度国家服务外包资金 6 个项目的审核工作。按照上海市商务委员会要求汇总上报杨浦区服务外包企业 2015 年度离岸服务外包合同及对应收汇凭证以及获得国家服务外包资金支持企业的绩效评估报告。根据上海市商务委员会安排,与上海进出口商会签订上海市外贸进出口调查监测系统运行合作协议。每月做好对区内 20 家外贸样本企业的进出口调查监测统计。

(2) 积极走访企业

2015 年,杨浦区商务委员会会同海关杨浦监管站负责人走访易安信公司、上海青一禾国际贸易有限公司,帮助企业解决实际问题;走访欣海报关公司,协调指导召开"2015 跨境贸易论坛暨首届云贸通进口商品展示会";与上海海关现场业务一处走访上海国际时尚中心;会同上海市商务委员会服务贸易处走访复旦软件园;组织召开 2015 年杨浦区外贸业务专题培训暨外经贸发展专项资金(中小企业开拓资金)政策宣讲,做好中小企业开拓资金项目审批;走访中国出口信用保险公司上海分公司,研究帮助外贸企业"走出去"工作。

(二) 外资发展情况

1. 基本情况

2015 年,杨浦区聚焦重点区域、重点行业、重点企业以及总部型、龙头型、领军型项目，不断提高外资引资质量，同时提升外资企业服务水平，推进上海科技创新中心重要承载区的建设。全年合同利用外资 5.25 亿美元，新引进项目 119 个，实到外资 1.85 亿美元，其中注册资金 1 000 万美元以上的企业 4 家，均属高新科技类和现代服务类企业；共有 30 家外资企业增资，共增资 1.68 亿美元(表 12.25)。截至 2015 年底，杨浦区累计批准三资企业 1 661 家，合同外资达 67.9 亿美元。其中，合资企业 430 家、合作企业 111 家、独资企业 1 120 家。

表 12.25　2015 年杨浦区新引进外资情况

企业性质	新批准项目数/个	合同外资/亿美元	实到外资/亿美元
合计	119	5.25	1.85
其中：合资企业	22	0.94	0.35
合作企业	—	—	—
独资企业	97	4.31	1.50

2. 发展特点

(1) 外资结构逐步改善

2015 年，杨浦区新引进的 119 个外资项目行业分布均为本区“两个优先、两个提升、一个保持”产业，其中，知识型现代服务业项目 45 个，占比 37.82%；高新技术产业项目 40 个，占比 33.61%；商贸文体服务业项目 34 个，占比 28.57%(图 12.30)。

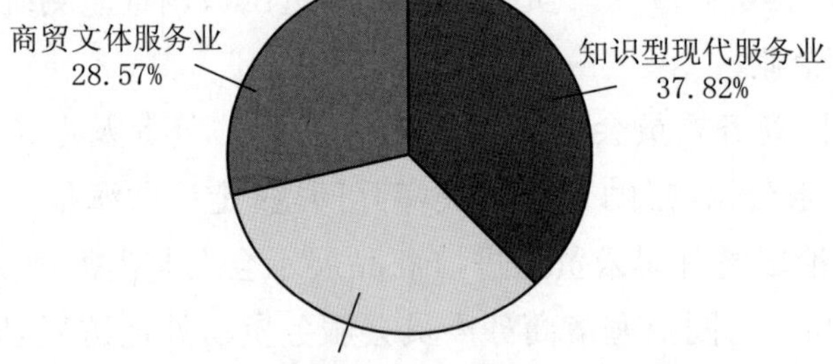

图 12.30　2015 年杨浦区新引进外资项目产业分布

(2) 知识型现代服务业和高新技术产业的引进占主导地位

2015 年，杨浦区新引进的 119 个外资项目中，知识型现代服务业和高新技术产业的企业 85 家，占全年引进项目总数的 71.43%，合同利用外资 2.36 亿美元，占新设项目合同利用外资总额的 66.11%。30 个增资项目中，知识型现代服务业和高新技术企业 22 家，占增资项目总数的 73.33%，合同利用外资 1.12 亿美元，占增资总额的 66.66%。世界 500 强企业法国万喜集团旗下艾和（上海）自动化有限公司、上海京东到家元信信息技术有限公司、蓝格赛企业管理（上海）有限公司等重点企业入驻杨浦区。

（3）地区总部培育力度不断加大

2015 年，杨浦区引进和培育蓝格赛企业管理（上海）有限公司、班安欧企业管理（上海）有限公司等跨国公司地区总部；积极推进跨国公司地区总部能级提升，帮助汉高（中国）投资有限公司、蓝格赛企业管理（上海）有限公司、班安欧企业管理（上海）有限公司等 3 家跨国公司总部企业成为亚太区总部。

（4）大项目效应明显

2015 年，杨浦区新引进的外资项目中，注册资金 1 000 万美元以上企业 4 家，合同利用外资 2.73 亿美元，占新引进项目合同利用外资的 76.47%，占全年合同外资的 52%。30 个增资项目中，增资超过 1 000 万美元的项目 4 个，共增资 0.8 亿美元，占增资总额的 47.62%，占合同利用外资总额的 15.24%。

（5）外资来源呈多元趋势

2015 年，杨浦区新引进的外资项目中，资金来源涉及亚洲、欧洲、美洲、大洋洲、非洲共 24 个国家和地区。港澳台地区及欧洲是杨浦区外商投资的主要来源区域，其中，来自中国香港的外资项目 50 个，合同外资 30 380.01 万美元，占比 85.07%；来自美国、新加坡、中国台湾、英国的外资项目分别为 10 个、8 个、7 个、3 个，合同外资分别为 190.49 万美元、247.19 万美元、88.43 万美元、3 095.94 万美元，占比分别为 0.53%、0.69%、0.25%、8.68%（表 12.26）。

表 12.26　2015 年杨浦区新设外商投资企业主要来源地情况

国家或地区	项目数/个	合同外资/万美元	占比/%
中国香港	50	30 380.01	85.07
美　国	10	190.49	0.53
新加坡	8	247.19	0.69
中国台湾	7	88.43	0.25
英　国	3	3 095.94	8.68
其他国家、地区	41	1 708.70	4.78
总　计	119	35 710.76	100.00

二、 2016年杨浦区国际经济贸易工作展望

（一）外贸工作展望

2015年，杨浦区外贸进出口发展形势总体良好，但全区外贸体量仍显不足，进出口总额占全市比重仅为0.42%。2016年，为把握自贸试验区和杨浦建设创新型试点城区的叠加效应，充分化挑战为机遇，提高对接自贸试验区的重要认识，将进一步做好对区域内重点外贸企业的辅导，协调海关、中国出口信用保险公司等主动深入重点外贸企业，开展政策指导、咨询服务，积极为企业解决生产经营中遇到的实际困难，同时积极搭建平台、创造条件，组织召开企业负责人会议，听取企业意见，加强企业间的交流互动，强化企业抢抓自贸试验区机遇意识，提升国际竞争力，促进杨浦区外贸持续健康发展。

1. 外贸工作计划

一是对接自贸试验区的相关政策，做好区域内重点企业辅导。深入重点外贸企业，开展自贸试验区有关政策等的辅导，同时积极搭建平台、创造条件，组织召开企业负责人会议，建立例会制度，听取企业意见，加强企业间的交流互动，强化企业抢抓自贸试验区机遇意识，提升国际竞争力。

二是在调研排摸杨浦区服务外包产业发展现有基础前提下，不断鼓励园区培育或引进承接国际服务外包的龙头企业，继续创建符合市级标准的特色园区；进一步巩固规模型企业发展，协助园区加大对企业的服务指导工作力度，努力挖掘一批潜力企业、扶持小微企业，通过资源整合、优势互补，形成梯队发展格局。

三是积极落实商务部、上海市商务委员会关于促进外贸稳定增长的相关政策，组织上海海关、杨浦区相关职能部门、上海出口信用保险公司、杨浦区中小企业服务中心等，搭建服务平台和交流平台，通过重点企业上门服务、行业划分专业服务、区域范围整合服务的方式，开展信息推广、政策解读、专业指导，帮助企业排忧解难。同时，鼓励更多企业通过新设、并购、收购等形式，开展境外投资，实现"走出去"，实现高附加值产品升级转型，带动杨浦区技术进口和产品出口。积极组织企业参加各类国内外展会，帮助企业争取各类政策支持。

四是进一步加强外经、外贸产业政策、业务知识学习，主动加强与上海市商务委员会、海关等相关部门的沟通，提高办事效率，形成高效、透明的行政办事和业务审批制度。

五是做好研究分析，根据海关数据查询系统，加强外贸进出口数据统计分析；加

强外贸进出口调查监测工作，做好外贸样本企业的统计改造。

六是围绕杨浦区打造上海具有全球影响力的科技创新中心重要承载区建设，促进服务贸易发展，鼓励易安信信息技术研发（上海）有限公司、上海中和软件有限公司等依托大数据、移动互联网、云计算等创新技术企业提升服务贸易价值，加快企业拓展海外市场的步伐，扩大海外知名度。

2. 外贸工作举措

一是加强服务。有针对性地走访重点企业，协调相关部门帮助解决实际问题；开展政策咨询、业务培训；加强对商业企业营销工作的帮助督促指导检查；加强对行业协会的联系指导，发挥协会的积极性和重要作用。

二是调整提升。开展商旅文联动，完善节庆营销工作（安全工作）机制，形成叠加效应；进行品牌业态调整，提升体验消费、提高线上线下服务能力，鼓励新兴业态。

三是指导跟踪。协调 2016 年新建商业载体开业，五角场载体品牌业态与现有载体的融合错位；社区商业、特色商业街建设，加强互动交流，扩大社区消费，构建完善以“市级商业中心、地区级商业中心、社区级商业中心、特色商业街”为核心的“3＋1”的实体商业布局。

（二）外资工作展望

1. 提升总部能级、拓展总部功能，推动总部经济向更高层次发展

进一步引导、鼓励跨国公司在杨浦区设立亚太区总部、事业部全球总部等，扩大区域总部管理范围，开展区域总部一体化运作，提升能级，增强影响力；支持跨国公司地区总部拓展总部功能，整合区域内投资、销售、资金管理、共享服务等业务，重点强化贸易结算、人力配置等实体方面功能，促进跨国公司战略布局与杨浦区发展需求的融合，推动总部经济跨越式发展；结合杨浦科技创新中心重要承载区建设，重点培育引进外资研发中心，促进信息技术、节能环保、专业咨询等契合科技创新中心承载区建设的相关行业优质外资企业发展。

2. 加大外资引资工作力度，提高投资促进水平和成效

联动上海市相关部门，加强境外招商，针对美国、日本、欧洲、中国香港等重点国家和地区，以地区总部、科技研发为目标，开展定向招商；联动第三方机构，购买包括行业 500 强、全球创新百强等大数据，同时充分利用第三方服务，共同遴商招商；联动各级招商平台、如上海市外资促进中心 4 个海外办事处、3 个境外招商部、各使领馆商务部、各国商会以及行业协会等，吸引知识和资本密集型、拥有核心技术的创新型、具有独特商业模式的服务型外资入驻杨浦区。

3. 优化营商环境、打造开放亲商的投资环境

借助外资协会平台建立“外资企业共享服务中心”，定期组织外管、海关、商检、税务、人保等外资相关职能部门集中解答外资企业所反映的问题，邀请银行、律师事务所、会计事务所为企业提供专业服务；研究借鉴国际通行规则，创新管理方式，优化审批流程。积极争取上海市商务委员会支持，进一步深化“告知承诺＋格式审批”外资审批方式，简化审批、精简材料，实现审批过程透明化、公开化；根据区域战略调整及产业发展重点，做好 2016 年外资宣传推介材料编制工作，帮助外国投资者及时获取政策和信息，同时借助微信公众号等现代信息手段，倾听外资企业意见和建议。

4. 加强外资统计和年报工作、提高事中事后监管能力

提升分析能力。做好月度、季度、年度外资统计分析和形势研判；深化年报数据使用，研究借助第三方机构对年报结果进行大数据分析；加强统计监管、将外资统计作为事中事后的重要监管手段，建立外资企业运营监测和预警系统；开展杨浦区存量外资企业的摸底调研工作。

第十节　宝　山　区

一、 2015 年宝山区国际经贸发展情况

（一）外贸发展情况

2015 年，宝山区企业完成进出口总额 90.59 亿美元，同比下降 22.93％，其中出口总额 40.36 亿美元，同比下降 16.09％，在全市各区县中排第 9 位；进口总额 50.23 亿美元，同比下降 27.66％。

1. 出口以一般贸易方式为主

2015 年，宝山区以一般贸易方式出口额为 34.22 亿美元，同比下降 11.74％，占比 84.79％；而以加工贸易方式出口额为 5.17 亿美元，同比下降 37.88％(表 12.27)。

表 12.27　2015 年宝山区分贸易方式出口情况

贸易方式	金额/万美元	同比增长率/％
出口总额	403 616	－16.09
一般贸易	342 229	－11.74
加工贸易	51 717	－37.88
其他贸易	9 669	－3.38

2. 民营企业出口逆势增长

2015 年,宝山区民营企业出口额为 9.21 亿美元,同比增长 3.34%;国有企业和外资企业出口均下滑,出口额分别为 19.45 亿美元和 11.68 亿美元,分别同比下降 17.23% 和 25.46%(表 12.28)。

表 12.28　2015 年宝山区分企业性质出口情况

企业性质	金额/万美元	同比增长率/%
出口总额	403 616	−16.09
国有企业	194 511	−17.23
外资企业	116 845	−25.46
民营企业	92 112	3.34

2015 年,宝山区外贸出口额 3 000 万美元以上的企业共 19 家,合计出口额 268 866 万美元,占全区出口总额的比重为 66.6%,其中,宝山钢铁股份有限公司出口额为 136 085 万美元,同比下降 15.26%,占全区出口总额的比重为 33.72%(表 12.29)。

表 12.29　2015 年宝山区出口额 3 000 万美元以上企业情况

序号	单　　位	出口额/万美元	同比增长率/%	占比/%
1	宝山钢铁股份有限公司	136 085	−15.26	33.72
2	上海宝冶集团有限公司	19 704	50.64	4.88
3	上海中集宝伟工业有限公司	17 720	16.00	4.39
4	宝钢不锈钢有限公司	13 248	−46.67	3.28
5	上海一冷开利空调设备有限公司	10 672	−4.27	2.64
6	上海宝山太平货柜有限公司	9 844	−31.78	2.44
7	上海申和热磁电子有限公司	7 480	−27.26	1.85
8	宝钢钢构有限公司	6 873	98.86	1.70
9	上海华科投资股份有限公司	5 723	1 357.28	1.42
10	宝钢特钢有限公司	5 612	−53.93	1.39
11	五冶集团上海有限公司	5 328	76.46	1.32
12	上海富驰高科技有限公司	4 986	246.76	1.24
13	上海韩邑照明电气有限公司	4 574	33.22	1.13

续表

序号	单　位	出口额/万美元	同比增长率/%	占比/%
14	上海海泰钢铁国际贸易有限公司	4 268	56.67	1.06
15	宝钢工程技术集团有限公司	3 562	−50.86	0.88
16	上海中远川崎重工钢结构有限公司	3 559	−26.56	0.88
17	东芝电梯(中国)有限公司	3 323	69.45	0.82
18	上海海隆石油钻具有限公司	3 163	−62.29	0.78
19	上海展志钢材加工配送有限公司	3 142	60.74	0.78
合计	宝山区外贸出口额 3 000 万美元以上企业	268 866	—	66.60

3. 高新技术产品出口实现增长

2015 年，宝山区高新技术产品出口有所增长，出口额为 1.73 亿美元，同比增长 4.69%；钢结构件、制冷设备和机械提升搬运装卸设备出口逆势增长，同比增幅分别为 10.52%、7.22% 和 31.91%；主要出口商品钢材、集装箱分别同比下降 12.55%、45.75%(表 12.30)。

表 12.30　2015 年宝山区主要出口商品情况

出　口　商　品	出口额/万美元	同比增长率/%	占比/%
钢　材	154 358	−12.55	38.24
集装箱	26 981	−45.75	6.68
钢铁或铝制结构体及其部件	24 354	10.52	6.03
冷冻机和制冷设备	7 469	7.22	1.85
机械提升搬运装卸设备及零件	6 846	31.91	1.70
通断保护电路装置及零件	6 398	−4.57	1.59
服装及衣着附件	5 721	−19.59	1.42
纺织纱线、织物及制品	5 556	−13.20	1.38
家具及其零件	4 987	19.47	1.24
电线和电缆	4 982	94.47	1.23

4. 积极利用国际市场资源

2015 年，宝山区铁合金、肉类、医药品进口分别同比增长 1 517 倍、2.72 倍和 38.82%，主要进口商品铁矿石、钢材分别同比下降 34.03% 和 30.89%(表 12.31)。

表 12.31　2015 年宝山区主要进口商品情况

进　口　商　品	进口额/万美元	同比增长率/%	占比/%
铁矿砂及其精矿	299 901	−34.03	59.70
钢　材	32 336	−30.89	6.44
煤	25 509	−22.72	5.08
锯　材	9 092	−5.69	1.81
铁合金	7 877	151 705.49	1.57
未锻造的铜及铜材	6 108	20.26	1.22
计量检测分析自控仪器及器具	4 294	20.45	0.85
牛皮革及马皮革	3 005	−18.41	0.60
乳　品	2 994	−20.69	0.60
金属加工机床	2 811	−51.47	0.56

5. 东盟为第一大出口市场

2015 年，宝山区对东盟市场出口额为 7.53 亿美元，占比 18.66%，继续保持第一大出口市场，其次分别为美国、韩国、欧盟，出口额分别为 6.31 亿美元、4.40 亿美元和 3.72 亿美元，占比分别为 15.64%、10.91%和 9.22%(表 12.32)。

表 12.32　2015 年宝山区出口商品主要输往地情况

国家或地区	出口额/万美元	同比增长率/%	占比/%
东　盟	75 319	−5.53	18.66
美　国	63 134	−17.21	15.64
韩　国	44 048	−22.58	10.91
欧　盟	37 229	−24.19	9.22
日　本	25 248	−27.91	6.26
印　度	18 220	−29.89	4.51
中国香港	15 106	−36.52	3.74
加拿大	13 617	17.36	3.37
土耳其	12 485	331.17	3.09

（二）外资发展情况

2015 年，宝山区新批外资项目 128 个，增资项目 43 个，合计 171 个，同比下降 8%；吸收合同外资 2.7 亿美元，同比下降 48%。其中：新批项目合同外资为 0.9 亿美元，增资项目合同外资为1.8亿美元。全年实到外资2.1亿美元，同比下降40%。其中，来自于中国港澳地区的合同外资占全区52%，美国占比12%，欧洲占比7%，东盟占比5%，日韩占比4%，其他国家或地区占比19%（表12.33、图12.31）。

表 12.33 2015 年宝山区合同外资来源地情况

国家/地区	项目数/个		合同外资金额/万美元
	新 批	增 资	
总 计	128	43	27 112
其中：中国港澳地区	32	20	14 207
中国台湾	15	2	350
日 韩	16	3	1 006
东 盟	9	0	1 357
欧 洲	28	5	1 781
美 国	12	3	3 366
其 他	16	10	5 046

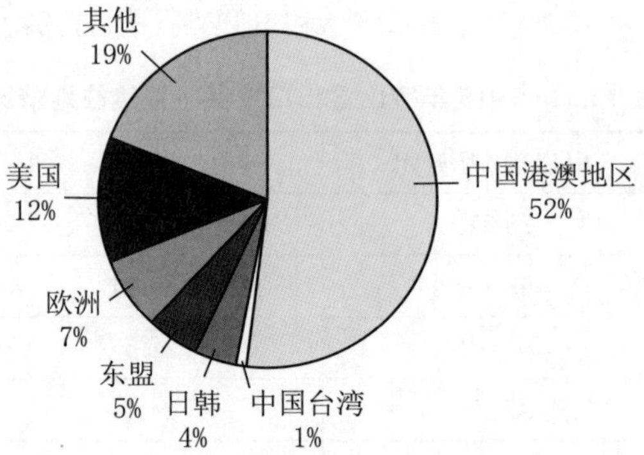

图 12.31 2015 年宝山区合同外资来源地结构

2015年，宝山区利用外资的主要特点如下。

1. 外资质量有所提升

2015年，宝山区外商投资企业总数1 029家，其中，投产企业669家，同比增长7.0%；利润总额32.5亿元，同比增长5.7%；税收总额36.5亿元，同比增长9.5%；营业（销售）收入591.8亿元，同比下降4.5%。在外商投资企业中，服务业企业主要经营指标呈稳步上升趋势，营业收入、利润总额分别同比增长18.3%和223.8%（表12.34）。

表 12.34　2015 年宝山区外商投资企业经营状况

项　　目	2015 年	2014 年	增长率/%
企业总数/户	1 029	906	13.6
投产企业数/户	669	625	7.0
营业(销售)收入/万元	5 918 023	6 198 220	−4.5
税金总额/万元	364 843	333 313	9.5
利润总额/万元	325 290	307 845	5.7
从业人数/人	55 025	55 283	−0.5
其中:中方人员/人	52 152	49 627	5.1
从业人员薪金总额/万元	444 191	424 747	4.6
其中:中方人员/万元	421 220	394 060	6.9

2. 外商投资领域拓展

宝山区三产项目合同外资占比 54.26%,二产项目合同外资占比 45.74%。三产项目中,投资领域涉及房地产、软件信息、网络游戏、文化娱乐、批发零售、品牌汽车销售、汽车租赁、航空代理、现代物流、老年服务等,服务业合同外资占比较高的行业(除房地产外)有:软件业 12.37%、商务服务业 7.35%、批发、零售业 6.35%、餐饮业 4.81%。二产项目主要集中在农副食品加工业、化学原料及化学制品制造业、交通运输设备制造业、专用设备制造业。其中,农副食品加工业合同外资占比 23.5%、化学原料及化学制品制造业合同外资占比 8.87%、交通运输设备制造业合同外资占比 3.03%、专用设备制造业合同外资占比 2.91%。

3. 投资者品牌商誉提升

批准的外资项目中,有创业板上市公司、上海市高新技术企业、“上海市创新型企业”的上海飞凯光电材料股份有限公司(总投资 1 301 万美元)、宝山区首家融资租赁公司可易融资租赁(上海)有限公司(总投资 2 771.2 万美元)、著名餐饮企业珍香(上海)餐饮管理有限公司(总投资 2 500 万美元)、美国冷却塔行业领导者益美特公司投资设立的益美特(上海)冷却塔有限公司(总投资 600 万美元)、新加坡著名的 ABBA RESORTS 酒店管理集团设立的全资子公司上海叶叶酒店管理有限公司(总投资 1 000 万美元)等,投资者具有良好的知名度和品牌商誉,在行业中处于领先的地位。

4. 企业增资势头较好

全年增资项目 43 个,占全部项目数 25%,合同外资 17 995 万美元,占合同外资总数 66.4%。正大食品企业(上海)有限公司多次增资,增资额达 1.5 亿美元;上海恺诚房地产开发有限公司增资额达 9 765 万美元、上海坤亿精密金属成形制品有限公司增资 2 450 万美元；上海申和热磁电子有限公司增资 2 025 万美元；科洛尼金属（上海）有限公司增资 2 050 万美元；亨得昂信息科技（上海）有限公司和爱优特空气技术（上海）有限公司分别完成增资 1 500 万美元和 423 万美元。增资企业普遍看好宝山区的投资、营商环境，通过增资继续做大做强企业，实现更大规模的经营。

（三）外经发展情况

2015 年，宝山区企业经核准赴境外新设立企业 33 家，增资 4 家，投资总额 4.90 亿美元，投资主体主要为民营企业，投资国家（地区）主要为中国香港、美国、新加坡、澳大利亚等。

2015 年，宝山区对外投资呈现能级不断提升的态势，互联网、电子商务等服务业企业不断增多，如新分析技术有限公司从事大数据分析的研究、应用和实践；光诺源科技（中国香港）有限公司从事智能软硬件的技术开发；微盟电子商务有限公司从事全球优品进出口社交化移动营销平台，整合保税备货和海外直送模式，基于 SDP、O2O、SCRM，打造移动互联网电商信息服务平台（表 12.35）。

表 12.35　2015 年宝山区对外投资情况

设立方式	境外企业名称	境内投资主体	国家或地区	投资额/万美元
新设	凯恩（欧洲）有限公司	上海辰凯金属有限公司	法　国	65.772
新设	耀宇科技有限公司	上海耀宇文化传媒有限公司	中国香港	38.67
新设	太湖国际邮轮有限公司	太湖游轮管理（上海）有限公司	中国香港	60
新设	老挝凰木轩红木家具股份有限公司	上海凰木轩红木家具股份有限公司	老　挝	100
新设	大华集团墨尔本投资公司	大华（集团）有限公司	澳大利亚	4 200
新设	豫信实业发展（新加坡）有限公司	上海豫信实业发展有限公司	新加坡	4 700
新设	中国香港际动网络科技有限公司	上海际动网络科技有限公司	中国香港	0.129
新设	芯奥微科技有限公司	上海芯奥微传感设备有限公司	中国香港	0.129
新设	东鼎投资公司	上海东鼎投资集团有限公司	美　国	30
新设	洋萌国际有限公司	洋萌（上海）国际贸易有限公司	中国香港	0.129
新设	大华集团（澳洲）有限公司	大华（集团）有限公司	澳大利亚	6 181.6
新设	大华钢铁有限公司	上海彩耀新能源投资发展有限公司	哈萨克斯坦	6 325.12

续表

设立方式	境外企业名称	境内投资主体	国家或地区	投资额/万美元
新设	新分析技术有限公司	华院数据技术(上海)有限公司	美　国	100
新设	光诺源科技(中国香港)有限公司	上海光诺源创业投资合伙企业	中国香港	300
新设	伟士钢铁国际贸易有限公司	上海赢信贸易有限公司	中国香港	77.55
新设	尼尔钢铁贸易有限公司	上海煜来实业有限公司	中国香港	104.766
新设	中国香港猫诚国际有限公司	上海猫诚电子商务股份有限公司	中国香港	0.129
新设	飞碟传媒有限公司	飞碟视界传媒科技(上海)有限公司	美　国	30
新设	中国香港拓畅信息技术有限公司	上海拓畅信息技术有限公司	中国香港	1
新设	懿行国际贸易(中国香港)有限公司	上海懿行资产管理有限公司	中国香港	387
新设	飞凯中国香港有限公司	上海飞凯光电材料股份有限公司	中国香港	20
新设	宝钢工程建设(马来西亚)有限公司	宝钢工程建设有限公司	马来西亚	46.437 288
新设	大华集团澳洲投资有限公司	大华(集团)有限公司	澳大利亚	14 148
新设	新加坡点钢电子商务有限公司	上海点钢电子商务有限公司	新加坡	35.06
新设	丽欧娜糖果巧克力有限公司	上海富座贸易有限公司	美　国	50
新设	圆景投资咨询有限公司	上海贵景投资中心	中国香港	38.7
新设	欧几里德生物科学股份有限公司	百世嘉(上海)医疗技术有限公司	美　国	5
新设	恒申实业有限公司	上海添庆网络科技股份有限公司	中国香港	0.128
新设	可九公司	上海恩酷信息科技有限公司	开曼群岛	2.42
新设	人人互娱中国香港有限公司	上海人人游戏科技发展有限公司	中国香港	750
新设	富驰高科技(中国香港)有限公司	上海富驰高科技有限公司	中国香港	282.189
新设	斯博兹珀罗有限公司	令望实业发展(上海)有限公司	新加坡	3.938 9
新设	微盟电子商务有限公司	上海微盟企业发展有限公司	中国香港	1.29
增资	均和海外(中国香港)有限公司	上海均和集团国际贸易有限公司	中国香港	2 700
增资	中国香港建信集团有限公司	中建信控股集团有限公司	中国香港	7 000
增资	东鼎投资公司	上海东鼎投资集团有限公司	美　国	970
增资	中国香港拓畅信息技术有限公司	上海拓畅信息技术有限公司	中国香港	199

二、 2016年宝山区国际经贸工作展望

（一）外贸工作展望

1. 复制推广自贸试验区改革试点经验，提升贸易便利化水平

编写完成《宝山区设立海关特殊监管区可行性研究报告》，深入推进贸易监管制度、探索区港联动制度创新和实施路径；制定《宝山区贸易便利化工作联席会议规程》；开展走访调研，协调商务委员会、海关、检验检疫、税务等部门，明确2016年贸易监管制度创新工作内容，启动批次进、集中申报，仓储企业联网等贸易监管制度创新；争取出台《上海供邮轮物品国际集装箱监管（试行）办法和工作流程（草案）》，筹建上海邮轮船供行业协会，探索设立上海供邮轮食品检测中心，进一步探索区港联动制度创新。

2. 积极推进服务贸易发展，加快外贸转型升级

提高一般贸易和服务贸易比例，推动加工贸易转型升级，优化进口贸易结构，提高出口产品国内增加值。重点推进上海市服务贸易（邮轮旅游）示范基地和示范项目申报工作，实现宝山区外贸转型发展。

3. 积极开展招商引资，大力引进跨境电商企业和项目

联合并指导街镇园区做好招商、宣传工作。加强与东方国际、东浩兰生等大集团公司合作，积极培育和引进现代物流、跨境电子商务、邮轮船供等优质企业。

4. 积极对接"一带一路"战略，提升国际市场份额

全面贯彻以备案制为主的对外投资管理新体制；最大限度地对企业的重点"走出去"项目提供支持，努力提高条件成熟的企业对外投资质量和效率，推动宝山区企业实现资源配置全球化；继续发挥宝山区冶建企业集聚的优势，积极开拓"一带一路"沿线国家和地区等新兴市场，拓展新的增长空间；扩大出口信用保险规模和覆盖度，加强风险防范和控制，维护宝山区企业海外权益。

5. 加强调研指导，提升服务企业能力

加强全区外贸运行监测和调研分析。开展重点企业走访调研；做好宝山区进出口统计月报和季度分析；加强监测系统样本企业的监测工作。加强政策宣传和指导。完善信息平台，开展政策培训，及时发布政策法规、展会信息、行业资讯等信息，帮助更多企业争取外经贸发展专项资金，加快培育宝山区外贸企业竞争新优势。加大服务企业力度。拓展与区重点外贸企业的联系网络，协调解决企业在进出口中遇到的困难，切实帮助企业排忧解难。

（二）外资工作展望

2016年，宝山区外资工作将努力实现利用外资数量保持平稳发展、提升利用外资的质量和提升外资对区域发展的功能、效益，2016年合同外资全年计划目标3亿美元，实到外资目标2亿美元。主要措施如下。

一是结合街镇园区的区域规划和产业发展定位，多形式、有针对性地开展招商引资工作；加强与社会中介广泛、深度合作，积极引进有实力、规模大、符合产业发展的功能性项目；借力上海市、宝山区有关部门的政策、信息等综合资源，积极促进招商引资活动。

二是主动服务企业，推进企业转型。鼓励引导符合区域发展规划和产业定位的外资企业增资扩产，着力开展"以外引外"的招商引资活动，根据区域发展规划，积极推进不适合区域发展的外资企业"关停并转"，做好政策指导和推进配合，提升利用外资质量。

三是加大对规划、拟出让地块的信息发布和宣传，积极引入符合规划发展和地块建设条件、有开发经验和运行资源的外商投资主体参与竞标、建设和经营。

四是拓展外资领域，创新工作方法。结合宝山区域优势，积极拓展利用外资领域，依托自贸试验区政策，集聚邮轮产业高端要素，针对邮轮船舶管理公司等项目的现行政策，创新工作方法，拓展引进外资领域，积极引进高端服务业项目和先进制造业项目，加大引进地区总部、研发中心，以及邮轮服务、融资租赁、股权投资项目的力度。

五是拓展吸收外资方式多样化，推进跨境人民币直接投资，引导鼓励外资以参股、并购等方式参与国内企业改组改造和兼并重组。

六是引导优势企业，增资扩产。突出外资企业在机器人、智能制造、海洋石油装备、矿石机械装备等行业的优势，引导优势企业增资扩产。发挥优势行业的溢出效应，吸引产业链关联企业集聚发展。

第十一节　闵　行　区

一、 2015年闵行区国际经贸发展情况

（一）外贸发展情况

1. 基本情况

2015年以来，在国际经济复苏乏力、外需不振、综合成本居高不下的情况下，闵

行区的外贸进出口形势较为严峻。闵行区外贸进出口总额 282.23 亿美元，同比下降 12.00%，其中进口 130.25 亿美元，同比下降 3.88%；出口 151.98 亿美元，同比下降 17.94%，呈现出进出口双降的态势。为更好推进全市外贸工作，贯彻落实上海市委、市政府一系列重要会议精神，上海市商务委员会尚玉英主任带队来闵行区专题调研，重点对 5 家不同领域的企业进行了调研。2015 年，闵行区外贸进出口发展特点如下。

(1) 内资企业进口降，外资企业出口降

2015 年，闵行区内资企业出口 28.77 亿美元，同比下降 2.28%，进口 22.19 亿美元，同比下降 24.03%；外资企业出口 123.21 亿美元，同比下降 20.90%，进口 108.05 亿美元，同比增长 1.65%。

(2) 机电、高新技术、化工产品出口下降明显

2015 年，闵行区机电产品出口 110.25 亿美元，同比下降 2.39%；高新技术产品出口 59.17 亿美元，同比下降 5.43%；化工产品出口 5.16 亿美元，同比下降 9.25%。车辆、航空器、船舶及其零部件出口增长明显，同比增长 27.71%。

(3) 对发达国家出口下降明显，对新兴市场呈稳中有升的态势

2015 年，闵行区对欧盟、美国、日本三大市场出口分别为 25.27 亿美元、34.27 亿美元、16.91 亿美元，分别同比下降 22.28%、31.88%、20.52%，占全区出口总额的比重分别为 16.63%、22.55%、11.13%；对东盟市场出口 17.69 亿美元，同比增长 11.19%，占全区出口总额的比重为 11.64%；对其他国家或地区的出口额合计为 57.84 亿美元，占全区出口总额的比重为 38.06%(图 12.32)。

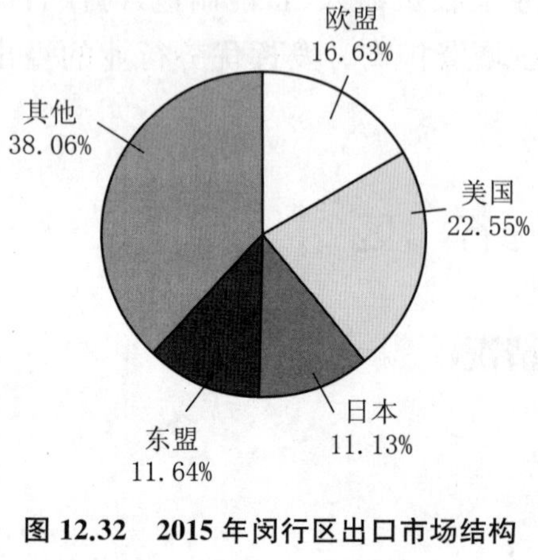

图 12.32 2015 年闵行区出口市场结构

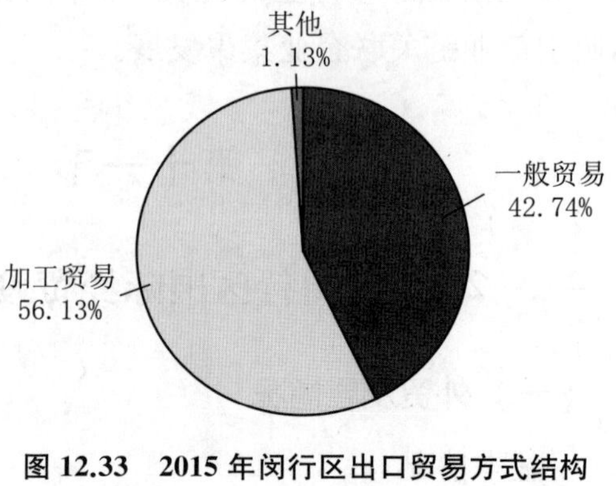

图 12.33 2015 年闵行区出口贸易方式结构

(4) 一般贸易与加工贸易出口双双下降

2015 年,闵行区一般贸易出口 64.96 亿美元,同比下降 4.63%,占全区出口总额的比重为 42.74%;加工贸易出口 85.31 亿美元,同比下降 26.45%,占全区出口总额的比重为,56.13%;其他贸易方式出口 1.71 亿美元,占全区出口总额的比重为 1.13%(图 12.33)。

(5) 重点企业出口有所下降

闵行区出口前 20 位企业占全区出口总额的比重为 84.69%。

(6) 传统出口业务市场需求量出现萎缩,大型装备逆势成为出口亮点

上海东富龙科技股份有限公司产品覆盖 40 多个国家和地区,制药装备国际市场占有率 20%。上海阿尔斯通交通设备有限公司、上海申沃客车有限公司出口分别同比增长 643.29%和 162.04%,主要涉及轨道交通设备、公共交通设备领域。这是外贸企业加快产品结构优化和转型升级步伐,努力扩大高端制造、高附加值产品出口的重要体现。

2. 出口下滑的原因分析

一是消费类电子市场日趋饱和。电子行业整体大环境交叉,行业竞争激烈,出口难有大幅提升。二是产能外移现象明显增多。随着商务成本、用工成本不断提高,劳动密集型出口产业竞争力不断萎缩,加速产能向周边地区转移。三是汇率市场波动剧烈。随着人民币汇率改革,汇率市场化,人民币汇率呈现“升贬互现”的双边波动走势,浮动区间有所扩大。

3. 企业的诉求和问题

企业的诉求和问题主要集中于以下几个方面:一是新增投资项目环评时间过长,流程繁琐,推动困难,影响企业在上海投资的整体计划和进度。二是在“走出去”过程中,无法得到专业分析和帮助,投资风险较大。三是大量出口业务在逆向维修、退换等物流过程中,手续繁琐、进度较慢,严重影响企业竞争力。四是加快通关速度,降低通关成本,提高出口退税率。

(二) 外资发展情况

2015 年,闵行区合同吸收外资 21.7 亿美元,同比下降 17.3%;其中投资总额超过 1 000 万美元以上的项目有 56 个,吸收合同外资 16.8 亿美元,占合同外资总数的 77.4%。服务业吸收合同外资占比 94.04%。虹桥商务区核心区完成合同外资 3.95 亿美元,同比下降 64%,占全区的 18.2%。2015 年实际到位外资 14.4 亿美元,同比增

长 6.9%。闵行区跨国公司地区总部累计达 31 家，独立的外资研发机构 27 家，外资公司内部研发中心 14 家。

1. 外资结构

2015 年，闵行区批准三资企业 584 家，其中合资企业 37 家，合同外资 2 亿美元；独资企业 547 家，合同外资 17.6 亿美元(表 12.36)。在 584 家企业中，第二产业 12 家，第三产业 572 家。全区新设和增资 1 000 万美元以上的共 56 家，总投资 30.4 亿美元，合同外资 16.8 亿美元。

表 12.36　2015 年闵行区吸引外资情况

吸引外资方式	批准外资企业		合同外资	
	企业数/个	同比增长率/%	金额/万美元	同比增长率/%
合　　计	584	7.6	217 003	−17.3
其中:合资	37	−2.6	20 252	−71.3
合作	0		20 944	143.0
独资	547	8.3	175 807	−8.1

2. 产业分布

2015 年，闵行区新批准项目 584 个，其中生产性项目 12 个，包括其他制造业 12 个；非生产性项目 572 个，包括房地产业 0 个，其他服务业 568 个(表 12.37)。全年新设 1 000 万美元以上的大项目 56 家，总投资 30.4 亿美元，合同外资 16.8 亿美元。

表 12.37　2015 年闵行区外商投资行业(或产业)分布情况

行业(或产业)	项　目　数		合同外资	
	个数/个	占比/%	金额/万美元	占比/%
合　　计	584	100.0	217 003	100.0
生产性项目	12	2.1	12 930	6.0
非生产性项目	572	97.9	204 073	94.0

3. 投资来源地

2015 年，闵行区外商直接投资主要来自 45 个国家和地区，位于前 5 位的分别是：韩国、中国香港、中国台湾、新加坡、萨摩亚，合同外资分别为 8 835 万美元、117 736 万美元、10 497 万美元、23 016 万美元、6 995 万美元(表 12.38)。

表 12.38 2015 年闵行区外资来源地情况

序号	国家或地区	项目数/个	投资总额/万美元	注册资本/万美元	合同外资/万美元
1	韩 国	186	16 010	9 257	8 835
2	中国香港	118	197 185	136 808	117 736
3	中国台湾	96	11 504	10 861	10 497
4	新加坡	20	52 701	25 375	23 016
5	萨摩亚	18	11 741	7 246	6 995
6	美 国	16	2 176	1 441	1 358
7	日 本	15	5 817	6 135	6 339
8	德 国	14	13 067	4 246	3 937
9	塞舌尔	14	3 810	2 068	2 028
10	英 国	11	3 266	2 676	2 568

二、 2016 年闵行区国际经贸工作展望

（一）计划目标

扩大出口，力争闵行区在 2016 年实现出口正增长。在国家政策的引导下，继续创新转型，大力支持外贸新型商业模式发展，进一步提高贸易便利化水平，加快培育外贸竞争新优势，提高国际竞争力。

（二）各项举措

对接上海市级平台“走出去服务港”等机构，帮助企业解决在“走出去”过程中遇到的困难，给予投资环境、政策法规、风险评估等支持。落实政策资金，对不利环境下积极拓展海外市场、扩大出口规模的优质企业，分类分级进行专项奖励。与海关、口岸、商检等各通关部门加强协调，尽力为企业减少障碍，推行贸易便利化措施，支持企业扩大出口。

（三）加大改革力度

立足虹桥商务区、海关特殊监管区域、重点出口企业，围绕闵行区制造业和服务业贸易发展需求，积极争取复制推广自贸试验区制度，争取跨境电子商务及实体交易便利化措施落地，支持重点贸易企业转型和升级，推动闵行区贸易规模升级和贸易结

构优化。

第十二节 嘉 定 区

一、2015年嘉定区国际经贸发展情况

(一) 外贸发展情况

2015年,面对复杂严峻的内外环境,嘉定区始终坚持稳中求进的工作总基调,立足当前,着眼长远,进一步提高贸易便利化水平,缓解进出口企业困难,为企业营造更为宽松的环境,全力以赴做好新常态下的外贸工作。主要情况如下。

1. 外贸形势不乐观,进出口增速下滑明显

2015年,嘉定区进出口总体减速趋势显著,出口首次没有完成年初预期目标。全年嘉定区进出口188.32亿美元,同比下降12.85%,位列浦东新区、松江区、闵行区之后,全市排名第四。其中,出口94.55亿美元,同比下降4.95%;进口93.77亿美元,同比下降19.59%,主要是沃尔沃汽车销售(上海)有限公司及上海大众汽车有限公司进口都有较大幅度下降。

2. 贸易方式持续改善,贸易主体格局更趋合理

贸易方式方面,一般贸易比重继续提高,加工贸易增长乏力。2015年嘉定区一般贸易进出口总额136.83亿美元,同比下降12.81%,占全区进出口总额的72.66%,较上年度微涨0.53个百分点;加工贸易进出口增长速度进一步减慢,2015年进出口总额44.49亿美元,同比下降13.12%,低于嘉定区外贸总体增速0.3个百分点,占进出口总额23.62%;其他贸易方式进出口额7.00亿美元,占进出口总额3.72%(图12.34)。贸易主体格局方面,外资企业继续占据主导地位,民营企业占比继续上升,国有企业增速最快,同比增长62.72%。

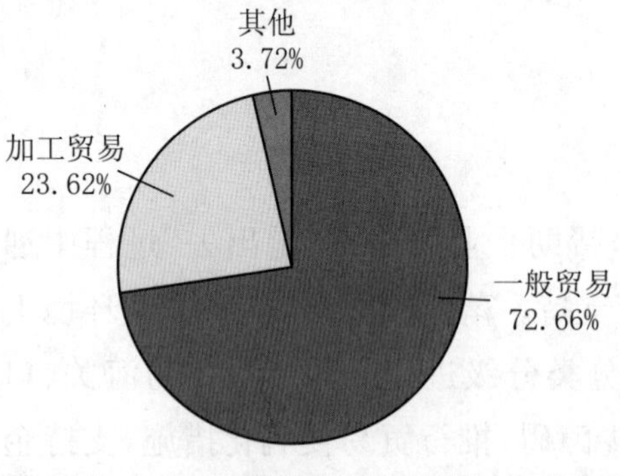

图12.34 2015年嘉定区进出口贸易方式结构

3. 传统市场出口占比下滑,新兴市场增速上涨明显

2015年嘉定区对欧盟、美国、日本三大传统市场的双边贸易分别为51.06亿美元、27.16亿美元和34.27亿美元,分别同比下降28.35%、1.38%和18.75%。与此同时,嘉定区与新兴市场的经贸合作不断加深,区内企业开拓新兴市场的积极性和主动

性明显增强，与新兴市场贸易往来活跃，出口市场继续保持多元化发展。其中对东盟、印度、拉美、非洲等新兴市场出口分别同比增长 6.60％、13.12％、4.07％和 12.90％，出口值合计占嘉定区出口总值的 22.34％，同比提升了 0.82 个百分点。此外，对孟加拉国、巴基斯坦、沙特阿拉伯和埃及等“一带一路”沿线国家出口均有上涨。

4. 重点行业出口略有回落，重点企业进出口下滑

机电产品是嘉定区主要出口产品，出口增长势头同比回落，2015 年累计出口 63.15 亿美元，同比下降 6.28％，出口占比从上年同期的 67.74％降至 66.79％；汽车及零部件产品作为嘉定区特强产业，出口呈现负增长态势，全年共出口 19.74 亿美元，同比下降 10.25％，出口占比从上年同期的 22.11％下跌至 20.88％，其他产品出口额为 11.66 亿美元，出口占比从上年同期的 10.15％上升至 12.33％(图 12.35、图 12.36)。百家重点出口企业累计出口 56.06 亿美元，同比下降 5.92％，占嘉定区出口总值 59.29％，同比下降 0.61 个百分点。其中，70％的重点企业出口同比出现不同程度下滑，降幅超过 50％的企业 8 家，主要原因是订单减少了。近 3 成重点企业出口仍保持增长，其中 4 家企业出口同比保持了 50％以上的增长。保持较高增长的原因主要是企业开拓了新的市场，增加了订单。

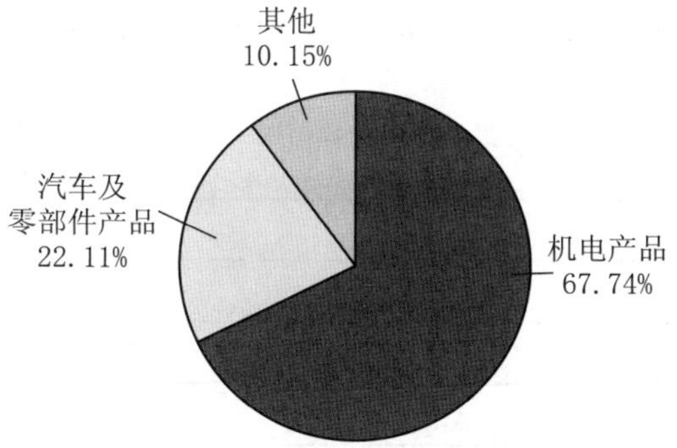

图 12.35　2014 年嘉定区主要出口商品结构

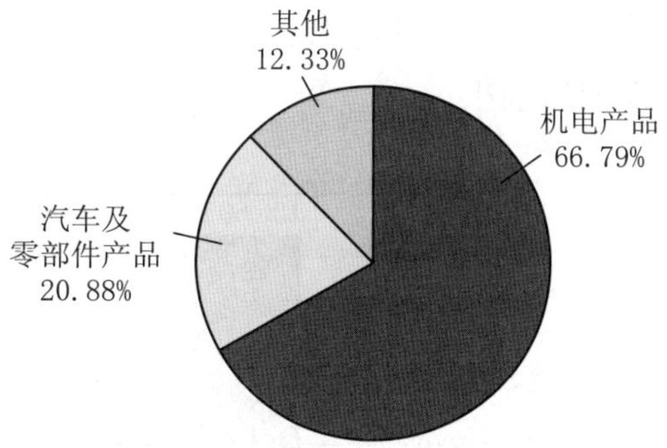

图 12.36　2015 年嘉定区主要出口商品结构

5. 服务贸易提速势头初显，内部结构持续优化

2015 年，嘉定区共有 4 家企业上报 5 个服务外包专项资金项目，新增服务外包企业 2 家，新增从业人员 238 人。服务外包接包合同签约金额 4 509.47 万美元，同比增长 14.52％；接包合同执行金额 2 465.76 万美元，同比增长 5.88％。依托嘉定区汽车产业深厚基础和汽车研发设计服务外包专业园区这一平台，嘉定区服务贸易提速势头已经初显，内部结构持续优化，空间布局逐渐成形。

（二）外资发展情况

2015 年，嘉定区合同外资 15.4 亿美元，同比增长 31.6%，创年度引资新高，完成年度计划的 256.6%；实际利用外资 6.14 亿美元，同比增长 29.5%，完成年度计划的 153.6%。2015 年，嘉定区累计新批准外商直接投资项目 140 个，同比下降 14.6%，合同外资 5.4 亿美元，占合同外资总额的 35.1%；累计批准增资项目 110 个，同比增长 6.8%，合同外资 10.09 亿美元，占总额的 65.5%。新引进外资项目数同比小幅下降，引资额下滑 24.1%；但全年外商增资势头凸显，引进外资同比翻番，实现 96.8%的增长幅度。全年利用外资与 2014 年比较呈现以下特点：

1. 全年引资以外商独资形式为主，外资并购交易显活跃

2015 年，嘉定区新引进外商独资项目 106 个，占新引进项目总数的 75.7%，合同外资 3.45 亿美元；中外合资项目 33 个，占比 23.6%，合同外资 1.5 亿美元；股份制项目 1 个，占比 0.7%，合同外资 0.45 亿美元。全年累计外商独资项目引进合同外资 12.66 亿美元，同比增长 97.8%，占合同外资总额的 82.2%；累计中外合资项目引进外资 2.44 亿美元，占总额的 15.8%；累计股份制项目引资 3 800 万美元，占比 2.5%；累计中外合作项目引进外资−800 万美元（图 12.37）。全年以并购方式设立外商投资企业共 19 家，占新批准项目总数的 13.6%，同比增长 72.7%，引进合同外资 0.83 亿美元，同比增长 146.3%。从总体情况看，外商投资的方式日趋创新，但并购项目总体规模依然偏小。

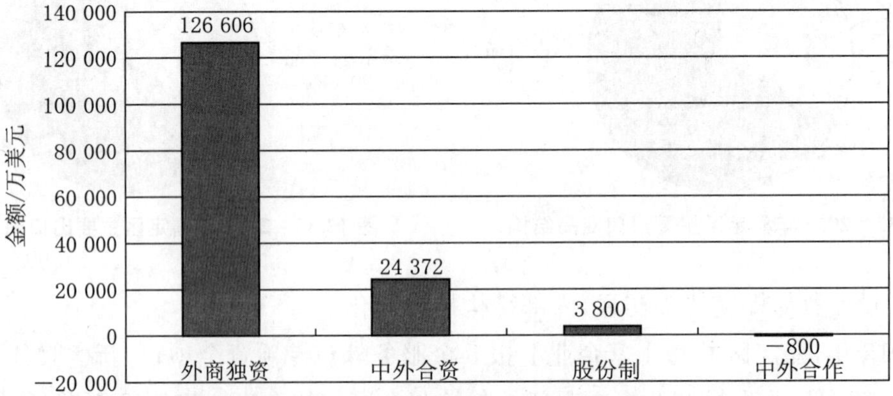

图 12.37 2015 年嘉定区利用外资情况

2. 引资结构稳步优化，服务业为主的引资结构继续巩固

2015 年，嘉定区新引进第三产业外资项目 134 个，占新批总数的 95.7%，合同外

资 4.98 亿美元；新引进第二产业外资项目 6 个，占新批总数的 4.3%，合同外资 0.42 亿美元(表 12.39)。以服务业为主导的引资结构日趋稳固，产业结构持续优化。全年累计第三产业引进外资 14.37 亿美元，同比增长 41.9%，占合同外资总额的 93.3%；第二产业引进外资 1.03 亿美元，同比下降 34.6%，占总额的 6.7%。金融租赁、总部经济、汽车产业技术研发等产业领域继续推动嘉定区服务业飞速发展；外资先进制造业全年发展趋缓，引资贫乏，产业发展能级亟待进一步提升。

表 12.39　2015 年嘉定区引资产业结构

		2011 年	2012 年	2013 年	2014 年	2015 年
新批二产	项目数/个	41	26	19	14	6
	合同外资/万美元	11 236	3 770	12 292	3 739	4 155
	占新批总数比重/%	20.2	13.8	11.4	8.5	4.3
新批三产	项目数/个	162	163	148	150	134
	合同外资/万美元	76 833	22 791	40 134	67 373	49 842
	占新批总数比重/%	79.8	86.2	88.6	91.5	95.7

3. 外商投资来源地总体保持稳定，中国香港仍居首位

2015 年，亚洲国家来嘉定区投资引进合同外资 10.17 亿美元，占总额的 66%，同比增长 12.6%；欧洲全年对嘉定区投资引进 2.94 亿美元，占比 19.1%，同比增长 145%。其中，中国香港依然为主要外资来源地，引进合同外资 9.29 亿美元，占合同外资总额的 60.3%。其次分别为瑞典、投资性公司投资、西班牙以及毛里求斯投资，分别引进外资 1.95 亿美元、0.8 亿美元、0.65 亿美元和 0.55 亿美元，占比分别为12.7%、5.2%、4.2%、3.6%。此外，德国、中国台湾投资额均同比下滑明显，全年引资 0.12 亿美元和 0.15 亿美元，占比分别为 0.8%、1.0%(图 12.38)。

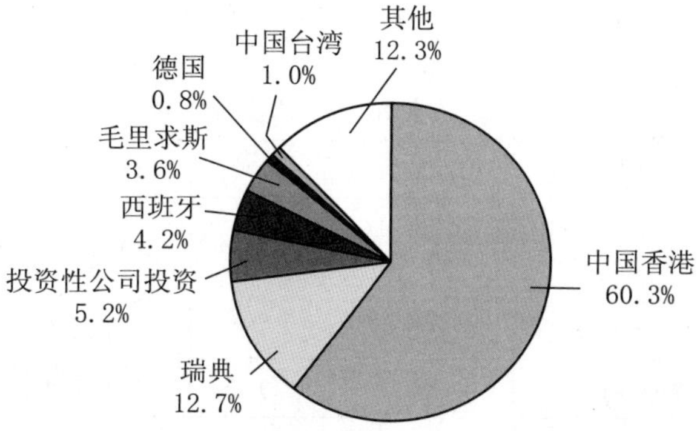

图 12.38　2015 年嘉定区合同外资来源地结构

4. 外商投资行业领域优化提升，研发技术服务提质明显

2015 年，嘉定区外商引资行业前 5 位依次为：商务服务业、融资租赁、批发业、研究与试验发展行业和专业技术服务业，引资额分别为 3.67 亿美元、3.35 亿美元、2.47 亿美元、1.62 亿美元和 0.82 亿美元。其中，融资租赁行业继 2014 年迅猛发展的基础上，再次引新、增资突破；此外，汽车技术产业研发与设计飞速提升，汽车整车、零部件、软件系统等的研发测试技术，带动智能化产业更高速的发展。

5. 外资大项目占引资主导，规模逐趋扩大，拉动明显

2015 年，嘉定区引进投资总额 1 000 万美元及以上（含增资）项目 47 个，合同外资 12.61 亿美元，占全年合同外资总额的 81.9%，同比增长 23.7%。其中，新批项目 22 个，引进外资 4.34 亿美元；增资项目 25 个，同比减少 3 个，但引进外资额高达 8.26 亿美元，同比增长 98.2%。从二、三产情况看，第二产业投资总额 1 000 万美元及以上（含增资）项目共 11 个，累计引进 0.92 亿美元；第三产业投资总额 300 万美元及以上（含增资）项目共 66 个，累计引进 12.98 亿美元（表 12.40）。

表 12.40　2015 年嘉定区投资总额规模以上外资项目情况

第二产业（投资总额 1000 万美元及以上）合同外资引资前 5 位（含新批、增资）						
序号	企 业 名 称	净增投资总额/万美元	净增注册资本/万美元	净增合同外资/万美元	变动原因	国家或地区
1	天合汽车零部件（上海）有限公司	10 140	3 300	3 300	增资	投资性公司投资
2	爱盛生物科技（上海）有限公司	6 000	2 000	2 000	新设	中国香港
3	上海敬捷塑胶制品有限公司	2 197	976	976	新设	中国香港
4	富山乐器（上海）有限公司	1 050	735	735	增资	中国香港
5	上海日丰工艺品有限公司	1 500	600	600	增资	日　本
第三产业（投资总额 300 万美元及以上）合同外贸引资前 5 位（含新批、增资）						
序号	企 业 名 称	净增投资总额/万美元	净增注册资本/万美元	净增合同外资/万美元	变动原因	国家或地区
1	上海易鑫融资租赁有限公司	27 000	27 000	27 000	增资	中国香港
2	沃尔沃汽车（中国）投资有限公司	19 200	19 200	19 200	增资	瑞　典
3	上海兆马电子商务有限公司	9 500	9 500	9 500	增资	中国香港
4	上海蔚来汽车有限公司	8 000	8 000	8 000	新设	中国香港
5	安通林（中国）投资有限公司	6 500	6 500	6 500	新设	西 班 牙

（三）外经发展情况

2015年，嘉定区企业加速“走出去”步伐，累计批准境外投资项目数为82个（含变更），比2014年全年翻一番，其中新设58个、增资9个。境外投资总额6.15亿美元，同比增长380.47%；其中中方实际投资额4.01亿美元，同比增长498.51%（表12.41）。截至2015年底，嘉定区企业已累计设立海外企业155家，中方实际投资5.27亿美元。从投资国家和地区来看，境外投资主要集中在美国和中国香港。从投资领域来看，投资行业覆盖越来越广泛，从原来较单一的投资类扩展到商贸、研发、制造、咨询等各行各业。从投资规模看，总投资日益扩大，2015年境外投资总投资超过1 000万美元的项目共15个。

表12.41 2015年嘉定区境外投资汇总

序号	境内主体	境外机构名称	类别	国家或地区	总投资额/万美元	中方投资额/万美元
1	上海新威圣制药设备有限公司变为上海新威圣制药机械有限公司	威仕公司	变更	美国		
2	上海博立尔化工有限公司（中方占比80%）	博立尔亚太区贸易有限公司	并购新设	中国香港	14	11
3	上海建信康颖创业投资合伙企业（有限合伙）（中方占比3.33%）	泰飞尔（中国香港）有限公司	并购新设	中国香港	1 827	327
4	上海麒翼智娱投资合伙企业（有限合伙）	麒翼财富有限公司	增资	中国香港	40	40
5	上海融至道投资管理咨询有限公司（中方占比20%）	考拉茶叶公司	并购新设	美国	125	25
6	上海星拓展商务咨询有限公司	威法咨询有限公司	新设	法国	4	4
7	上海磁宇信息科技有限公司	中国香港磁宇信息科技有限公司	新设	中国香港	100	100
8	上海诺盾智能科技有限公司	莱克兄弟公司	新设	美国	48	48
9	南通创源科技园发展有限公司划转到上海创源科技发展有限公司	创源有限公司	变更	美国	162	88
10	上海与之资产管理中心（有限合伙）	与之中国香港有限公司	新设	中国香港	250	250
11	上海九灿电子科技有限公司	九灿电子有限公司	新设	美国	200	200
12	上海创源科技发展有限公司（中方占比72.77%）	创源有限公司	增资	美国	120	120

续表

序号	境内主体	境外机构名称	类别	国家或地区	总投资额/万美元	中方投资额/万美元
13	上海新数网络科技有限公司	新数网络(新加坡)科技有限公司	新设	新加坡	20	20
14	上海虎迈复合材料有限公司	虎迈复合材料(美国)有限公司	新设	美国	30	30
15	上海元征机械设备有限责任公司马来西亚办事处					
16	上海古星电子商务有限公司	纤云国际有限公司	新设	中国香港	326	326
17	上海武岳峰创业投资合伙企业(有限合伙)	阿克顿股份有限公司	增资	美国	260	260
18	上海巴兰仕汽车检测设备股份有限公司	优耐特汽车检测设备有限责任公司	新设	美国	30	30
19	上海元届信息科技有限公司	元界网络科技有限公司	新设	中国香港	16	16
20	上海新睿投资管理有限公司	澳大利亚威朗集团(中方占比 20%)	新设	澳大利亚	2 400	480
21	上海新时达电气股份有限公司	辛格林纳自动化马来西亚有限公司(中方占比 50%)	新设	马来西亚	29	14
22	上海金沙河股权投资企业(有限合伙)	电子科技有限公司	新设	中国香港	2 000	2 000
23	上海履冰科技有限公司	上海履冰科技(中国香港)有限公司	新设	中国香港	1	1
24	上海水威机械设备技术有限公司(占比 20%)	福兰克控股公司	新设	德国	110	22
25	上海麦歌恩微电子股份有限公司	MAGNTEK ASIA LIMITED	减资	中国香港	—29	—29
26	上海百旭机械科技有限公司	爱姆希丹麦公司	新设	丹麦	3	3
27	上海爱辉纸业有限公司	爱辉实业公司	新设	埃塞俄比亚	21	21
28	上海美毓礼品有限公司	纳帕英特耐有限公司	新设	美国	12	12
29	上海酷誉网络科技有限公司	酷乐网络科技有限公司	新设	中国香港	41	41

续表

序号	境内主体	境外机构名称	类别	国家或地区	总投资额/万美元	中方投资额/万美元
30	上海逸香文化咨询有限公司（中方占比 51%）	德国欧亚易通有限责任公司	并购新设	德国	11	6
31	也买（上海）商贸有限公司	也买酒（中国香港）有限公司	并购新设	中国香港	4 215	4 215
32	上海创源科技发展有限公司（占比 56.76%）	创源有限公司	变更			
33	网宿科技股份有限公司	中国香港网宿科技有限公司	增资		8 632	8 632
34	上海新微技术研发中心有限公司	新微创新有限公司	新设	美国	300	300
35	上海武岳峰浦江股权投资合伙企业（有限合伙）	瞬芯科技有限公司	新设	中国香港	50	50
36	上海武岳峰浦江股权投资合伙企业（有限合伙）	由芯科技有限公司	新设	中国香港	50	50
37	上海金浦信诚移动互联股权投资基金合伙企业（有限合伙）	金浦移动互联网资本（中国香港）有限公司	新设	中国香港	4 000	4 000
38	解放路（上海）信息技术有限公司	好东西网网络技术有限公司	新设	中国香港	0	0
39	爱普香料集团股份有限公司（中方占比 10%）	AICE 集团控股有限公司	并购新设	新加坡	1 440	480
40	上海岳游网络科技有限公司	悦游国际有限公司	新设	中国香港	156	156
41	华宝食用香精香料（上海）有限公司	华宝香精香料（中国香港）有限公司	并购新设	中国香港	1 272	1 272
42	华宝食用香精香料（上海）有限公司	力升国际发展有限公司	并购新设	中国香港	637	637
43	华宝食用香精香料（上海）有限公司	华置贸易有限公司	并购新设	中国香港	20	20
44	上海京颐壹趣投资合伙企业（有限合伙）（中方占比 14.312 9%）	趣医网有限公司	并购新设	中国香港	4 010	4
45	上海岩桥投资中心（有限合伙）	岩桥天使投资有限公司	新设	中国香港	5	5
46	莉莉丝科技（上海）有限公司	莉莉丝移动有限公司	新设	英属维尔京群岛	0	0

续表

序号	境内主体	境外机构名称	类别	国家或地区	总投资额/万美元	中方投资额/万美元
47	上海科油石油仪器制造有限公司	致昊能量有限公司	新设	美国	50	50
48	上海力合清源创业投资合伙企业(有限合伙)	中国香港清源管理咨询有限公司	增资		205	205
49	上海兰邦工业纤维有限公司	巴基斯坦兰邦特种纺织私人有限公司	新设	巴基斯坦	20	20
50	莉莉丝科技(上海)有限公司	莉莉丝科技(中国香港)有限公司	新设	中国香港	1	1
51	华宝食用香精香料(上海)有限公司	力升国际发展有限公司	减资		－119	－119
52	上海花后化妆品有限公司	中国香港花后国际有限公司	新设	中国香港	0	0
53	上海京颐壹趣投资合伙企业(有限合伙)(中方占 16.519 8%)	趣医网有限公司	变更			
54	上海亚豪资产管理股份有限公司	亚豪资本有限公司	新设	中国香港	130	130
55	上海美戈信息技术有限公司	倍福霖中国香港有限公司	新设	中国香港	0	0
56	上海元届信息科技有限公司	元界网络科技有限公司	增资	中国香港	100	100
57	上海如邦置业有限公司	如邦(加拿大)有限公司	新设	加拿大	1 500	1 500
58	上海博近电子仪表设备工贸有限公司	麦迪麦克医疗代理有限公司	并购新设	瑞士	131	48
59	立场电子科技发展(上海)有限公司	高嘉(中国香港)有限公司	并购新设	中国香港	0	0
60	立场电子科技发展(上海)有限公司	高嘉(中国香港)有限公司	变更	中国香港		
61	上海兰邦工业纤维有限公司	巴基斯坦兰邦特种纺织私人有限公司	变更	巴基斯坦		
62	上海花后化妆品有限公司	中国香港花后国际有限公司	变更	中国香港		
63	华宝食用香精香料(上海)有限公司	富铭投资有限公司	并购新设	中国香港	783	783
64	上海常赫光电科技有限公司(中方占 10%)	伊迈能源有限公司	并购新设	西班牙	10	10

续表

序号	境内主体	境外机构名称	类别	国家或地区	总投资额/万美元	中方投资额/万美元
65	上海花后化妆品有限公司	中国香港花后国际有限公司	增资	中国香港	16	16
66	上海金帆投资(集团)有限公司	金帆化工(中国香港)有限公司	新设	中国香港	0	0
67	上海合一科文投资合伙企业(有限合伙)(中方占5.08%)	球客有限责任公司	并购新设	美国	500	100
68	上海创源科技发展有限公司(中方占比0.75%)	萨菲奥克有限公司	并购新设	开曼群岛	1 160	20
69	华宝食用香精香料(上海)有限公司	中投科技有限公司	并购新设	中国香港	781	781
70	上海金沙河股权投资企业(有限合伙)	电子科技有限公司	增资	中国香港	7 000	7 000
71	上海森捷商贸有限公司(中方占比1.25%)	美乐而创新公司	并购新设	美国	8 000	100
72	上海瞻视电子科技有限公司	创科控股国际有限公司	新设	中国香港	22	22
73	上海天戈国际货运代理有限公司(中方占70%)	海天戈国际货运代理有限公司缅甸子公司	新设	缅甸	50	35
74	上海新数网络科技股份有限公司	新数网络(新加坡)科技有限公司	变更			
75	上海塔普仪器制造有限公司	塔普国际有限公司	新设	美国	154	154
76	三七互娱(上海)科技有限公司	易游股份有限公司	变更			
77	三七互娱(上海)科技有限公司	尚趣玩国际有限公司	增资	英属维尔京	500	500
78	上海京颐壹趣投资合伙企业(有限合伙)	趣医网有限公司	减资	中国香港	−400	−400
79	三七互娱(上海)科技有限公司	无极娱乐游戏有限责任公司	变更			
80	三七互娱(上海)科技有限公司	尚趣玩国际有限公司	变更			
81	上海骁御投资有限公司(中方占比56.76%)	亮珀国际有限公司	并购新设	中国香港	6 936	3 736
82	上海钢富电子商务有限公司	新加坡找钢有限公司	新设	新加坡	1 000	1 000
	合　计				61 487	40 078

二、 2016 年嘉定区国际经贸工作展望

（一）外贸工作展望

2016 年，嘉定区对外贸易面临着很多挑战和机遇：一是产业结构调整、区域产业调整压力增加，但集群集聚式发展带来的机遇；二是产业转型难度加深，但自贸试验区和科技创新中心建设带来发展机遇；三是原区内汽车及汽车零部件进出口呈下降态势，但跨境电子商务的推进发展及出口加工区的升级将进一步推动区域经济发展。为此，要密切关注产业发展形势，主动作为，加快适应，以创新改革破解发展中的难题和瓶颈，以坚定不移来推动嘉定区对外贸易发展，以务实高效来优化企业服务、产业发展的各项举措，确保嘉定区对外贸易健康发展。预计，2016 年嘉定区进出口总额将维持在 180 亿美元左右，其中进口约 90 亿美元、出口约 90 亿美元。2016 年外贸主要工作设想如下。

1. 继续做好外贸业务工作，完善企业服务体系

在全面掌握区内外贸发展现状和形势的同时，结合产业转型升级，聚焦重点企业、重点行业、新兴行业的发展，认真梳理、优化、提升外贸相关业务工作。一是全力推进“上海外贸进出口调查监测系统”嘉定监测站工作。二是不断完善企业信息库，建立和梳理服务贸易、电子商务等重点行业的企业信息。三是继续深入重点领域调研与各街镇的沟通交流，完善企业服务体系。做好中小企业国际市场开拓资金等各类外贸扶持政策的宣传及资金拨付审核工作，搭建平台、开展业务培训工作。四是优化窗口加工贸易批准证书及电子表单审核、生产能力证明、外贸统计分析等日常业务工作。

2. 深入推进对接自贸试验区，加速扩大改革效应

在前期对接自贸试验区工作的基础上，继续深入推进相关对接工作。一是做好对接自贸试验区建设工作推进领导小组办公室的相关工作。二是继续推动嘉定出口加工区向综合保税区升级，与嘉定区发展和改革委员会、嘉定工业区、嘉定出口加工区等相关部门协力推进转型升级工作，开展综合保税区申报工作，继续探索加工区功能拓展，引导电子商务、服务贸易等资源集聚，更好地服务于区域经济社会发展。

3. 加快扶持跨境电子商务、服务贸易发展

大力推进跨境电商制度创新、管理创新和服务创新，依托国家级电子商务示范园区及京东商城电子商务有限公司、国美电器有限公司等电子商务龙头企业集聚优势，搭建平台，加大招商引资力度。协调推进“嘉境通”跨境电商平台发展及 2 200 平方米

海关检验检疫监管仓库升级改建及 2.8 万平方米保税仓库新建工作，满足跨境电商业务发展需要。研究设立嘉定区跨境电子商务发展专项资金，引导嘉定区跨境电商产业向规模化、标准化、集群化、规范化方向发展。大力发展信息服务外包、管理咨询等服务贸易，提升国际贸易产业规模和能级。

（二）外资工作展望

1. 深化改革，推进外资行政审批改革

继续深入开展外资行政审批改革，在总结现阶段的改革措施的基础上，优化提升。特别是，立足嘉定区对外经济发展现状，深入学习自贸试验区先进经验，制订以备案制为主的外资审批方案、优化外资项目审批工作流程、缩短审批办理时限，最大限度为企业提供高效便捷的投资服务。进一步加快落实推进“创新驱动、转型发展”，不断提升外资项目行政审批效能。

2. 加强审核，严把企业准入关

根据上海市人民政府《关于进一步提高本市土地节约集约利用水平的若干意见》的文件要求，推动集中建设区外的现状工业用地（即“198 区域”）减量化，重点实施生态修复和整理复垦。对 198 区块内的外资生产型用地企业的相关审批加强审核，例如可以对并购、转股、经营范围等外资企业变更审批事项征询相关用地部门意见，协助 198 区域内减量化工作的开展。

3. 加强监管，完善审批后监督制度

简化审批是行政审批的趋势，但提高行政审批后监管力度更为重要。特别是实行“告知承诺＋格式审批制”后，严格落实《上海市行政审批批后监督检查管理办法，》将把监督检查工作贯穿于行政许可全过程之中，探索行之有效的监督检查方式，建立长效的监督机制，做到“有权必有责、批后强监督”。强化与上海市级相关部门及区内其他职能部门的联动与合作。既要整合内部各业务科室的监管力量，完善外资企业年报制度，推动社会信用体系建设。加强内部联合监督检查措施，又要充分发挥工商、质监、公安等区内职能部门的作用，形成监督合力，不断提高政府行政效率。

4. 加强互动，为企业生命周期提供服务

加强与街镇、各招商部门、外资企业间互动，利用窗口、电话咨询及时捕捉项目信息，对有意向的外资项目，根据企业意愿，提前介入；对有政策需求的外资项目，给企业提供政策咨询服务；对有协调需求的外资企业，帮助企业协调相关部门解决企业实际问题。加大外资企业经营过程中的跟踪服务与支持，积极宣传相关政策，确保外资企业在嘉定区落得下、长得大，为全区外向型经济发展做出贡献。积极做好总部经济的推进工作，帮助投资方了解相关扶持政策，鼓励企业在自身需求和符合条件下提升总部能级。

5. 加强分析预测，及时修订外资考核工作建议

完善外资企业年报制度。认真审核和准确填报审批管理工作信息。对审批管理工作中涉及的相关信息进行严格审核和细致分类，按照《全口径外资管理信息系统》的规范要求全面、准确、及时录入，为后续汇总分析工作打下坚实可靠的数据基础。顺应改革，完善新形势下合同外资、实到资金的考核工作，提出修改、改进、完善相关考核工作的建议。了解企业的真实经营情况，才能更好地掌握行业整体发展情况。推动社会信用体系建设。

（三）外经工作展望

2016 年，嘉定区将做好相关境外企业的服务工作及统计工作，利用“走出去信息服务平台”，为企业境外投资提供支持。积极引导和鼓励区内企业加快实施走出去战略，推进科技型、创新型中小企业开拓国际市场。

第十三节 金 山 区

一、2015 年金山区国际经贸发展情况

（一）外贸发展情况

1. 基本情况

2015 年，金山区外贸进出口总值 81.48 亿美元，同比下降 11.57%，其中，出口 42.92 亿美元，同比下降 5.64%；进口 38.56 亿美元，同比下降 17.35%；贸易顺差 4.36 亿美元。从出口月度走势来看，2015 年除 2 月、5 月，其余月份出口额均在 2014 年同期之下，且两年同期出口规模走势相近(图 12.39)。

2. 发展特点

(1) 一般贸易居主导地位

2015 年，金山区一般贸易进出口 57.6 亿美元，同比下降 8.9%，占全区进出口总值的 70.7%，一般贸易项下的逆差为 2.0 亿美元。同期，金山区加工贸易进出口 21.4 亿美元，同比下降 17.6%，占全区进出口总值的 26.3%，加工贸易项下的顺差为 8.6 亿美元。同期，金山区其他贸易进出口 2.4 亿美元，占全区进出口总值的 3.0%(图 12.40)。

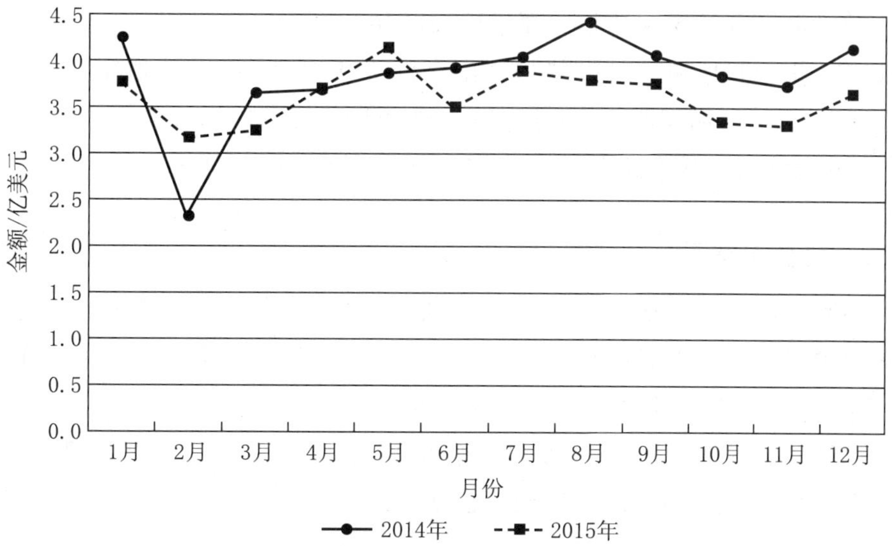

图 12.39　2015 年金山区外贸出口月度走势

（2）外资企业出口占比高

从企业性质来看，2015 年金山区外资企业充当全区贸易出口的领头羊，出口 25.9 亿美元，同比下降 3.8%，占全区出口总额的比重 60.3%；民营企业出口 15.7 亿美元，同比下降 4.9%，占比 36.6%；国有企业出口 1.3 亿美元，占比 3.1%（图 12.41）。

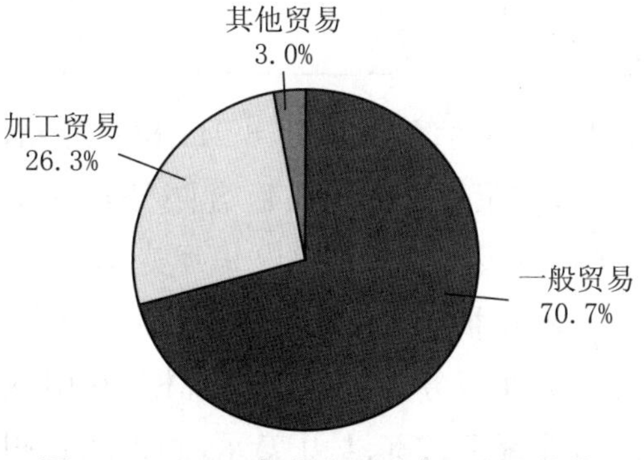

图 12.40　2015 年金山区进出口贸易结构

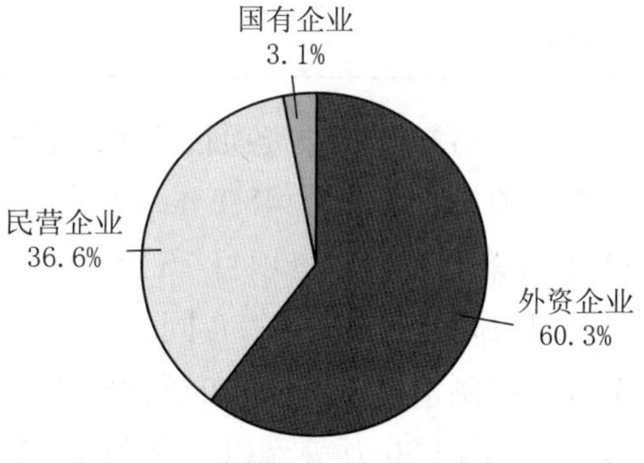

图 12.41　2015 年金山区出口贸易主体结构

（3）主要贸易伙伴保持稳定

2015 年金山区主要贸易伙伴稳定，与日本、美国、韩国等传统市场的双边贸易发展保持相对稳定。在出口目的地日本仍列首位，日本 8.4 亿美元，同比下降 8.3%；美国 5.5 亿美元，同比下降 14.4%；韩国 2.5 亿美元，同比下降 3.7%，分别占同期全区外贸出口总额的 19.7%、12.8%和 5.9%。

(4) 化学制品和纺织服装是主要进出口商品

2015 年,化学制品和出口服装是金山区两大出口商品,化学制品出口 9.0 亿美元,同比下降 12.2%;纺织服装 8.5 亿美元,同比下降 12.2%;两者占全区出口总额的 40.8%。机电设备出口增长明显,全年出口 7.0 亿美元,同比增长 4.8%。

(二)外资发展情况

2015 年,金山区合同外资 3.7 亿美元,到位资金 2.6 亿美元。新批外商投资项目 85 个、增资项目 42 个,投资总额(含增资)5.1 亿美元,同比下降 58.5%;合同外资(含增资)3.7 亿美元,同比下降 23.7%;新批外商投资投资总额(含增资)14 154.7 万美元,合同外资 19 665.6 万美元;中外合资企业 18 家,合同外资 10 430.0 万美元;外商独资企业 67 家,合同外资 9 235.6 万美元(表 12.42)。

表 12.42 2015 年金山区吸引外资(含增资)情况

吸引外资方式	项目数		合同外资			总投资		
	数量/个		金额/万美元		同比增长率/%	金额/万美元		同比增长率/%
	新批	增资	新批	增资		新批	增资	
合计	85	42	19 665.6	17 639.3	−23.7	14 154.7	36 305.7	−58.5
合资	18	5	10 430.0	388.0	+232.7	5 127.6	2 038.2	−64.0
独资	67	37	9 235.6	17 251.3	−40.4	9 027.1	34 267.5	−57.3

其中第二产业外资项目 9 个,占新批项目总数 10.6%;投资总额 6 911.8 万美元,占新批项目投资总额 48.8%;合同外资 2 209.7 万美元,占新批项目合同外资总额 11.2%;第三产业外资项目 76 个,占新批项目 89.4%;投资总额 7 242.9 万美元,占新批项目投资总额 51.2%;合同外资 17 456 万美元,占新批项目合同外资总额 88.8%。引入智能制造、生命健康和新材料等制造业项目,扩大服务业项目引资规模,新引入投资总额 1 000 万美元以上项目 10 个,实现合同外资 17 280.4 万美元,涵盖融资租赁、商务服务、投资管理等项目。2015 年,投资总额 1 000 万美元以上项目(含增资)19 个,项目平均投资强度(按投资总额)2 114.8 万美元。中国香港、新加坡、中国台湾分列全区外资来源地排名前三,合同外资分别为 12 490.5 万美元、4 824 万美元和 749.5 万美元。中国香港、中国台湾分列投资项目数前两名,日本和德国并列第三。

二、 2016 年金山区国际经贸工作展望

（一）深入分析当前“新常态”下工作面临的新形势、新任务，加强对外贸企业的服务，加快推进结构调整升级，支持企业开展自主创新活动，引导劳动密集型产品向技术型产品转变，实现增长方式的转变与社会经济可持续发展。

（二）提高外贸工作的组织保障，加强政企协调与沟通，成立专职或兼职外贸专管员队伍，专管员直接对镇、工业区分管领导负责。

（三）学习借鉴自贸试验区经验，复制推广自贸试验区海关监管服务创新制度。主动对接“一带一路”战略的决策部署，指导和促进外向型企业参与“一带一路”建设。调研“走出去”成功企业，进一步了解企业实际和发展需求，促进企业间交流互助，通过商务信息共享、经验交流等整合具有配套能力的企业，共同开拓国际市场。

（四）加强对传统外贸企业的服务，减缓传统外贸产品特别是服装纺织类企业产能订单的转移速度，以市场为导向指导企业转型发展，换挡不失速保持外贸持续稳定增长，以推动金山区产业稳健发展。

（五）积极落实外贸“稳增长”政策措施，利用“外经贸发展专项资金”等资助项目，提高国际市场开拓能力。进一步发挥“金山区小微企业投保平台”作用，深化与中国出口信用保险公司的合作。

第十四节 松 江 区

一、 2015 年松江区国际经贸发展情况

（一）外贸发展情况

2015 年，世界经济复苏步伐缓慢，全球贸易持续低迷。在这样的大背景下，松江区对外贸易受到较大冲击，增速出现明显回落。截至 2015 年底，松江区累计实现进出口 471.8 亿美元，同比下降 7.68%。其中，累计出口 347.07 亿美元，同比下降 6.17%，完成全年计划数的 99.16%，累计进口 124.73 亿美元，同比下降 11.63%。从 1—12 月的数据来看，进出口整体速度有所下降，但是从二季度开始，降幅逐月收窄。

在出口份额中，三资企业累计出口 322.4 亿美元，同比下降 6.51%，占全区出口额的 92.89%；自营企业完成 246.68 亿美元，同比下降 1.53%，占全区出口额的 7.11%。加工区完成 255.69 亿美元，同比下降 6.51%；广达集团完成 221.05 亿美元，同比下降

7.68%,占全区出口额的 63.69%。

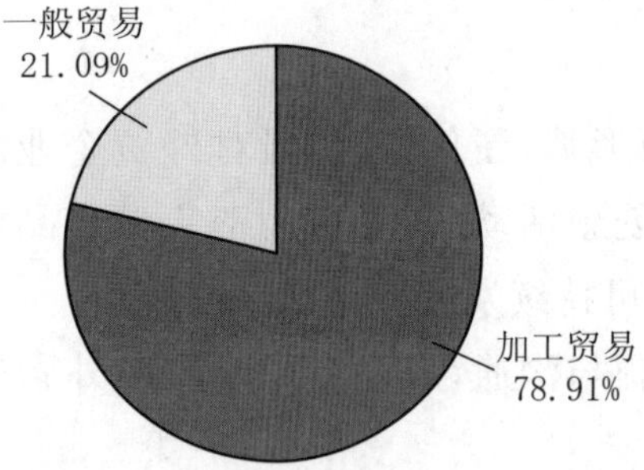

图 12.42 2015 年松江区出口贸易方式结构

加工贸易持续负增长,一般贸易同比和占比都有所上升。加工贸易出口额为 273.89 亿美元,同比下降 6.99%,占全区出口78.91%;一般贸易出口额为 73.18 亿美元,同比下降 2.96%,占全区出口 21.09%(图 12.42)。

机电产品呈现整体下滑的趋势下,与移动智能终端和互联网经济发展相关的电子产品生产企业却实现了较快较好的发展。从事服务器和网络周边设备生产的达丰(上海)电脑有限公司 2015 年出口同比增长 18.31%,从事移动终端、数据通信产品和云计算的上海斐讯数据通信技术有限公司 2015 年出口同比增长 10.51%。

(二)外资发展情况

1. 基本情况

(1) 合同外资实年度计划超额完成

2015 年,松江区实现投资总额 8.4 亿美元,合同外资 4.74 亿美元,同比增长 2.7%,超额完成 4 亿美元的年度计划。其中:新设项目 95 个,引进投资总额 4.84 亿美元,合同外资 2.68 亿美元,占全区合同外资的 56.5%;增资项目 63 个,投资总额 3.57 亿美元,合同外资 2.06 亿美元,占比 43.5%(图 12.43)。

(2) 现代服务业势头迅猛,结构优化有所显现

2015 年,松江区服务业共引进投资总额 5.28 亿美元,合同外资 2.64 亿美元,占全区合同外资的比重高达 55.7%(图 12.44)。2015 年 2 月,现代服务业在全区合同外资中的比例为 56.8%,首次超过制造业在全区中的份额,之后每个月服务业的比例都保

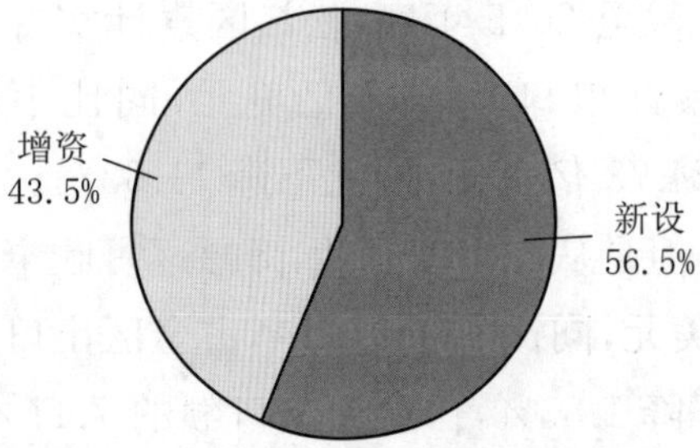

图 12.43 2015 年松江区合同外资利用方式

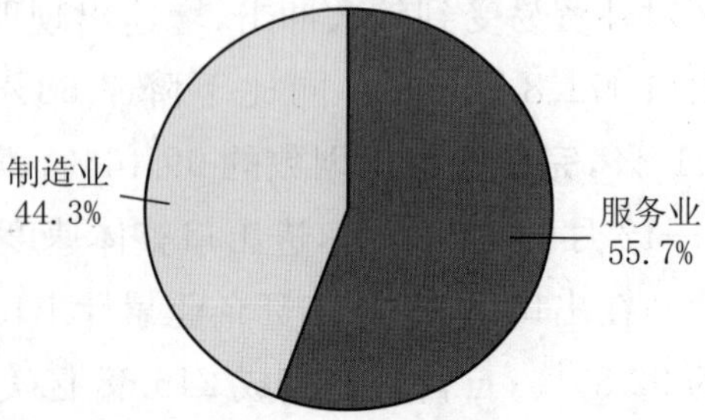

图 12.44 2015 年松江区合同外资行业结构

持在50%以上,分别为63.1%、59.7%、59.4%、55.4%、59.7%、56.3%、56.1%、54.5%、54.8%和55.7%,发展势头良好,标志着松江区产业结构的优化效应正在逐步显现。

2. 工作亮点

(1) 积极配合上级部门做好相关调研工作

2015年9月9日,上海市商务委员会尚玉英主任带队来松江区专题调研“先进制造业利用外资情况”。松江区商务委员会外资科在前期通过积极联系沟通松江区区府办及相关企业,稳妥准备好调研事项。尚主任实地走访了库卡机器人(上海)有限公司、漕河泾松江新兴园等园区企业,并就松江区制造业的基本情况、运行特点、限制瓶颈以及相关建议听取了汇报,同时与企业代表进行了互动交流,积极回应企业的诉求,对松江区在制造业方面取得的成绩表示了肯定,也对松江区今后的发展提出了更高的要求,希望松江区能在经济下行压力较大的形势下,积极转型升级,保持住良好的发展态势。2015年10月23日,上海出入境检验检疫局俞太尉局长专题调研松江区跨境电商发展情况。2015年6月松江出口加工区成立了全市首个跨境电商示范园区并正式走货运营,天猫国际跨境电商贸易正式开始运营,首批42个订单完成清关手续出区,进入国内快递配送流程。2015年8月松江跨境电子商务中心海关监管专用仓库完成验收。目前,示范园区确立落户意向的电商企业50余家,其中5家已签订战略合作协议,2家已完成注册,6家办理注册中。松江国检已备案商品2 012种,短短两周受理申报订单13 145批。2015年10月26日,上海市商务委员会申卫华副主任带队前往达丰(上海)电脑有限公司、延锋汽车饰件系统有限公司等企业开展调研,与企业有关负责同志进行座谈。

(2) 深入复制推广自贸试验区经验,正式启动一门式窗口

为了深化行政审批改革,着力构建依法依规、公开透明、横向协同、全程监督的审批体系,加大对自贸试验区政策的复制推广,进一步提升松江区投资便利化水平和行政审批透明度。松江区商务委员会外资科积极借鉴自贸试验区“负面清单”管理模式,在松江区委、区政府的支持下,在松江市场监督管理局的共同推动下,联合推出外资审批“一门式受理”平台。企业向外资科递交材料后,可同时向市场监督管理局提交材料,进行平行审批。审批完成后由市场监督管理局统一发放批文、批准证书以及营业执照,实现一次申请一次领取,有效提高行政审批效率,避免企业多次往返。为了切实推进平行审批的无缝衔接,松江区经济委员会外资科(外经外贸科)自2015年10月19日起,整体搬迁至松江区行政服务中心4号楼2楼153窗口,真正实现“一门受理、并联审批、一口发证”。

(3) 不断探索“告知承诺＋格式审批”管理模式改革

为进一步转变政府职能，提高行政效率，推动外商投资管理由重“事前审批”向重“事中事后监管”转变，打造更加国际化、法治化的营商环境，上海市商务委员会借鉴自贸试验区负面清单管理模式，在静安区等区县试点的基础上，自 2015 年 10 月 8 日起，在全市范围内推行“告知承诺＋格式审批”外商投资审批管理模式改革。积极参加上海市商务委员会组织的业务培训会，利用松江区经济委员会网站等平台做好企业的宣传、推广工作。

(4) 与海关、检验检疫联动，开拓试点区内保税维修中心

经过与海关、检验检疫相关部门的沟通、协商，探讨在松江出口加工区内设立一家专业的保税维修中心的可能性，充分利用松江出口加工区内的保税政策红利辐射松江，让区外的企业也能享受到保税维修的优惠，并已起草具体方案上报领导。区内保税维修中心的设立，将填补上海保税维修中心的空白，同时也为松江机电产业集聚扩大、产业能级提升和产业链进一步完善奠定基础。通过区内区外的双向联动，为企业针对第三方维修服务提供了可能性，让保税政策红利覆盖整个松江区的企业，有效缩短企业维修、通关、检验、物流等时间，降低企业运作成本。

(5) 进一步梳理和完善松江精密制造业出口工业产品质量安全示范区的管理制度

2014 年底，上海出入境检验检疫局组织专家组对松江示范区开展省级示范区的考核验收工作后，为了明确制度保障，建立长效机制，2015 年以来松江出口加工区梳理了“松江精密制造业出口工业产品质量安全示范区工作方案”“松江精密制造业出口工业产品质量安全示范区管理办法”和相关优惠政策，并通过松江区人民政府以正式文件的形式进行固化，以加强制度执行力。

二、 2016 年松江区国际经贸工作展望

（一）外贸工作展望

1. 进一步研究复制推广自贸试验区政策

联合海关、检验检疫等职能部门，通过实地走访自贸试验区、网上搜索信息、征询企业意见等多方渠道，积极学习自贸试验区新政，及时总结政策效果，结合松江区实际和产业特色，以提升贸易便利化水平、完善投资运营环境为出发点，坚持问题导向，细化梳理、因地制宜、分类推广各项可复制改革试点经验，探索一条具有松江区鲜明特点的改革道路，并跟踪评估推广情况，做到借鉴中创新、复制中提升。

2. 积极强化保税维修中心的试点、推广

一是强化部门协作。继续深化与海关、检验检疫部门的沟通，实地考察外高桥保税再制造中心，积极借鉴相关经验，结合松江区自身的产业、区位优势，确认创建保税维修中心的相关规定，制定企业的准入门槛、监管规则。二是扩大试点范围。由于企业之间的个性化发展，产品差异较为明显，计划先在区内、区外各挑选一批有需求的企业进行试点，通过反馈，总结出一些具有普遍性的问题，实时调整、完善，再逐步扩大到整个松江区的制造业企业。三是形成平台招商模式。松江出口加工区内保税维修中心的创建，不仅为区外有检测、维修需求的企业提供了渠道，有效缩短了通关、检验的流程，降低了企业维修、物流的成本，而且为区内维修产业聚群的发展注入了动力，努力推动中心成为具有精密维修能力的平台，联合位于中小企业城的检测中心，共同吸引国内外其他具有专业检测、维修资质的企业落户松江区，扩大保税维修中心的影响力和竞争力，打造一块具有松江区特色的金字招牌。

3. 积极推动示范区国家级验收

充分发挥松江精密制造业出口工业产品质量安全示范区平台优势，形成示范区建设长效机制，计划在第二季度开展对纠正预防、联合检查等相关制度的执行和检查，把示范区的机制、体制落到实处。从国家级示范区建设的高度，进一步完善工作机制，加强工作部署，形成更加完备、有效的质量监管合力。通过示范区建设，为松江精密制造业转型发展提供基础支撑，也为迎接国家级示范区验收做好准备。

4. 紧抓契机，培育竞争新优势

积极促进出口结构调整，探索、改变长期以来对外贸易发展更多注重数量扩张，竞争力主要依靠劳动力、资源能源等生产要素的旧模式，改善机电产品出口结构，鼓励与移动智能终端和互联网经济发展相关的产业，逐步突破机电产品一业独大的现状，积极寻找新的支柱产业，发现新的经济增长点。积极推进跨境电子商务、市场采购、外贸综合服务企业等新兴业态发展，从单纯的产品出口向产品与服务出口协同发展转变。

（二）外资工作展望

1. 全力以赴，继续抓好招商引资工作

仔细分析 2015 年合同外资增长迅速的原因，不难发现房地产对于整体经济的拉动作用十分明显，新设 2 个房地产项目就引进 1.52 亿美元合同外资，在全区合同外资的占比高达 36.1%，占现代服务业份额的 64.9%。房地产对于短期间的经济促进有显著效果，可是从长远来，房地产对于产业结构优化、产业层级提升不具有引领示范作用。为此，必须加大对其他现代服务业的招商选商力度，减少对房地产业的过度依赖，努力在提升经济质量和效益、加强产业链延伸，集聚战略新兴产业、优化经济结构、完善产业能级上面下工夫，鼓励国内外知名企业在松江设立研发中心、结算中心等总部经济。

2. 坚持服务，切实提高外企经济运行质量

在企业服务方面，将继续从多方面入手，形成强有力的抓手，促进服务工作向更高层次和更广领域拓展。一是加强政策宣传服务。“告知承诺＋格式审批”的外资审批改革于2015年10月已开始启动，科室将积极做好宣传工作，让企业及时了解、掌握国家有关新政策，提高企业的办事便利度。二是注重引导与扶持，细化分类服务。做好骨干企业、规模企业、龙头企业的联系服务、积极引导探索、建立利益共享、风险共担的产业技术创新联盟；做好劣势企业淘汰、二次开发的工作，努力提高外向型经济运行质量；加大对于成长性企业的扶持力度，从产业导向、产品销售、融资渠道等方面给予帮助。三是加强制度建设。在坚持企业走访制度、座谈会制度的同时，加强服务的平台建设，整合政府各部门资源，提高为企业服务的能力与效率，为企业排忧解难。

第十五节　青　浦　区

一、2015年青浦区国际经贸发展情况

（一）外贸发展情况

受到整体外贸环境疲软影响，2015年，青浦区全年实现外贸进出口总额128.22亿美元，同比下降4.5%。其中出口额为75.97亿美元，同比下降0.2%；进口额为52.25亿美元，同比下降10.3%。此外，青浦区进出口在2014年达到历史最高值，2015年遭遇外贸“寒冬”使得同比增幅大幅下降。2015年，青浦区外贸运行主要有以下特点。

1. 出口好于进口，民营企业好于外资企业

2015年，青浦区共计1 274家企业开展出口业务，全年出口同比下降0.2%，但好于上海和全国出口降幅；共计1 444家企业开展进口业务，进口同比下降10.3%，而上海进口同比下降0.6%。全区共计1 228家民营企业开展进出口业务，同比增加120家，进出口总额同比下降3.3%，高于全区外贸增速1.2个百分点，占比较2014年上升0.3个百分点；共计643家外资企业开展进出口业务，同比减少18家，进出口总额同

比下降4.8%,低于全区外贸增速0.3个百分点,占比较2014年下降0.2个百分点(表12.43)。

表12.43 2015年青浦区不同贸易主体进出口情况

贸易主体	出口		进口		进出口			企业数/家
	金额/万美元	同比增长率/%	金额/万美元	同比增长率/%	金额/万美元	同比增长率/%	占比/%	
总计	759 688	−0.2	522 470	−10.3	1 282 158	−4.5	100.0	1 922
外资	515 821	−0.2	362 349	−10.6	878 170	−4.8	68.5	643
民营	183 672	2.9	108 553	−12.1	292 225	−3.3	22.8	1 228
国有	19 880	6.5	560	21.7	20 440	6.9	1.6	3
其他	162	2.8	3 568	48.4	3 730	45.6	0.3	26

2. 一般贸易占比持平,加工贸易占比上升

2015年,青浦区继续呈现出加工贸易进出口占比上升的态势,但一般贸易进出口占比停止下降,且略有回升,但贸易结构优化方面仍处于瓶颈期。从事一般贸易企业1 861家,同比增加115家,进出口总额67.54亿美元,同比下降4.4%,占比较2014年微增0.1个百分点,为52.8%;从事加工贸易企业232家,同比减少23家,进出口总额57.99亿美元,同比下降2.0%,占比较2014年增长1.2个百分点,为45.3%(表12.44)。

表12.44 2015年青浦区不同贸易方式进出口情况

贸易方式	出口		进口		进出口			企业数/家
	金额/万美元	同比增长率/%	金额/万美元	同比增长率/%	金额/万美元	同比增长率/%	占比/%	
总计	759 688	−0.2	519 214	−10.5	1 278 902	−4.6	100.0	1 922
一般贸易	401 795	−3.8	273 571	−5.2	675 366	−4.4	52.8	1 861
加工贸易	349 755	4.9	230 103	−11.0	579 858	−2.0	45.3	232
其他贸易	8 138	−16.4	15 540	−52.8	23 678	−44.5	1.9	566

3. 传统市场保持稳定,新兴市场积极开拓

2015年,青浦区进出口涉及182个国家和地区,其中出口市场涉及179个国家和地区,进口市场涉及121个国家和地区。美国、日本、欧盟、东盟是青浦区传统贸易市场,进出口总额位列前四,进出口同比下降6.1%,占全区外贸市场比重超过60%。相较传统市场,青浦区与新兴市场贸易发展迅速,其中,青浦区对印度进出口额为2.03

亿美元，同比增长 6.5%；对越南进出口额为 1.90 亿美元，同比增长 53.8%；对菲律宾进出口额为 1.76 亿美元，同比增长 6.8%(表 12.45)。

表 12.45　2015 年青浦区主要贸易伙伴进出口情况

国家或地区	出口		进口		进出口		
	金额/万美元	同比增长率/%	金额/万美元	同比增长率/%	金额/万美元	同比增长率/%	占比/%
美　国	129 806	−0.4	66 611	2.6	196 417	0.6	15.3
日　本	88 712	−12.6	77 379	−6.1	166 091	−9.7	13.0
欧　盟	107 297	−5.1	112 598	−17.4	219 895	−11.8	17.2
东　盟	145 659	2.6	59 687	−13.2	205 346	−2.5	16.0
总　计	471 474	−3.2	316 275	−10.2	787 749	−6.1	61.4

4. 出口规模企业数量减少，重点企业拉动外贸

2015 年，青浦区星科金朋(上海)有限公司、上海美蓓亚精密机电有限公司、上海中昊针织有限公司、上海汉森投资发展有限公司、基胜工业(上海)有限公司、上海新大洲有限公司、斯伦贝谢油田设备(上海)有限公司、上海东隆羽绒制品有限公司、上海荣泰健康科技股份有限公司、上海欧菲滤清器有限公司、上海现代电梯制造有限公司和宏茂微电子(上海)有限公司 12 家企业出口额超过 1 亿美元，企业数量与 2014 年持平，合计出口额占比占全区出口总额的 44%；全年出口额 1 000 万美元以上的企业 108 家，较 2014 年减少 11 家，规模企业数量减少，合计出口额 59.01 亿美元，同比增长 4.9%，占比 77.7%，拉动全区出口增速 3.6 个百分点(表 12.46)。108 家出口额达到千万美元的企业中，从事传统支柱产业业务的企业 62 家，其他业务企业 46 家；生产型企业 100 家，贸易型企业 8 家；外资企业 86 家，内资企业 22 家。

表 12.46　2015 年青浦区重点企业出口情况

重点出口企业	出口		
	金额/万美元	同比增长率/%	占比/%
1 亿美元以上企业(12 家)	333 731	12.0	43.9
5 000 万美元以上企业(23 家)	409 721	9.6	53.9
2 000 万美元以上企业(53 家)	511 881	7.7	67.4
1 000 万美元以上企业(108 家)	590 061	4.9	77.7
全　区　总　计	759 688	−0.2	100.0

5. 龙头企业增势良好，拉动全区外贸数据

2015年，青浦区3家出口龙头企业星科金朋(上海)有限公司、上海美蓓亚精密机电有限公司和上海中昊针织有限公司外贸出口占到全区出口总额的28.6%，同比增长24.7%，拉高全区出口增速5.7个百分点。进口龙头企业上海普惠飞机发动机维修有限公司、上海菱重增压器有限公司和高田(上海)汽配制造有限公司3家企业占到青浦区进口总额12.7%，同比增长19.5%，拉高全区进口增速1.9个百分点(表12.47)。

表12.47　2015年青浦区出口、进口龙头企业外贸情况

出口			进口		
企业名称	金额/万美元	同比增长率/%	企业名称	金额/万美元	同比增长率/%
星科金朋(上海)有限公司	162 559	23.7	上海普惠飞机发动机维修有限公司	24 516	17.4
上海美蓓亚精密机电有限公司	28 399	29.1	上海菱重增压器有限公司	21 518	41.8
上海中昊针织有限公司	26 192	26.5	高田(上海)汽配制造有限公司	20 336	4.3
合计	217 150	24.7	合计	66 370	19.5

(二)外资发展情况

2015年，青浦区共吸收合同外资6.35亿美元，同比增长27.0%，完成全年目标的115.5%；其中累计新批外资项目77个(同比减少10个，含11个迁入项目)，吸收合同外资2.45亿美元，同比增长28.9%；增资项目47个(同比减少2个)，吸收合同外资3.9亿美元，同比增长25.8%。

2015年，青浦区外商投资(含增资)排名前三的国家和地区分别是中国香港地区、意大利、新加坡，合同外资分别为3.68亿美元、0.64亿美元、0.51亿美元，占比分别为58%、10%、8%(图12.45)。

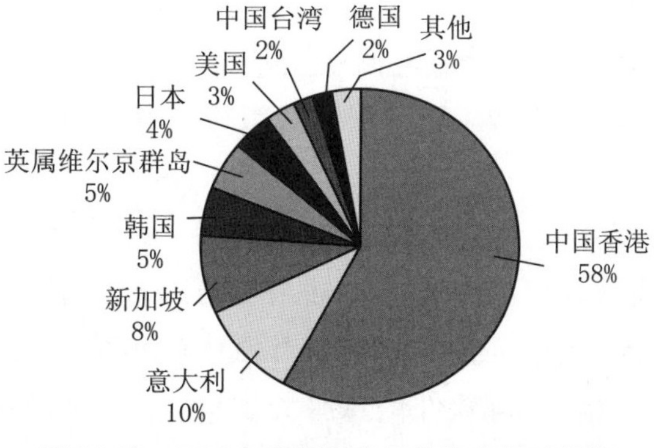

图12.45　2015年青浦区合同外资来源地结构

2015 年，青浦区外资投资项目主要分布在服务业和制造业，其中服务业吸引合同外资 4.51 亿美元，占比 71%；制造业吸引合同外资 1.84 亿美元，占比 29%（图 12.46）。

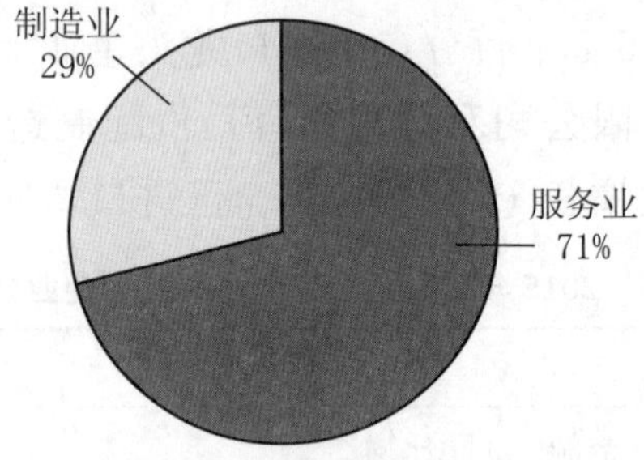

图 12.46　2015 年青浦区合同外资行业结构

二、2016 年青浦区国际经贸工作展望

2016 年，国家商务部提出将会同有关部门，抓紧制定培育外贸竞争新优势行动计划，加快培育以技术、品牌、质量、服务为核心的外贸综合竞争新优势，实现对外贸易持续健康发展。2016 年，青浦区也将努力进一步优化贸易结构，提升外贸发展质量，促进贸易方式转型升级，助力青浦区进出口良好发展。

一是助力青浦出口加工区跨境电子商务网购保税进口业务发展。依托青浦出口加工区试点业务，加强“互联网＋外贸”领域研究，结合区内现有优势，对接复制自贸试验区政策，制定青浦区支持跨境电子商务发展的相关政策，大力支持外贸新型商业模式发展。跨境电子商务作为区内重点工作项目，现已建立青浦区跨境电子商务发展领导小组，2016 年将加强与上海东方电子支付有限公司对接，推进跨境电商公共平台建设；实现跨境电商标杆企业入驻；细化领导小组成员单位职能分工；完善青浦区跨境电子商务发展规划咨询报告；深化和推进跨境电商保税物流中心、跨境电商 O2O 商业中心（即跨贸小镇）和跨境电商产业孵化中心“三个中心”建设，按时间节点推进相关工作；推介青浦出口加工区申报上海市跨境电子商务示范园区，助力青浦区跨境电子商务业务发展。

二是注重行业集聚效应，培育外贸发展新优势。跟踪青浦出口加工区民用航空基地，以上海普惠飞机发动机维修有限公司、中国东方航空股份公司为龙头带动区内航空产业发展，发挥产业集聚区在外贸转型升级中的示范带头效应。跟踪中国北斗产业技术创新西虹桥基地，支持软件信息服务出口，加强青浦区服务贸易产业研究，发挥服务贸易集聚和示范效应。

三是关注重点企业,力争出口保持稳定增长。召开出口重点企业座谈会、行业企业运行分析会等一系列活动,特别加强对高成长性、高科技含量外贸企业的关注,助推解决企业在贸易中遇到的问题。支持企业产品研发设计和参加境内外展会开拓贸易市场,中小企业开拓国际市场;支持服务外包企业承接国际服务外包业务和技术出口;支持企业走出去开展对外投资合作业务,引导有序开展对外投资合作业务;推动区内平台建设,支持优化外贸结构。

四是加强部门间联动。推动青浦区人民政府和上海海关战略合作协议落地。联合相关部门形成3个制度:1个月1次日常工作联系制度、3个月1次工作例会制度、重点企业定期走访制度。及时沟通相关工作信息,建立健全进出口企业的服务和监管机制,共同推动青浦区会展产业发展、跨境电子商务发展、出口加工区功能拓展和区内重点企业、重点项目进出口贸易便利化建设。

第十六节 奉 贤 区

一、 2015年奉贤区国际经贸发展情况

(一)外贸发展情况

2015年,受国际经济及国内经济影响,奉贤区进出口形势低迷。全年实现进出口107.22亿美元,同比下降6.18%,占上海市进出口总量2.37%,降幅高于上海市水平2.98个百分点。其中,进口40.74亿美元,同比下降1.26%,占上海市进口总量1.60%,低于上海市水平0.66个百分点;出口66.47亿美元,同比下降8.95%,占上海市出口总量3.37%,低于上海市水平2.62个百分点;贸易顺差25.73亿美元,同比下降18.94%。

1. 出口跌幅继续扩大

2015年,奉贤区一季度出口同比下降0.45%,二季度出口同比下降11.66%,三季度、四季度出口分别同比下降10.82%和12.17%,且各季度当月出口降幅持续扩大。

2. 一般贸易出口比重逐渐加大,加工贸易出口降幅急剧增大,对出口拖累较大

2015年,奉贤区一般贸易出口36.41亿美元,占全区出口54.78%,同比下降5.50%,低于上海市水平0.87个百分点,基本保持一致,同期加工贸易出口27.10亿美元,占全区出口40.77%,同比下降15.06%,低于上海市水平6.66个百分点,情况比较严峻(表12.48)。

表 12.48 2015 年奉贤区出口贸易方式情况

贸易方式	出口额/亿美元	占比/%	同比增长率/%
一般贸易	36.41	54.78	−5.50
加工贸易	27.10	40.77	−15.06
来料加工	1.44	2.17	−45.14
进料加工	25.66	38.60	−12.37

3. 从国别地区分析,对美国及欧盟少部分地区出口保持增长

2015 年,奉贤区对美国出口 12.80 亿美元,同比增长 6.35%,对美国进口 3.58 亿美元,同比增长 1.51%,美国依然是奉贤区最为依赖的贸易伙伴。金砖国家(巴西、俄罗斯、印度、南非)的进出口形势分化明显。其中,对印度出口 2.51 亿美元,同比增长 35.33%,进口 0.45 亿美元,同比增长 14.13%,是 2015 年奉贤区新的贸易增长点;对巴西出口 1.1 亿美元,同比下降 19.19%。俄罗斯和南非虽然下降幅度较大,但其进出口总量相对较小,对奉贤区进出口影响甚微。对以丝绸之路为主要国家的西亚的出口形势也不容乐观,出口 2.65 亿美元,同比下降 21.88%;进口 4.57 亿美元,同比下降 2.65%(图 12.47)。

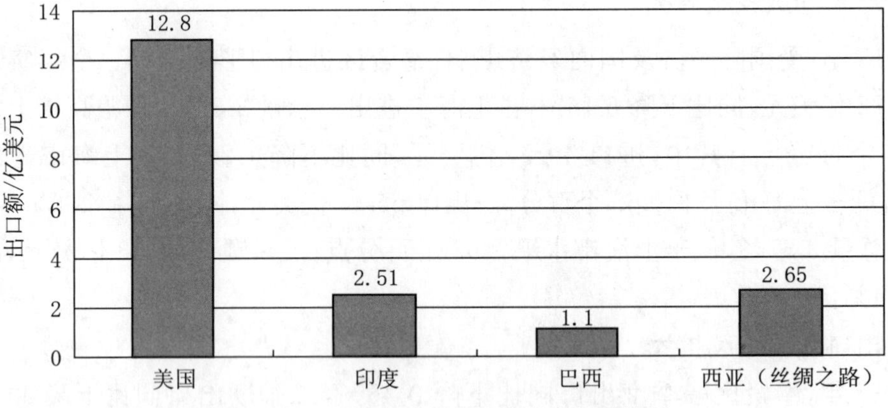

图 12.47 2015 年奉贤区主要出口市场情况

4. 机电产品出口堪忧

从进出口商品类型分析,作为奉贤区龙头的机电产品面临较大困境。2015 年机电产品出口 24.78 亿美元,占全区出口额 37.28%,同比降低 8.63%,略小于同期奉贤区出口总额跌幅;进口 9.69 亿美元,占全区进口额 23.78%,同比降低 9.40%,远高于同期奉贤区进口总额跌幅 8.14 个百分点。同时,在奉贤区占重要地位的纺织品及塑料制品的进出口都呈下滑趋势。纺织品出口 6.56 亿美元,下降 9.67%;进口 7.9 亿美

元，下降 11%。塑料制品出口 6.29 亿美元，下降 16.46%；进口 14.14 亿美元，下降 7.02%。其余商品也基本以下跌为主，且跌幅较大。

5. 各镇(开发区)形势不容乐观

从各镇(集团公司)分析，有 12 个镇(集团公司)出口出现下降且包含部分出口龙头地区。8 个镇(开发区)出口出现小幅增长并且原出口基数偏小。以南桥镇、出口加工区为例，2015 年分别出口 7.74 亿美元和 9.90 亿美元，而其同比降幅分别达到了 14.35%和 22.33%。从重点出口企业分布情况看，2015 年外贸出口 2 000 万美元以上的重点外贸企业 61 家，出口额 39.23 亿美元，占全区出口比重近 60%。其中：综合开发区 12 家、出口加工区 5 家、化学工业区 3 家、星火开发区 7 家、海港开发区 2 家、奉城镇 7 家、庄行镇 6 家、南桥镇 8 家、四团镇 1 家、金汇镇 3 家、青村镇 3 家、柘林镇 2 家、海湾镇 1 家、海湾旅游区 1 家。

6. 外资企业和民营企业出口低迷，且放大趋势明显

2015 年，奉贤区占半壁江山的外资企业出口 43.14 亿美元，占出口总额 64.90%，同比下降 8.47%，高于上海市同期降幅 1.75 个百分点。民营企业出口 22.46 亿美元，占出口总额 33.79%，同比下降 10.23%，高于上海市同期降幅 7.15 个百分点(图 12.48)。

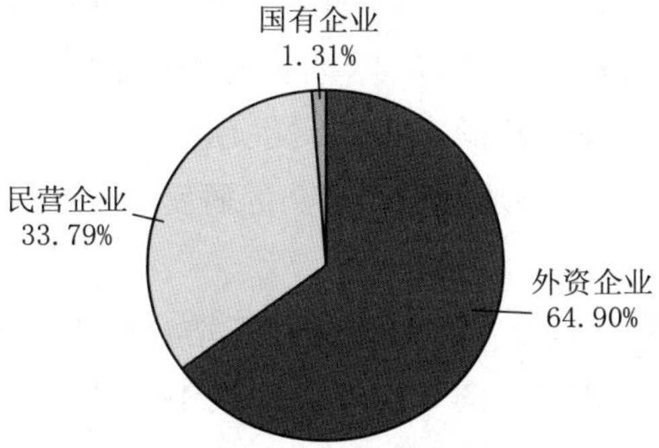

图 12.48　2015 年奉贤区出口企业性质情况

(二) 外资发展情况

2015 年，奉贤区新设外资企业 288 家，增资外资企业 81 家，共计新增合同外资 6.12 亿美元，同比增长 0.09%，完成全年目标任务的 111%。利用合同外资的主要特点如下。

1. 从项目数量分析

2015 年，奉贤区新设项目数量 288 个，同比增长 32%，新设项目数量逐年增加主要是由于注册型外资项目数量的增长。其中，新设服务业项目 275 个，制造业项目仅

13 个(表 12.49)。

表 12.49　2015 年奉贤区新设外资情况

行　业	新设项目数/个	总投资/亿美元	注册资本/亿美元	合同外资/亿美元
制造业	13	1.87	0.87	0.66
服务业	275	3.44	2.44	2.27
总　计	288	5.31	3.31	2.93

2. 从产业分析

2015 年,奉贤区新设制造业项目 13 个,增资制造业项目 31 个,共计合同外资 2.1 亿美元,占同期合同外资的 34.4%(图 12.49)。制造业合同外资中新设占比 31.0%;增资占比 69.0%。从新设制造业项目来看,2015 年引进的项目综合质量比较好的只有雅培医疗器械制造(上海)有限公司,是由世界 500 强美国雅培在奉贤区海湾镇新设的外商独资企业,公司投资总额 2 100 万美元,注册资本 840 万美元,公司在海湾镇租赁了关联公司雅培制药的厂房,主要从事医疗器械的研发、生产。

2015 年,奉贤区新设服务业项目 275 个,增资 50 个,共计合同外资 4.01 亿美元,占同期合同外资的 65.6%(图 12.49)。服务业项目主要集中在商贸服务业、专业服务业等的传统行业领域,但也不乏个别亮点项目,比如化工区的新设服务业项目上海睿智医药技术服务有限公司投资总额 2 000 万美元,注册资本 1 000 万美元,实际控制方尚华医药研发服务集团,主要从事生物医药的研发。

3. 从增资分析

2015 年,奉贤区增资外资企业 81 家,共计新增合同外资 3.19 亿美元,同比增长 38%,占同期合同外资的 52.1%(图 12.50)。增资中二产占比 45%,三产占比 55%,几乎各占一半。增资占比 52%,延续了近 5 年来合同外资中增资占比接近一半的势头,是目前盘活存量资源吸引外资的重要途径。

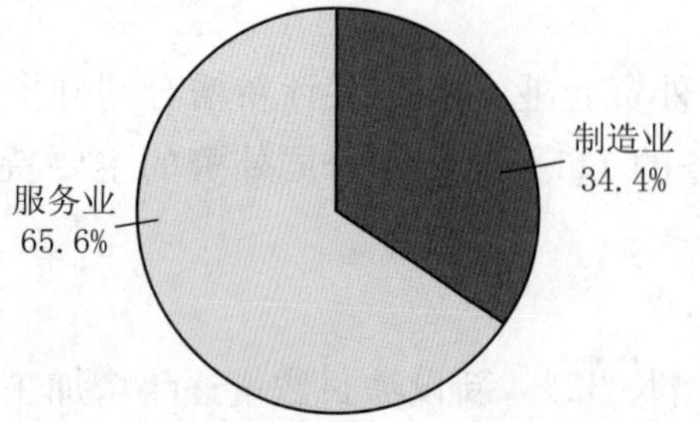

图 12.49　2015 年奉贤区合同外资行业结构

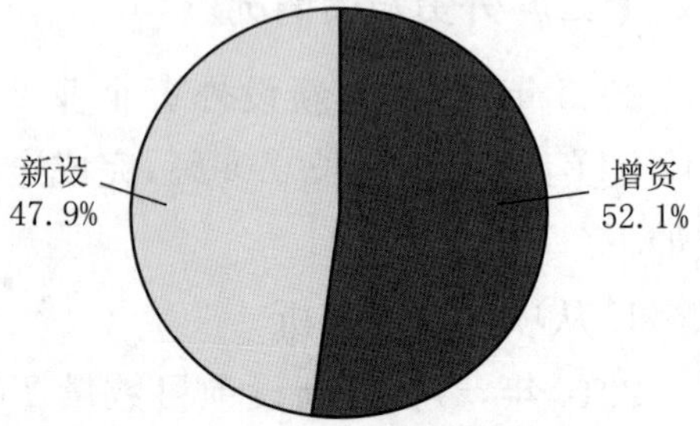

图 12.50　2015 年奉贤区合同外资引进方式结构

4. 从投资来源地分析

2015年，奉贤区投资前5位的国家/地区分别是中国香港、英属维尔京群岛、德国、日本、荷兰，合同利用外资总额4.88亿美元，占合同外资总额的80%。其中中国香港合同利用外资3.16亿美元，占比达到52%，依旧是来奉贤区投资的第一来源地；英属维尔京群岛合同利用外资0.51亿美元，排名第二；欧盟国家投资的合同外资占到约17%。

二、2016年奉贤区国际经贸工作展望

（一）外贸工作展望

1. 坚定外贸发展“新信心”

当前，我国外贸面临的形势严峻复杂，下行压力在不断加大。这既有国际经济大环境不给力的外部因素，也有我国主动调节经济发展方式、积极推动产业转型升级的短期阵痛影响。但应该看到，转型发展的积极效应已经初步显现，高端科技产品、先进制造业的出口份额在国际市场的占比大幅提高。客观而言，我国外贸发展势头平稳、动力强劲，从“提速增量”向“提质增效”转变的形势大好、前景可期。

2. 打造外贸发展“新动能”

一是做好政策创新。积极对接自贸试验区，探索在贸易自由化、投资便利化等方面的制度创新成果，进一步加大制度创新力度，努力打造奉贤区作为国际化的营商环境的后花园，从而释放改革红利，激发外贸活力。

二是要做好模式创新。大力推广和发展跨境电子商务、产业互联网等新模式，用新模式为外贸发展提供新支撑。扩大试点范围，加大改革力度，着力构建起覆盖全球、对接全行业的境外营销网络。

三是做好技术创新。结合“互联网＋”、中国制造2025等国家战略，充分运用好大数据、云计算、物联网等现代技术手段，推动产品、产业、生产、经营、管理的全方位创新，提高我国外贸的综合竞争力。

3. 形成外贸发展“新棋局”

当前，必须顺应国际上贸易投资融合发展的大趋势，结合奉贤区域发展不同步的具体情况，一方面，要围绕“一带一路”建设，把生产成本水平高、产能过剩的产业进行产能结构优化，腾笼换鸟，进一步夯实和优化奉贤区的货物贸易结构；另一方面，以优化的货物贸易带动国际服务贸易的深入开展，提高服务贸易在整个贸易结构中的比重，不仅可以改善奉贤区货物贸易进出口所遭遇的困难，更能在优化贸易结构、改善

生态环境上起到推波助澜的作用。

（二）外资工作展望

2016 年，奉贤区要继续加大招商引资的力度，积极会同奉贤区各镇、开发区和招商办探索多渠道、多方式的招商引资活动。开展专业化招商，产业链招商。抓住与自贸试验区毗邻的区位优势，做好与自贸试验区的产业对接，吸引相关产业和企业集聚。同时，注重盘活招商资源，加强同上海市经济和信息化委员会、上海市商务委员会、上海市外国投资促进中心、上海市外资协会的联系，利用上海市招商信息平台、海外办事处等进行对外宣传推介。

1. 先进制造业

要鼓励外商投资奉贤区重点产业领域，注重在以产业链招商推动产业集聚中发挥外资的作用，努力形成一批有特色的产业基地，推动产业结构升级转型。

一是开发区是对外开放的重要平台，要进一步明确各开发区的产业定位，加快推进园区转型升级，提高园区吸引外资的承载能力。以奉贤区目前的情况，高质量的外商投资企业主要集中在上海市工业综合开发区、上海市化学工业区奉贤分区。临港物流园区奉贤分区也将是外资主要集聚之地。建议区里的政策、土地、人才、宣传推介等集中到这几个优势工业区，打造奉贤区的外资企业集聚区。

二是对于目前区里打造的欧盟中小企业园区，要寻找有招商能力的合作伙伴，共同推进招商，打造欧盟中小型先进制造业集聚地。加快推动欧盟园区外商投资行政审批制度改革的进程，向改革要奉贤区外资发展的红利。加快标准厂房园区的建设进程，对欧盟中小企业设计相对应的优惠政策，吸引科技含量高、细分市场占有率大的中小企业。

三是在产业结构调整、土地二次开发中，积极发挥外资的作用。鉴于目前奉贤区存量外资企业亩均产出和税收远高于内资企业的现状，对调整后的产业用地在招商引资过程中，根据各板块的产业定位更加注重引进外资企业，以产业发展的质量和效益为核心，同时注重产业的成长周期，通过评审机制切实把好入口关。

四是对接自贸试验区，积极推动与自贸试验区产业互补发展。在自贸试验区现有土地资源和发展空间的有限的情况下，奉贤区要积极抓住这一有利机遇，发挥在先进制造业承接方面的优势，抓紧调整园区内的产业发展规划，契合自贸试验区的产业发展方向，有针对性地淘汰一批落后产能，腾出一批发展空间，为对接自贸试验区的制造业转移创造空间和发展条件。尤其奉贤区东部与自贸试验区位置相邻，土地资源丰富，要素价格低廉，开发潜力巨大，可在产业发展、商务配套等功能上重点研究布局，制定针对性的产业承接规划，主动对接自贸试验区的制造业转移和服务业配套。

五是通过加快行政审批制度改革和完善中小企业服务平台等手段，不断优化奉贤区投资软环境，增强外资企业在奉贤区进一步发展壮大的信心和决心。对于有增资意向的企业，加强服务鼓励其增资扩股。在外资并购日益成为利用外资的重要方式的背景下，要加强与镇、开发区和招商办等部门的沟通，对有意向引进外资的内资企业，要加强指导与服务，在帮助其完成外资并购的同时也引进国外先进的技术和管理经验来助力奉贤区企业的发展。

2. 现代服务业

聚焦现代商贸、金融服务、专业服务、文创休闲、平台经济等五大重点产业，加快发展奉贤区现代服务业，使二三产业结构进一步优化，以现代服务业的较快发展推动奉贤区经济转型升级。

一是拓展现代服务业利用外资的领域，争取在外资服务业上有新的突破。拓展开放的深度和广度，高度重视自贸试验区的辐射作用，鼓励外资投资研发设计、服务外包、文化创意、电子商务和旅游、养老、健康、家政服务等领域，力争使其成为奉贤区利用外资新亮点。自贸试验区对商贸、物流行业有巨大的需求，要充分借助自贸试验区试点的有利时机及其示范功能，充分利用“两仓混用”等创新手段，发展高水平、高附加值的现代物流产业。同时积极对接自贸试验区航运产业链的打造，大力发展船舶交易、船舶管理、航运经纪、航运咨询、船舶技术等各类航运服务业，延伸发展现代物流等关联产业。

二是抓住上海积极有序推进金融市场对外开放的机遇，打破区域概念，高起点、高效能地加快推进奉贤区金融产业基地建设步伐，构建金融资源集聚和优化配置的平台。近两年外商投资融资租赁企业的发展使奉贤区服务业领域利用外资占比增长，随着商业保理试点的申请与年内争取政策落地，力争外资在金融服务业领域有新的亮点。

三是适度加强奉贤区在房地产领域吸引外资的力度。奉贤区在房地产领域引入外资方面还是空白。结合南桥新城的开发建设，应适度引进开发能力强，实力雄厚，能提升整个城市发展水平的高品质外资房地产开发公司，促进新城的发展。

四是政策引导，大力发展外资总部、研发中心等功能性机构。针对奉贤区作为郊区的特点和优势，着力引进一些高科技企业的跨国公司地区总部、企业研发中心以及生产型服务业基地。研究出台鼓励奉贤区发展总部经济的政策，以政策引导促进外资总部经济的发展。

五是加强商贸型外资的招商引资力度，强化对商贸型外资招商的考核。目前上海吸引外资的现状是制造业引进外资越来越困难，而服务业却年年保持增长，要利用上海作为四个中心的引领作用，积极开拓商贸型外资招商。在实质引入条件尚不成熟的情况下，仍需大力发展注册型外资的引进，并强化对园区商贸型外资的考核，引导园区加强吸引外资的工作力度。

第十七节　崇　明　县①

一、 2015 年崇明县国际经贸发展情况

（一）外贸发展情况

1. 基本情况

2015 年崇明县共有 190 多家外贸企业开展对外贸易活动，实现进出口总额 6.5 亿美元，同比下降 28.8%。其中，出口额 3.6 亿美元，同比下降 5.1%，进口额 2.9 亿美元，同比下降 45.7%。主要呈现以下特点。

(1) 外资企业进出口额跌幅小于民营企业

崇明县外资企业实现进出口 2.1 亿美元，同比下降 3.9%，其中出口 1.8 亿美元，同比增长 3.6%，占全县出口总额的 50.8%；进口 0.3 亿美元，同比下降 35%，占全县进口总额的 10.5%。民营企业实现进出口 3 亿美元，同比下降 23%，其中出口 1.7 亿美元，同比下降 13%，占全县出口总额的 48.0%；进口 1.2 亿美元，同比下降 33.8%，占全县进口总额的 42.0%。国有企业实现进出口 1.4 亿美元，同比下降 53.6%，其中出口 0.04 亿美元，同比下降 1%，占全县出口总额的 1.1%；进口 1.36 亿美元，同比下降 54.2%，占全县进口总额的 47.6%(图 12.51、图 12.52)。

图 12.51　2015 年崇明县不同企业性质出口占比

图 12.52　2015 年崇明县不同企业性质进口占比

① 崇明县已于 2016 年 7 月 22 日撤县设区。因统计数据的时间是 2015—2016 年，故本书仍保留原辖区的名称。

(2) 一般贸易和加工贸易均呈下降趋势,一般贸易跌幅较大

崇明县一般贸易进出口额 5.1 亿元,同比下降 28.6%(2014 年同比增长 111%),占崇明县外贸总值的 78.5%。其中出口 2.6 亿元,同比增长 6.9%(2014 年同比增长 18.4%);进口 2.5 亿元,同比下降 46.9%(2014 年同比增长 253.4%)。加工贸易进出口额 1 亿元,同比下降 28.8%(2014 年同比增长 37.3%),占崇明县外贸总值 15.4%。其中出口 0.8 亿元,同比下降 25.3%(2014 年同比增长 25.4%);进口 0.2 亿元,同比下降 38.4%(2014 年同比增长 84.6%)。其他贸易 0.4 亿元(包括保税仓库进出境货物、出料加工贸易、港澳捐赠等)占崇明县外贸总值 6.2%(图 12.53)。从进出口跌幅看,只有一般贸易出口仍有小幅增长。

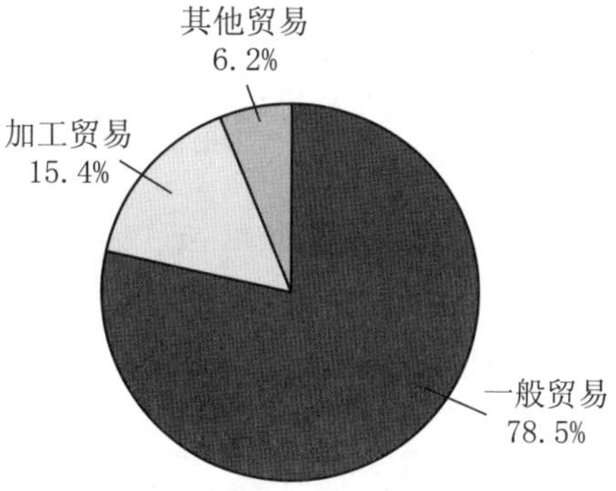

图 12.53　2015 年崇明县不同贸易方式进出口占比

(3) 进出口贸易伙伴中,欧盟、美国、日本位居前三

崇明县对欧盟进出口总值 1.2 亿美元,同比下降 19.9%,其中出口总值 0.9 亿美元,进口总值 0.3 亿元。崇明县对美国进出口总值 0.9 亿美元,同比下降 31.9%,其中出口总值 0.7 亿美元,进口总值 0.2 亿元。崇明县对日本进出口总值 0.7 亿美元,同比下降 12.2%,其中出口总值 0.4 亿美元,进口总值 0.3 亿美元。

(4) 主要出口商品中,贱金属及其制品下跌相对较小

2015 年,崇明县贱金属及其制品出口额 1.7 亿美元,同比下降 3.6%,占比由 2014 年的 45.9%上升到 46.6%;机电、音像设备及其零部件出口额 0.5 亿美元,同比下降 16%,占比由 2014 年的 16.6%下降到 14.7%;车辆、航空器、船舶及其零部件出口额 0.39 亿美元,同比下降 19.3%,占比由 2014 年的 12.7%下降到 10.8%;纺织原料及纺织制品出口额 0.38 亿美元,同比下降 15.7%,占比由 2014 年的 11.8%下降到 10.5%(图 12.54)。

2. 主要工作举措

(1) 加大政策宣传

为促进崇明县对外贸易稳定增长,及时将国家、市级相关政策在崇明县经济委员会网站发布,向企业广泛宣传开拓资金、服务贸易、电子商务以及出口信用保险等各级各类相关外贸扶持政策。为贯彻落实上海市商务委员会关于促进上海市外贸稳定增长会议精神,崇明县经济委员会召开外贸工作专题会议,组织崇明县 30 家外贸监

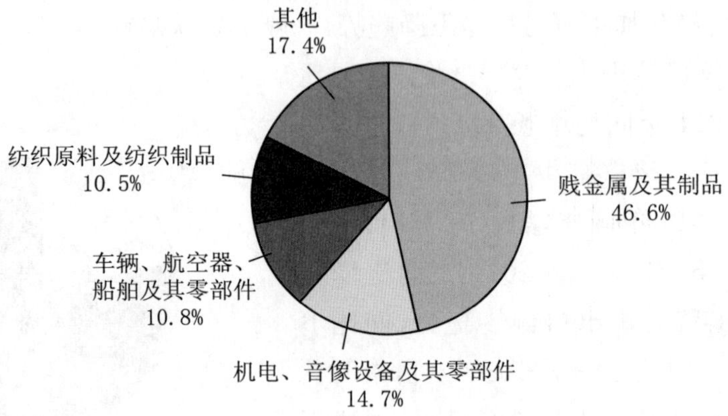

图 12.54 2015 年崇明县主要商品出口占比

测样本企业负责人参加会议，介绍 2015 年前三季度全国及上海市外贸发展形势，分析崇明县外贸监测运行情况及特点，解读外贸发展专项资金有关政策，通报第四季度上海市外贸出口奖励措施，并部署下一步崇明县外贸主要工作目标和任务，要求企业在做好外贸监测工作的同时，帮助企业用足用好各项外贸奖励政策，促进外贸稳定增长。

(2) 定期走访企业

为发挥商务部门桥梁纽带作用，加强与崇明县重点外贸企业的沟通与联系，崇明县经济委员会定期走访外贸企业。2015 年 8 月下旬，崇明县经济委员会会同崇明县外商投资企业协会，走访调研上海中荷环保有限公司和上海永信东洋碳素有限公司，加强当前形势和扶持政策宣传的同时深入车间了解企业一线生产情况，认真听取企业介绍当前生产经营状况和待解决的问题，并协调政府相关部门为企业想办法、出点子，帮助企业加大技术改造力度，提升企业的市场竞争力。多次走访上海华润大东船务工程有限公司及上海冠华不锈钢制品有限公司，宣传出口信用保险政策，引导其运用国家出口信用保险政策开拓国际市场，获得银行信贷融资等支持。

(3) 落实扶持政策

完成 2014 年度中小企业开拓资金项目申报、审批工作。2015 年在接到上海市商务委员会项目申报通知后，崇明县经济委员会对全县 200 余家外贸企业进行梳理排摸，汇总出基本符合条件的企业 125 家，通过开拓网站公布、资金 QQ 群、电话、信件邮寄、e-mail 等方式及时通知其进行申报。在项目申报过程中，为企业做好详细的政策咨询和答疑工作，对企业申报的项目与申报要求不符的或提供凭证不全的能做到严格把关并做好耐心细致的解释工作。共受理 16 家企业、34 个开拓资金项目，经审核有 16 家企业 33 个项目获得资金补贴 31.8 万元。积极做好国家、市级服务外包政策落实工作，指导 2 家服务外包企业申报国家服务外包专项资金，获扶持资金 12.6 万元。

（二）外资发展情况

1. 利用外资基本情况

2015 年，崇明县审核批准外资项目 89 个，同比增长 58.9%；外资企业投资总额 16 673 万美元，增长 109.5%；注册资本 9 127 万美元，增长 60.6%；合同外资 8 705 万美元，增长 57.4%；实到外资 1 451 万美元，下降 39.7%。

2. 外资审批情况

2015 年，崇明县审核批准外资项目 89 个，同比增长 58.9%。按照审改工作推进要求，完成对崇明县经济委员会外资行政审批事项的业务手册和办事指南编制工作。近期将统一上报县审改办，经确认后向社会公布。

3. 外资管理情况

截至 2015 年 10 月 30 日，2015 年崇明县参检的外商投资企业共 307 家，同比增长 15%（2014 年 267 家）。其中，自行审批企业参检 272 家，上海市批参检 35 家。联合崇明县外资协会，走访上海冠华不锈钢制品股份有限公司、上海中荷环保有限公司等多家实体型和注册型外资企业，了解企业经营情况和发展理念，同时宣传外资方面最新政策和动态信息，提振外方投资信心。

二、 2016 年崇明县国际经贸工作展望

（一）外贸工作展望

为进一步提升崇明县商贸服务水平，稳定出口增长，2016 年将做好以下几方面工作。

1. 进一步落实各级各类扶持政策，稳定出口增长

继续加强与银行、税务等相关部门的协调、沟通，营造良好的出口贸易环境。创新外贸经营机制，落实鼓励出口的政策，积极应对国家出口退税政策调整，尤其提高劳动密集型、高附加值产品出口退税率。加大对中小企业国际市场开拓资金等各种促进外贸的专项资金的落实力度，进一步扩大对外贸企业的资金扶持。

2. 引导企业积极调整产品结构

积极引导崇明县外贸企业在继续巩固发展不锈钢制品、机电产品等出口业务的同时，还要增加高科技产品的出口，逐步形成以高档次、高附加值、高科技含量的产品

为主体，形成多层次出口的产品群，改变现有出口产品相对单一的局面。

3. 鼓励企业开展多形式、多渠道的对外贸易

一是引导企业采用国际标准进行生产，推广质量认证和品牌认证；二是进一步优化和提升崇明县对外贸易的结构和质量，加强崇明县出口商品的品牌推广和海外营销工作，通过各种形式扩大对崇明县知名企业和名优产品的宣传和推介，鼓励企业不断开拓新兴国际市场，提高出口商品的国际竞争力。

4. 大力发展服务贸易

根据《上海市服务贸易促进指导目录》，采取以点带面的方式，树立并扶持守法经营、信誉良好、具有国际竞争力的服务贸易企业，以此带动崇明县服务贸易工作的开展。同时，加强与旅游、文化、信息、运输、法律、会计等服务贸易有关行业部门联系，重点关注上海智慧岛产业园等专业园区引进的服务贸易企业，积极宣传国家和上海市相关服务贸易政策，指导并帮助企业获得政策扶持，以适应日益激烈的国际市场竞争环境。

（二）外贸工作展望

1. 工作目标

2016 年，崇明县利用外资主要指标预测目标为：合同外资 9 600 万美元，同比增加 6.7%；实到外资 2 100 万元，同比增幅 5%。

2. 工作思路

以科学发展观统领外资促进工作全局，以推进现代化生态岛建设为主线，紧紧围绕崇明县三岛功能定位，坚持扩大外资招商规模与提高引进企业质量并重，力争使崇明县外资招商在引进优质实体企业，提升船舶制造及海工产业核心技术、关键装备等方面有新突破。

3. 基本原则

（1）坚持外资招商工作与生态岛建设总体目标协调一致的原则。按照规划和布局，突出产业发展导向及招商引资重点。

（2）坚持质量并重，注重提高成效的原则。努力扩大外来投资规模，不断提高投资质量，着重引进产业带动能力强、对崇明县产业转型升级有较大促进作用的企业和项目。

（3）坚持走出去与请进来相结合的原则。推动市县联动招商、借助协会、咨询机构、领馆等多渠道招商，构建良好招商平台和落户服务环境。

4. 工作举措

（1）进一步简化程序，优化服务。在坚持依法依政策，按程序办事的前提下，优

化工作流程和缩短办理时限，努力推动投资便利化改革，尽力缩减办事时间，提高办事效率，耐心为企业解答疑难，为企业审批提供更大便利，为企业提供良好服务。强化窗口服务，提高经办人员业务能力和服务水平

（2）认真做好外资统计工作。按照上海市商务委员会及崇明县委县政府要求，根据崇明县外资工作实际情况，认真做好外资统计工作，每月按时向上海市商务委员会和崇明县统计局上报外资数据。每月按时做好外企生产经营情况等的审核及汇总上报工作。

（3）继续扎实抓好外资到位工作。积极与企业保持联系，随时统计企业实到外资情况。根据外管局资金流入数据，及时督促企业做好实到外资数据上报。

（4）认真做好拟落户外资项目的跟踪服务工作。与各相关项目工作部门密切协作，切实促进相关在谈外资项目的落地，协调解决在落地过程中遇到的问题和困难。根据自愿原则，吸引新注册的外资企业成为县外资企业协会成员单位，及时了解政策信息为企业投资提供有力支持。

（5）务实做好现有外资企业的服务工作。密切关注现有外资企业的运营情况，积极帮助解决企业存在的有关困难和问题；营造良好的环境，让现有企业健康发展。

（6）加强外资招商推介力度。结合崇明县实际情况，在重点做好“引进来”对接工作的基础上，要在“走出去”上多下点功夫。一是搭建外资招商宣传平台，全方位、多角度宣传崇明县投资环境、区位优势、资源优势及各类优惠政策。二是参加和举办海内外各类会展、论坛，提高各园区尤其是长兴海洋装备产业基地、智慧岛数据园的影响力和知名度，对目标客户群形成清晰明确的园区品牌认识，不断提升崇明县的知名度和吸引力。三是做好推介活动后续跟踪回访工作，巩固宣传推介成果，确保最终能够真正“引进来”。

第十三章　海关特殊监管区

第一节　金桥经济技术开发区

一、区域概况

金桥经济技术开发区是1990年9月经国务院批准设立的国家级经济技术开发区，规划面积27.38平方公里，分为北区和南区，北区约20平方公里，南区约7.4平方公里，其中南区2.8平方公里于2001年9月经国家海关总署批准设立为海关监管区。2010年，随着原南汇区并入浦东新区，浦东新区生产力布局和开发区体制完成了重大调整，全区形成了“7+1”的生产力布局，金桥经济技术开发区管辖面积由27.38平方公里拓展为67.79平方公里，这一板块把金桥经济技术开发区与南汇工业园区、浦东空港工业园区（机场镇临空产业园区、川沙镇工业小区、祝桥空港工业区、老港化工工业区）整合为一，形成了一个先进制造业和现代生产性服务业为主导的产业组团。2015年4月27日，金桥开发区片区（共20.48平方公里，东至外环绿带，南至锦绣东路，西至杨高路，北至巨峰路）被正式纳入自贸试验区。目前，金桥经济技术开发区形成了金桥开发区片区及南区、金桥蓝天国际社区、南汇工业园区、金桥临港综合区、崇明智慧岛产业园五大开发板块协调发展的全新“金桥+”开发格局。

二、2015年发展情况

2015年，金桥经济技术开发区国际经贸发展总体平稳，全年引进合同外资12.35亿美元，同比增长124.45%；完成实到外资4.97亿美元，同比增长38.05%，累计完成全年考核指标的238.94%。主要工作如下。

（一）把握改革机遇，致力前瞻谋划

积极谋划在自贸试验区扩区的发展新背景下金桥经济技术开发区“十三五”时期的发展规划，确立“十三五”时期金桥经济技术开发区经济增长、创新驱动和开发开放的发展定位和发展目标，为未来发展指明方向。深入开展自贸试验区和科技创新中心建设专项课题调研，明确金桥经济技术开发区在自贸试验区扩区和科技创新中心建设“双引擎”下的工作新思路。开展“可复制可推广进入倒计时——自贸试验区扩区（金桥）战略设计研究”、科技创新中心建设、金桥自贸片区智能制造综合信息服务平台及建立金桥跨境电子商务产业园等专项课题调研。

（二）聚焦重点领域，提升产业能级

积极推动四大新兴战略产业平台建设。新兴金融产业方面，继续推动“金桥新兴金融产业园”建设，成功引进面向证券业的互联网金融服务平台——证通股份项目，力争做大做强。移动视频产业方面，出台《金桥移动互联网视频产业专项资金管理使用办法》。完成中移德电网络科技有限公司注册，接洽国家广电总局电影频道、3D5G平台、可可空间等重点项目，推进“金桥互联网创点服务中心”建设。深化与上海产业技术研究院的合作，组织召开第8次“金桥会议”。借助产研院同韩国科学技术研究院（KIST）的合作优势，推进与KIST、韩国仁川机器人产业园的战略合作，促成智能装备领域内产业项目成果转化，成功引进哈尔滨工业大学机器人项目。电子商务产业方面，深化推动“跨境电子商务示范区”建设，优化企业注册、入驻的服务政策，推动电子商务、平台经济、孵化器、楼宇经济等商业模式的集成创新。

（三）继续深化生产性服务业发展

围绕现代生产性服务业集聚区建设，重点推动上海海立（集团）股份有限公司、费斯托（中国）有限公司投资性总部及辉门汽车零部件管理（上海）有限公司管理型总部项目。开展2012—2013年服务业综合改革第一批16个项目的验收工作，全面完成2014年31个服务业综合改革项目的筛选和评估，涉及总投资3.18亿元。完成金桥国家新型工业化示范基地复核工作。结合开发区智能制造、移动互联网视讯、新兴金融等产业集群，排摸梳理开发区现有地块的产业定位，为拟定金桥经济技术开发区商贸业发展规划做好准备。尝试开展“四新经济”（新技术、新业态、新模式、新产业）试

点。推荐上海南汇工业园区投资发展有限公司、上海华鑫股份有限公司等企业参与上海市生物医药跨界产业创新基地建设试点、上海市新一代通信产业创新基地建设试点等，使“四新”经济成为未来金桥经济增长的新引擎。紧密跟踪借鉴全球制造业前沿热点和发展路径，适时适度完善和调整发展重点，超前思考制定新常态经济下“金桥产业地图”，使金桥经济技术开发区在“中国制造 2025”同类规划中具有竞争力和主动性。

（四）实施重点项目，打造转型载体

继续推进备用地 IV 和大治河生态廊道等重大项目，推进备用地 IV 区域基础设施建设，做好动迁收尾工作。根据跨区域平衡捆绑开发的思路调整大治河生态廊道规划方案，推动项目早日开工，启动“第五中心”——金桥创新中心大厦和碧云 E 商业中心等功能性平台项目的规划建设，开展杨高路高压线入地研究，为打造金桥创新走廊拓展空间。筹备建设“东方万国众创中心”、金桥国际创新社区，支持设立互联网创业服务中心（可可空间），培育“四新”经济发展的创新服务平台，打造浦东新区科创孵化器样本。

（五）突出创新创建，提升转型成效

成功创建国家级先进制造业质量安全示范区，成为全国首个以“先进制造业”命名的示范区。完成上海市知识产权示范园区及上海市生产性服务业综合改革试点的验收，建立、完善专利数据库和引入优质中介服务机构，作好与园内知识产权重点企业对接，建立与专业专利事务所合作机制，努力扩大开发区内市级知识产权优势企业、专利试点企业和示范企业的数量。参与大张江创新试点项目，2015 年第二批申报项目 52 个，对 2013 年大张江试点项目开展中期评估，2 个项目完成实地验收。

（六）推进职能转变，优化营商环境

立足自贸试验区扩区后对审批服务的新要求，完成行政服务大厅扩容改造，完善工作机制建设，建立街镇派驻联络员制度、项目沟通协调联席会议制度和项目预核机制，确保行政审批与新增区域各项事业发展的有效结合。围绕优化金桥管委会和金桥镇事权关系的目标，理清管委会经济发展、社会管理事权清单，推动金桥区域的经济发展职能向金桥管委会转移、社会管理职能向金桥镇集中。实施“美丽金桥”二期专项工程。重点推进新金桥路景观林荫大道改建工程，将其打造成为浦东新区商业景观林荫大道的样板。启动园区无线网络覆盖二期工作，提升区域智能化服务功能与水平。推进公共交通网络建设,着力改善园区上下班交通出行难的现状。推进园区"早餐工程",满足园区企业员工的日常生活需求。成功举办中外家庭闹元宵、第十四届金桥碧云国际社区主题长跑、开发区纪念"端午节"等园区文化活动。

三、 2016 年工作展望

2016 年,金桥经济技术开发区将通过自贸试验区政策,加大对新兴产业的引进和培育,同时围绕金桥区域产业发展实际,在自贸试验区制度创新上取得突破。另外,金桥开发区片区作为全国所有自贸试验区片区中唯一一个以制造业为核心的片区,将力求在相关制度创新方面有所突破,形成可复制、可推广的经验,打造全球制造中心。

第二节 漕河泾出口加工区

一、 区域概况

(一) 基本情况

2003 年 3 月,国务院批转海关总署新增设"漕河泾出口加工区",2003 年 11 月,漕河泾出口加工区成功通过国务院八部委验收,并于 2004 年 3 月 1 日正式封关运作。漕河泾出口加工区位于浦江高科技园的北面,地理位置优越,交通便捷。北侧紧邻外环线、徐浦大桥、卢浦大桥,到上海市区及周边城市极为便利。漕河泾出口加工区所在地浦江镇是上海市"一城九镇"发展规划中最大的中心镇,在未来十年内是具有 21 世纪特征的,集居住、商贸、度假、休闲和旅游为一体的新城镇,可为漕河泾出口加工区提供优质的配套服务。其区位特点为人流、物流提供了极为有利的发展空间。与漕河泾出口加工区毗邻的地块现已建成多片高档住宅,并引进了向明中学、仁济医院等教育和医疗资源,家乐福等大型商业中心纷纷落户,生活、交通、教育、医疗配套设施逐步完备。

漕河泾出口加工区内基础设施完善,监管设施技术先进。采用闭路电视监控系统进行监管,确保企业安全;区内由物业公司提供专业的物业服务,餐厅等服务设施与标准厂房同步建成,满足企业员工的生活需要;海关和出入境检验检疫局在区内设立现场办事处,为企业提供现场服务;专门的政策咨询机构为企业提供漕河泾出口加工区有关各方面的政策咨询服务，包括税收、海关监管、检验检疫、外汇管理、加工贸易管理等。

（二）优惠政策

漕河泾出口加工区是实行全封闭、卡口式管理的特殊监管区，按照“境内关外”的思路设计，实现规范管理，依法行政。漕河泾出口加工区实行的一系列优惠政策，有助于入区企业降低成本，同时货物通关最快捷，对企业的管理手续最简便，可极大地提高企业在国际市场上的竞争力。漕河泾出口加工区与境外之间进出的货物实行“备案制”申报，除实行出口被动配额管理外，不实行进出口配额、许可证件管理；区内生产性的基础设施建设项目所需的机器、设备和建设生产厂房、仓储设施所需的基建物质，予以免税；区内企业为加工出口产品所需的原材料、零部件、元器件、包装物件及消耗性材料，予以全额保税；区内企业、行政管理机构进口的自用合理数量办公用品，均予以免税。区内企业开展加工贸易业务不实行加工贸易保证金台账制度，不实行《加工贸易登记手册》管理；国内原材料、产品入漕河泾出口加工区视为出口，可向税务部门申请出口退税；入漕河泾加工区供区内企业使用的机器、设备、建筑材料视为出口，可退税；区内采用直通式通关模式，24 小时卡口监管。此外，区内企业加工产品和应税劳务免征增值税、消费税。

二、 2015 年发展情况

2015 年，漕河泾出口加工区紧紧围绕“战略、升级、转型、改革、管理”的总体思路，主动适应经济发展新常态，坚持稳中求进工作总基调，以提高加工区经济发展质量和效益为中心，面对国内外不利的经济发展环境，优化产业结构，拓展发展新空间，保持加工区经济平稳健康发展。

2015 年，漕河泾出口加工区完成工业总产值 272.24 亿元，销售收入完成 272.68 亿元，实现工业增加值 21.52 亿元；进出口总额为 55.67 亿美元，其中进口额 21.03 亿美元，出口额 34.64 亿美元；实现税收总额 7.76 亿元，其中海关征收进口环节增值税和关税 6.23 亿元，工商税收 1.53 亿元。

截至 2015 年底，漕河泾出口加工区累计引进外资企业 15 家，投资总额 6.90 亿美元，合同利用外资额 2.52 亿美元，实际利用外资额 2.52 亿美元。在 15 家运营企业当中，11 家为外商独资企业，分别来自美国、日本、开曼群岛、中国香港等 8 个国家和地区。从行业上分，其中 12 家为制造型企业，3 家为仓储物流企业。

在区内企业中，以中国台湾英业达集团为主的高科技电子通信、IT 企业的聚集已形成规模，成为漕河泾出口加工区的主导产业，庞大的产出规模及强劲的发展态势，对其上下游配套企业形成强大磁场，漕河泾出口加工区也明确把英业达的上下游企业作为配套辅助产业引进区内，既让英业达发展无忧，又将一大批优秀企业吸引到园区发展。下一步，漕河泾出口加工区将继续发挥产业的集聚效应，除重点发展的主导产业外，吸引医疗、检测等产业入区发展，延长、完善企业产业链，打造漕河泾出口加工区品牌，增强园区抵御风险的能力。

在海关的支持下，漕河泾出口加工区内一家电子产品生产企业整柜服务器的委内加工为企业内销打开了市场，出区展示功能已可在区内试点。在出入境检验检疫局支持下，区内仓储物流企业食品存放资质获得通过，业务范围大幅增加。通过与海关、商检等部门的交流，目前“保税展示交易”“批次进出、集中申报”“货物自行运输”“集中汇总纳税”“委内加工”等数十项创新功能和措施在区内已可以实施或试点。通过不断与职能部门和企业的协作，积极应对园区和企业遇到的发展瓶颈，协调解决，坚定企业发展的信心，不断优化招商引资环境。

三、 2016 年工作展望

漕河泾出口加工区经历了十多年的发展，已经形成了电子信息制造业和医疗器械制造两大产业集聚基地，下一步，漕河泾出口加工区将利用自贸试验区政策和功能复制、推广的契机，充分利用园区区位优势，推进园区进出口贸易、跨境电商等新兴业务的发展。将重点在完善服务功能上下功夫，为企业解决发展瓶颈问题，创造良好的投资环境。同时，争取尽快升级为综合保税区，实现服务功能显著提升，创新能力明显提高，产业承载日渐增强，形成管理规范、通关便捷、用地集约、产业集聚、协调发展的格局，成为拉动区域经济快速发展的强劲引擎。

漕河泾出口加工区未来总的发展目标是：产业项目保持增量、重点项目建设加快、经济指标稳中有进，经济实力进一步提高；商贸物流绽放活力、通关环境全面优化，转型升级进一步加快；区域维护、服务管理稳定开展，区域形象进一步提升。具体做好“三个突出”：突出创新招商，加强对新兴产业的招商力度；突出电商物流，以开展跨境电商业务为契机，推进园区功能和政策创新，进一步壮大商贸物流，实现区内、外联动，推进高附加值货物在区内建立分拨中心，建立保税进口商品市场；突出后劲支撑，继续完善服务管理，深化作风效能，进一步提升整体发展水平和服务管理水平，为漕河泾出口加工区更快更好地发展提供有力保障。

第三节　松江出口加工区

一、区域概况

松江出口加工区由 A 区和 B 区组成，总规划面积 5.96 平方公里。上海松江出口加工区 A 区于 2000 年 4 月 27 日经国务院批准设立，为全国首批出口加工区之一，规划面积 2.98 平方公里，于 2001 年初封关运作，已全部开发完毕；B 区于 2003 年 3 月 14 日经国务院批准设立，规划面积 2.98 平方公里，分二期开发，2003 年 11 月一期 1.33 平方公里封关运作。

经过多年调整，松江出口加工区内的出口型加工贸易企业面对国内外经济大环境的变迁主动转型，避免被淘汰的命运。尽管在成本、环境压力下，园区内部分产线已向中西部转移，但一些具有高技术含量、高附加值的产品也在逐渐被引入加工区。以广达集团为例，在成本、环境压力下，企业在松江出口加工区内部分产线已向中西部转移，笔记本电脑的产量也从高峰的年产 5 000 万台锐减至半数。但与此同时，一些具有高技术含量、高附加值的产品也在逐渐被引入区内，并且在经过一段长时间的调整之后，目前高端笔记本电脑和服务器占营业收入比重已大大提高，降低了企业对中低端笔记本市场的依赖。此外，海关总署《加贸司关于开展海关特殊监管区域内企业内销产品返区维修试点工作的通知》出台，决定在海关特殊监管区域内开展企业内销产品返区维修试点。松江出口加工区内达利（上海）电脑有限公司位于全国 12 家试点企业之列，企业在获得内销维修资格后，已逐渐将原本迁出的维修业务再次转移进区内。

二、2015 年发展情况

截至 2015 年底，松江出口加工区区内落户企业达 124 家，其中外资 84 家，内资 40 家，外商投资总额 24.54 亿美元，园区从业人员近 7 万人，带动解决周边就业岗位约 2 万个。2015 年，完成工业产值 1 577 亿元；完成进出口总额 351 亿美元，其中进口 82 亿美元，出口 269 亿美元；完成利润总额 4 亿元；完成增加值 84 亿元；完成税收总额 24 亿元，其中海关及代征税 20 亿元，工商税收 4 亿元。自封关运行至 2015 年底，园区已累计实现进出口总额 4 303 亿美元。在物流功能拓展方面，截至 2015 年底，松江出口加工区内共有第三方物流企业 25 家，仓储面积达 22.4 万平方米，2015

年完成营业收入 3.7 亿元；出入库金额达 262 亿美元。目前加工区保税物流业务除传统物流仓储业务之外，已衍生出简单装配、分拣、分拨配送等业务，并逐步尝试进口奢侈品、食品及生活用品等全新业务，发展空间巨大。

松江出口加工区前期已争取了多项改革试点，自贸试验区政策复制推广的“工单式核销”“仓储企业联网监管”“境内外维修”和“分批送货、集中报关”等 4 项创新制度，之前已经先行开展试点。自贸试验区政策复制推广后，根据区内企业产业特点和实际需要，松江出口加工区先后有序推进“简化统一进出境备案清单”“先进区、后报关”“区内企业货物流转自行运输”和“智能化卡口验放”等 4 项制度。目前松江出口加工区已对符合条件的 50 余家企业实行“批次进出、集中申报”，对 7 家生产型企业实行“工单式核销”管理，对区内 16 家物流仓储企业实行“仓储企业联网监管”。前期指导达利(上海)电脑有限公司开展内销产品返区维修取得一定经验后，又向海关总署申请将国基电子作为第二批试点企业，为今后扩大复制推广范围奠定基础。

2015 年 6 月，上海市跨境电子商务示范园区揭牌暨天猫国际走货运行仪式在松江出口加工区顺利举行；8 月，上海海关、上海国检分别对位于基森仓储内 5 000 平方米的跨境电商公共监管仓进行正式验收，标志着松江出口加工区跨境电商业务正式开启；9 月，松江出口加工区会同海关、国检等部门多次召开跨境电商协调会，听取跨境电商业务企业、跨境通平台、监管单位各职能处意见，通过反复协商讨论，研究制定适用于上海跨境电商业务开展的备案、通关、查验方案；“双十一”期间，松江仓累计接到跨境电商业务订单突破 58 万单，单日出货峰值超过 10 万单，松江出口加工区作为上海首家跨境电商示范园区，全年园区累计放行跨境电商订单 80 万单，成为上海最大的跨境电商产业基地。

三、 2016 年工作展望

跨境电商业务落户带来了很多保税展示方面的需求，2016 年，松江出口加工区规划中的 B 区的发展方向在于引入跨国总部的采购中心、分拨中心、高档消费品行业的仓储企业入驻，并吸引具代理、分销权的贸易公司在区外生根，对区外加大辐射，形成区内外协作联动。园区规划在区内、区外分设保税展示平台，区内利用现有厂房进行改造，主要用于大型商品，大宗货物的保税展示，采取保税展示，完税交易模式，便于海关和商检对商品的监管，为真正意义上的保税展示提供了便利条件。区外展示场所将采取保税展示，线下完税交易；完税展示，线下交易；线下体验，线上交易相结合的模式满足各类消费者的不同需求，主要用于生活用品、轻奢品、食品、酒类等进口商品的保税展示直销。

国发〔2012〕第 58 号文《国务院关于促进海关特殊监管区域科学发展的指导意见》出台，明确提出要深入贯彻落实科学发展观，整合特殊监管区域类型，完善政策和功能强化监管和服务，促进特殊监管区域科学发展，更好地服务于改革开放和经济发展。指出"在基本不突破原规划面积的前提下，逐步将现有出口加工区、保税物流园区、跨境工业区、保税港区及符合条件的保税区整合为综合保税区"。这正是松江出口加工区转型升级的最佳契机。园区提前布局规划，完成功能调整的硬件配套；密切关注传统加工制造业动向，配合企业完成产业转型升级。根据松江出口加工区发展现状，A 区加工贸易企业众多，产业链成熟，宜推进物流与生产相结合的业务形式，物流以为生产型企业配套为主；B 区发展空间广阔，潜力巨大，宜推动物流与贸易相结合的业务模式，实现园区业务从区内向区外的全面辐射。新的一年里，松江出口加工区将以继续鼓励发展支持电子信息等产业、继续鼓励发展保税物流仓储等业务、支持各类贸易公司开展进出口商品国内分销业务、连接国内外市场的进出口商品交易、完成从自主设计研发到售后维修的产业一条龙为发展目标，积极争取向综合保税区模式转型升级。

第四节 青浦出口加工区

一、 区域概况

青浦出口加工区于 2003 年 3 月经国务院批准设立，规划面积 3 平方公里，一期已封关 1.6 平方公里。青浦出口加工区区位条件优越，距离中心城区较近，交通便捷，配套设施完备，商务环境较好。区域临近虹桥商务区、虹桥机场、虹桥火车站、国家会展中心，汇聚铁路、公路、航空、轨交、公交等各种交通方式，是长三角快速便捷的交通方式的聚集地。青浦出口加工区能够依托虹桥综合交通枢纽、服务长三角地区及长江经济带，借助虹桥商务区现代商务贸易功能和国家会展中心的国际会展功能，提供配套物流、仓储等保税服务，承载仓库配套、产业延伸和环境支撑。依托虹桥综合交通枢纽的建成投运，积极发展航空总部经济。

二、 2015 年发展情况

自设立以来，青浦出口加工区形成了以航空维修、保税加工、保税物流、跨境电子商务等几大支柱，引进了一批技术含量高，经济效益好的优质项目，其中上海普惠飞机发动机维修有限公司、斯伦贝谢油田设备（上海）有限公司、日立海立汽车部件（上海）有限公司、巴斯夫电子材料（上海）有限公司等世界 500 强项目成为加工区的支柱企业。现有出口加工制造、飞机发动机维修及保税物流等各类型企业 22 家，吸引外商总投资 5.98 亿美元，合同外资 1.94 亿美元。“十二五”期间，青浦出口加工区累计实现进出口总额 221 亿美元，工业总产值 238 亿元，工商税收 3.8 亿元，比“十一五”分别增长 6 倍、1.6 倍和 1.9 倍。青浦出口加工区功能从最初的保税加工拓展到保税维修、仓储物流、保税展示、融资租赁、采购分拨等，2015 年新增了跨境电子商务试点业务。

青浦出口加工区内的航空产业为上海民用航空“十二五”发展规划中的重要支点之一，创建的民用航空产业园以上海普惠飞机发动机维修有限公司和在建的东航技术应用研发中心为龙头，重点发展民用航空维修、培训、研发等业务，预计将来年产值将超过 50 亿元。

保税加工作为传统支柱产业以汽车零部件、新能源、机械制造等产业为主，包括斯伦贝谢油田设备（上海）有限公司、上海欧菲滤清器有限公司、日立海立汽车部件（上海）有限公司、上海晶盟硅材料有限公司等重点企业，这些企业科技含量高，抗市场风险能力较强，整体业绩优良，近年来业绩稳步提升。

保税物流业务实现年进出口总额超过 20 亿美元，年增长率超过 30%，成为区内外加工贸易国际贸易联动的重要节点，有效降低企业物流成本，提高物流速度。

跨境电子商务业务方面，青浦出口加工区在 2015 年 5 月 27 日获得上海海关的批准开展跨境电子商务网购保税进口模式试点的基础上，经过半年多的软硬件建设，于 2015 年 12 月 25 日成功完成第一单的交易。

三、 2016 年工作展望

2016 年，青浦出口加工区将紧紧围绕上海市和青浦区跨境电子商务建设目标，积极推进跨境电子商务产业，争取获批为上海市跨境电子商务示范园区。未来将结合上海市跨境电子商务公共服务平台的建设，主动加强平台对接，建设市级跨境电子商务示范园区，着力培育集跨境电商经营主体、电商服务平台、跨境物流供应商、进口清关服务、第三方支付、金融融资等完整的产业链，形成有利于跨境电商发展的生态环境。

第五节 闵行出口加工区

一、区域概况

闵行出口加工区于2003年3月10日经国务院批准设立，坐落于上海市工业综合开发区境内，启动1.9平方公里，并于2003年11月23日经国务院八部委验收合格，已正式封关运行。作为上海西南部地区唯一的加工区，所在位置交通四通八达，左临洋山保税港区，右是上海连接外省市主要的水路、陆路、铁路出口通道；功能多样化，拥有出口加工制造、保税仓储、国际物流分拨配送、售后服务、设计研发、维修、检测等众多功能。

二、2015年发展情况

截至2015年底，闵行出口加工区累计注册企业26家，投资总额5.22亿美元，注册资本2.81亿美元，实际运作企业19家，其中保税加工企业15家，保税物流企业4家，产业涉及电子信息、机械设备制造、汽车配件等。2015年，闵行出口加工区工业产值640 682万元，同比下降12.63%；税收5 249万元，同比增长74.97%；进出口总额144 359.02万美元，同比下降12.45%。

2015年，闵行出口加工区内的上海卓耘电子科技有限公司已成功申请并获批“境内外检测维修”业务，作为自贸试验区外全国第一家此类企业，该公司将在未来数十年为众多世界500强企业提供检测维修服务，将加快闵行出口加工区品牌建设，促进传统加工贸易向服务贸易转变，为自贸试验区政策复制推广提供宝贵经验。自贸试验区政策复制推广以来，闵行出口加工区内许多企业已享受到便利。上海新市洋国际物流有限公司、纳图兹家具(中国)有限公司等已申请使用“批次进出、集中申报”政策，大大加快通关速度；上海新市洋国际物流有限公司申请使用了“保税交易展示”功能，大大丰富了加工区原有功能；上海奉贤近铁国际物流有限公司、纳图兹家具(中国)有限公司、上海双燕化工设备制造有限公司等企业陆续申请“区内自行运输”政策，降低运行成本等等。另外，为推进物流业发展，闵行出口加工区对保税仓库的经营模式进行了调整，集中职能并统一管理，提高对企业的服务效率；通过调整租金激励物流企业成长。

三、 2016年工作展望

2016年,闵行出口加工区将根据年初所制定的工作计划,每季度对企业进行一次随访,动态跟踪企业运营情况。为进一步加强与企业之间的了解与沟通,将与企业分享数据、资料、通知等,拉近闵行出口加工区以及其他部门与企业之间的距离,拓宽沟通交流渠道,对企业发生的困难及时提供帮助。将以例会形式作为载体,加强企业与海关、检验检疫局日常沟通联络,形成良好的工作关系,积极协调开发区、企业、职能部门的关系。

第六节　嘉定出口加工区

一、 区域概况

嘉定出口加工区是2005年6月经国务院批准设立的特殊监管区域,于2008年4月1日正式封关运作。园区总规划面积5.96平方公里,分为出口加工区、发展备用区和配套区3个功能区。出口加工区围网内规划面积3平方公里,目前已经封关运作的一期围网内面积为0.989平方公里。

二、 2015年发展情况

2015年,嘉定出口加工区在嘉定区委、区政府以及嘉定出口加工区管委会的正确领导下,以自贸试验区为引领,积极推进跨境电商试点工作,努力推进“四个平台”建设,构建服务区域经济发展的多功能综合服务平台。全年累计完成进出区总额为190 492万美元,同比增长8.34%;其中,境外进区34 765万美元,同比增长39.75%,出区出境20 241万美元,同比下降7.9%;境内进区54 967万美元,同比下降5.56%,出区进境80 519万美元,同比增长13.7%。海关共征收税款64 139万元,同比增长44.42%;检验检疫局为区内外企业提供进出口检验放行5 737批次,涉及商品金额5.51亿美元。总体上,嘉定出口加工区业务量全面上升,经济指标较2014年同比有明显增长,但立足当前趋势看,后期增长乏力。入驻嘉定出口加工区的报关公司和保税物流企业的业务稳步发展,但仓库资源仍然缺少,拓展的空间有限。

（一）保税物流业务继续增长

继续加强嘉定出口加工区保税物流业务功能的推介，通过信件、政策推介会、媒体、网站等多种途径，提高嘉定出口加工区的知晓度，组织引导嘉定区外贸企业通过嘉定出口加工区运作保税业务，在 2014 年基础上，保税物流业务量得到较快的发展，2015 年保税物流业务量为进出区总货值 17.48 亿美元，同比增长 30.9%，占总业务量的 91.7%，保税物流业务的贡献度不断增强，近 20 家保税物流及报关企业为嘉定区域内及周边数千家企业提供了便捷高效的保税物流的服务。

（二）顺利做通跨境电商

为尽快推进嘉定区跨境电商平台建设，迅速与“东方支付”“跨境通”通过几轮高效率的商务谈判，建立了良好的三方合作关系，达成了“整合优质优势资源，共同将跨境电商在嘉定区做大做强”的一致意见，在此基础上与“跨境通”合资成立了“嘉境通”。积极推进“嘉境通”运营场所改造扩建工程，完成了相关设施设备的采购，于 2015 年 9 月完成了首家企业与“嘉境通”“东方支付”的系统对接、联机测试、实物走单、压力测试、规模走单等工作，并顺利通过海关和国检两监管部门的验收。经过两个月的正式运营，“嘉境通”平台的模式及效率得到业界的一致认可和好评。

（三）加强招商引资工作

结合跨境电商试点工作，嘉定出口加工区管委会加大招商引资力度，针对嘉定出口加工区建设相对滞后的实际，与有建设能力的商家进行了大量推介和洽谈。其中深圳国际控股有限公司、深圳东方嘉盛供应链股份有限公司、中通国际海运有限公司、深圳宏伟世通物流股份有限公司、深圳市中灏供应链金融有限公司、蜂巢供应链管理(苏州)有限公司、深圳市宏通供应链股份有限公司、深圳前海快付宝金融服务有限公司、深圳市华富洋供应链有限公司、深圳市解放路网络科技有限公司、深圳网邦信息技术有限公司、国美电器有限公司、京东商城电子商务有限公司、上海汇瑞物流有限公司、上海嘉定城市发展集团有限公司、万达电子商务有限公司、绿地集团跨境电商项目等企业都有表达投资落户的意向，作为项目储备，保持跟踪，视发展实际择优落地。另外，围绕 4 个平台建设，策划引导了“智贸通跨境电商智慧产业园”“京东跨境一号”“汇瑞汇车”等重点产业投资项目，方案将于 2016 年择机上报。还组织和参与系列专题招商活动，如“上海嘉定跨境电商平台开通及示范园区揭牌仪式”“深圳跨境电商论坛”“嘉定工业区与深圳跨境电商企业交流会”“中国跨境电商大会”“中国互联网＋外贸高峰论坛”“上海跨境电商和传统企业转型高峰论坛”“跨境电商企业座谈会”等，通过活动，提高嘉定区跨境电商行业影响力，打响“嘉境通”品牌。与海关、商检等部门一道先后赴宁波市、郑州市、深圳市、广州市、浦东新区以及松江区等考察学习，不断提高对跨境电商的认识和监管水平。

（四）全力推进园区项目建设

积极推进园区项目建设，全力推进2.8万平方米新建保税仓建设，此项目于2015年8月底取得施工许可并快速推进；海关监管仓库扩建工程于2015年8月完成并投入使用；“泰士兴”产业建设项目于2015年底正式动工，园区4条道路建设进行方案设计并走立项程序；“智贸通跨境电商智慧产业园”“汇瑞汇车”“京东跨境一号”等项目正加紧项目方案设计，将于2016年上报。

（五）做好嘉定出口加工区其他工作

按照上级要求进行嘉定出口加工区相关的优化整合工作；开展了园区环境大整治，对园区的绿化卫生进行了整治，在相关部门的支持下对卡口外宝钱公路之间地带的因乱摆摊形成的脏乱差进行了专项整治，并建立了长效管理机制；加强“同创共建”，推进了驻区单位之间的联谊活动；自觉做好与业务管理部门、中国保税区出口加工区协会、上海市保税区域协会等单位的沟通联系工作，保障嘉定出口加工区的业务正常运作；做好相关业务的审批、业务统计分析、安全生产、队伍建设、政策研究、企业接洽以及其他相关的日常工作。

三、2016年工作展望

2016年，嘉定出口加工区将继续按照嘉定区委、区政府以及嘉定出口加工区管委会的部署，以自贸试验区为引领，积极寻求嘉定出口加工区的政策突破和转型发展，拟重点做好以下几方面工作。

（一）落实优化整合方案，推进嘉定出口加工区转型升级

以《关于促进海关特殊监管区域科学发展的指导意见》（国发〔2012〕58号）为指导，按照优化整合工作要求，结合嘉定区的实际进行深入研究，落实嘉定出口加工区优化整合方案，并启动申报转型为嘉定综合保税区工作。

（二）积极探索新模式，为做大做强跨境电商做准备

新建保税仓 2015 年建成后，将利用这一载体，积极探索建设跨境电商最新最有效的机制和公共运营平台，为做大做强跨境电商打好基础。

（三）全面推进项目建设，力推产业项目早日落地

推进园区包括道路、河道、电力等基础设施以及新建保税仓、泰士兴仓库等项目建设，以提高园区产业承接能力并提升园区形象；力推“智贸通跨境电商智慧产业园”“京东跨境一号”和“汇瑞汇车”等重点产业建设项目，争取项目早日落地见成效。

第五篇

全 球 城 市

第十四章　城市和全球价值链

第一节　全 球 价 值 链

20 世纪 70 年代开始，竞争性企业在全球范围内选择低成本、高效率的地区建立工厂，全球生产的专业化分工越来越细，价值链切片化、离岸化开始流行，由单个工厂完成的生产环节分散到世界各地，通过复杂的物流系统整合相关因素，并将其最终产品销往世界各地，这就是全球价值链（简称“GVC”）（图 14.1）。全球价值链将传统贸易和外国直接投资（FDI）以及服务、人才和创新等国际要素流动结合起来，使过去集中在发达国家的要素资源流向中等、低收入国家。并且，技术进步和政策支持助推了

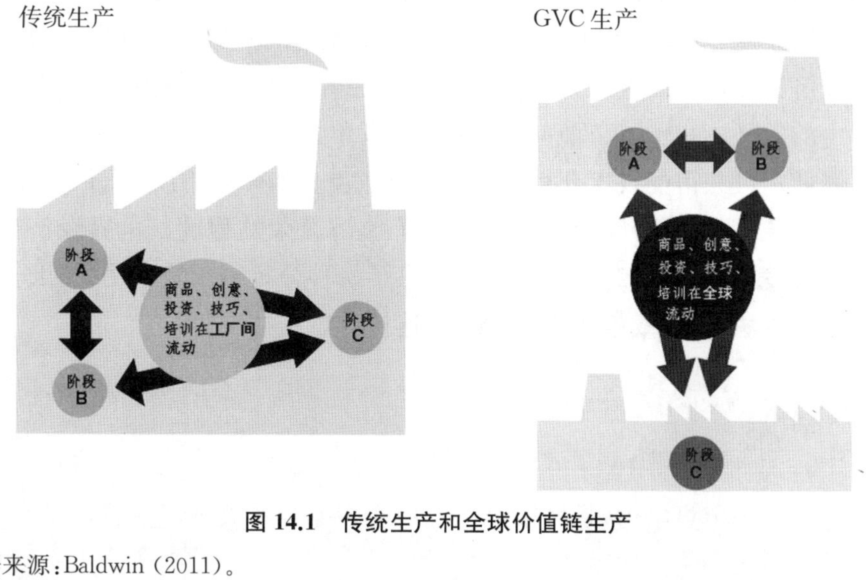

图 14.1　传统生产和全球价值链生产

数据来源：Baldwin (2011)。

这一过程。技术进步降低了运输成本，各国政策改善促进了全球市场的开放，新兴经济体只需要专业从事全球价值链某个环节的分工即可。在过去的 30 年里，全球经济已经从产品的“一国制造”发展到“全球制造”，从“货物贸易”发展到“任务贸易”。

制造业全球价值链居于核心地位。其中，信息、通信和技术（ICT）产品价值链最早形成、长度最长，通过连接着北美洲、欧洲和东亚地区的生产中，服务了全球市场，并推动了东亚地区的工业革命。此外，与制造业价值链相关生产性服务业如商业、通信、基础设施服务、金融、专业服务等快速增长，不断参与到全球价值链中。

以苹果公司为例，iPhones、iPads、Macs 以及 Watch 等苹果产品的研发（R&D）、营销、物流以及售后服务等高附加值环节位于美国总部，软件程序设计环节位于印度，组装环节位于中国。但是这种分工并非一成不变，一个国家的相对比较优势会不断演变，例如中国东部沿海地区经济的快速发展使其升级至全球价值链的高端环节。

全球价值链涉及了出口、进口和 FDI 等国际经济活动，跨国公司是其整合者，因此一国或地区的国际贸易和投资政策环境是参与全球价值链的决定因素，包括开放型经济体制机制设计、自由开放的贸易和投资体制、平等对待国内企业和国外企业（即“国民待遇”）、保障财产权、营造良好的营商环境。

第二节　城市竞争力

全球价值链给城市提供了广阔的发展机遇，为城市繁荣打开新大门。反过来，城市也要积极融入全球价值链，而为了吸引全球价值链，城市自身也要具有竞争力。基于不同的要素禀赋、发展起点以及发展水平，每个城市的发展重点肯定不同。

世界经济论坛曾经以生产力为中心发布了相关的全球竞争力报告，其中给出了国家竞争力的定义，而全球议程理事会对城市竞争力的定义则与此类似。生产力指的是经济体使用可获得的投入获得产出的效率，这一效率决定了投资回报率，从而最终驱动经济增长。因此，可以说生产力决定了经济繁荣的程度。世界经济论坛的全球议程理事会发布的《城市竞争力报告》，提供了一种分析城市竞争力的四分法，城市竞争力要素四分法包括：政策法规、制度、硬连接和软连接。

一、制度

制度体现了城市竞争力，是城市经济发展实现差异的关键，包括：

——政治体系和法律体系

——国家与地方政府的关系
——利益集团尤其是商业集团之间的关系
——公共部门和私人部门的合作
——政府管理者和民众之间的关系
——理念和形象
——对危机和关键转折点等时机的把握

二、 政策法规

城市管理者基于国家政策制定的适用于城市发展的政策法规，包括：
——财政预算政策（收入、支出）
——关于商品、服务、资本以及劳动市场的政策和法规（可用世界银行的经商便利指数衡量）
——对外经济政策

三、 硬连接

硬连接指的是将劳动者、能源、水、服务和市场连接起来的基础设施建设，主要包括交通运输（空运和陆运）、信息通信技术、高速互联网、能源与物流体系（尤其是指支持产业集聚发展和全球价值链活动的基础设施）。

四、 软连接

软连接包括所有无形的全球性连接，例如“社会资本”（指交通、卫生、通信等服务）、“知识资本”（指投资于生产率更高的硬基础设施和宽带通信等新兴技术领域）以及创新。这里的创新不仅仅包括技术创新，也包括“开放社会”（指非常有利于创新思维、企业家精神、技术革新、经济增长等产生和传播的社会环境）。软连接相关因素如下：
——技术创新和扩散
——教育和培训系统
——创新生态系统
——企业家文化

——知识产权保护

——城市"宜居性"

——能使商业和金融相互促进发展、建立信任和亲和力的社会关系

——"开放社会"

以上就是城市竞争力分析的要素四分法，这四大要素之间是高度相关的。技术进步和其他"软连接"因素会融入其他要素中。城市体制也会影响到政策和法规执行效果，后者则会直接影响软连接和硬连接。

第十五章　城 市 案 例

第一节　新　加　坡

新加坡是世界有名的自由港，地处世界海运贸易的关键位置，其地理位置优势是新加坡借以实现经济飞跃的重要因素，同时也是新加坡融入全球价值链的重要条件。经济全球化是新加坡经济发展的命脉，甚至直接决定了新加坡的制度和政策制定。

一、 新加坡国际经贸发展情况

（一）货物贸易

2015 年，新加坡的货物贸易总额为 8 841 亿新加坡元，低于 2014 年的 9 770 亿新加坡元，同比下降 9.5%（2014 年货物贸易总额同比增长 0.1%）。其中，货物出口同比下降 7.2%，货物进口同比下降 12.1%。新加坡经济的外向度高使得其比其他城市能更好、更快地适应全球环境的变化。

（二）服务贸易

2014 年，新加坡的服务贸易总额达 3 880 亿美元，较前一年增长 8.1%，进口额、出口额都有所增加。其中，金融、广告、市场研究和运输服务合计出口额增长至 1 910 亿美元，同比增幅达 8.8%。运输、电信、计算机信息服务以及商业管理行业的服务进口额合计增长至 1 970 亿美元，同比增长 7.5%。由于 2014 年服务出口超过了服务进口，新加坡服务贸易赤字从上一年的 78 亿美元减少至 60 亿美元。2014 年，新加坡服务贸易占 GDP(这里的 GDP 以当期市场价格计算)的比重从 2013 年的 95.5%增长至 100.0%。

(三)全球直接投资

近几年,新加坡持续吸引大量的外国资本流入。截至 2014 年底,新加坡外国直接投资(FDI)总计达 10 246 亿美元,比 2013 年底的 8 681 亿美元增长了 18.0%。其中,直接股权投资额(包括实收资本和权益性储备)达 9 388 亿美元,占 FDI 存量总额的 91.6%,而从外国直接投资者的净借贷额保持在 858 亿美元,占 FDI 存量总额的 8.4%。新加坡在国际贸易和投资方面异常活跃,因此新加坡非常容易适应全球价值链分工的大趋势。

二、 新加坡全球价值链发展情况

(一)参与全球价值链情况

早在 20 世纪 60 年代,新加坡通过贸易投资活动就已经开始融入全球价值链。新加坡通过吸引美国和日本的跨国企业(MNEs)注资新加坡,在新加坡设立劳动密集型轻工业的加工厂以用于出口。随后,新加坡开始快速转向资本密集型制造业的全球价值链环节,比如电子类产品等。20 世纪 80 年代,新加坡开始转向生产专业化、高附加值的制造环节和服务。

目前,新加坡是服务业全球价值链的节点城市。首先,新加坡是世界四大金融中心之一,是财富管理、外汇交易和离岸金融等全球价值链的主导者。其次,新加坡是亚洲的运输和物流价值链中心城市。最后,新加坡还是亚洲教育、水利技术和城市规划服务行业全球价值链中引导者。

(二)城市竞争力要素四分法分析

制度方面,新加坡政府精干高效,具有长远眼光,提供了优质的公共服务,营造了浓厚的反腐败氛围,制定了完善的商业法规,并且严格执行。但是,新加坡的制度有两点不足较为突出:一是公共部门较多干涉经济,挤出私人部门,阻碍后者发展;二是缺乏本地企业文化,伦敦、纽约等城市的创新文化和企业文化占主导。

政策法规方面,新加坡具备以下优势:政策简单明了、宏观经济政策稳健、私人税收和企业税收低、跨国公司在新加坡设立公司享受一站式服务、劳动力市场灵活、全面实施自由贸易政策、吸引各行业人才移民新加坡等。新加坡在各种世界排名中位居前列，在世界银行发布的营商指数中位居第一，在世界经济论坛的全球竞争力指数中位居第二，在全球化指数（主要指的是吸引外国贸易投资的能力）中位居第二，在世界银行发布的物流绩效指数中位居第五（在亚洲位居第一），在弗雷泽研究所发布的世界经济自由度指数中位居第二。

硬连接和软连接方面，新加坡基础设施完善，包括公路、公共运输、科学园区和工业园区，其港口在全球集装箱运输方面位居前五，樟宜机场被评为全球最佳机场。2015 年，在经济合作与发展组织（OECD）的全球高校排名中，新加坡在数学和科学类学校中位居第一，同时新加坡也是亚洲的高等教育中心。现在，新加坡越来越重视宜居城市的建设。

（三）未来展望

未来，新加坡也面临复杂的内外部挑战。外部挑战方面，2008 年金融危机以来，全球经济增长尤其是贸易增长日益放缓也给新加坡带来了不小的挑战。内部挑战方面，最主要就是生产力发展缓慢，20 世纪 80 年代以来，新加坡的全要素生产率增速开始下降，仅为美国劳动生产率增速的 70%。此外，新加坡还面临制造业前景不明朗、国内私人部门经济疲软、劳动力短缺和劳动成本增加以及有限的土地制约。新加坡要想向更具活力、创新性和生产力的城市转型，需要熊彼特式的“创造性”破坏，而这种“创造性”破坏只能源于更具竞争性和开放性的多元化社会，这种多元化社会则很可能也是新加坡未来在全球价值链中保持竞争优势的必要条件，尤其是服务全球价值链。

第二节　中 国 香 港

中国香港是一个全球性城市，在全球金融、贸易、旅游、交通、通信等领域具备较大的比较优势，是国际商业中心。中国香港在全球经济中发挥着重要作用。

一、中国香港国际经贸发展情况

（一）货物贸易

2015 年，中国香港货物进口 40 464 亿港元，继连续 5 年增长后首次下降，降幅达 4.1%；货物出口 469 亿港元，继 2014 年同比增长 1.7%后同比下降 15.2%。但中国香港货物贸易的发展仍然在全球经济中占据重要地位。

（二）服务贸易

2015 年，中国香港服务出口 8 089 亿港元，同比下降 2.4%；服务进口 5 743 亿港元，同比增长 0.1%。中国内地、美国、英国、日本、新加坡是中国香港最主要的服务贸易伙伴，服务贸易总额分别为 5 324 亿港元、1 806 亿港元、928 亿港元、775 亿港元、549 亿港元。服务出口中，旅游、运输、金融服务及其他商业服务是主要的服务组成部分，其出口额分别为 2 802 亿港元、2 309 亿港元、1 487 亿港元、1 053 亿港元，占比分别为 34.6%、28.5%、18.4%、13.0%。按区域分析，亚洲、西欧、北美洲是服务出口的主要目的地，占比分别为 60.8%、17.6%、16.0%。服务进口中，旅游、运输、制造服务、其他商业服务、金融服务是主要的服务组成部分，占比分别为 31.1%、23.4%、15.7%、15.5%、6.5%。按区域分析，亚洲、西欧和北美洲是主要来源地，占比分别为 65.2%、14.3%、13.3%。

（三）全球直接投资

2015 年，中国香港直接投资总流入为 14 036 亿港元，较 2014 年的 10 068 亿港元有所增加。直接投资流入主要来源：一是 2015 年某些大型企业重组和相关合并及收购活动；二是中国香港企业未派发给非本地直接投资者而保留作为收益再投资的营业利润。2015 年，中国香港的直接投资总流出为 6 088 亿港元，较 2014 年的 10 925 亿港元有所减少。投资流出主要来自境外企业未派发给中国香港母公司而保留作为收益再投资的营业利润。把流入和流出一起计算，2015 年直投投资净流入为 7 948 亿港元（2014 年是 857 亿港元净流出）。在全球经济中的深度参与显示中国香港是一个高度外向型的经济体，是拥有庞大跨境投资的重要商业中心。

二、中国香港全球价值链发展情况

（一）参与全球价值链情况

中国香港的全球化经济发展促使其主要在以下全球价值链领域中表现异常活跃。

一是服务业全球价值链，其中最突出的是在金融价值链中的主导位置。金融业是中国香港经济的主要支柱，也是政府收入的主要来源。中国香港于 2013 年成立了金融行业发展委员会，以促进中国香港金融服务业发展、巩固中国香港作为国际金融中心的战略地位。中国香港是世界主要的金融中心之一，提供了高度竞争的经济环境和良好的营商环境，在许多金融领域，中国香港都达到了世界一流的水平，例如，中国香港拥有亚洲最大的资产管理公司、全球最大的离岸人民币资金池、全球最大的首次公开发行市场(IPO)。中国香港金融业的繁荣主要归功于其世界一流的商业基础设施、良好的监管环境以及独特的市场机会，其中独特的市场机会指的是中国香港依托中国内地所获得的贸易、投资、金融和其他商业机会，中国香港未来的发展也要紧密依托于中国内地改革开放带来的良好契机。

二是服装业全球价值链。20世纪50年代以来，中国香港开始大力发展出口导向型服装行业。为了避免来自第三世界国家在服装行业上的激烈竞争，中国香港在20世纪60年代后期开始转向发展时装业，以升级其服装价值链。在全球服装价值链上，中国香港将设计和售后等高附加值环节以及协调服务环境保留在本土，将采购和服装生产等低附加值劳动密集型环节则外包到全球其他地区。近30年来，中国香港建立了大量的时装设计教育学校，保持了全球时装设计中心和时装全球价值链的主导地位。

(二) 城市竞争力要素四分法分析

制度和政策法规方面，中国香港公共服务完善，商业法规健全，市场充分竞争，且是国际知名的免税港。硬连接和软连接方面，中国香港高度城市化，城市公共交通等基础设施完备。

(三) 未来展望

为了进一步促进中国香港经济的发展以及在全球经济中的价值链参与，中国香港需要加强产业和教育行业的紧密联系，以促使企业和大学之间能够很好地满足市场的需求。中国香港还需要在监管制度方面进一步改革，以满足市场发展的要求。

第三节 迪 拜

迪拜的经济发展主要经历了石油业、海运业和旅游业这3个阶段，其主要成功之处在于旅游业的发展以及利于跨国公司总部发展的营商环境。迪拜正在逐渐发展成国际航空枢纽。目前，商务会议旅游是其经济增长的强劲动力，带动了从食品到航天等一系列行业的发展。

一、 迪拜国际经贸发展情况

根据迪拜海关数据，2015年迪拜非石油贸易总额为1.283万亿迪拉姆(约合

3 496 亿美元)，其中进口 2 169 亿美元，出口 360 亿美元，转口 967 亿美元。贸易货物总量 8 500 万吨，同比增长 8%。外贸约占迪拜 2015 年 GDP 总值的 30%。

2015 年迪拜直接贸易总额为 2 185 亿美元，自由区贸易总额 1 218 亿美元，保税仓库贸易总额 90 亿美元。外贸总额中，1 556 亿美元贸易通过空运，1 365 亿美元贸易通过海运，572 亿美元通过陆路运输。迪拜与海合会国家贸易总额 346 亿美元，与非海合会阿拉伯国家贸易总额 264 亿美元。从货物类型上看，手机是迪拜第一大贸易产品，贸易总额 504 亿美元，其次是黄金 319 亿美元，钻石 256 亿美元，珠宝 177 亿美元，汽车 185 亿美元，电脑类产品 125 亿美元。

中国继续保持迪拜最大贸易伙伴地位，2015 年双边贸易额达 480 亿美元，增长 0.6%。印度仍为迪拜第二大贸易伙伴，双边贸易额为 262 亿美元。沙特仍是迪拜在海湾阿拉伯国家合作委员会(GCC)和阿拉伯国家中最大贸易伙伴，双边贸易额为 155 亿美元。

二、 迪拜全球价值链发展情况

（一）参与全球价值链情况

迪拜在零售业、离岸服务业和旅游业等行业全球价值链中发挥着重要作用，这些价值链不同程度的影响着迪拜的城市竞争力框架。

零售业全球价值链。迪拜参与零售业全球价值链主要在 3 个环节。第一，迪拜通过发展分拨和批发与全球零售业价值链紧密结合，主要是通过 70 多所大型商场每年为超过 400 万的本地居民以及 1 500 万游客服务，同时通过进口和转口为大约 30 亿人口服务。第二，迪拜通过发展营销服务来提升分拨业务，全球前十的营销机构中有 7 家区域性总部设在迪拜。第三，迪拜正在通过发展智能化技术，积极布局零售业全球价值链的研发环节。

离岸服务全球价值链。迪拜充分利用其优势吸引全球公司来世界上最富有的地区发展业务，参与全球离岸服务价值链(包括 ITO、BPO 和 KPO)。迪拜在离岸服务价值链上脱颖而出的因素有：能吸引全球高质量、多元化的劳动力法规；吸引跨国公司地区总部和通信中心落户所需的国内外通信网络宽带的硬连接；自由贸易区的税收优惠、劳动力和货币自由流动、居住许可证以及企业注册迅速等软连接。

旅游业全球价值链。迪拜在旅游业全球价值链中处于领先地位，主要归功于迪拜国际航空运输业、住宿业和游览观光业的快速发展。在空运行业，作为迪拜航空业领头羊的阿联酋航空公司提供了高品质、奢华的服务，并影响了整个行业服务标准。

迪拜机场是全世界最大、最繁忙的机场之一，拥有全亚洲最豪华的基础设施。在住宿行业，迪拜将其全部酒店直接升级为跨国酒店品牌，比如希尔顿、华美达、丽笙和喜来登，而且保证这些四星级或五星级酒店有70%的空房率。在游览观光业，迪拜的主要项目包括主题公园、人工岛、购物中心、巡回演出、极限运动、F1赛事和世界级的博物馆。

（二）城市竞争力要素四分法分析

迪拜在零售业、旅游业全球价值链的突出地位得益于强有力的政府管理和有远见和执行力的制度环境，允许在免税区内自由经商的政策法规、高度发达的交通运输网络和电信基础设施等硬连接以及由智能服务和良好营商环境构成的软连接。此外，迪拜的咨询、审计以及财务咨询服务等多个软技能领域，大批充满想象力的建筑师来此设计摩天大楼、人工岛、主题公园、地铁、居民区和商业区。此外，特定行业知识园区的建成吸引了大量知识型的企业和大学入驻。

（三）未来展望

迪拜下一步打算利用其在现有行业的基础，进一步融入氢能源汽车制造、医疗保健、航海、绿色能源和农产品等行业价值链。为进一步提高迪拜在全球价值链中的地位，迪拜还需深化改革劳动政策，尤其是社会政策和教育政策，将私人部门的就业纳入社会保障体系，增加公共部门工作时间，平衡公共部门和私人部门的薪酬，提高经济的效率。另外，提高教学质量、加大对创新和研发中心的支持，提升全球价值链地位。

附　录

附录1　大　事　记

一月

12 日　上海市委书记韩正会见了美国好市多公司(简称“好市多”)总裁兼首席执行官克莱格·杰利尼克(Craig Jelinek)一行。2014 年 10 月,好市多在天猫国际开设了海外官方旗舰店。

13 日　由上海市会展行业协会和上海市会展业促进中心共同主办的“2015 上海会展论坛——国际会展业 CEO 峰会”在上海隆重开幕,上海市副市长周波出席会议并致辞。此次 CEO 峰会的主题是“转型中的中国展览业——新格局、新视野、新机遇”,共有近 200 位境内外会展业高层参加。

13 日　中国对外贸易中心(集团)与励展博览集团在上海扬子江万丽大酒店举行战略合作协议签约仪式暨新闻发布会,这是世界最大的展览场馆拥有方与全球最大的展览主办机构之间的首次合作。

16 日　由上海市外国投资促进中心和上海投资促进机构联席会议(SIPP)秘书处举办的“2015 驻沪境外投资促进机构交流会”顺利举行。由 150 余位组成的来自境外投资促进机构、区县、产业园区和企业的代表上海参加了交流。

二月

8 日　绿地全球商品直销中心在上海市绿地中心正大乐城举行开业及揭牌仪式,上海市政府副秘书长徐逸波、上海市商务委员会主任尚玉英出席仪式。

10 日　上海市委常委、常务副市长屠光绍宴请了浦发硅谷银行董事长魏高思(Ken Wilcox)和行长蒋德(Dave Jones)。浦发硅谷银行是上海浦东发展银行与美国硅谷银行的合资银行,总部落地于上海杨浦区,开业后将专注服务于科技型中小企业。

10 日 由上海市商务委员会主办的“2015 年上海商务情况通报会”在浦东新区香格里拉大酒店成功举办。上海市副市长周波出席通报会并致辞，上海市商务委员会主任尚玉英通报全市商务情况。外国驻沪总领馆、外国驻沪经贸投资促进机构及代表处、外国非企业经济组织、跨国公司地区总部和知名外企代表以及中央和上海主要媒体记者等 480 余人出席通报会。

三月

1—5 日 第 25 届中国华东进出口商品交易会(简称“华交会”)在上海新国际博览中心举行。本届华交会租用上海新国际博览中心 10 个展馆，展览面积 11.5 万平方米，展位总数 5 780 个，设立 4 个国内企业展区(服装、家用纺织品、装饰礼品、日用消费品展区)及一个以“现代生活方式”为主题的境外企业展区。

12 日 上海市委常委、常务副市长屠光绍在上海市政府贵宾厅会见了以星屋秀幸为团长的历届荣获上海市白玉兰奖的日本客人一行 30 人。上海“白玉兰纪念奖”是为表彰和鼓励为上海经济建设、社会发展和对外交往作出突出贡献的外籍友人。

13 日 “2015 年上海市贸易便利化联席会议”召开。上海市副市长周波出席会议，会议审议了 2014 年上海市贸易便利化工作总结及 2015 年工作安排，研究制定了《2015 年上海市贸易便利化问题清单》，争取在通关模式、单一窗口以及分类监管等关键问题上有所突破。

18 日 上海市商务委员会联合财政部驻沪专员办、上海市委宣传部、上海市文化广播影视管理局、上海市新闻出版局和上海市经济和信息化委员会等部门，召开 2015—2016 年度国家文化出口重点企业和重点项目申报培训会议。

20 日 国家会展项目领导小组第十四次工作会议在上海国家会展中心召开。国家商务部国际贸易谈判代表兼副部长钟山，上海市副市长周波出席会议并讲话。上海博览会有限责任公司、上海市重大工程建设办公室、上海市交通委员会、上海市公安局、青浦区政府、闵行区政府、虹桥商务区管委会等单位分别就会展项目有关情况作了汇报。

24 日 德国罗兰贝格管理咨询公司(Roland Berger Consultants)和上海仪电(集团)有限公司举行战略合作签约仪式，双方将在智慧城市建设相关产业、城市功能布局、公共服务等领域，加快推进物联网、云计算技术的开发应用和方案整合。

26 日 “中荷企业家圆桌会议”开幕。荷兰首相马克吕特(H.E. Mr. Mark Rutte)与上海市商务委员会主任尚玉英共同致开、闭幕辞。

27 日　“一带一路”贸易商联盟企业大会召开。由上海进出口商会联合中国外经贸企业协会、中国国际贸易学会，中国机电、五矿、轻工、纺织、食土进出口商会，江苏省、浙江省、安徽省、南京市、宁波市等长三角省市外贸商协会，以及新疆华和集团等多家单位共同发起筹建。

四月

7—15 日　“2015 上海秋冬时装周”从新天地水上秀场开始起航。作为业内最具规模和影响力的专业时装作品发布平台，在呈现近 50 场多元风格的国内外时装设计师和品牌作品发布秀外，还将全新推出 MODE 上海服装服饰展、上海时装周海尚国际论坛和一系列对话沙龙。

10 日　“沪港经贸合作会议第三次会议”在上海西郊会议中心举行。上海市委副书记、市长杨雄，香港特别行政区行政长官梁振英等出席。会上签署《关于加强沪港商务合作的协议》《金融合作》和《公务员交流》协议。

15 日　美国商务部长佩妮·普利兹克率领的总统贸易代表团访沪，上海市委书记韩正接见。此次访问旨在落实中美元首 2014 年 11 月北京会晤期间达成的共识，推动两国企业在智慧城市、智能电网、可再生能源等领域的合作。

23—25 日　第三届中国(上海)国际技术进出口交易会(简称“上交会”)在上海世博展览馆举行。本届上交会主题是“创新驱动发展，保护知识产权，促进技术贸易”。

30 日　上海市政府与中国移动通信集团公司、正大集团有限公司的战略合作备忘录签署仪式暨“见见面”公司创立仪式召开。会前双方就跨境电商行业的发展趋势和几家企业未来在跨境电商领域的合作等话题进行了深入交流。

五月

11 日　由上海市商务委员会和土耳其对外经济关系委员会共同举办的“经贸合作工商论坛暨企业洽谈会”，上海市市长杨雄率领近 30 家企业负责人与土耳其工商界人士举行，以建立沿线城市的经贸战略合作伙伴关系。

14 日　上海市委书记韩正在上海市委贵宾室会见了美国苹果公司首席执行官库克(Tim Cook)一行 6 人。苹果公司自 2001 年进入上海，始终将公司的中国运营中心和业务中心设在上海。下一步将在上海进一步投资，开展更多的研发合作。

20 日　上海市商务委员会与新加坡国际企业发展局在新加坡举行“关于建立经贸合作关系备忘录”的签约仪式。上海市市长杨雄，上海市政府副秘书长、浦东新区区长孙继伟，中国驻新加坡大使馆公参郑超，新加坡贸易及工业部部长林勋强，新加坡国际企业发展局局长张永昌共同见证。

六月

4—6 日 中共中央政治局委员、上海市委书记韩正会见了比利时政要，在友好城市安特卫普出席“上海—安特卫普投资贸易论坛”，并在布鲁塞尔、鲁汶等地考察新材料、微电子领域的最新研究成果，推动上海与比利时重要城市之间在科技创新领域的交流合作。

25 日 由上海市黄金交易所和伦敦金融市场协会共同主办的“2015 金银市场论坛”在上海文华东方酒店举办，上海市委常委、常务副市长屠光绍和人民银行副行长潘功胜一同出席并分别发表致辞。论坛上就“中国黄金市场的国际化”“黄金市场国际合作前景展望”“国际黄金市场的热点问题”等议题展开了讨论。

26 日 由印尼驻沪总领馆与日惹特区政府代表团共同举办的“日惹—上海商务论坛”在上海扬子江万丽酒店举行，印尼驻沪总领事艾克茜、上海市人民政府外事办公室、上海市人民政府教育委员会、上海市旅游局、上海市外国投资促进中心代表出席商务论坛。

七月

13 日 “SIPP 境外驻沪投资促进机构交流会”在上海成功举办。包括 SIPP 会员机构在内的 150 多位来自各国驻沪总领馆，驻沪经贸与投资促进机构、商协会、企业以及本地政府部门和开发区的嘉宾参加了此次盛会。

15 日 由上海市商务委员会、英国驻上海总领事馆、上海国际仲裁中心共同主办，上海财经大学承办的“调解、仲裁与自贸试验区争议解决”国际研讨会成功举办。法国国际商会仲裁院（ICC）、香港国际仲裁中心（HKIAC）、英国快速争议解决中心（CEDR）、皇家御准仲裁员协会（CIArb）等多家境内外知名商事争议解决机构代表，以及来自英国、捷克、意大利、西班牙等国内外调解、仲裁领域理论和实务界专家学者近百人出席了会议。

25 日 增加虹桥商务区核心区 3.7 平方公里。

八月

20 日 由香港特别行政区政府驻上海经济贸易办事处、上海市司法局、上海市商务委员会以及上海市国际贸易促进委员会共同主办的“香港法律及解决争议服务研讨会2015”在上海丽丝卡尔顿大酒店举行。上海市常务副市长屠光绍、香港特别行政区政府律政司司长袁国强资深大律师、上海市国际贸易促进委员会会长杨建荣、上海市司法局副局长王协、上海市商务委员会副主任申卫华分别到会并致辞。

21日　亚太示范电子口岸网络(APMEN)第一次公私对话会在上海举行。上海市副市长周波和亚太经合组织秘书长全权代表贝哈奇发表了开幕致辞并为亚太示范电子口岸网络及其运营中心揭牌,来自亚太示范电子口岸网络第一批9个成员经济体和以观察员身份与会的6个APEC成员经济体的政府、企业、学术界以及国际组织的近200名代表参会。

九月

16日　“第二十五批跨国公司地区总部颁证仪式”在上海举行,上海市副市长周波出席仪式并为企业颁奖。

21日　由商务部、上海市人民政府共同主办的“第十四届中国(上海)国际跨国采购大会开幕式暨跨国采购论坛”在上海世博展览馆隆重举行。

28日　中国(上海)自由贸易试验区境外投资推进暨服务联盟成立大会在浦东新区政府举行。自贸试验区各职能局和片区管理局,浦东新区相关委办局,上海市公安局浦东分局、浦东新区税务局,浦东新区境外投资服务中介机构、境外投资企业、境外投资促进机构代表100余人参加大会。

30日　2015年“上海市荣誉市民”称号和“白玉兰荣誉奖”颁授仪式在上海市政府举行。两位外籍人士获“上海市荣誉市民”称号,11位获“白玉兰荣誉奖”。上海市市长杨雄为获奖者及代表颁授证章、证书,并会见了“荣誉市民”。

十月

16日　由上海市商务委员会等部门研究制定的《上海市关于鼓励外资研发中心发展的若干意见》印发。《若干意见》分为5个方面18条内容,主要从工作机制、合作创新、科研项目、知识产权、通关通检、人才引进、财税支持等方面建立更加符合国际通行规则的体制机制,支持外资研发中心发展。

26日　“2015第十四届上海国际美发美容节”在上海华东师大体育馆正式拉开帷幕。上海国际美发美容节是中国首屈一指的时尚美业专属的国际平台盛典,汇集中国内地和港澳台地区、日韩等国家和地区的美业及时尚产业机构,为国内美业和时尚产业的发展与提升做出了重大贡献。经过14年的发展,上海国际美发美容节已经成为集国际大赛、商务合作、学习交流、潮流发布、权威大奖于一体的中国美业时尚盛会。

30 日 《进一步推进中国(上海)自由贸易试验区金融开放创新试点加快上海国际金融中心建设方案》(简称"方案")印发。该方案由中国人民银行会同国家商务部、银监会、证监会、保监会、国家外汇管理局和上海市人民政府正式联合印发。

十一月

11 日 "2015 年上海外资研发中心论坛"召开,该届论坛由上海市商务委员会与上海外商投资协会共同举办,本届论坛主题为"协同创新,科技点亮上海",上海市副市长周波出席论坛,并发表题为"以开放促创新,构建协同创新新格局"的主旨演讲。

12 日 上海市商务委员会与德国代表签署了《经贸合作关系备忘录》,德国汉堡市长朔尔茨、上海市商务委员会主任尚玉英等出席。汉堡是上海的友好城市,也是德国最重要的海港和贸易中心、第二大金融中心。汉堡商会是德国乃至欧洲历史最悠久、最具影响力的商会,代表着约 1.66 万家企业的利益,在商业、政治等领域有着重要影响力。

13 日 "中国制造 2025'对话德国'工业 4.0——上海制造业发展新机遇暨中德企业对接研讨会"在上海雅居乐酒店顺利举办,上海市副市长周波、汉堡市市长奥拉夫·朔尔茨、汉堡商会副主席米歇尔·韦斯特哈格曼、德国工商大会上海代表处首席代表鲍明莉出席并致辞,来自德国和上海及周边城市的近 300 位制造业领域企业家和政府官员、专家学者参加了会议。

13—15 日 由中国食品工业协会、光明食品(集团)有限公司承办的"2015 中国上海国际食品博览会"在上海展览中心拉开帷幕。该次博览会以"中国食尚 世界共享"为主题,汇聚了国内各龙头企业、各地食品协会、各地农垦龙头企业、老字号食品企业以及来自法国、意大利、新西兰、澳大利亚、西班牙、波兰、日本、阿根廷等境外众多企业。该活动旨在上海打造一个专业化、市场化、国际化的食品会展平台。

19 日 由国家商务部和上海市政府支持、国家商务部外贸发展局主办的"第四届中国国际石油贸易大会"在上海举行。该届大会以"新图景·新发展——国际油气贸易新机遇"为主题,来自 19 个国家的大型跨国石油企业、国家石油公司及与石油、天然气贸易相关的信息、金融、运输、保险企业、政府机构、相关行业商协会及研究机构代表 300 余人出席大会。

23 日 由波兰发展部、波兰信息与外国投资局与上海市商务委员会等共同举办,上海市外国投资促进中心等协办的"中波经贸投资论坛"在上海成功举行。波兰总统安杰伊·杜达出席论坛并致辞。两国政府部门、机构、企业负责人 400 余人参加论坛并进行了项目对接。

十二月

1—3 日　由上海市商务委员会、普陀区人民政府共同支持，中国跨境电子商务应用联盟主办的“2015 中国（上海）全球电商互联网大会”在普陀区举行。本届大会以“新趋势、新思维、新智慧、新技术、新商业”为主题，从电子商务、“互联网＋”两个维度聚焦全球零售电商、移动电商、O2O 电商等热点话题，举办“全球零售电商中国峰会”“2015 互联网＋外贸发展高峰论坛”等 20 余场国际论坛、峰会、研讨会。

2 日　“一带一路·新贸易·新商机”国际高峰论坛在上海成功召开。该论坛由上海市商务委员会、虹桥商务区管委会、上海市交通委员会指导，香港贸发局、利丰研究中心、上海进出口商会、中国（上海）自贸区供应链研究院、“一带一路”贸易商企业联盟、中国香港（地区）商会共同主办。

附录 2 2015 年度上海国际经济贸易领域主要政策索引

	文　号	关键词	文　件　名	发文日期
上海市政府文件	沪府令 26 号	自贸试验区	上海市人民政府关于中国(上海)自由贸易试验区管理委员会集中行使本市有关行政审批权和行政处罚权的决定	2015 年 3 月 30 日
	沪府发〔2015〕1 号	文化创意产业	上海市人民政府关于贯彻《国务院关于推进文化创意和设计服务与相关产业融合发展的若干意见》的实施意见	2015 年 1 月 9 日
	沪府发〔2015〕27 号	生产性服务业	上海市人民政府关于贯彻《国务院关于加快发展生产性服务业促进产业结构调整升级的指导意见》的实施意见	2015 年 7 月 9 日
	沪府办发〔2015〕36 号	科技创新	上海市人民政府办公厅转发市经济信息化委《关于上海加快发展智能制造助推全球科技创新中心建设的实施意见》的通知	2015 年 8 月 13 日
	沪府办〔2015〕76 号	科技创新	上海市人民政府办公厅印发《关于促进金融服务创新支持上海科技创新中心建设的实施意见》的通知	2015 年 8 月 21 日
	沪府办发〔2015〕38 号	经开区	上海市人民政府办公厅关于促进上海国家级经济技术开发区转型升级创新发展的实施意见	2015 年 8 月 31 日
	沪府〔2015〕61 号	国际旅游度假区	上海市人民政府关于同意《上海国际旅游度假区 02PD-0001 单元控制性详细规划 01、03、05 街坊实施深化》的批复	2015 年 9 月 14 日
	沪府发〔2015〕56 号	行政审批	上海市人民政府关于下放浦东新区一批行政审批的决定	2015 年 10 月 14 日

续表

	文 号	关键词	文 件 名	发文日期
上海市政府文件	沪府办发〔2015〕42号	外资研发中心	上海市人民政府办公厅关于印发《上海市鼓励外资研发中心发展的若干意见》的通知	2015年10月16日
	沪府办发〔2015〕45号	科技创新	上海市人民政府办公厅印发《关于深化标准化改革促进标准化服务科技创新中心建设工作方案》的通知	2015年10月30日
	沪府发〔2015〕65号	融资担保	上海市人民政府印发关于进一步促进本市融资担保行业持续健康发展若干意见的通知	2015年12月1日
	沪府发〔2015〕66号	流通体制改革	上海市人民政府关于印发《上海市国内贸易流通体制改革发展综合试点方案》的通知	2015年12月3日
上海市政府部门文件	沪商综〔2015〕48号	贸易型总部	上海市商务委、市发展改革委、市财政局、市政府合作交流办关于印发《上海市鼓励企业设立服务全国面向世界的贸易型总部若干意见》的通知	2015年2月10日
	沪经信规〔2015〕101号	产业转型升级	上海市经济信息化委、市财政局关于印发《上海市产业转型升级发展专项资金管理办法》的通知	2015年2月26日
	沪经信技〔2015〕214号	企业技术中心	上海市经济信息化委、市财政局、市国税局、市地税局、上海海关关于印发《上海市企业技术中心管理办法》的通知	2015年4月30日
	沪经信投〔2015〕221号	技术改造	上海市经济信息化委、市财政局关于印发《上海市重点技术改造专项支持实施细则》的通知	2015年5月6日
	沪商服贸〔2015〕458号	电子商务	上海市商务委、市委宣传部、市经济信息化委、市司法局、市财政局、市卫生计生委、市旅游局、市体育局关于《上海市服务贸易促进指导目录(2015年版)》的通知	2015年6月29日
	上海汇发〔2015〕113号	外汇资金	国家外汇管理局上海市分局关于印发《上海跨国公司外汇资金集中运营管理操作规程》的通知	2015年9月28日
	沪经信技〔2015〕769号	技术创新	上海市经济信息化委、市财政局关于印发《上海市产业技术创新专项支持实施细则》的通知	2015年11月25日

附录 3　2015 年度中国（上海）自由贸易试验区相关政策索引

	文　号	关键词	文　件　名	发文日期
国务院及相关部委文件	工业和信息化部	电信开放	工业和信息化部发布《关于在中国(上海)自由贸易试验区放开在线数据处理与交易处理业务(经营类电子商务)外资股权比例限制的通告》	2015 年 1 月 13 日
	国函〔2015〕18 号	制　度	国务院关于同意建立国务院自由贸易试验区工作部际联席会议制度的批复	2015 年 2 月 7 日
	银总部发〔2015〕8 号	金　融	中国人民银行上海总部关于印发《中国(上海)自由贸易试验区分账核算业务境外融资与跨境资金流动宏观审慎管理实施细则(试行)》的通知	2015 年 2 月 12 日
	国发〔2015〕21 号	改革开放	国务院关于印发进一步深化中国(上海)自由贸易试验区改革开放方案的通知	2015 年 4 月 8 日
	国办发〔2015〕23 号	负面清单	国务院办公厅关于印发自由贸易试验区外商投资准入特别管理措施(负面清单)的通知	2015 年 4 月 8 日
	国办发〔2015〕24 号	国家安全	国务院办公厅关于印发自由贸易试验区外商投资国家安全审查试行办法的通知	2015 年 4 月 8 日
	食药监药化监函〔2015〕66 号	进口药品监管	食品药品监管总局关于在中国(上海)自由贸易试验区开展进口药品电子监管码赋码试点工作的批复	2015 年 5 月 11 日
	商资发〔2015〕313 号	创　新	商务部关于支持自由贸易试验区创新发展的意见	2015 年 8 月 25 日
	银总部发〔2015〕72 号	金　融	中国人民银行上海总部印发《中国(上海)自由贸易试验区跨境同业存单境内发行人操作指引》和《中国(上海)自由贸易试验区跨境同业存单境外发行人操作指引》	2015 年 9 月 25 日
	国家认监委 2015 年第 38 号	平行进口	国家认监委关于自贸区平行进口汽车 CCC 认证改革试点措施的公告	2015 年 12 月 28 日

续表

	文　　号	关键词	文　　件　　名	发文日期
上海市地方法律规章	沪工商注〔2015〕6号	工商登记	上海市工商行政管理局、上海市行政审批制度改革工作领导小组办公室、中国(上海)自由贸易试验区管理委员会关于印发《在中国(上海)自由贸易试验区深化推进工商登记前置审批改为后置审批工作实施方案》的通知	2015年1月8日
	沪财预〔2015〕8号	财税分配	上海市财政局、上海市国家税务局、上海市地方税务局关于完善自贸试验区跨区迁移企业财税分配政策的通知	2015年1月21日
	沪府令27号	废　止	上海市人民政府关于废止〈中国(上海)自由贸易试验区管理办法〉的决定	2015年3月30日
	沪府〔2015〕28号	规　划	上海市政府关于同意《中国(上海)自由贸易试验区控制性详细规划》的批复	2015年4月2日
	上海海关2015年第2号	银行担保账户	上海海关关于在中国(上海)自由贸易试验区内实施第二批"银行担保账户"试点相关事宜的公告	2015年5月6日
	上海海关2015年第4号	通关单无纸化	上海出入境检验检疫局、上海海关关于自贸区实施通关单无纸化的公告	2015年6月10日
	上海海关2015年第5号	行政清单	上海海关关于发布《中国(上海)自由贸易试验区海关行政权力清单(2015版)》、《中国(上海)自由贸易试验区海关行政责任清单(2015版)》的公告	2015年6月16日
	上海国检局	检验检疫	上海国检局关于深化检验检疫监管模式改革支持上海自贸试验区发展的意见	2015年6月18日
	上海海关2015年第6号	离岸服务外包	上海海关关于在中国(上海)自由贸易试验区实施"离岸服务外包全程保税监管制度"的公告	2015年6月23日
	上海海关2015年第7号	大宗商品	上海海关关于在中国(上海)自由贸易试验区开展大宗商品现货市场保税交易的公告	2015年6月23日
	上海海关2015年第8号	经营模式	上海海关关于在中国(上海)自由贸易试验区实施"一区注册、四区经营"模式的公告	2015年6月23日
	上海海关2015年第9号	商品归类	上海海关关于在中国(上海)自由贸易试验区范围内推进实施商品归类行政裁定全国适用制度的公告	2015年6月23日
	上海海关2015年第11号	美术品	上海海关、上海市文化广播影视管理局关于在中国(上海)自由贸易试验区简化美术品审批及监管手续的公告	2015年6月23日
	上海海关	深化改革	上海海关推出深化自贸区改革8项制度	2015年6月24日
	沪食药监食生〔2015〕596号	食品生产	上海市食品药品监管局关于深化自贸区食品生产许可审批制度改革	2015年9月14日

续表

	文　号	关键词	文　件　名	发文日期
上海市地方法律规章	沪府发〔2015〕64 号	“双自”联动	上海市人民政府印发关于加快推进中国(上海)自由贸易试验区和上海张江国家自主创新示范区联动发展实施方案的通知	2015 年 11 月 24 日
	上海汇发〔2015〕145 号	外汇管理改革	国家外汇管理局上海市分局关于印发《进一步推进中国(上海)自由贸易试验区外汇管理改革试点实施细则》的通知	2015 年 12 月 16 日

附录4　案例索引

案例1　欧普照明:从“小作坊”成为跨国照明集团　62
案例2　科德宝:发挥亚太总部资金池管理职能　89
案例3　丰田纺织:打造研发创新“策源地”　93
案例4　自贸试验区境外投资服务平台:提供全生命周期服务　103
案例5　旁氏水产:解决进入澳方市场的壁垒难题　115
案例6　索尼物流:打造开放共享型物流供应链平台　123
案例7　地中海邮轮旅行社:自贸试验区首家中外合资旅行社　129
案例8　美药典中国:探索保税研发测试服务创新实践　133
案例9　上海斯麟:专注品牌培育和研发创新　217
案例10　上海意诺:坚持拓展国际市场　230
案例11　上港商城:打造新物流时代跨境电商平台　237